Horst Bosetzky

Skandal um Zille

Roman

Jaron Verlag

Originalausgabe
1. Auflage 2013

www.jaron-verlag.de
Umschlaggestaltung: Bauer + Möhring, Berlin
Satz: Pinkuin Satz und Datentechnik, Berlin
Druck und Bindung: GGP Media GmbH, Pößneck

ISBN 978-3-89773-721-1

Je mehr ich erfahre über ihn, desto mehr
verwächst er mit mir …

Stefan Heym, Der König David Bericht

Eins

Die Tunneleule war auf dem Bahnhof Kochstraße noch nicht ganz zum Stehen gekommen, da hatte Konrad Kowollek schon die Türen aufgerissen und war hinausgesprungen. Dass er dabei wartende Fahrgäste touchierte und eine schmächtige Frau fast zu Boden riss, interessierte ihn wenig. Tempo war angesagt, und wer in Berlin lebte, sollte nicht jammern, wenn es hektisch wurde. Außerdem war Kowollek Reporter und genoss damit das Vorrecht, es eilig haben zu dürfen. Der Kampf auf dem Berliner Zeitungsmarkt war hart, manchmal ging es um Sekunden. 148 Tageszeitungen konnte man kaufen, Kowollek hatte sie kürzlich alle durchgezählt. Sein *Berliner Boulevard Blatt* (*BBB*) hatte es schwer, gegen die *B.Z. am Mittag* und eine weitere Zeitung anzukommen, die dreimal am Tag erschien und ausgerechnet den Namen *Tempo* trug.

Kowollek hastete die schmale Bahnhofstreppe hinauf, überholte mehrere jüngere Männer mit dem Ehrgeiz eines Leichtathleten und fluchte gewaltig, als er auf dem Mittelstreifen der Friedrichstraße warten musste, um etliche Autos und Straßenbahnen vorbeifahren zu lassen. Endlich konnte er die Fahrbahn überqueren und Kurs auf das Geschäftshaus nehmen, in dem sich die Redaktion des *BBB* eingenistet hatte.

An der Ecke Friedrichstraße und Kochstraße standen einige fliegende Händler, die den Passanten marktschreierisch ihre Zeitungen unter die Nase hielten. »*BBB* heute: Berliner Schlittschuh-Club trotzt der Eishockey-Nationalmannschaft ein 4:4 ab. – Der Magistrat erlässt Richtlinien für die Verwaltung der öffentlichen Bedürfnisanstalten. – Der dänische Schriftsteller Martin Andersen Nexö liest im Bürgersaal des Roten Rathauses. – *BBB*, stets das Allerneuste von der Spree!«

Damit kann man doch keinen Blumentopp gewinnen!, dachte Kowollek. Wegen solcher Schlagzeilen kaufte sicherlich niemand eine Zeitung. Kein Wunder, dass sie beim *BBB* noch immer tiefrote Zahlen schrieben.

Er hetzte die Straße entlang. Nicht ohne einen Blick auf die Litfaßsäulen und die anderen Reklameflächen zu werfen. Überall hingen Plakate, die auf den nächsten Zille-Ball im Sportpalast aufmerksam machten. Am 4. Februar 1928 war es wieder so weit. Kowollek freute sich. Das kam seinem Vorhaben zugute.

Er stürmte am Pförtner ebenso vorbei wie an der Vorzimmerdame des Chefredakteurs. Niemand hielt ihn auf, er konnte sich das erlauben.

»Ich muss dringend zu Herrn Rummler! Ist er da?«

»Ja, er ist in seinem Büro.«

Kowollek klopfte an, wartete jedoch nicht auf das »Herein!«, sondern betrat unaufgefordert das Zimmer.

Reinhard Rummler war es gewohnt, dass seine Reporter wie »des Wahnsinns kesse Beute« wirkten, wie es im Volke hieß. Erich Kästner hatte ihm vor kurzem erzählt, dass er an einem Berlin-Roman sitze, Arbeitstitel *Fabian*, und ihm auch schon daraus vorgelesen. Einige Sätze hatte sich Rummler gemerkt: *Hinsichtlich der Bewohner gleicht Berlin längst einem Irrenhaus.* Oder: *Man halte hier jeden Menschen, mit Ausnahme der Kinder und der Greise, bevor das Gegenteil nicht unwiderleglich bewiesen ist, für verrückt.* Rummler hatte mit seinem Kneifer und dem Schnauzbart à la Kaiser Wilhelm eine gewisse Ähnlichkeit mit Theodor Wolff vom *Berliner Tageblatt*, einzig dessen zur Tolle aufgetürmten Haare fehlten ihm. Die Frisur des Chefredakteurs vom *BBB* ließ eher an Hindenburg denken.

»Ich habe eine unglaubliche Geschichte, die wird unsere Zeitung in der Publikumsgunst aufsteigen lassen wie eine Silvesterrakete!«, begann Kowollek das Gespräch.

Rummler rückte ihm einen Stuhl zurecht. »Sie machen mich neugierig! Setzen Sie sich, Kowollek, und schießen Sie los!«

Das ließ sich Kowollek nicht zweimal sagen. »Was ist das Süßeste im Leben? Skandal ist immer das Süßeste! Ich habe etwas herausgefunden, das ungeheuerlich ist. Hier ...« Kowollek riss ein Photo aus seiner Aktentasche, das Heinrich Zille und Max

Liebermann dicht nebeneinander zeigte. »Das ist der Einstieg für meine Recherchen gewesen.«

»Und?«, fragte Rummler. »Was steckt dahinter?«

»Die größte Kunstfälschergeschichte, die es je gegeben hat.«

Rummler lehnte sich zurück. »Erzählen Sie …«

»Es geht um Heinrich Zille, den zurzeit populärsten Berliner, Berlins beste Marke sozusagen. Aber …« Kowollek holte noch einmal tief Luft, ehe er richtig loslegte. »Heinrich Zille kann aufgrund seiner zahlreichen Krankheiten und der Depression seit dem Tod seiner Frau im Jahre 1919 schon lange nicht mehr malen und zeichnen. Seit einiger Zeit liegt er nur noch im Bett und starrt an die Decke. Eine Katastrophe für ihn und für alle, die von der Marke Heinrich Zille profitieren. Denn Zille muss weiterhin seine Bilder verkaufen – wovon soll er sonst leben? Seine Freunde haben eine Idee. Max Liebermann, der ein vielseitig begabtes Genie ist, zeichnet und malt nun oben in Zilles Wohnung in der Sophie-Charlotten-Straße reihenweise Zille-Bilder. Die Texte setzt Hermann Frey darunter, der Schlager wie *Immer an der Wand lang* und *Wer hat den Käse zum Bahnhof gerollt?* geschrieben hat. Dieses Gespann ist sagenhaft! Die Welt will betrogen sein! Doch nicht genug damit – es gibt Hinweise darauf, dass Firmen, die mit Zilles Auftritten Geld verdienen, Doppelgänger engagiert haben.«

Rummler war begeistert. »Das ist eine heiße Kiste, Kowollek, bleiben Sie an dieser Geschichte unbedingt dran! Wenn Sie Ihren Verdacht belegen können, kommen wir damit groß heraus. Überschrift: *Skandal um Zille!* Aber Indizien reichen mir nicht, Kowollek, ich brauche Beweise.«

Selbstbildnis

Zwei

Heinrich Zille lag auf dem Bett und starrte gegen die Decke. Bekleidet war er nur mit einem Nachthemd und langen weißen Unterhosen. Er war zu müde und zu zerschlagen, um aufzustehen und zu den Freunden im Nebenzimmer zu gehen, aber zu wach, um zu schlafen. Er hätte gern an seinen Sohn Hans geschrieben, der Lehrer war und in Vorpommern lebte, aber die Gicht in den Fingern machte es unmöglich, einen Kopierstift zu halten. Schon seit Ewigkeiten hatte Zille keine Nacht mehr durchschlafen können. Die Krämpfe in den Beinen ließen ihn immer wieder auffahren. Sie waren eine Folge seiner Zuckerkrankheit, ebenso wie der Harndrang, der ihn alle zwei Stunden zwang, zur Toilette zu eilen. Ließen ihn diese beiden Quälgeister einmal in Ruhe, dann plagten ihn Schreckensträume. Manchmal sehnte er den Tod herbei, die Erlösung von allem, dann wieder hing er am Leben, denn an ein Dasein nach dem Tode glaubte er nicht. Frömmigkeit war nie seine Sache gewesen. Er nahm sich vor, in den nächsten Tagen ein neues Bild zu zeichnen: Er liegt auf dem Sterbebett – der Sensenmann kommt, ihn zu holen. Darunter würde er schreiben: *Kein Zweck, mein Herr, der Zille ist unsterblich.* Ein wenig verbittert murmelte er, dass Humor offenbar nicht gegen Krankheit und Altern immun mache.

In Gedanken formulierte Zille, was er seinem Sohn schreiben wollte, wenn die Schmerzen in den Fingern nachließen:

Ich bin arm dran, und Sorgen verschiedenster Art drücken mich. Ich werde weiß wohin eingeladen, schreibe ab, werde besucht, lasse mich verleugnen, verkrieche mich, will arbeiten … aber immer schwerer wird's. Jetzt, da ich alt bin, verstehe ich den Wert des Alters: Ich habe jetzt drei Ärzte. Vorläufig ist nichts Gesundes von mir zu erwarten. Es ist mir auch egal … Ich kann nicht mehr die Treppen laufen. Bin müde … müde … müde. Ich lass mich aber nirgends hinholen, leb in meiner Stube mit meinen vier Piepmätzen. Mir fällt schreiben schwer. Es gehen so viele von mir, die noch jünger sind, dass ich mich wundere, warum sie mich nicht mitnehmen.

Draußen an der Wohnungstür drückte jemand auf den Klingelknopf. Er zuckte zusammen. Hoffentlich nicht noch mehr Besuch! Es reichte doch schon, dass Max Liebermann und Hermann Frey nebenan saßen und warteten, bis es ihm besserging.

Frau Riethmüller kam herein, die Nachbarin, die ihm die Wirtschaft führte, seit seine Schwiegertochter erkrankt war. »Draußen steht ein älteres Ehepaar, und die Frau behauptet, Sie gut zu kennen.«

Zille richtete sich ein wenig auf. »Wer isset denn?«

»Sie sagt, sie hätte unter dem Namen Senta Söneland mit Ihnen Bekanntschaft gemacht.«

»Richtig, ick hab se mal jemalt. Die hat auch vor da letzten Fülmprämjere wat Berlinischet jesungen. Imma rin mit die beeden!«

Senta Söneland, inzwischen 46 Jahre alt, stand in der Zimmertür. An ihrer Seite hatte sie einen erheblich älteren Mann, den ehemaligen Offizier und nunmehrigen Direktor der Horch-Werke Karlernst Krocker.

»Dürfen wir eintreten, Herr Professor?«

»Nenn mir nich Professor, nenn mir Heinrich.«

»Jut, mach ick.«

Zille erhob sich überraschend behende von seinem Lager und begrüßte die Schauspielerin mit einer herzlichen Umarmung, während es bei Direktor Krocker nicht mehr wurde als ein Händedruck.

Die Söneland holte ein dickes Paket aus ihrem Einkaufsnetz. »Ham wir dir mitgebracht, statt Blumen. Ein Stück Hasenbraten. Hat mein Mann selba jeschossen – und ooch jebraten.«

»Danke, Herr Major!«, rief Zille.

»Die Zeiten sind vorbei ...«

»Major war'n Se aba, als wa uns det erste Mal jesehn ham, in eem Weinlokal.« Zille konnte sich noch genau daran erinnern. Senta Söneland und er hatten in einer Jury des *Acht-Uhr-Abendblattes* gesessen, um die beste Bezeichnung für den neuen Verkehrsturm am Potsdamer Platz zu prämieren. »Die Mehrzahl war für ›Oberkieker‹, aber die andern ham mächtich jemeckert. Det jute Essen hat uns jetröstet – nur ick hatte Schwierigkeiten, mein Huhn mit Messa und Jabel zu zerleg'n.«

Krocker gab sich ein wenig von oben herab. »Unseren Hasenbraten dürfen Sie gern mit den Fingern essen – wenn Sie allein sind.«

»Bring det mal in die Küche!«, sagte Senta Sönland zu ihrem Mann.

Zille sah sie an. »Nee, Senta, du bist ja 'ne janz nette Person, dabei hab ick imma jehört, du bist 'n Biest. Wie kannste denn sowat mit Monokel und Smoking heiraten?«

»Zilleken, das mit dem Biest stimmt, aber der ›Sowat‹ ist ein hervorragender Kaufmann, und wir leben seit achtzehn Jahren in glücklicher Ehe. Wie geht's dir so?«

»Ach, mir jeht et mies, seit meine Hulda tot is. Ick mach nich mehr lange, det Wassa steht ma schon bis an de Knie.«

»Ach was, Zilleken, du machst bis hundert. Jetzt wollen wir dich mal knipsen. Ick an deina jrünen Seite.« Sie wandte ihren Kopf Richtung Tür. »Karlernst, bringste mal den Photoapparat mit rin?«

»Photographieren wollta ma?« Er sah an sich hinunter. »Mit die Beene?«

»Die Hauptsache ist dein Kopp.«

Frau Riethmüller hatte das gehört und kam ins Zimmer, um das Photographieren zu verhindern. »Sie begehen ein Verbrechen an dem Mann.«

Zille machte eine Handbewegung, die sie beruhigen sollte. »Lassen Se ma, Frau Riethmüller, ick sterbe schon nich, wenn et mal blitzt – und falls doch, denn jeschieht es in Sentas Armen und is 'n schöna Tod.«

Zille vor seiner Staffelei. Hinter der Staffelei Senta Söneland (Photographie)

Während Zille mit der Söneland und ihrem Mann angeregt plauderte und ein wenig aus seinem seelischen Tief gerissen wurde, saßen Max Liebermann und Hermann Frey im Nebenzimmer und waren schwer beschäftigt. Vor dem Fenster standen zwei Staffeleien, und Liebermann war dabei, auf beiden im Zille-Stil zu zeichnen. Auf dem ersten Bild war die Siegessäule zu sehen – nicht gekrönt von der Viktoria, sondern von Heinrich Zille.

»Det is nich schlecht, det könnte jehn, wenn wa drunta schreim: *Det passende Jeschenk zu mei'm Jeburtstach – die Siebzigsäule*.«

»Hm ...« Liebermann war nicht begeistert von Freys Vorschlag. »Det andere Bild is mir politischer.«

Mit dicker schwarzer Kreide suchte er die Zeichnung zu vollenden. Sie zeigte einen Marktplatz mit fünf Ständen. Am ersten waren Priester und Bischöfe zu sehen, am zweiten der König und einige Herren vom Hochadel, am dritten hatten sich Fabrikherren, Kaufleute und Bankiers versammelt – unter ihnen Borsig, Siemens und Bleichenröder – und am vierten Bauern ihr Obst und Gemüse ausgebreitet.

»Und nun der fünfte Stand ...« Liebermann überlegte einen Augenblick. »Wat hat unsa Heinrich im Büro der National-Film darum jerungen, det et eenen doppelten Titel jibt! Nich nur *Die Verrufenen*, sondan ooch noch *Der fünfte Stand*. Darum ooch dieset Bild. Aba wat soll ick am fünften Stand für Fijuren hinmalen?«

»Am besten welche aus sei'm Milljöh.«

»Det ick da nich von alleene drauf jekommen bin.« Max Liebermann begann, eine dralle Prostituierte und ihren Luden, eine Mutter mit einem tuberkulösen Kind und eine verhärmte Bettlerin zu zeichnen.

»Da muss aber Zille selba noch mit ruff!«, sagte Hermann Frey.

Liebermann verstand das nicht. »Wieso'n dette?«

»Weil ick unta det Bild schreim will, wat a selba unta einen abjelehnten Entwurf zum Fülm-Plakat jeschriem hat: *Das sind Wir ja alle!* ›Wir‹ jroß.«

»Na schön.«

Als die Söneland und ihr Mann gegangen waren, hatte sich Zille wieder aufs Bett gelegt und Frau Riethmüller gebeten, den beiden Freunden im Nebenzimmer zu sagen, sie möchten sich noch ein Viertelstündchen gedulden. »Det is ma allet zu ville.«

Dann raffte er sich auf, und sie saßen zu dritt am Kaffeetisch und redeten über allerlei Neuigkeiten. Den Kaffee hatten sie schon ausgetrunken und waren inzwischen beim Rheinwein angekommen.

Zille füllte den Freunden die Gläser. »Endlich darf ick euch mal reinen Wein einschenken, ohne det ihr meckert.«

Max Liebermann hob sein Glas. »Uff deine Jesundheit, lieba Heinrich!«

Zille wehrte ab. »Lass det mit dem Heinrich. Immer wenn ick in'n Spiejel gucke, denn denk ich: Mein Gott, Joethe!«

»Wieso Goethe?« Hermann Frey kapierte das nicht.

»Na, Faust, erster Teil: *Heinrich! Mir graut's vor dir.*«

Max Liebermann schnauzte ihn an: »Janz Berlin himmelt dich an – keen Mensch graust sich vor dir. Jeh mal wieda unta de Leute!«

»Die Jelejenheit is jünstig.« Hermann Frey sah Zille an. »Heinrich, wenn de jetzt untawegs bist, denn brauchste für die Straßenbahn, für'n Bus und de S- und U-Bahn nur noch eenen Fahrschein – mit dem kannste dann von eem Verkehrsmittel in det andere umsteijen.«

»Güldet der Fahrschein ooch für 'n Leichenwagen?«, wollte Zille wissen.

»Ja, aba nich raus bis nach Stahnsdorf uff'n neuen Friedhof, det is zu weit.«

»Dann übaleje ick mir det mit dem Sterben doch noch mal«, erklärte Zille. »Wat jibt et sonst Neuet?«

»Nüscht Jutet.« Max Liebermann berichtete von der schweren Gasexplosion im Mietshaus Landsberger Allee Nr. 115 / 116, bei der 17 Menschen verletzt und 90 obdachlos geworden waren. »Und 'n paar Familien haben ihre janze Habe valor'n.«

»Bei Jas is mir nie janz wohl.« Zille schüttelte sich. »Eena will sich umbringen und dreht 'n Jashahn uff, der andere is zu tütelich und macht'n nicht zu, wenn a jekocht hat, der Dritte lässt de Kartoffeln übakochen, so det die Flamme ausjeht.«

»Zurück zum Lagerfeuer!«, forderte Max Liebermann. »Auf allen zentralen Plätzen in Berlin unterhält der Magistrat offne Feuer, und jeder kommt mit seim Fleisch hin, um et da am Spieß braten zu lassen.«

»Feuer frei!«, rief Zille.

»Nich Feuer frei, sondern Hermann Frey! Ich muss doch sehr bitten.«

Max Liebermann tat so, als sei er entsetzt. »Meine Herren, wo bleibt das Niveau?«

Hermann Frey begann darauf, freiheraus zu singen: »Die Menschen sind glücklich, die Menschen sind froh, / denn wieder einmal reden und lachen sie weit unter ihrem Niveau!«

Frau Riethmüller erschien in der Tür und fragte, ob sie noch eine Flasche Wein bringen solle.

Hermann Frey hob die rechte Hand und winkte ihr freudig zu. »Bringen Sie nur! Wir müssen uns gebührend auf den nahenden Geburtstag unseres Meisters einstimmen.«

Heinrich Zille verzog das Gesicht. »Hört bloß uff damit! Wenn ick am 9. Januar in't Bett jehe, dann wünsche ick mir, det ick erst am 11. wieda uffwache. So könnt ick den Jeburtstach einfach übaspringen.«

»Mensch, Heinrich«, mahnte ihn Hermann Frey, »janz Berlin will dir jratulieren und dir 'n Ständchen und 'n paar Blumen bringen, jede Zeitung will 'n Photo von dir im Blatt haben.«

»Und ick will nüscht weita als meine Ruhe ham!«

Max Liebermann meldete sich zu Wort. »Ich erinnere an Fontane, der Melusine im *Stechlin* sagen lässt: *Sich abschließen heißt sich einmauern, und sich einmauern ist Tod.*«

Hermann Frey nickt. »Det is dit Stichwort: dein Bejräbnis, Heinrich. Wenn de dir vor Oojen führst, det janz Berlin da uff de Beene is, denn muss dich dit doch wieda uffrichten.«

»Na, wer weeß, wat noch allet kommt. Prost!«

Drei

Johannes Banofsky war 1895 in Friedrichshagen bei Berlin als Sohn eines Lehrers zur Welt gekommen und Opfer einer frühkindlichen Prägung ganz besonderer Art geworden. Sein Vater hatte des Öfteren führende Mitglieder des Friedrichshagener Dichterkreises zu Gast gehabt, etwa Max Dauthendey, Richard Dehmel, Max Halbe, Knut Hamsun, Maximilian Harden, Gerhart Hauptmann, Peter Hille und Erich Mühsam. Letzterer hatte ihn ganz besonders beeindruckt, und so suchte Banofsky diesem in seiner äußeren Erscheinung zeitlebens zu gleichen.

Bei diesem Hintergrund nahm es nicht wunder, dass er schon als Zehnjähriger erklärt hatte, einmal Dichter werden zu wollen. Angesichts seiner mangelnden schulischen Leistungen, auch im Fach Deutsch, erschien dieser Wunsch seinen Eltern jedoch geradezu lächerlich, und so gaben sie ihn nach Abschluss der Volksschule 1909 zu einem Zimmermann in die Lehre. Dort glänzte Banofsky, schaffte die Gesellenprüfung ohne jede Mühe und zog dann, wie es Brauch war, durch halb Europa und erlebte manches Abenteuer. Wieder zurück in Berlin, brachte er seine Eindrücke zu Papier. Sein Roman *Auf Schusters Rappen* erschien 1920, wurde aber kein großer Erfolg, weil die Menschen nach Kriegsende anderes im Kopf hatten, als sich mit schöngeistiger Lektüre zu befassen.

Auch Johannes Banofsky war Soldat gewesen, hatte an vielen Fronten im Osten wie im Westen gekämpft, jedoch nur kleinere Verwundungen davongetragen. Nach dem Krieg hatte er sich bei einer Cousine in Rüdersdorf eingemietet und bei der May-Film GmbH Arbeit als Kulissenbauer gefunden.

In Joe Mays Filmstadt Woltersdorf, einem Vorläufer Hollywoods, wurden Abenteuerfilme wie *Die Herrin der Welt* (1919) und *Das indische Grabmal* (1921) gedreht. Banofsky ließ sich von der Begeisterung für den Film anstecken und versuchte alsbald sein Glück als Schauspieler. Nach ein paar Wochen Unterricht in einer erstklassigen Schauspielschule bekam er bei verschiedenen Produktionsfirmen kleinere Rollen, sogar der große Jules Greenbaum besetzte ihn einige Male. Zuletzt hatte man ihn in einer Nebenrolle in Zilles *Die Verrufenen* bewundern können.

Darüber hinaus hatte Banofsky einen Hang zur Malerei und einige Semester Kunstgeschichte an der Hochschule für Bildende Künste studiert.

Fragte man ihn, womit er seinen Lebensunterhalt verdiene, antwortete er stets: »Ich schlage mich so durch.« Derzeit hatte er keinerlei Einkünfte, konnte sich aber von den Zuwendungen seiner Eltern immerhin ein winziges Zimmer in der Köpenicker Straße leisten und musste nicht verhungern. Außerdem verdiente seine Freundin Cilly als Schneiderin auch ein bisschen was.

Als Banofsky Mitte Januar 1928 über das Filmgelände der UFA in Berlin-Tempelhof schlenderte, geschah dies nicht in der Erwartung, womöglich für einen plötzlich erkrankten Statisten einspringen zu können, sondern in der Hoffnung, Thea von Harbou zu treffen, die er in seiner Woltersdorfer Zeit aus der Ferne angehimmelt hatte. Sie hatte ihre Karriere zwar als Schauspielerin begonnen, war aber als Schriftstellerin bekannt geworden. Zu ihrer wahren Berufung sollten Drehbücher werden. Für Joe May hatte sie die erste Fassung von *Das indische Grabmal* geschrieben und für Erich Pommer das Drehbuch zu *Dr. Mabuse, der Spieler*. Regie hatte dort ein gewisser Fritz Lang geführt. Mit dem war sie inzwischen verheiratet, wenn es auch hieß, in ihrer Ehe krisele es anhaltend.

Banofsky wusste, dass Thea von Harbou in den Drehpausen gern an den Gleisen der Ringbahn spazieren ging, von wo aus man einen herrlichen Blick auf das Tempelhofer Flugfeld und die Türme der Berliner Innenstadt hatte. Er plante seinen Rundgang so, dass er ihr über den Weg laufen musste. Banofsky hatte ein Exemplar seines Romans bei sich, versehen mit einer anrührenden Widmung. Als Thea von Harbou ihm dann tatsächlich begegnete, stellte er sich vor und überreichte ihr mit einer kleinen Verbeugung das Buch.

»Oh …« Die Schauspielerin wurde zu oft von fremden Männern angesprochen, um wirklich überrascht zu sein.

»Ich bin gelernter Zimmermann«, erklärte Banofsky ihr, »und habe in Woltersdorf als Kulissenbauer gearbeitet, auch kleine Rollen habe ich schon gespielt. Eigentlich bin ich aber Schriftsteller. Sie sind mein Vorbild, denn ich trage mich mit dem Gedanken, auch einmal ein Drehbuch zu schreiben.«

»Machen Sie das! Sie müssen nur ein Thema finden, das die Produzenten vom Hocker reißt.« Thea von Harbou überlegte einen Augenblick, was sie Banofsky raten könnte. »Soll ich Ihnen nun Mut machen oder Ihnen sagen, dass das ein ziemliches Lotteriespiel ist – mit wenig Gewinnen und vielen Nieten? Ich empfehle Ihnen, sich auf einen Roman zu stützen, aus dem man einen guten Film machen kann, oder sich eine Berühmtheit zu suchen, deren Leben danach schreit, endlich verfilmt zu werden.«

Diesen Ratschlag hatte Banofsky befolgt und sich per Telephon mit Kurt Tucholsky verabredet. Sie kannten sich aus der Gruppe Revolutionärer Pazifisten, der Banofsky kurzzeitig angehört hatte. Als Treffpunkt hatten sie ein Café am Kleinen Tiergarten gewählt, das an der Straße Alt-Moabit lag. Tucholsky war ganz in der Nähe, Lübecker Straße Nr. 13, zur Welt gekommen und wollte noch einmal die Stätten seiner Kindheit sehen, bevor er womöglich für immer nach Schweden ging. Banofsky hatte in der Sickingenstraße etwas zu erledigen gehabt und ging nun die Rostocker Straße Richtung Süden entlang, um auf die Turmstraße zu stoßen und dann die Straße Alt-Moabit zu erreichen.

Kurz vor der Wittstocker Straße stutzte er. Der ältere Herr, der da stand, das war doch … Heinrich Zille! Er hielt einen großen Skizzenblock in der Hand und zeichnete das Eckhaus. Eine Meute von Kindern aller Altersklassen umringte ihn. In der zweiten und dritten Reihe hatten sich etliche Erwachsene eingefunden.

»Pinselheinrich is hier und malt dit Haus, in dem ick wohne!«, rief eine Zehnjährige.

Banofsky, von Natur aus neugierig, kam näher heran. »Was führt Sie denn hierher, Herr Professor?«

»Jetzt, da ich siebzig jewor'n bin, kehre ick noch mal an die Stätten zurück, wo ick wat alebt habe. Hier ham se mir beim Kohlenarbeitastreik fast jetötet. 1910 war det, da hab ich um een Haar 'n Blumentopp uff'n Kopp jekricht.«

Banofsky nickte und ging weiter. Als er sich noch einmal umdrehte, sah er, dass Zille bei den Erwachsenen eine Sammelbüchse herumgehen ließ. »Für die Armen, die ick untastütze!«

Banofsky kam das seltsam vor. Noch nie hatte er gehört, dass Zille selber sammelte. Johannes Banofsky war Schauspieler und Schriftsteller, weshalb er sich gut in andere Menschen hineinversetzen konnte – und in diesem Moment sagte ihm sein Instinkt, dass hier nicht der echte Pinselheinrich am Werk war. Der Mann trat offensichtlich als Zille auf, um sich seinen Lebensunterhalt zu verdienen.

Aber Banofsky war ein viel zu gutmütiger Mensch, um die Polizei zu rufen. Außerdem wartete Tucholsky auf ihn.

Der begrüßte ihn freundschaftlich und erzählte ihm sogleich von seinem Reisebericht *Ein Pyrenäenbuch* und dem geplanten Sammelband *Mit 5 PS*. Auch hatte er eine neue Frau kennengelernt, Lisa Matthias, und wollte sich von Mary trennen.

»Irgendwann gehe ich sowieso nach Schweden«, erklärte Tucholsky.

»Sie wollen Deutschland sich selbst überlassen?«, rief Banofsky.

»Richtig zu resignieren ist eine hohe Kunst. Ach … Die Bürokratie in Deutschland ermüdet mich. Es sitzen noch immer diejenigen an den Schalthebeln, die dem Kaiserreich nachtrauern und der Weimarer Republik den Garaus machen möchten. Für mich gibt es nur eine Lösung: Umwälzung, Generalreinigung, Aufräumung, Lüftung! Die deutsche Revolution steht noch aus. Was habe ich vor kurzem den Obdachlosen zugerufen? *Wohltaten, Mensch, sind nichts als Dampf. / Hol dir dein Recht im Klassenkampf!*«

Sie diskutierten eine Weile darüber, ob die KPD, der sich Tucholsky immer mehr annäherte, in Deutschland jemals an die Macht kommen konnte und ob Tucholsky, wenn er wirklich nach Schweden emigrierte, so etwas wie Fahnenflucht beging. Dann kamen sie auf Banofskys Probleme zu sprechen.

»Ich bin der Prototyp der freischwebenden Intelligenz, ich irrlichtere nur so umher, und vor kurzem ist mir der Gedanke gekommen, ein Drehbuch zu schreiben. Der Tonfilm scheint gerade den Stummfilm abzulösen, wie man an *The Jazz Singer* von Warner Brothers sehen kann. Thea von Harbou, die ich flüchtig kenne, hat mir den Rat gegeben, nach einem Roman zu suchen, der sich zu einem Drehbuch umschreiben lässt. Ich dachte mir, am besten befrage ich Sie dazu. Das Thema sollte etwas mit Berlin zu tun haben, weil ich mich nur hier richtig gut auskenne.«

Tucholsky überlegte. »Was haben wir an Berlin-Romanen ... Zuerst fallen mir *Lemkes sel. Witwe* von Erdmann Graeser und *Die Familie Buchholz* von Julius Stinde ein.«

Banofsky winkte ab. »Das ist mir alles zu idyllisch.«

»Und wie wäre es mit Georg Hermanns *Jettchen Gebert*?«

»Vom Judentum verstehe ich zu wenig.«

»Man erzählt sich, dass Erich Kästner, Gabriele Tergit und Alfred Döblin an großen Berlin-Romanen sitzen, aber wer weiß, wann die fertig sind ...« Tucholsky dachte weiter nach. »Muss die Vorlage für ihr Drehbuch unbedingt ein Roman sein? Warum denken Sie sich nicht selber etwas aus?«

»Mir fehlt die nötige Phantasie dazu«, musste sich Banofsky eingestehen »vielleicht auch nur die Geduld. Am liebsten wäre mir eine Biographie, die Geschichte einer großen Frau oder eines großen Mannes.«

»Ich scheide da aus!«, rief Tucholsky mit der nötigen Portion Selbstironie. »Aber nehmen Sie doch einen Freund von mir, dem ich gerade zu seinem siebzigsten Geburtstag geschrieben habe, er sei Berlins Bester: Heinrich Zille.«

Hinter ihm wurden die eisernen Tore zugeknallt. Es klang wie der Schuss aus einem Mörser. Unwillkürlich duckte sich Gustav Budenstieg. Aber warum sollten sie ihn erschießen? Diesmal hatten sie ihn wegen guter Führung sogar zwei Wochen früher entlassen. Budenstieg blieb noch einmal stehen. Sein Blick ging zurück. Der Backsteinklotz des Strafgefängnisses Tegel ragte in den grauen Winterhimmel. Er war ihm zur eigentlichen Heimat geworden. Im Haus III hatte er schon achtmal seine mehr oder minder lange Strafe abgesessen. Eigentlich hätte man für ihn an der Pforte eine Drehtür statt der eisernen Tore anbringen müssen. Eine Weile hatte er die Zelle mit Wilhelm Voigt geteilt, dem sogenannten Hauptmann von Köpenick. Der war am 16. August 1908 vorzeitig entlassen worden, Kaiser Wilhelm II. hatte ihn begnadigt. Des Öfteren träumte Budenstieg von einem solchen Coup wie der »Köpenickiade«, die ein großes Echo hervorgerufen hatte. Er dachte nach. Weswegen hatte er bisher eingesessen? Wegen Leistungserschleichung, Sachbeschädigung, Raub und Diebstahl, Landfriedensbruch sowie schwerer Körperverletzung. Nicht viele hatten eine solch lange Liste von Vorstrafen aufzuweisen. Seine Freunde wurden langsam neidisch. Aber etwas richtig Großes fehlte ihm noch. Nun, der Richter hatte ihm zuletzt Hoffnungen gemacht: »Wenn Sie sich weiter so entwickeln, Budenstieg, dann können wir Sie hier bald als Mörder oder wenigstens als Totschläger begrüßen.«

Budenstieg drehte sich noch einmal um. »Auf Wiedersehen!« Mit ein paar Schritten war er an der Seidelstraße angekommen. Aus Richtung Tegel näherte sich ein Straßenbahnzug. Er überlegte. Mit der Linie 25 kam er schnell in die Innenstadt. Aber die Fahrt war teuer! Ein paar Mark hatten sie ihm mit auf den Weg gegeben, aber die brauchte er nicht gleich der Verkehrsgesellschaft in den Rachen zu werfen. Was änderte das an deren Verlusten, wenn er für seine Fahrt keinen Pfennig bezahlte? Nichts! Er konnte also mit ruhigem Gewissen schwarzfahren. Die Bahn hielt. Budenstieg musterte die Schaffner. Wer sah dümmer aus, wer gutmütiger? Der im Trieb- oder der im Beiwagen? Budenstieg entschied sich für den Anhänger. Da der Schaffner auf dessen vorderem Perron abklingelte, enterte er den hinteren. Der Wagen war ziemlich voll, und er konnte hoffen, bis zur Afrikanischen Straße nicht kontrolliert zu werden.

Es war ein merkwürdiges Gefühl, wieder einmal in einer Straßenbahn durch Berlin zu gondeln. An jeder Haltestelle stand es ihm frei, einfach auszusteigen – ohne einen Vormelder an die Anstaltsleitung zu schicken. Andererseits hatte er keinen festen Schlafplatz mehr, und niemand schob ihm morgens, mittags und abends einen Napf mit etwas Essbarem durch die Luke. Auch wenn die Mahlzeiten meistens nur als Fraß zu bezeichnen waren.

»Noch jemand ohne Fahrschein?«

Der Schaffner war in seinem Abteil angekommen. Budenstieg schwang sich hinunter aufs Trittbrett, um während der Fahrt abzuspringen. Das war riskant. Man konnte unter einen Lastwagen geraten. Aber die Straße war frei.

»Heh, Sie da!«, schrie der Schaffner. »Hierjeblieben, sonst …«

Budenstieg hatte Glück. Am Ende der Scharnweberstraße hatte der Mann vorn an der Kurbel ein wenig Fahrt wegnehmen müssen. Er sprang. Es kam darauf an, beim Laufen in etwa so schnell zu sein wie die Straßenbahn. Budenstieg schaffte es und geriet nicht ins Straucheln. Und das, obwohl er anderthalb Jahre nicht richtig gerannt war und sich immer nur mit den Spaziergängen auf dem Gefängnishof hatte begnügen müssen. Budenstieg war stolz auf sich. Autos hupten hinter ihm. Er drehte sich um und drohte mit der Faust. »Willste was auf die Schnauze, du Arschloch?«

Endlich hatte er den Bürgersteig erreicht und sich in Sicherheit gebracht. Nach ein paar Metern blieb er stehen und blickte die Müllerstraße hinunter, die sich wie eine endlose Schneise dahinzog, bis sie in die Chausseestraße überging. Wo war das Ende? Budenstieg versuchte, sich den Stadtplan ins Gedächtnis zu rufen. Am Ende der Chausseestraße lag das Oranienburger Tor mit der Kreuzung von Elsasser, Oranienburger und Friedrichstraße. Das mochten sechs Kilometer sein – viel für einen untrainierten Menschen wie ihn. Aber so hatte er endlich wieder etwas Bewegung und kam unter Menschen. Er marschierte los.

Bis zur Kreuzung mit der Seestraße kam er gut voran, dann wurde er müde. Als er die Utrechter Straße erreicht hatte, fiel ihm ein, dass seine Eltern seit kurzem ein Stückchen weiter in der Malplaquetstraße wohnten. Was für ein idiotischer Name für den Wedding! Sein Vater arbeitete nebenan bei Osram. *Hell wie der lichte Tag*. Nach einiger Suche fand Budenstieg die richtige Hausnummer. Im Flur hing der Stille Portier. *Budenstieg – Gartenhaus, 3 Treppen, rechts*. Er machte sich auf den Weg. Das Treppensteigen fiel ihm schwer. Oben angekommen, verschnaufte er einen Augenblick. Sein Puls raste. Budenstieg zögerte. Dann hob er den Messinggriff der elektrischen Klingel an. Drinnen im Flur schellte es. Nichts rührte sich. Er wiederholte den Vorgang. Jetzt waren schlurfende Schritte zu hören.

»Wer is'n da?« Das war die Stimme seiner Mutter.

»Gustav.«

»Wer is Gustav?«

»Dein Sohn.«

»Ich habe keinen Sohn mehr.«

»Und ich keine Mutter!«

Damit sprang er die Treppen hinunter. Ich bin doch kein Aussätziger! Doch, das bist du! Er kam wieder auf die Müllerstraße und überlegte, ob er nicht doch ein paar Pfennige opfern und die Straßenbahn nehmen sollte. Nein, er musste hart bleiben! Budenstieg marschierte weiter. Genieße es doch, dass du wieder draußen bist! Die Welt ist so schön bunt! Besonders bunt war die Reklame, die überall angebracht war, vor allem die an den Litfaßsäulen. Budenstieg blieb stehen. Eines der Plakate war besonders hübsch: *Hofball bei Zille. Zum 70. Geburtstag von Heinrich Zille im Sportpalast. 4. Februar 1928*.

Zille! Budenstieg ballte die Fäuste. Diesen Armleuchter hatte er gefressen. Wenn der sich damals in Moabit beim Kohlenarbeiterstreik nicht so dusslig angestellt und sein Geld eher hergegeben hätte, wären ihm drei Jahre Knast erspart geblieben.

Bloß schnell weiter! Bis zur Oranienburger Straße musste er noch durchhalten. In den Kneipen dort traf er mit Sicherheit ein paar alte Kumpels, die ihm weiterhelfen würden. Was er brauchte, war ein Schlafplatz für ein paar Nächte und ein bisschen was zu essen. Dann musste er sich überlegen, wo er ein paar Mark herbekommen konnte.

Konrad Kowollek gingen die Worte des Chefredakteurs Reinhard Rummler nicht aus dem Kopf: »Das ist eine heiße Kiste, Kowollek, bleiben Sie an dieser Geschichte unbedingt dran! Wenn Sie Ihren Verdacht belegen können, kommen wir damit groß heraus. Überschrift: *Skandal um Zille!* Aber Indizien reichen mir nicht, Kowollek, ich brauche Beweise.«

Sein Freund Karl-Heinz, zumeist Heiner gerufen und Photograph beim *Berliner Boulevard Blatt*, konnte nur den Kopf schütteln, als er das hörte. »Da sagst du einen Grand mit Vieren an – und hast keinen einzigen Buben in der Hand.«

»Den beschaffe ich mir noch!«, rief Kowollek. »Die Sache ist kein Skatspiel. Aber selbst dabei findet man manchmal noch zwei Buben auf dem Tisch, wenn man sich scheinbar überreizt hat.«

»Wie kommst du eigentlich auf den Skandal um Zille?«, wollte Heiner wissen.

»Durch Intuition wie durch Konklusion.«

»Was Intuition ist, weiß ich, aber Konklusion habe ich noch nie gehört«, ließ der Freund verlauten.

Kowollek erklärte es ihm. »Das Wort ist vom lateinischen Substantiv *conclusio* abgeleitet und bedeutet Schlussfolgerung. Der Begriff stammt aus der Philosophie. Im Allgemeinen gilt etwas als konkludent, wenn es als Schlussfolgerung offenkundig wird, ohne daß es einer weiteren ausdrücklichen Erklärung bedarf.«

Heiner machte eine abwehrende Handbewegung. »Das ist zu hoch für mich! Aber wenn ich das richtig verstanden habe, dann ist Rummler mit deinen … deinen so zwingenden logischen Ausführungen nicht ganz zufrieden und will Beweise. Liebermann und Frey müssen also zugeben, dass sie für Zille Bilder gemalt und Texte geschrieben haben. Oder du musst ihre gefälschten Werke ausfindig machen. Du solltest auch Photos von Zilles Doppelgängern auftreiben.«

»So ist es«, musste sich Kowollek eingestehen. »Darum sollst du mich auch begleiten und meine Nachforschungen photographisch festhalten.«

»Wie bist du überhaupt auf die Idee gekommen, dass Zille andere für sich arbeiten lässt?«, hakte Heiner nach.

»Wie schon gesagt, durch Konklusion. Überall steht doch, dass der Mann nur noch ein Wrack ist und von zahlreichen Krankheiten heimgesucht wird. Kein Wunder, wenn man bedenkt, was der sich alles hinter die Binde gegossen hat … Es soll schon in Trunksucht übergegangen sein. Und seit seine Frau im Sommer 1919 gestorben ist, haust er allein in seiner Höhle am Bahnhof Westend, vier Treppen hoch, wobei seine kranken Beine kaum noch zulassen, dass er wieder nach oben kommt, wenn er es überhaupt mal nach unten geschafft hat. Steht überall in den Zeitungen. Wie soll er unter diesen Umständen bei den Zille-Bällen leibhaftig erscheinen, wo sie doch keinen Fahrstuhl im Haus haben?«

Der Freund war beeindruckt von diesen Argumenten. »Du hast recht, das klingt wirklich überzeugend.«

»Wenn ich diesen Skandal an die Öffentlichkeit bringe, Heiner, bin ich ein gemachter Mann. Dann habe ich endlich Geld in der Tasche und Aussicht auf eine feste Stelle als Reporter oder Redakteur. Dafür muss ich alles versuchen.«

Karl-Heinz nickte. »Womit du abermals recht hast. Und Zille ist doch dafür bekannt, dass er armen Teufeln wie dir gerne hilfreich unter die Arme greift.«

»Sei nicht so gemein!«

In den nächsten Tagen streifte Kowollek vom frühen Vormittag bis zum späten Nachmittag durch Berlin, immer in der Hoffnung, Zilles Doppelgänger zu treffen und zu entlarven. Das schien ihm die leichteste Methode zu sein, Rummler den nötigen Beweis für seinen Verdacht zu liefern.

Am 4. Februar schien er endlich Glück zu haben. Er ging die Friedrichstraße Richtung Norden entlang und hatte vor, am Oranienburger Tor in die Linienstraße einzubiegen und bis zum Rosenthaler Platz zu laufen – von den Berlinern gern Blasenthaler Rotz genannt, da in dieser Gegend viel von Zilles »Milljöh« zu finden war. Karl-Heinz lief einen Meter hinter ihm.

Auf der Weidendammer Brücke blieb Kowollek stehen und sah auf das trübe Wasser der Spree hinunter. Er hatte in den letzten Tagen alle Zeitschriften und Bücher durchgeblättert, in denen sich Zilles Zeichnungen finden ließen, und nun stand ihm

Ins Wasser
»Mutter, is's ooch nich kalt?« –
»Sei ruhig – die Fische leben immer drin.«

diejenige vor Augen, die er für die beste hielt: *Ins Wasser* aus dem Band *Kinder der Straße*. Eine Mutter will mit ihrem Kind zusammen Selbstmord begehen, die Kleine fragt ängstlich: *»Mutter, is's ooch nich kalt?«*, und die Mutter antwortet: *»Sei ruhig, die Fische leben immer drin!«*

»Willste hier baden?«, fragte Karl-Heinz.

»Nein, gehen wir weiter!«

Nach ein paar hundert Metern kamen sie an einem der merkwürdigsten Gebäude Berlins vorbei, dem Großen Schauspielhaus, wie es jetzt genannt wurde. Kowollek hatte erst neulich etwas darüber geschrieben. Ursprünglich war es von 1865 bis 1867 als erste Berliner Markthalle nach Plänen des berühmten Oberbaurats Friedrich Hitzig gebaut worden. Niemand aber wollte in dieser Halle so recht kaufen, und sie ging bankrott. Im Deutsch-Französischen Krieg von 1870/71 nutzte die preußische Heeresleitung das Gebäude als Nachschubarsenal. Von 1873 bis 1897 fanden in dem Bau Zirkusvorführungen statt, unter anderem die von Ernst Renz und seinem Sohn. Es folgte – wenn auch abermals ohne positive Bilanz – eine Zeit als Revuetheater, bis es Albert Schumann erneut mit einem Zirkus versuchte. Nach Ende des Großen Krieges war dann Max Reinhardt auf den Plan getreten, hatte das Haus von Hans Poelzig zum Großen Schauspielhaus umgestalten lassen – zur »Tropfsteinhöhle«, wie die Berliner lästerten – und *Aischylos* auf die Bühne gebracht. Aber auch das war nicht lange gutgegangen, und nun präsentierten Erik Charell und andere hier ihre Revuen.

Kowollek überlegte, ob man aus der Geschichte des Gebäudes nicht ein Buch machen könnte. So war er ein wenig abwesend, als sie am Oranienburger Tor ankamen.

»Nanu, wat is denn hier los?«, hörte er den Photographen hinter sich rufen.

Sie sahen einen Menschenauflauf. Kowollek drängte sich durch die Menge. Als Reporter hatte er das Recht, alle zur Seite zu stoßen. Dann stand Heinrich Zille vor ihm. Oder war das einer der Doppelgänger, nach denen er so lange gesucht hatte? Der Mann hielt einen Skizzenblock in der Hand, auf dem Kowollek einen gezeichneten Lumpensammler erkannte. Jetzt hob er eine Sammelbüchse vom Boden auf und schüttelte sie lautstark. »Spenden Sie für das Waisenhaus in der Ackerstraße!«

In diesem Augenblick sprang ein Kerl auf Zille zu und riss ihm die Sammelbüchse aus der Hand. Kowollek war nun weniger an diesem Räuber interessiert als an Heinrich Zille – oder wer immer es war. Der Mann mit dem Skizzenblock wirkte nicht zerbrechlich, sondern war ein kräftiger Siebzigjähriger. Kowollek wollte ihn packen und zur nächsten Polizeiwache schleppen, doch in dem allgemeinen Durcheinander, das entstanden war, stieß jemand Kowollek zu Boden, und dann trat ihm auch noch jemand so heftig in die Nieren, dass er kurzzeitig das Bewusstsein verlor.

Als er sich wieder aufgerappelt hatte, war der offensichtlich falsche Zille längst verschwunden. Dennoch – und trotz seiner Schmerzen – hätte Kowollek jubeln können. Er war auf der richtigen Spur!

Johannes Banofsky hatte zwar Heinrich Zille noch nicht persönlich sprechen können, war aber bereits dabei, alles über den »Pinselheinrich« zu sammeln, was sich in den Zeitungsarchiven auftreiben ließ. Über den ersten »Hofball bei Zille«, den es am 21. März 1925 im Großen Schauspielhaus gegeben hatte, war im *Berliner Tageblatt* in schönstem Berlinerisch zu lesen gewesen:

Awa det Scheenste am Abend, det war janz hinten, in eener Losche, da saß son janz stilla, janz bescheidena oller Mann in jrauen Haaren, mit'n jrauen Anzuch, der kiekte sich, janz in die Ecke jedrückt, den Zimt an. Det war der Meester Zille selba, janz valejen, det die son Radau um ihn machen (...) Jeschwooft wurde bisn Morjen, et warn massenhaft Leute zujejen, uff Zillen uffjemacht, ick erwähne nur Ejon Erwin Kisch, der det verrückte Buch von den rasenden Reporter jeschrieben hat. (...) Im jrauen Morgen dusselte man iwa die Bricke, lang die Friedrichstraße, allens, wat man da sah, war von Zillen entworfen, un vaniejt det eene Ooche in die Morjenröte, det andere schon im Bette, singt man det scheene Lied: »Der Kellner hat's Delirijum, die Wirtin latscht ins Hemde rum, die Jäste, die sin knille.«

Nun wurde zum vierten »Hofball bei Zille« geblasen, diesmal im Sportpalast. Die Eintrittspreise lagen zwischen 12,50 und 50,00 Reichsmark, den Wohlfahrtszuschlag eingeschlossen. Das war eine Menge Geld für Banofsky und seine Freundin. Eigentlich hätten sie sich die Eintrittskarten gar nicht leisten können, aber Cilly hatte einen goldenen Ring, ein Erbstück, in die Pfandleihe getragen.

Banofsky stand in der Potsdamer Straße und wartete auf Cilly, die eigentlich Cäcilie hieß. Sie hatte ursprünglich Schneiderin gelernt, aber auch einige Jahre die Hochschule der Künste besucht und Kostümbild studiert, ohne in einem Theater oder einer Filmfirma eine feste Anstellung zu finden. Ihren Lebensunterhalt verdiente sie, indem sie gelegentlich für Damen der höheren Stände Kostüme und Ballkleider schneiderte.

Straßenbahn auf Straßenbahn kam angerauscht und hielt vor dem Sportpalast. Hunderte stiegen aus, nur Cilly war nicht dabei. Langsam wurde Banofsky unruhig. Hübsch, wie seine Freundin war, wurde sie immer wieder angesprochen, und es sollte Männer geben, die nicht nur was hermachten, sondern im Gegensatz zu ihm auch noch eine Menge Geld verdienten. Banofsky ging ein wenig auf und ab, um sich zu beruhigen. An einigen Wänden hingen noch die Plakate vom Boxkampf Max Schmeling (Berlin) gegen Michele Bonaglia (Italien). Er kannte Leute, die sich zwar über den Sieg Schmelings riesig gefreut hatten, aber dennoch anhaltend fluchten, weil man den Kampf auf fünfzehn Runden angesetzt hatte, der Italiener aber schon in der ersten Runde K. o. gegangen war.

Plötzlich prallte Banofsky mit einem Mann zusammen, der ungefähr in seinem Alter sein mochte. Erst wollten sie sich anschreien – »Passen Sie doch auf, Sie Trottel!« –, dann aber erkannten sie sich und lächelten. Banofsky stand Fred Hildenbrandt gegenüber, dem Feuilletonchef vom *Berliner Tageblatt*.

»Was denn?« Banofsky staunte. »Sie als kulturell hochstehender Mensch bei dieser Schlimmer-geht's-nimmer-Veranstaltung?«

Um Banofsky zu zeigen, wie weit über ihm er angesiedelt war, antwortete Hildenbrandt mit Zeilen aus dem Faust. »*Greift nur hinein ins volle Menschenleben! / Ein jeder lebt's, nicht vielen ist's bekannt, / Und wo ihr's packt, da ist's interessant.*«

Banofsky lächelte. »Ja, ja, wir leben in goldenen Jahren …«

Hildenbrandt holte aus zu einem kleinen Exkurs. »In der Tat, es sind große und goldene Jahre für Journalisten, Schriftsteller, Theaterdirektoren, Redakteure, Regisseure, Schauspieler und Schauspielerinnen, Tänzerinnen und Tänzer, Kabarettisten, Maler, Bildhauer, Zeichner, Musiker … Sehen Sie sich doch um, überall sind sie zu finden: in Zeitungen, Zeitschriften und Büchern, Theatern, Buchhandlungen und Antiquariaten, in ihren Varietés und Kabaretts, ihren Ateliers, ihren billigen und teuren Kneipen, Destillen, Restaurants und Cafés. Da sitzen sie zusammen – unter sich wie mit ihren Gästen, Lesern, Zuschauern und Zuhörern und quatschen, philosophieren, politisieren, genießen, schlucken, trinken, saufen, fressen … Das sind wir, wir auf unseren Inseln, aber außerhalb unserer Welt. Da tobt ein erbitterter und gnadenloser Kampf um Geld und Macht, da geht es um Existenz oder Untergang.«

»Wie bei Zilles fünftem Stand«, warf Banofsky ein.

»Genau …« Damit verabschiedete sich Hildenbrandt.

Banofsky stellte sich in einen Hauseingang und notierte sich, was Hildenbrandt gesagt hatte, denn sein Zille-Film musste diese Berlin-Atmosphäre unbedingt einfangen. Auf einem anderen Zettel stand schon, was ihm Walther Kiaulehn vom *Berliner Abendblatt* gesagt hatte: Nie sei die Stadt größer, reicher, bunter, glänzender gewesen … Die Genusssucht und die neue Lebenskraft produzierten sich in prächtigen Restaurants und unzähligen Tanzsälen. Juden und Nicht-Juden belachten den nicht immer geschmackvollen jüdischen Witz, die Orchester unter ihren berühmten Dirigenten entzückten die feineren Ohren. Eine kostbare Theaterkunst, über die Max Reinhardt herrschte, breitete einen goldgesponnenen Zauberschleier über allem aus.

Banofsky steckte seine Notizen wieder ein. Die Frage war, welchen Stellenwert Heinrich Zille in dieser Welt hatte. Bevor Banofsky sie nicht wenigstens halbwegs beantwortet hatte, konnte er kein Drehbuch beginnen. Zilles Bilder hingen in vielen ernstzunehmenden Galerien, er war als Professor in die Akademie der Künste aufgenommen worden – und er hatte viel getan, um auf die elende Lage des fünften Standes aufmerksam zu machen. Andererseits hatte er viele Auftragsarbeiten angefertigt, die in ihrer Rührseligkeit seiner Absicht der Aufklärung auf fast schon ärgerliche Art und Weise zuwiderliefen. Und er hatte sich vor zu viele Karren spannen lassen. Angefangen von seinen Zirkusplakaten – *Wohin gehen wir denn heute? In den Circus Busch, Bahnhof Börse* – bis hin zu den Zille-Bällen. Wie hatte man in einem Lied gelästert? *Selbst Frau Hofrat Trumm / läuft als Nutte rum.* Unangebracht fand Banofsky auch die Werbung für die Zille-Zigaretten: *Ich rauche nur meine eigene Marke: Heinrich Zille, 5 Pfennige.* Das Volk liebte ihn, aber liebte er sich auch selbst? Und wenn sein Herz wirklich ganz weit links schlug, warum hatte er in der Politik nie eine Rolle zu spielen versucht? Käthe Kollwitz hatte in dieser Hinsicht schon mehr bewirkt, obwohl auch sie nie in die SPD oder die KPD eingetreten war. Es gab noch eine Menge herauszufinden.

Die nächste 76 kam herangerollt und hielt. Cilly? Da war sie! Banofsky eilte hin, sie in die Arme zu schließen.

»Ich musste noch ein Ballkleid zu Ende nähen.«

»Aber nicht für den Zille-Ball?«

»Nein, für den Presseball.«

Sie eilten in die Garderobe. Als sie dort ihre Mäntel abgelegt hatten und ein wenig später aus den Umkleideräumen herauskamen, präsentierte sich Banofsky als Budiker in Hemdsärmeln und blauer Schürze, Cilly trat als Harfenjule auf. Dabei hatte sie sich so hässlich gemacht, dass er zumindest an diesem Abend keine Angst vor aufdringlichen Kavalieren und Hahnenkämpfen haben musste. Sie nahmen ihre Plätze oben auf dem Rang ein und warteten gespannt auf den Beginn des Programms.

»Hier habe ich vor vier Jahren beim Sechstagerennen gesessen«, erinnerte sich Banofsky. »Damals haben Richard Huschke und Franz Krupkat ihren Weltrekord aufgestellt, insgesamt 4544,2 Kilometer sind sie gefahren. Eine Zahl, die ich nie vergessen werde.«

Cilly schüttelte den Kopf. »Womit ihr Männer euch so eure Gehirnzellen füllt!«

»Und womit füllt ihr sie?«, fragte Banofsky zurück.

»Wir träumen von Männern wie diesem …« Cilly deutete auf den Schauspieler, Kabarettisten und Komiker Harry Lambertz-Paulsen, der gerade an der Seite von Claire Waldoff die Halle betreten hatte und mit einigem Applaus begrüßt wurde.

»*Der Weg der Tränen*«, spottete Banofsky und zählte noch eine Reihe von Filmen auf, um Cilly zu beweisen, dass er Lambertz-Paulsen nicht unbedingt als nächsten Träger des Iffland-Ringes vorschlagen würde. »*Harry lernt Radfahren*, *Harry wird Familienvater*, *Harry als Wachsfigur* …«

Cilly sah ihn prüfend an. »Kann es sein, dass du ein wenig neidisch auf Lambertz-Paulsen bist?«

»Ein wenig nur?«

»Dann schreib doch für deinen Zille-Film eine Rolle, die nur du spielen kannst.«

Banofsky überlegte einen Augenblick. »Das könnte nur Heinrich Zille selber sein.«

»Mit dem hast du so viel Ähnlichkeit wie … wie …« So schnell wollte ihr kein passender Vergleich einfallen.

»… die Harfenjule mit Königin Luise«, half Banofsky ihr.

»Bei Männern fällt dir aber nichts ein!«

Banofsky überlegte. »So viel Ähnlichkeit wie … wie Siegfried mit Napoleon oder Bismarck mit Toulouse-Lautrec.«

»Wer is'n das?«

»Ein französischer Maler.«

»Womit wir wieder bei Zille wären.«

Wie auf Stichwort erschien ebender in diesem Augenblick im Sportpalast. Ein Begeisterungssturm brach los. Banofsky war beeindruckt. Claire Waldoff lief auf Zille zu und umarmte ihn.

Banofsky, der auch mit Bertolt Brecht befreundet war, kannte schon einige Songs aus dessen *Dreigroschenoper*, die bald Premiere haben sollte, und sang leise:

Denn die einen sind im Dunkeln
und die andern sind im Licht
und man siehet die im Lichte
die im Dunkeln sieht man nicht.

Er wollte darüber nachdenken, wie sich Brechts Erkenntnis auf Heinrich Zille übertragen ließ: War der Maler ins Licht gekommen war, indem er die im Dunkeln gezeichnet hatte? Doch da setzte die Musik ein. Arthur Guttmanns Jazz-Symphonikern oblag die Eröffnung, weitere zehn Kapellen waren angerückt.

Banofsky und Cilly warteten noch ein Weilchen, dann wagten sie sich in den Innenraum. Die Stimmung stieg langsam, und eine der Kapellen heizte sie mit Berliner Liedern noch an. Sie spielte *Durch Berlin fließt immer noch die Spree* und *Im Grunewald, im Grunewald is Holzauktion* sowie den *Rixdorfer*. Cilly sang kräftig mit, obwohl sie den Text nicht richtig kannte:

Uff den Sonntag freu ick mir,
ja, dann jeht et raus zu ihr,
feste mit verjnüchtem Sinn,
Pferdebus nach Rixdorf hin.

Banofsky konzentrierte sich derweil auf die Rutschbahn, die mitten in der Arena aufgebaut war. Die Mädchen zeigten hier juchzend, was sie gewöhnlich in der Öffentlichkeit schamhaft versteckten. Und auch sonst war man nicht prüde. Wer als Draufgänger auf den Treppen zwischen den Sitzreihen einem hübschen Mädchen begegnete, zögerte nicht, seine Hand klatschend dort landen zu lassen, wo der Rücken endete. Der Begleiter des Mädchens rächte sich sofort, indem er seinerseits die Partnerin des anderen beklatschte oder auch nur gutmütig drohend ausrief: »Det mach mal jefälligst bei deina Ollen, sonst fühlt se sich zurückjesetzt!« Damen aus den höheren Ständen, denen man ansah, dass sie einen solch handgreiflichen Spaß nicht verstanden, wurden verschont. Banofsky bekam unterdes eine Menge filmreifer Dialoge zu hören.

»Na, Kleene, suchste mir oder mich?« – »Nee, meinen Bruder suche ich!« – »Soll ich suchen helfen – oder biste schon vajeben?«

Die Musik brach ab, Paukenschläge dröhnten durch die Arena, dann ein Tusch – und alles rief: »Hoch Zille! Hoch Vater Zille!«

Der hatte in seiner Eckloge beim Signieren gesessen, erhob sich nun und winkte in die Menge. An der Bande, gegen die sonst die Eishockeyspieler krachten, hatten sich Hunderte aufgebaut, um sich Bücher und Zeichnungen von Zille signieren zu lassen oder ihm auch nur ein Programmheft, den Pappteller für ihre Bockwurst oder eine Papierserviette hinzuhalten.

»Da kannst du bis Mitternacht anstehen, bevor du dran bist«, musste Banofsky feststellen.

Cilly versuchte, es mit Humor zu nehmen. »Ruf doch ganz laut, dass du in *Die Verrufenen* mitgespielt hast, dann lassen dir die anderen bestimmt gern den Vortritt.«

»Die treten mir eher in den Hintern.«

»Dann tanzen wir und sehen nachher weiter.«

Es wurde fast Mitternacht, ehe sich Banofsky noch einmal vor Zilles Eckloge anstellte. Die Schlange vor ihm war nun überschaubar, seine Hoffnung wuchs. Doch als er in Hörweite war, hörte er Zille rufen: »Nu jeht's nich mehr!« Daraufhin gaben einige auf, dafür aber drängten andere heran.

Banofsky stieß sie beiseite. »Herr Zille, ich will kein Autogramm, ich will nur ein Treffen mit Ihnen ausmachen!«

Zille hob abwehrend die Hände. »Nee, nu is endjültig Schluss! Wenn ick für jedet Autogramm 'ne Mark kriegen würde, hätte ick vielleicht mehr, als wie ick dafür kriege, dass se mit meim Namen krebsen gehen.«

Banofsky flehte ihn geradezu an: »Herr Professor Zille, ich will doch nur …«

»Lassen Se ma in Ruhe! Ick kann nich mehr, ick falle jleich tot um.«

Vier

Johannes Banofsky war nicht der Typ von Mensch, der Selbstmord beging, wenn er nicht mehr aus noch ein wusste, aber er hätte nichts dagegen gehabt, wenn ihn der Tod in diesen Tagen geholt hätte. Doch der zierte sich. Keine Straßenbahn, mit der Banofsky unterwegs war, kippte in einer Kurve um, noch überrollte ihn eine, wenn er gedankenverloren die Gleise überquerte. Kein Mieter in seinem Haus drehte den Gashahn auf und ließ das ganze Gebäude in sich zusammenstürzen. Kein tödlicher Bazillus wollte sich in Banofskys Körper einnisten, und auch der Schlaganfall suchte sich andere Opfer.

Banofsky blieb nichts anderes übrig als zu begreifen, dass er weiterhin zum Leben verurteilt war. Was seine Kontaktaufnahme mit Heinrich Zille betraf, war er sich mit Cilly einig, dass er nicht mit der Tür ins Haus fallen durfte, sondern einen Türöffner brauchte. Aber wer kam dafür in Frage? Die Wahl musste gut bedacht werden. Also stürzte sich Banofsky erst einmal auf das Thema Tonfilm, denn das war der Dernier Cri. Wenn er einen Produzenten von einem biographischen Zille-Film überzeugen wollte, musste er über dieses neue Verfahren bestens Bescheid wissen.

Mit Erich Pommer, dem Produktionschef der UFA, hatte er schon einige Male zu tun gehabt, und so gelang es ihm, schnell einen Termin für ein Gespräch zu bekommen. Er fuhr hinaus zu den Studios an der Oberlandstraße in Tempelhof.

Pommer war nicht sonderlich gut gelaunt. »*Metropolis* hat uns allen viel Ruhm und Ehre eingebracht und wird als bester deutscher Stummfilm aller Zeiten in die Geschichte eingehen, aber er hat fünf Millionen Reichsmark gekostet, und die Einführung des Tonfilms traut man mir offenbar nicht zu – meine Ablösung steht schon bereit.«

»Schade …« Banofsky hatte voll auf Erich Pommer gesetzt. »Aber der Tonfilm als solcher wird kommen?«

»Sicher, sein Siegeszug wird unaufhaltsam sein, vorerst aber geht es nur langsam voran, weil mehrere Firmen erbittert darum kämpfen, ihr System weltweit durchzusetzen und damit Riesengewinne zu machen: Die deutsch-niederländische Gruppe Küchenmeister-Tobis-Klangfilm, Warner Brothers aus den USA und die Tri-Ergon-Musik-AG aus der Schweiz. Noch blockiert man sich gegenseitig, aber irgendwann wird man sich einigen – und dann wird es steil bergauf gehen mit dem Tonfilm. Schluss mit den Untertiteln, Schluss mit dem Gefühl, dass wir nur taubstumme Schauspieler haben!«

»Sind Sie sich da so sicher?« Banofsky zweifelte. »Ich kann mich erinnern, schon im September 1922 im Alhambra-Kino am Kurfürstendamm gesessen zu haben, als der erste deutsche Tonfilm gezeigt wurde. Das ist immerhin bereits sechs Jahre her.«

Erich Pommer nickte. »Der lief damals mit Lichttonspur.« Er sah auf die Uhr. »Nun zu Ihrer Idee ...«

Banofsky berichtete, wie er geradezu besessen davon war, Zilles Leben auf die Leinwand zu bringen. »Ganz Berlin liegt ihm zu Füßen, ein solcher Film müsste sich doch rechnen.«

»Ich weiß nicht recht. Vergessen Sie nicht, mein Lieber, dass Heinrich Zille nur ein Berliner Thema ist und nicht alle Deutschen diese Stadt und ihren – Pardon! – teilweise fürchterlichen Dialekt lieben. Da wäre manchen ein Stummfilm wesentlich lieber.«

Banofsky musste schlucken. »Machen Sie mir nicht meinen Traum kaputt!«

»Das war nicht meine Absicht!«, rief Erich Pommer.

»An wen könnte ich mich wenden, wenn die UFA ausscheidet?«

Pommer überlegte einen Augenblick. »Gehen Sie zu Otto Guttenberg, der hat für alles Berlinische ein mächtiges Faible.«

Banofsky bedankte sich, lief zum Bahnhof Hermannstraße und fuhr mit der Ringbahn eine Station bis Neukölln. Dann lief er knapp einen Kilometer und fuhr anschließend mit der U-Bahn bis zum Bahnhof Friedrichstadt. Von da aus war er schnell in der Leipziger Straße, wo er mit Cilly im Kempinski zum Mittagessen verabredet war. Dort waren die Preise erfreulich zivil.

Sie fanden einen freien Tisch im Burgensaal, dessen Wände Gemälde der Burg Rheinstein, der Wartburg und der Schlösser Eltz und Heidelberg zierten.

»Das ist keine große Kunst«, urteilte Banofsky streng, aber treffend. »Da hätten sie besser Zille rangelassen.«

»Von dem kommst du gar nicht mehr los!«, rief Cilly.

»Genauso wenig wie von dir.« Er küsste sie so intensiv, wie das in der Öffentlichkeit überhaupt möglich war.

Ein Ober räusperte sich.

Banofsky lachte. »Ich weiß, Sie haben Angst um Ihre Gläser. Wenn Sie die bitte abräumen wollen, damit meine Braut und ich hier ungestört auf dem Tisch ...«

»Mein Herr, dürfte ich Sie bitten, unser Haus sofort zu verlassen!«

»Sehr gern ...«

Banofsky zog Cilly mit sich fort. Die sträubte sich und war böse über seinen Auftritt. »Wir sind hier nicht das Kabarett der Komiker!«

»Leider! Aber die Größe des Saales hat mich an den Reichstag erinnert.«

Den Witz verstand Cilly nicht, und Banofsky konnte sie auch nicht mit dem Vorschlag versöhnen, bei F. W. Borchardt an der Französischen Straße zu speisen.

»Bist du verrückt? Wer soll denn das bezahlen?«

»Keiner. Ich hatte an Zechprellerei gedacht.«

Sie einigten sich schließlich auf die Charlottenklause in der Charlottenstraße, weil die ihren Namen in Zille-Klause geändert hatte und sie hoffen konnten, Heinrich Zille dort zu treffen. Doch er war nicht da.

»Schade, dass das Leben kein Film ist«, sinnierte Banofsky. »Sonst hätte ich eine Szene in das Drehbuch geschrieben, in der ich Zille hier in seiner Klause treffe – inmitten seiner Bilder.«

»Was nun?«, fragte Cilly.

»Ich werde mich bemühen, so viel wie möglich über Zille zu erfahren.« Dann kam Banofsky auf den Türöffner zu sprechen, an den er am Morgen gedacht hatte. »Ich muss jemanden finden, der mir den Weg zu Zille ebnet, einen engen Freund, nicht nur einen Bekannten wie Kurt Tucholsky.«

»Wie wäre es mit Claire Waldoff?«, fragte Cilly.

»Nein, ich glaube nicht, dass sie sich dazu bereit erklären würde. Ich werde nachher gleich anfangen zu suchen.«

Die Wirtin kam, sie gaben ihre Bestellung auf und redeten dann über Cillys verzweifelte Suche nach Arbeit.

»Bei den Theaterleuten habe ich keine Chance«, jammerte sie. »Die von den seriösen Häusern sehen mich als kleines Dummchen, das ihre Stücke nicht versteht, und bei der leichten Muse bin ich denen zu interlektuell.«

Banofsky vermied es, sie zu verbessern. »Also gilt für dich dasselbe wie für mich: Nur der Tonfilm kann die Rettung bringen!«

Sie stießen darauf an, wenn auch nicht mit Champagner, sondern nur mit Mineralwasser und Pils.

Danach gingen Banofsky und Cilly in eine große Buchhandlung in der Friedrichstraße und sahen sich alle Zille-Alben an, die in den Regalen standen.

Kinder der Straße. 100 Berliner Bilder
Erholungsstunden
Berliner Luft
Mein Milljöh. Neue Bilder aus dem Berliner Leben
Berliner Geschichten und Bilder
Rund um's Freibad.
Rings um den Alexanderplatz

»Das kann sich sehen lassen!«, fand Cilly.

Banofsky war beim Durchblättern eines Bandes auf eine Zeichnung mit einem Hund gestoßen. »Siehst du, das wäre der Unterschied zwischen einem Bild und einem Film: Im Film würde der Hund jetzt mit dem Schwanz wedeln, und man könnte ihn bellen hören.«

Um das zu verdeutlichen, bellte er wirklich. Einige Kunden guckten pikiert. Ein Buchhandlungsgehilfe kam sogleich herbeigeeilt.

»Wie darf ich das verstehen, mein Herr?«

Banofsky lächelte und machte mit beiden Händen eine ausladende Bewegung in Richtung der deckenhohen Bücherregale. »Bei so viel Bildung dachte ich, Sie hätten sich auch einmal in die Kynologie vertieft ...«

»In was bitte?«

»In die Kynologie, die Lehre vom Hund. Das Wort kommt vom griechischen *kýon*, der Hund. Wenn Sie die Hundesprache verstehen würden, wüssten Sie, was ich mit meinem Gebell habe ausdrücken wollen: Ich suche eine Biographie über Heinrich Zille.«

Der Jungbuchhändler begriff die Welt nicht mehr. Er hatte den Kunden für einen armen Irren gehalten – und nun äußerte der in einer gehobenen Sprache einen ganz gewöhnlichen Wunsch. Dass sich Cilly kichernd abwandte, irritierte ihn ebenfalls.

»Ich möchte etwas Biographisches über Heinrich Zille«, wiederholte Banofsky. »Eine Biographie ist die Lebensbeschreibung einer Person. Von *bíos*, das Leben.«

»Ich weiß, ich weiß.«

»Gut. Haben Sie etwas für mich auf Lager?«

»Da bin ich überfragt, tut mir leid.« Der junge Mann eilte davon, um den Inhaber zu holen.

Der kam herbei. Banofsky fand, dass er eine frappierende Ähnlichkeit mit Adele Sandrock hatte. Sein Gehilfe musste ihm schon gesagt haben, worum es ging, denn er kam sofort auf Zille zu sprechen.

»Ich muss Sie leider enttäuschen, mein Herr, aber eine Biographie geschweige denn eine Autobiographie von Heinrich Zille kann ich Ihnen nicht anbieten. In Ausstellungskatalogen werden Sie etwas über sein Leben finden, auch Zilles Rede bei seiner Aufnahme in die Akademie der Künste liegt gedruckt vor. Dazu einige Essays von Otto Nagel. Aber ein richtiges Buch gibt es nicht, auch keine wissenschaftliche Monographie. Zu diesem Thema entsteht zwar derzeit vieles, aber fertiggestellt ist bisher noch nichts. Ich weiß nur, dass in diesem Jahr ein gewisser Rudolf Danke in einem Dresdner Verlag etwas über Heinrich Zille veröffentlichen wird, und hier in Berlin ist Hans Ostwald dabei, ein Zille-Buch zu schreiben – unter Mitwirkung des Künstlers selbst.«

Banofsky fasste sich an den Kopf. »Hans Ostwald – das isses, den kenn ich doch!«

Hans Ostwald war bekannt im Berlin der zwanziger Jahre – sowohl als Schriftsteller wie auch als Kulturwissenschaftler. Schon sein autobiographischer Landstreicherroman *Vagabonden* hatte einiges Aufsehen erregt, seine *Großstadt-Dokumente* aber waren Sternstunden der Stadtforschung. In fünfzig Bänden hatten namhafte Autoren – darunter Magnus Hirschfeld und Felix Salten – das Leben in den beiden Großstädten Berlin und Wien nachgezeichnet.

»Berlin wurde lange als Metropole ohne nennenswerte Geschichte gesehen, Wien dagegen als Kulturstadt mit Tradition«, erklärte Hans Ostwald Banofsky, als sie sich im Romanischen Café gegenübersaßen. »Die Bohèmekultur haben wir unter die Lupe genommen, ebenso Homosexualität und Prostitution – na ja, und von den *Großstadt-Dokumenten* zu Heinrich Zille war es nur ein kleiner Schritt. Schon 1908 habe ich das Vorwort zur Erstausgabe seiner *Kinder der Straße* geschrieben.«

»Ich erinnere mich an die Aufregung über die Zeichnung vorne auf dem Umschlag«, unterbrach ihn Banofsky. »Sie zeigt, wie zwei fette Polizisten eine Nutte packen und die den rechten Arm hochreckt, die Faust geballt.«

Ostwald nickte. »Genau. Ich habe Heinrich Zille einen sozialen Künstler genannt, den das Elend, das er bei seinen Wanderungen durch die Straßen Tag für Tag vor Augen hat, tief bewegt. Zille ist keiner, der bloß Gelächter erregen will, er hat anderes im Sinn: Er will uns zum Nachdenken zwingen und zur tätigen Mithilfe auffordern. Durch seinen Zeichenstift teilt er uns mit wenigen Strichen mit, wozu andere jahrelange Untersuchungen brauchen. Zudem geht es in seinen Darstellungen nicht nur um Elendsmenschen, sondern auch um die Kraft des Volkes.«

»Das alles will ich auch in meinen Film … äh …«, Banofsky

Verhaftung

musste kurz nach den richtigen Worten suchen, »… hineinpacken.«

»In Ihren Film hineinpacken«, wiederholte Ostwald. »Wenn Sie Zille das erzählen, seien Sie vorsichtig, denn er hat oft zu mir gesagt: Mich haben se alle ausgeplündert.«

Banofsky lachte. »Das ist das Schicksal aller Menschen, die Geschichte geschrieben haben: Ihr Leben wird in Büchern, Bildern oder Filmen verarbeitet. Das ist der Preis, den sie zahlen müssen. Oder besser gesagt: Sollen sie sich doch darüber freuen!«

»Nun ja, das ist sicher alles zwiespältig, und noch hat Zille nicht abgewinkt. Aber er ist der Euphorie um ihn herum einfach müde geworden: Zille-Filme, Zille-Kneipen, Zille-Bälle. Außerdem weiß er selbst genau, dass er seit dem Tod seiner Frau nichts wirklich Erwähnenswertes mehr geschaffen hat. Ich will Sie auch nur warnen, lieber Banofsky: Der Umgang mit Zille ist nicht einfach. In mein Zille-Buch redet er mir ständig hinein und ist unzufrieden mit mir. Das liegt daran, dass er eigentlich selbst eine Autobiographie schreiben wollte, dann aber doch nicht die Kraft aufzubringen vermochte, einen solch langen Text zu verfassen. Jetzt wuselt auch noch dieser Rudolf Danke um ihn herum, der ihn ausquetscht wie eine Zitrone. Nein danke!«

»Aber ein Film ist etwas ganz anderes als ein Buch!«, rief Banofsky. »Im letzten Teil könnte sich Zille sogar selbst spielen.«

Ostwald sah ihn etwas spöttisch an. »Und der junge Zille – das sind Sie?«

»Der mittlere vielleicht. Für den jungen Zille, der aus Sachsen nach Berlin kommt, müssten wir noch jemanden suchen.«

»Na, dann man tau!«, rief Hans Ostwald.

»Sie würden so liebenswürdig sein, mich Herrn Zille wärmstens zu empfehlen?«

»Ich werde mein Bestes versuchen. Aber nur, wenn ich als Statist in Ihrem Film mitspielen darf.«

»Versprochen. Können Sie mir noch verraten, welches Zilles Lieblingskneipen waren?«

Hans Ostwald musste nicht lange überlegen. »Tübbecke in Stralau, der Lindengarten des alten Päkelmann in der Köpenicker Straße, der Nußbaum in der Fischerstraße, die Parochialritze, Stallmanns Künstlerkeller in der Jägerstraße, die Charlotten-Klause in der Charlottenstraße, der Stramme Hund am Oranienburger Tor, der Bayrische Bierkeller in der Poststraße, das Weiße Meer in der Rosmarinstraße und der Ausschank Zum Goldenen Hahn in der Landsberger Straße.«

Banofsky saß in der U-Bahn und war auf dem Weg zu Heinrich Zille. Er wäre lieber in die Ringbahn gestiegen, um noch einmal die alten Dampfzüge zu genießen, bevor auch sie Ende des Jahres von elektrisch betriebenen Wagen abgelöst würden, doch vom gemieteten Zimmer in der Köpenicker Straße waren es nur ein paar hundert Meter bis zum Hochbahnhof Schlesisches Tor.

Eigentlich hatte er über bestimmte Drehbuchszenen nachdenken wollen, doch in seinem Kopf lief noch immer der Film ab, bei dem er gestern selbst die Hauptrolle gespielt hatte: Er mit Cilly im Bett. Er liegt auf dem Rücken, sie reitet auf ihm. Er keucht: »Schneller, Cilly, schneller!« Sie nimmt ihn auf den Arm, weil er in letzter Zeit nur noch Zille im Kopf hat. »Cilly mit C vorne oder mit Z? Und hinten mit e?«

Banofsky hatte sich das *Berliner Boulevard Blatt* gekauft, um während der Fahrt etwas zum Lesen zu haben. Der Aufmacher war der Beginn des Prozesses um die Steglitzer Schülertragödie vom Juni des vergangenen Jahres. Der Oberprimaner Paul Krantz wurde beschuldigt, einen Kochlehrling umgebracht und die Ermordung einer Schülerin geplant zu haben. Seine Verteidigung hatte einer der berühmtesten Strafverteidiger Deutschlands übernommen: Dr. Dr. Erich Frey. Das versprach eine Menge Unterhaltung. Die Zeitung hatte mit Konrad Kowollek ihren besten Mann ins Landgericht II geschickt. Das wäre auch ein schöner Stoff für einen Film, dachte Banofsky.

Am Wittenbergplatz hätte er eigentlich den Zug Richtung Reichskanzlerplatz nehmen müssen, aber er stieg schon eine Station vorher aus, am Sophie-Charlotte-Platz, um über den Horstweg zur Sophie-Charlotten-Straße zu laufen. Im Mietshaus Nr. 88 sollte Heinrich Zille wohnen. Banofsky zog den Zettel hervor, auf dem Hans Ostwald die Adresse notiert hatte. Er mochte nicht recht glauben, dass der große Maler ausgerechnet hier zu Hause war. Als Elendsviertel konnte diese Gegend zwar nicht bezeichnet werden, aber andere Künstler vom selben Rang residierten immerhin in Villen oder hatten große Wohnungen in Berlin W gemietet. Max Liebermann nannte sogar ein eigenes Palais am Pariser Platz sein Eigen. Der Professor Heinrich Zille hingegen logierte im vierten Stock eines mittelmäßigen Mietshauses – natürlich ohne Fahrstuhl, wie Banofsky beim Betreten des Hausflurs feststellte. Selbst ein vergleichsweise junger Mann wie er atmete hörbar schwerer, als er endlich oben angekommen war. Er musste sich erst ein wenig sammeln, bevor er auf den Klingelknopf drückte. Drinnen blieb alles ruhig. Banofsky wagte es, ein zweites Mal zu klingeln, diesmal etwas energischer. Endlich waren schlurfende Schritte zu vernehmen. Dann war Zilles Stimme zu hören.

»Mensch, mich kratzen se ooch noch aus da Erde raus! Hör'n Se uff zu klingeln, ick bin nich da!«

»Ich auch nicht!«, rief Banofsky. »Keine Angst. Mein Name ist Johannes Banofsky. Hans Ostwald hat mit Ihnen gesprochen … Dass Sie so nett sein wollen …«

»Wat is mit'm Sonett? Ick bin doch keen Musiker.«

Banofsky blieb hartnäckig. »Ich will ein bisschen was über Sie wissen …«

»Ach wat!« Zille öffnete die Wohnungstür einen Spaltbreit, zögerte aber noch, sie aufzuziehen. Die Kette blieb davor. »Wissen Se, ick werde übalaufen, täglich, seit vielen Wochen. Von Photographen, Rundfunkleuten, Zeitungsschreibern, Abenteurern, Bettlern … Und nu ooch noch 'n Filmfritze! Bin schon jetzt krank. Die Tür werd ick zunageln. Habe ick nich übaall vakündet: Nüscht wie meine Ruhe will ick – und nich durch Liebkosungen sterb'n!«

»Dann beschimpfe ich Sie eben, damit Sie lange am Leben bleiben: Zille hat nie richtig über den politischen Inhalt seiner Arbeiten nachgedacht und war zu feige, in die KPD einzutreten!«

Zille steckte das mit großer Geste weg. »Det imponiert mir! Mal keena von den Schleimscheißan und Arschkriechan. Wat woll'n Se denn nu jenau, junger Mann?«

»Ich will das Drehbuch für einen großen Tonfilm schreiben, in dem nicht die Figuren aus ihren Zeichnungen die Hauptrolle spielen, sondern Sie als Maler.«

»Det hört sich jut an, dann komm' Se mal rin.«

Die Kette wurde abgezogen, dann öffnete ihm Heinrich Zille die Wohnungstür. Banofsky, sonst eher frech wie Oskar, war in diesem Augenblick so befangen, dass er kein Wort hervorbrachte. Einem Halbgott so unmittelbar gegenüberzustehen hatte ihm glattweg die Sprache verschlagen.

Zille staunte. »Ehm ham Se doch noch jesprochen – und nu sind Se plötzlich unta die Taubstummen jejangen?«

»Nein, nein, ich finde nur nicht sofort die passenden Worte ...«

Zille lachte. »Dann drehn' Se doch lieba 'n Stummfilm und keenen, wo die Leute wat sajen!«

Banofsky bewunderte den Witz und die Schlagfertigkeit des Alten. Die waren also geblieben, so hinfällig Zille mit seinen siebzig Jahren auch aussehen mochte.

»Herzlichen Dank, dass Sie mich empfangen wollen ...«

»Empfangen – wat für'n Wort! Empfangen tun Frauen ihre Kinda, ick bitte Sie nur herein. Und 'n Butler hab ick ooch nich.«

»Aber ich höre doch Stimmen! Ah, das sind Ihre Haushälterinnen ...«

»Nee, det sind meine Tigerfinken und meine Sittiche.«

Banofsky hatte das Vogelgekreische wohl als solches identifizieren können, wollte sich aber den kleinen Spaß nicht entgehen lassen.

Im Schlaf- und Arbeitszimmer, in das Zille ihn jetzt führte, standen drei Vogelbauer. Zille ging hin, schnalzte mit der Zunge und streichelte den Tieren mit einem Blattstengel die Bäuche. Er hatte die linke Hand, in der er eine erloschene Zigarre hielt, in die Seite gestemmt, wo seine Weste besonders abgetragen wirkte. Den Kopf schräg nach unten geneigt, sah er dem Treiben seiner

Lieblinge zu. Einer der Tigerfinken war inzwischen in den Wassernapf gesprungen und spritzte ringsum alles voll.

»So is schön, mein Mätzken«, sagte Zille in einem sanften, singenden Ton. »Bade du nur schön. Ick wisch ooch allet wieda uff.« Dann wandte er sich zu Banofsky. »Die Tierchen wollen nur dafür sorgen, dass ich 'n bisschen Beschäftigung habe.«

Dann erzählte er Banofsky die Tragikomödie von seinen Tigerfinken. »Als det eene Weibchen beim Eialejen jestorm is, hab ick mir 'n neuet besorjt. Det Männchen hat zuerst janz panisch reagiert und det neue Tier fürchterlich hin und her jejajt. Dann hat er uffjehört zu singen, Fräulein Tigerfink aba hat sich einjerichtet bei mir. Die Vögelchen vatrajen sich jut und sprechen ooch mit mir. Und wissen Se wat? Neulich war zufällich 'n Tierarzt hier, und der hat mir azählt, det det Weibchen ooch 'n Männchen is.«

Als Zille geendet hatte, ging sein Blick zum Fensterbrett hinaus, wo sich die Spatzen das Winterfutter holten, das er ihnen hingestreut hatte. »Die bejrüße ick jeden Morjen, weil det die Proletarier unta den Vögeln sind.«

Banofsky sah sich um – und fand bestätigt, was er über Zilles Wohnung im *Acht-Uhr-Abendblatt* vom 24. Januar 1914 gefunden hatte:

Zille, liest man in großen Buchstaben an der Eingangstür seiner Wohnung, nachdem man die atemberaubende Höhe des vierten Stockwerks erklommen hat. Ein dunkler Gang gähnt dem Besucher entgegen. Dann erscheint Heinrich Zille sein bartumrahmtes Gesicht mit den gutmütig dreinschauenden Augen, die so gar nichts von der Wildheit jener nördlichen und östlichen Gesellen haben, die sein Stift mit Vorliebe entwirft. Nur seine äußere Erscheinung hat sich im Laufe der Jahre dieser Umgebung angepasst. Er trägt einen abgeschabten dunklen Rock, und Kragen und Schlips sind bei der Arbeit nur lästig. Er protestiert gegen das Anständige. Auch die Ölmalerei ist ihm aus diesem Grunde verhasst. Umso mehr überrascht das kleinbürgerlich-altmodisch eingerichtete Zimmer: Möbel aus den achtziger Jah-

ren, Vertiko, Sekretär, Kommode überladen mit Krimskrams, Muscheln, Döschen, Büchsen, Nippesfiguren, über der eine Bronze-Plastik hängt, Zille selbst darstellend.

Banofsky bedauerte, keinen Photoapparat bei sich zu haben. Wenn der Requisiteur später Zilles Wohnung nachgestalten musste, hätten ihm ein paar Photos sicherlich gute Dienste geleistet. Aber das ließ sich sicherlich noch nachholen, bevor die Dreharbeiten losgingen.

Beim genauen Hinsehen entdeckte Banofsky einige Details, die der Zeitungsmann vor vier Jahren nicht wahrgenommen hatte: die Mozart- und die Beethovenbüste zum Beispiel, zwischen denen als Talismane kleine Äffchen aus Gips und putzige Hühnchen aus Ton zu sehen waren

»Überall muss wat ruffjestellt sein«, erklärte Zille, »sonst isset nich jemütlich.«

Über dem Vogelkäfig hing ein Kinoplakat.

»*Die Verrufenen!*«, rief Banofsky. »In dem Film habe ich selber mitgespielt. Ich war der Freund von Robert Kramer.«

»Darum sind Se mir jleich so bekannt vorjekomm'n! Denn vastehn Se ja wirklich wat vom Fülm.« Zille nahm einen menschlichen Unterkiefer von seiner Kommode. »Det hier is 'ne schöne Jeschichte, die muss in't Drehbuch rin.« Er begann zu erzählen, wie er das gute Stück bei Bauarbeiten auf dem Spittelmarkt gefunden hatte. »Da hat et im Dreißigjährigen Kriej 'n Pestfriedhof jejehm, und als die Arbeita die ausjegrabenen Knochen in Säcke jestoppt ham, hab ick mir den Untakiefa jeschnappt. Een Backenzahn war rausjefallen und hat bei mir inna Jackentasche jesteckt, den hab ick wieda einjeklebt – aba falsch rum. Mein Freund Doktor Heilborn, det is 'n Arzt, hat tajelang darüber nachjedacht, warum die Leuta früha so janz andere Zähne jehabt ham, und hat det uff die andere Anährung zurückjeführt.«

Das Eis war nun endgültig gebrochen, und Heinrich Zille kam mehr und mehr in Plauderstimmung, zumal er auch noch seine Cognacflasche aus dem Spind holte.

»Fülm is wat Wundabaret«, begann er und klagte darüber, wie

er sich ein Leben lang gequält hatte, einen Hund zu zeichnen, dem man ansah, dass er mit dem Schwanz wedelte. »Man musste et sojar noch runta schreim. Und im Fülm is det allet keen Problem.«

Kaum hatte Zille die ersten Sätze gesprochen, hörte man ein Grammophon aus der unteren Wohnung.

»Stundenlang jeht det nu so mit det Jeplärre. Nächstens koof ick mir Näjel, tausend Näjel, und kloppe die alle hinta'nanda inne Wand, damit die andern ooch mal wat zu leiden ham.«

Banofsky stampfte ein paar Mal mit dem Fuß auf den Boden. »Ruhe da unten! Wenn das jetzt 'n Film wäre, würde ich bei Ihnen einen solchen Kurzschluss verursachen, dass unten im Keller die Haussicherung rausfliegt.«

Zille schmunzelte. »Jute Idee, muss ick mir merken. Na, dann fang'n wa ma an.«

Banofsky packte seinen Notizblock aus und spitzte seinen Kopierstift an. »Nun breiten Sie bitte einmal Ihr Leben vor mir aus – ich bin gespannt …«

»Uff die Welt jekomm'n bin ick am 10. Januar 1858 in Radeburg. Det is 'ne Kleinstadt nördlich von Dresden …«

Gegen Mittag war Zille beim Umzug nach Berlin angekommen. Banofsky lud ihn zum Essen ein. Nachdem Zille sich anschließend zu einem kleinen Schläfchen hingelegt hatte, ging es bis zum späten Abend weiter. Banofsky hatte seinen Block vollgeschrieben. Er dankte Zille – nicht nur mit einem kräftigen Händedruck und ein paar freundlichen Worten, sondern mit einer herzlichen Umarmung – und machte sich wieder auf den Heimweg. Glücklich und euphorisch wie nie. Jetzt konnte er loslegen!

Der falsche Zille am Oranienburger Tor hatte Kowollek mächtig Auftrieb gegeben. Aber nun galt es, den engsten Freunden des echten Zille auf den Zahn zu fühlen. Davor grauste Kowollek ein wenig, denn es war schwierig, die Herren Max Liebermann, Hermann Frey und August Kraus zu einem Interview zu überreden. Beweismaterial musste er auch noch sichern. Ein Photoapparat war zu groß, den konnte er nicht eben unter seinem Mantel verborgen einschmuggeln, und gefälschte Bilder und Zeichnungen konnte er auch nicht einfach mitgehen lassen, denn er wollte nicht wegen Diebstahls angeklagt werden. Dennoch musste Kowollek unbedingt etwas unternehmen, wollte er nicht die Chance seines Lebens verspielen. Wenigstens hatte er Rummler überreden können, im *BBB* eine große Serie über Berlins berühmteste Maler, Schriftsteller und Schauspieler anzukündigen, was ihm bei seinen Nachforschungen eine gewisse Legitimation verschaffte.

Der erste Anruf im Sekretariat der Preußischen Akademie der Künste verlief so, wie es Kowollek erwartet hatte: Ein ausführliches Gespräch mit Herrn Professor Liebermann sei möglich, erklärte ihm ein Sekretär, allerdings nur im Dienstgebäude Unter den Linden.

»Für das *BBB* ist es unumgänglich, Professor Liebermann in seiner Wannsee-Villa aufzusuchen«, beharrte Kowollek. »Sein Atelier und sein wunderschöner Garten sind für unsere Leser von größtem Interesse.«

»Ich werde mit Herrn Professor Liebermann darüber sprechen.«

Der hatte tatsächlich nichts dagegen, dass Kowollek mit einem Photographen am Wannsee anrückte.

Da es dem *BBB* finanziell schlechtging, bekamen Kowollek und sein Freund Heiner weder einen Wagen zur Verfügung gestellt noch eine Taxe bezahlt und mussten mit der Reichsbahn fahren. Vom Bahnhof Wannsee bis zur Liebermann-Villa in der Colomierstraße waren es, so schätzte Kowollek nach einem Blick auf den Stadtplan, gut anderthalb Kilometer.

»Mann, is det 'ne Latscherei!«, maulte Karl-Heinz.

»Ich hab nachgeschlagen …«, sagte Kowollek, als sie die Brücke überquerten, die man über den Wasserlauf zwischen dem Großen und dem Kleinen Wannsee gespannt hatte.

»Ich auch«, brummte Karl-Heinz, »beim Fußball letzte Woche. Da ist Nachschlagen aber streng verboten.«

Kowollek quälte sich ein kurzes Lachen ab. »Vorbild für Liebermanns ›Schloss am See‹, wie er es selbst nennt, sind Hamburger Patriziervillen. Der Architekt heißt Baumgarten.«

»Hat der nicht die Bäume im Garten gepflanzt?«

»Nein, das war ein gewisser Alfred Lichtwark, Direktor der Hamburger Kunsthalle.«

Der Photograph wurde ernsthafter. »Hast du Max Liebermann nicht immer bewundert? Und jetzt willst du ihn als Kunstfälscher der Menge zum Fraß vorwerfen?«

Kowollek winkte ab. »Es wird ihm nicht schaden, im Gegenteil: Einem Freund zu helfen, der in Not ist, gilt doch als edel.«

Liebermann empfing sie überaus freundlich, ebenso Grandseigneur wie Original. »Das ist aber schön, dass das *BBB* mich wieder aus der Versenkung hervorholen will. Dann treten Sie mal näher, meine Herren!«

Kowollek wollte gleich zu Anfang beweisen, dass er sich auf das Gespräch gut vorbereitet hatte. »Man wirft Ihnen vor, nicht mehr der Provokateur von einst zu sein, und behauptet, dass Sie geradezu zum Klassiker geworden sind.«

»Ach, wissen Sie, junger Mann, der Fluch unserer Zeit ist die Sucht nach dem Neuen. Der wahre Künstler strebt nach nichts anderem als der zu werden, der er ist.«

»Mehr Ehrungen, als Sie im letzten Jahr zu Ihrem achtzigsten Geburtstag erfahren haben, sind kaum möglich«, fuhr Kowollek fort und zählte sie alle auf: »Die Ehrenbürgerwürde der Stadt Berlin, die Goldene Staatsmedaille, das Adlerschild des Deutschen Reiches, überreicht vom Reichspräsidenten persönlich …«

Liebermann lachte verschmitzt. »Den Hindenburg habe ich auch porträtieren dürfen. Bei allen unterschiedlichen politischen Auffassungen hatten wir dennoch Respekt voreinander.«

So ging es eine halbe Stunde lang, und Kowollek war schon nahe daran zu verzweifeln, als sich endlich eine Gelegenheit bot, über Heinrich Zille zu reden, ohne dass Max Liebermann hellhörig wurde.

»Womit beschäftigen Sie sich derzeit vorrangig?

»Mit einer Ausstellung der Berliner Secession, die im Herbst dieses Jahres eröffnet wird. Das Thema lautet: Humor in der Malerei.«

»Sicherlich steht Ihr Freund Heinrich Zille im Mittelpunkt«, rief Kowollek.

Liebermann seufzte. »Ach, der Arme …« Er führte Kowollek und den Photographen in eine Art Galerie, in der auch eine Lithographie seines Freundes hing: *Zille und sein »Milljöh« gratulieren Max Liebermann*. Darauf waren sie alle zu sehen: die dicke Frau mit einem Email-Eimer in der Hand, der Kriegsveteran mit Kiepe und Krücke, der Lude mit seiner Schiebermütze, die junge Mutter mit ihrem Balg auf dem Arm, die vielen frechen Gören … An ihrer Spitze stand Heinrich Zille, der Liebermann seine Glückwünsche aussprach. Unter der Zeichnung war ein kurzer Text zu lesen: *Und ich sage mit mein janzet Milljöh: »Maxe, du bist ooch unser lieber Mann!«*

Kowollek staunte ein wenig, denn richtig Berlinerisch wäre doch »ick« statt »ich« gewesen, »unsa« statt »unser« sowie »lieba« statt »lieber«. Und bei »sage« wäre »sare« oder »saje« angebrachter gewesen. Bei diesem Text schien jemand am Werke gewesen zu sein, der die Sprache der unteren Schichten nicht so flüssig beherrschte wie Heinrich Zille.

»Kommt das in die Ausstellung?«

Max Liebermann zuckte mit den Schultern. »Ich weiß nicht so recht …«

Kowollek entschloss sich, aufs Ganze zu gehen. »Sagen Sie, Herr Professor, sind denn Zilles Zeichnungen wirklich so einzigartig? Unser Chefredakteur ist fest davon überzeugt. Ich meine aber, dass Sie eine Lithographie wie diese im Handumdrehen auch hinbekommen würden. Auf dem Weg zu Ihnen haben wir einen Jungen gesehen, der Pferdeäppel aufsammelte. Das wäre doch ein typisches Zille-Motiv. Bildunterschrift: *Siehste, mein Junge, ooch für unsaeens liejt det Jold uff de Straße*.«

Max Liebermann kratzte sich den kahlen Schädel. »Det müsste schon zu machen sein.«

Schon hatte er einen Skizzenblock aufgeschlagen und nahm einen Stift in die Hand.

Fünf

1928 war ein Schaltjahr, und so gab es einen 29. Februar, an einem Mittwoch. Berlin hatte also noch etwas mehr Zeit, sich am Besuch des afghanischen Königs Aman Ullah zu erfreuen. Ihm war ein prachtvoller Empfang bereitet worden, und fuhr er in einer offenen Limousine durch die Stadt, standen Tausende am Straßenrand, um ihm zuzujubeln.

»Wir haben ja keinen eigenen König oder Kaiser mehr«, stellte Johannes Banofsky fest, als er mit Cilly am Frühstückstisch saß.

Die Freundin kaute an ihrer Marmeladenschrippe. »*Ullemulle – König der Herzen*, steht im *BBB*. Heute will er den ›Verein zur Förderung höherer Bildung der Erwerbsfähigkeit des weiblichen Geschlechts‹ besuchen.«

»So übel ist der Knabe wohl gar nicht. Er will sein Land modernisieren und sich dazu bei uns Anregungen holen. Eine Menge soll er schon auf den Weg gebracht haben, zum Beispiel die allgemeine Schulpflicht, die Gleichbehandlung von Mann und Frau, die Trennung von Kirche und Staat.«

»Wollen wir nicht auswandern nach Afghanistan?«

Banofsky lachte. »Erst wenn mein Zille-Film im Kino war.«

»Wie weit bist du denn mit dem … dem …«

»Exposé«, half er ihr aus. »Ich bin fertig und spreche nachher mit einem Produzenten. Mal sehen, ob er anbeißt.«

»Dann kannst du ihn gleich fragen, ob er auch 'ne Kostümbildnerin braucht.«

»Mach ich.«

Nach dem Frühstück brach Banofsky auf. Er fühlte sich dabei wie ein Abenteurer, der ferne Lande eroberte. Mit der Hochbahn fuhr er vom Schlesischen zum Halleschen Tor und lief von dort das letzte Stück zu Fuß. Pünktlich eine Minute vor zehn betrat er mit klopfendem Herzen die Räume der Berolina-Film in der Blücherstraße, Berlin SW 61, um mit dem Produzenten

Otto Guttentag zu reden. Den Termin hatte ihm Thea von Harbou vermittelt. Guttentag reichte in seiner Bedeutung bei weitem nicht an Oskar Meester, Joe May und Jules Greenbaum heran, galt aber als kommender Mann. Er war, wie es in diesen Jahren vonnöten war, wenn man etwas darstellen wollte, außerordentlich korpulent, und sein Kopf erinnerte Banofsky an ein Rhinozeros – an eines, das gerade aus dem Wasser auftauchte, denn Guttentag schwitzte gewaltig. Und er schnaufte beim Sprechen, offenbar eine Folge seines Asthmas.

»Guten Tag, Herr ...« Banofsky geriet nun ebenfalls ins Schwitzen, denn »Guten Tag, Herr Guttentag!« klang ziemlich albern. Also korrigierte er sich schnell. »Guten Morgen, Herr Guttentag!«

Der Filmproduzent, ein echter Berliner, hievte sich aus seinem Drehsessel und lachte. »Als erste Szene nich schlecht, de Leute lachen.«

Banofsky nickte. »Das *opening* ist immer wichtig.«

»Wat denn, Englisch könn'n Se ooch?«

»Ja, ich musste mich bei meinen Vorbereitungen ein wenig einarbeiten, denn alles Neue beim Film kommt – aber wem sage ich das! – aus den Vereinigten Staaten. In Hollywood wird die Musik gemacht, nicht mehr in Berlin und Woltersdorf. Alles wird sich in Bälde um den Tonfilm drehen, um die Lichtspur und so weiter.«

Guttentag gab mit seiner Mimik zu verstehen, dass er solch belehrende Vorträge nicht sonderlich schätzte. »Na jut, setzen wa uns erst mal. Könn'n Se denn ooch so jut berlinern, wie Se Englisch können, junger Mann?«

Banofsky nahm auf dem Besucherstuhl Platz. »Wieso fragen Sie?«

»Mir is von der Harbou jesajt worden, det Se 'n Drehbuch üba Heinrich Zille schreim wollen.«

»Det is absolut richtich, Herr Juttentach. Ick hab ooch schon ville Stunden mit'm ollen Zille üba sein Leb'n jeredet und ooch sonst in Zeitungen und Büchan jeblättert, ick weeß nu mehr üba ihn, als a selba wissen tut.«

Guttentag schmunzelte. »Jut, Prüfung bestanden, Herr …«

»Banofsky.«

»Banofsky, meinetwegen. Kann ick mir sowieso nich merken, die janze Gesellschaft mit -ky hinten: Tucholsky, Ossietzky, Benatzky, Skladanowsky … Tja … Wenn Se sich an Zille vasuchen wollen, Banofsky, dann müssten wa damit anfangen, det jemand in Zilles Zimmer stürzt und ausruft: ›Meesta, ick komme vonna Oberbaumbrücke, Ihre Olle ist eem abjesoffen!‹«

Banofsky brauchte einige Sekunden, bis er den Scherz begriffen hatte. »Sie meinen *eine* Zille.« Das war ein Lastkahn, den man auf den Berliner Gewässern überall antreffen konnte.

Guttentag erwies sich als sehr umgänglicher Mann, der sich geduldig anhörte, was Banofsky schon alles zusammengetragen hatte.

»Een' Fülm üba unsan Pinselheinrich kann ick ma jut vorstell'n. Der Zille is doch eena vom Stamm der Kaffeesachsen, oda?«

Banofsky nickte. »Stimmt. Geboren wurde er am 10. Januar 1858 in Radeburg bei Dresden. Sein Vater, Johann Traugott Zille, war Grobschmied und Uhrmacher. 1865 siedelte die Familie um nach Potschappel. Der Vater saß im Schuldgefängnis, weil er für einen Freund gebürgt hat, der pleitegegangen war. Im November 1867 zogen sie dann nach Berlin und wohnten in der Kleinen Andreasstraße Nr. 17, gleich am Schlesischen Bahnhof.«

»Da setzen Se ma an mit Ihrem Drehbuch!«, entschied Otto Guttentag. »Wat vorja war, det interessiert keen' Menschen.«

»Natürlich«, beeilte sich Banofsky zu versichern. »Soll ich Ihnen gleich ein fertiges Drehbuch vorlegen?«

»Nee, nee!«, rief Guttentag. »So viel Vorschuss jibt et bei mir nich. Mir reicht et, wenn Se die einzelnen Szene erst ma skizzieren, damit ick ma 'n Bild von allet machen kann. Also noch nüscht weita als Zeit und Ort des Jeschehens, die Figuren und wat die so machen, ooch kleene Dialoge, aba nich schon allet.«

»Also eher ein Treatment?«

»Nenn'n Se det, wie Se woll'n, Hauptsache, et wird jut. Aba 'n bisschen mehr als 'n Exposé muss et schon sein.«

»Ich werde mir alle Mühe geben.« Banofsky wollte schon aufstehen, da fiel ihm ein, dass ihn Cilly um etwas gebeten hatte. »Entschuldigung, dass ich Ihre Zeit noch länger in Anspruch nehme, aber meine Freundin ist Kostümbildnerin und lässt fragen, ob bei Ihnen nicht eine Stelle frei ist.«

»Schicken Se se mal vorbei, dann seh'n ma weita. Aba lassen Se die Jute erst ma links liejen, und kümmern Se sich um den ersten jroben Entwurf von Ihr'm Drehbuch!«

»Natürlich, das hat jetzt Vorrang. Ick werd in die nächste Zeit nüscht weita im Kopp haben als Heinrich Zille, mehr noch, ick werde richtich in den rinschlüpfen und selba der Pinselheinrich sein.«

Das aber ging nur, wie Banofsky schnell erkannte, wenn er mehr über die Jahre zwischen Zilles Geburt 1858 und dem Umzug nach Berlin 1867 in Erfahrung brachte, denn Einzelschicksale waren ohne Kenntnis gesellschaftlicher Umstände nicht ausreichend zu beschreiben. Er hatte jedoch weder die Zeit, sich tagelang in Bibliotheken umzuschauen, noch das Geld, sich teure Bücher zu kaufen. Also fuhr er zu seinem Vater nach Friedrichshagen, schließlich war der für einen Schnellkurs in preußischer Geschichte bestens geeignet. Der Gymnasialprofessor ließ sich nicht lange bitten.

»Nachdem die Revolution von 1848 gescheitert ist und die Reaktion gesiegt hat, beherrschen zwei Themen das Leben der Menschen: zum einen die Industrialisierung mit ihren sozialen Folgen und zum anderen das Streben nach einem deutschen Kaiserreich unter der Führung Preußens. Der Bevölkerung geht es schlecht. Hunger, Verarmung und Verwahrlosung bestimmen den Alltag. Zudem werden Arbeitervereine verboten und Andersdenkende verfolgt. 1857 bricht die Wirtschaft zusammen, Schuld war eine Überproduktion. 1858, im Geburtsjahr Heinrich Zilles, beginnt in Preußen die Regentschaft des Kronprinzen Wilhelm. Man hofft auf bessere Zeiten. 1862 betritt der berühmte Otto von Bismarck die politische Bühne. 1864 gewinnt Preußen seinen Krieg gegen Dänemark, 1866 wird auch Österreich besiegt. Preußens hat seine Vormachtstellung in Deutschland damit sicher. Der Norddeutsche Bund wird gegründet, er kann heute als Vorläufer des einigen Deutschen Reiches angesehen werden. Nachdem 1870/71 Frankreich bezwungen worden ist, wird Wilhelm I. Kaiser des Deutschen Reiches.«

Banofsky begann zu singen:

Heil dir im Siegerkranz,
Herrscher des Vaterlands!
Heil, Kaiser, dir!
Fühl in des Thrones Glanz
die hohe Wonne ganz,
Liebling des Volks zu sein!
Heil Kaiser, dir!

Sein Vater winkte ab. »Ist ja gut! Lass mich fortfahren. Berlin ist auf dem besten Wege zur Weltstadt, und der Baurat James Hobrecht sorgt mit seinem Bebauungsplan für Furore. Einerseits scheint die Geschichte Großes mit dieser Stadt vorzuhaben, andererseits gibt es immer noch Elendsviertel, in denen die Menschen in katastrophalen Zuständen leben. Viele Männer finden keine Arbeit, und in den Mietskasernen, die in manchen Stadtteilen immer häufiger zu sehen sind, herrscht weiterhin bittere Armut.«

»Ohne die hätte es keinen Zille gegeben.«

»Was bewegt die Berliner Bürger im Jahre 1867 sonst noch? Der Physiker Gustav Magnus verliest in der Akademie der Wissenschaften Werner Siemens' Abhandlung *Über die Umwandlung von Arbeitskraft in elektrischen Strom ohne permanente Magnete* und macht damit die Erfindung der Dynamomaschine bekannt. Der Berliner Prater sorgt erstmals für Unterhaltung. Die ›Berliner Gesellschaft für Psychiatrie und Neurologie‹ tritt unter dem Vorsitz von Wilhelm Griesinger zusammen. Die Mittel zum Bau der Ringbahn von Moabit über Stralow bis nach Schöneberg stehen nun zur Verfügung. Am 24. Mai fällt noch Schnee. Am Schiffbauerdamm wird die erste Markthalle eröffnet. Die Eisenbahn nach Görlitz wird in Betrieb genommen … So sieht also die Lage aus, als die Familie Zille in der Stadt eintrifft. Warum sind sie ausgerechnet nach Berlin gegangen?«

»Zilles Vater hatte im Dresdner Schuldgefängnis in Wechselhaft gesessen und war vor seinen Gläubigern nach Dänemark geflüchtet. Er nahm an, in Preußen vor dem Zugriff der sächsischen Justiz sicher zu sein, und träumte von einer strahlenden Zukunft in Berlin, das ihn schon immer fasziniert hatte.«

Johannes Banofsky: Drehbuch zum Zille-Film

I Beginn in Berlin (1867–1878)

1
November 1867 – Anhalter Bahnhof und Straßen

Es ist ein ebenso trüber wie nasser Novemberabend, als Ernestine Zille mit ihrem Sohn und der vier Jahre älteren Tochter Fanny am Anhalter Bahnhof eintrifft und Heinrich Zille als Neunjähriger zum ersten Mal seinen Fuß auf Berliner Boden setzt. Sie suchen nach dem Vater, der sie vom Bahnhof abholen will. Die Lampen sind so funzlig, dass man kein Gesicht richtig erkennt. Endlich kommt Traugott Zille auf sie zu. Die Begrüßung gerät ziemlich kühl. Es gibt nur einen Händedruck.

»Schulldschung, bin ä bissel späte.«

»Biste bedudld?«

»Nee. Scheen Daach ooch!« Dann vergisst Traugott Zille das Sächsische und bemüht sich, Hochdeutsch zu reden. »Nun sind wir alle wieder beisammen. Ich habe mich lange auf diesen Tag gefreut.«

Den Angekommenen wird eröffnet, dass man bis zur angemieteten Wohnung rund eine Stunde zu laufen habe. »Aber Schweres zu tragen haben wir ja nicht.«

Heinrich Zille hatte die letzten beiden Jahre bei den Großeltern in einer weiten Landschaft gewohnt, und nun erschlägt ihn alles: die hohen Hauser, die vorbeiratternden Pferdefuhrwerke, die Menschenmassen in der Friedrichstadt. Er beginnt zu nörgeln.

»Dohrwiere nich rum!«, ermahnt ihn der Vater.

Doch der Sohn mault weiter. »Ich werd in Berlin nie dorrheeme sein.«

2

November 1867 – Berliner Straßen und Wohnung Kleine Andreasstraße Nr. 17

Anmerkung für den Regisseur: Die Zilles müssten an sich zunächst weiterhin lupenreines Sächsisch sprechen, doch ich glaube, dass der Dialekt dem Publikum auf Dauer nicht zuzumuten ist. Deshalb lasse ich sie hochdeutsch reden und nur gelegentlich in ihren Dialekt zurückfallen. Selbst der alte Heinrich Zille wurde, auch wenn er sich noch solche Mühe gab zu berlinern, den sächsischen Zungenschlag nie ganz los.

Auf der Schillingsbrücke überqueren Traugott und Ernstine Zille mit ihren beiden Kindern die Spree und sehen rechts vor sich das Gebäude der Frankfurter Eisenbahn. An der Andreaskirche vorbei kommen sie in die Koppenstraße und auf der zur Kleinen Andreasstraße. Hier sind die Ärmsten der Armen zu Hause. Aber Heinrich Zille ist solche Verhältnisse gewohnt. Umso mehr staunt er, als sie den Hausflur betreten, denn eine Gaslampe an der Wand sorgt für eine gewisse Helligkeit, die Treppenstufen sind aus Holz gefertigt, und die Treppengeländer zieren eine feine Drechslerarbeit.

»Das ist ja richtig fürstlich hier!«, ruft er.

Als die Familie jedoch die Wohnung betritt, die der Vater gemietet hat, ist sein Schrecken groß. Sie haben kein eigenes Quartier, sondern müssen sich die Räumlichkeiten mit drei anderen Mietern teilen. Nur eine einzige Stube und eine kleine Küche gehören ihnen, der Abort befindet sich auf dem Hof.

Das Namensschild klebt schon an der Tür: *ZILL*.

»Warum nur Zill?«, fragt die Mutter. »Wo hast du denn das E gelassen, Traugott?«

Der Vater lächelt. »Das hat nicht mehr raufgepasst.«

Der wahre Grund ist ein anderer: Der Vater fürchtet, dass ihn die Behörden wegen seiner Strafverfahren in Sachsen auch in Berlin suchen werden, und hat seinen Familiennamen deswegen ein wenig verändert.

Heinrich wirft zuerst einen Blick in die Küche und ist entsetzt. »Hier woll'n mr iwwerwinndorrn?«

Es gibt zwar einen Ofen, aber Holz und Kohlen sind nirgendwo zu entdecken. Sie werden den Winter über entsetzlich frieren müssen. Einen Tisch hat der Vater nicht auftreiben können, ein großer Pappkarton soll ihn ersetzen. Eine Tasse ohne Henkel steht auf dem Deckel des Kartons, vier verbogene Bestecke liegen herum, allerdings nur Gabeln und Löffel, keine Messer.

»Und womit sollen wir das Fleisch schneiden?«, fragt die Mutter.

Der Vater lacht. »Hier wird es nie Fleisch geben.«

Stühle fehlen auch, es gibt nur einen wackligen Schemel. Heinrich hofft auf die Stube, doch dann steht er wie versteinert in deren Tür und verfällt vor lauter Erschütterung ins Hochdeutsche. »Ist das ein Dreckloch hier!«

Auf dem Fußboden sind Strohsäcke ausgebreitet: ihre Nachtlager. Ein paar Bündel liegen herum. Das sind ihre Kleidungsstücke, ihr ganzes Hab und Gut. Die graue Tapete hängt zerrissen an der Wand. Blutflecke zerquetschter Wanzen schmücken sie.

»Ehe ich hier einziehe, kannst du mich mit der Axt erschlagen«, sagt die Mutter.

»Sei froh, dass wir überhaupt 'ne Bleibe haben!«

Heinrich Zille geht zurück in die Küche und holt dort aus der Tasche seiner Mutter eine Bleistiftzeichnung hervor, die er während der langen Zugfahrt angefertigt hat. Auf dem Pappkartontisch ergänzt er sie mit ein paar Strichen. Sie soll sein Geburtshaus am Markt in Radeburg darstellen.

»Wenn ich mein Bild hier aufhänge, haben wir was Schönes im Zimmer.«

Der Vater grinst. »Die Wanzen werden sich ebenfalls freuen, haben sie doch dahinter ein sicheres Quartier.«

3

März 1868 – Schlächterei

Heinrich Zille betritt einen Schlächterladen, stellt sich an und wartet, bis er an der Reihe ist.

»Na, Kleena, wat willste?«, fragt ihn die Fleischersfrau.

»Ein halbes Pfund Schöpsenfleisch, bitte.«

Das Gelächter der Anwesenden schallt ihm entgegen. »Wat soll'n ditte sein?«

Eine Kundin glaubt es zu wissen. »Schöppsen sind doch die, die bei't Jericht neben die Richta sitzen tun.«

Der Fleischer kommt von seinem Hackklotz herbei. »Wir sind doch hier keene Kannibalen nich!«

Seiner Frau tut der Junge leid, und sie will ihm eine Brücke bauen. »Wat is'n der Schöps für'n Tier?«

Heinrich Zille hat Angst, wieder etwas Falsches zu sagen, und beschränkt sich darauf, das gemeinte Tier lautmalerisch darzustellen. »Bööööh!«

»Mensch, een Schaf!«, ruft der Fleischer. »Hammelfleisch willste also.«

»Ja.«

»Warum sachste det nich jleich?«, tadelt ihn die Fleischersfrau und verabreicht ihm gleich noch eine Portion Lebenshilfe. »Wenn de in Berlin wat werden willst, dann musste so sprechen wie wa alle hier. Und wenn nich, denn kannste jleich wieda abschwirren.«

4

April 1868 – Wohnung Kleine Andreasstraße Nr. 17

Jettschmuck wird langsam zur Mode. Die meisten Berliner denken, dass sich der Name der Steine, die wie pechschwarzer Bernstein aussehen, von einer gewissen Jette, also Henriette, herleitet, und kaum einer weiß, dass die versteinerte Kohle zuerst am türkischen Fluss Gagae gefunden und zu Schmuck geschliffen worden ist. Bei den Juwelieren heißt der Stein aus Pechkohle Gagat, und aus der italienischen Form *giaietto* muss dann im Englischen *jet* und im Deutschen *Jett* geworden sein. Wegen seiner Farbe war der Jettschmuck insbesondere bei trauernden Witwen beliebt. Das hat Heinrich Zille, der es liebt, durch Berlin zu streifen, zur Osterzeit herausgefunden.

»Vater!«, ruft er beim Eintreten in die Küche. »Ich glaube, mit Jettschmuck können wir eine Menge Geld verdienen. Die Leute sind verrückt danach.«

Traugott Zille tippt sich an die Stirn. »Bei dir isses wohl imm Ohwerschiebchn nich ganns richdch!« Arme Leuten könnten sich doch keinen teuren Jettschmuck leisten, fügt er hinzu.

»Nee, aber den nachgemachten. Großvater hat mir gezeigt, wie das bei Ketten geht.«

Heinrich hat sich aus einer nahe gelegenen Werkstatt eine kleine, handliche Maschine ausgeliehen, und damit stanzen der Vater und er nun aus dicker Pappe Uhrenketten aus. Die kochen sie anschließend kurz in Leinöl, lackieren sie und schieben sie zum Trocknen in die geheizte Bratröhre.

Ernestine Zille, die Mutter, sitzt daneben und bastelt mit Fanny zusammen aus alten Lumpen und Putzlappen farbige Tintenwischer. Um sie für Kinder interessanter zu machen, schmückt sie diese noch mit kleinen Hunden und Katzen, die sie aus Stoffresten ausschneidet.

»Heinrich, mal noch zwee Oochen uff de Köppe druff, du kannst das so scheen.«

»Und was is mit den Igeln?« Gemeint sind die kleinen, mit Sand gefüllten Kissen, in die Frauen ihre Nadeln stecken.

»Alles färrdch. Morgen kannst du sie in die Läden bringen.«

5

April 1868 – Papierwarengeschäft in der Brüderstraße

Der alte Bormann ist damit beschäftigt, Schulhefte und Bleistifte auszupacken und in seinen Regalen zu verteilen, als Heinrich Zille mit einem Leinenbeutel in der Hand seinen Laden betritt. Man merkt, dass er sich bemüht, wie ein echter Berliner zu sprechen.

»Juten Tach, Herr Bormann, da bin ick wieda mal mit det Beste, wat wa zu Hause jefriemelt ham.«

Der Papierwarenhändler richtet sich auf und strahlt. »Mensch,

Heinrich, det klingt ja schon so, als wenn de hier jeborn worn bist. Prima! Denn zeich ma her, wat de allet mitjebracht hast!«

Zille holt Tintenwischer und Stecknadel-Igel aus seinem Beutel. Bormann prüft alles sorgfältig. Die Tintenwischer findet er sehr gelungen, die Igel aber weist er zurück.

»Nee, Junge, so jeht det nich, die kannste jleich in'n Müll werfen.«

»Warum denn ditte?«

»Weil ihr ihnen mit Sand jefüllt habt«, erklärt ihm Bormann.

»Ja, weil wa den umsonst kriejen.«

»Aba eua Sand is nass!« Der Händler rollt mit den Augen, man sieht aber, dass er den Jungen mag. »Wat passiert, wenn eena Nadeln in eure Kissen steckt, Nadeln aus Eisen, na? Die rosten! In die Kissen jehörn Sägespäne rin, vastehste?«

6
April 1868 – Schneidemühle

Heinrich Zille, mit einem leeren Korb in der Hand, sieht gebannt zu, wie zwei Arbeiter vom Stamm einer Kiefer, der auf zwei Böcken liegt, eine Scheibe nach der anderen absägen. Das Gleichmaß ihrer Bewegungen – hin und zurück – erinnert ihn an die Pleuelstangen einer Dampflokomotive. Sein Blick richtet sich auf die Sägespäne, die sich unter dem Bock langsam zu häufen beginnen. Wieder fällt eine Scheibe auf die Erde. Er tritt vor und sieht den älteren der beiden Arbeiter an.

»Kann ick die Sägespäne ham?«

»Nee, die komm bei uns in'n Ofen.«

»Bitte, bitte!« Zille sieht den Arbeiter so flehentlich an, dass der weich wird.

»Meinetwegen.«

Zille bückt sich und schaufelt die angehäuften Sägespäne mit bloßer Hand in seinen Korb. Es pikt mächtig, aber er unterdrückt den Schmerz.

7
Mai 1868 – Vor einer Volksküche

Auf Initiative von Lina Morgenstern entsteht in Berlin eine Reihe sogenannter Volksküchen: Großküchen, die zum Selbstkostenpreis Mahlzeiten an arme Familien ausgeben.

Vor einer dieser Volksküchen sehen wir in einer Schlange Heinrich Zille mit seiner Mutter stehen. Beide haben einen Kochtopf in der Hand.

»Is det peinlich«, murmelt der Sohn.

Die Mutter weist ihn zurecht. »Brich dorr geene Zagge aus dorr Grohne!«

»Ick weeß, bessa, als det wa vahungan.«

8
Mai 1868 – Gegend um den Frankfurter Eisenbahnhof am Stralower Platz

An disponiblen Droschken ist bei Ankunft der Eisenbahnzüge öfters Mangel – so steht es in dem Buch *Neuester Führer durch Berlin, Potsdam und Umgebungen aus dem Jahre 1860*. Diesen Umstand macht sich Heinrich Zille zunutze, um sich und seinen Eltern weitere Einnahmen zu verschaffen. Die Droschken halten von 7 Uhr früh bis 10 ½ Uhr abends an den Bahnhöfen.

Wir sehen Heinrich Zille aus Richtung der Koppenstraße kommen und auf die Droschken zusteuern, die in langer Reihe vor dem Empfangsgebäude des Frankfurter Bahnhofs warten. Er spricht den ersten Kutscher an.

»Wann kommt'en der nächste Zuch aus Frankfurt?«

»Nachmittags kommt nur eena. Kurz vor fünfe.«

Doch der Zug lässt auf sich warten. Heinrich geht zum ausgehängten Fahrplan, auf dem steht *4.50 Nm* als Ankunftszeit. Als der Zug um 5.30 Uhr immer noch nicht eingetroffen ist, machen sich die Droschkenkutscher wie auf Kommando davon. Wagen auf Wagen rollt in Richtung Remise davon.

»Wat soll schon sint?«, hört Heinrich sie fragen. »Wahrscheinlich is wieda mal 'ne Lokomotive kaputt. Oda in Frankfurt hattet Hochwassa jejehm.«

Er bleibt stehen, weil er ohnehin nichts Besseres zu tun hat. Vielleicht kommt der Stationsvorsteher aus seinem Kabuff und verrät den Berlinern, die Gäste abholen wollen, was passiert ist.

Tatsächlich tritt dieser wenig später auf den Perron. »Eintreffen des Zuges aus Frankfurt in zehn Minuten!«, schreit er.

Heinrich begreift blitzschnell, worin seine Chance liegt, und rennt zur Droschkenremise an der Mühlenstraße. Dort wurden die Kutscher durch die Darbietungen eines fliegenden Puppenspielers amüsiert.

»Los, alle zum Bahnhof zurück!«, ruft Heinrich Zille. »Der Zug aus Frankfurt kommt in'n paar Minuten!«

Ein Pfiff des Vormannes. Wer nicht ohnehin die Wartezeit auf dem Bock sitzend verbracht hat, springt hinauf. Alles greift zu den Zügeln und brüllt »Hü!«.

Der Verdienst der Männer ist gut, und dass Zille ihnen den Tip gegeben hat, ist ihnen ein paar Groschen wert.

9
1869 – Wohnung der Familie Zille

In der Küche, die wir aus Bild 2 kennen, sitzen Heinrich Zille und seine Mutter. Sie bastelt ihre Tintenwischer, er blättert in einem Magazin und stößt dabei auf einen reichbebilderten Artikel über den englischen Maler William Hogarth (1697–1764), der mit seinen ironischen und gesellschaftskritischen Bildern als Vater der modernen Karikatur gilt.

Die Mutter wirft einen missbilligenden Blick auf den Sohn. »Duh gannsd oh ma hellfn!«

»Das hier ist gerade so spannend, ich lese einen Bericht über William Hogarth. Er hat in London gelebt und war der Sohn eines verarmten Lateinlehrers …«

»Du bist der Sohn eines verarmten Schmieds, Schlossers, Uhrmachers und Goldschmieds«, wirft die Mutter ein und beginnt zu klagen. »Hat so viele Berufe, der Mann – und findet keine Arbeit.«

»Das ist nicht seine Schuld, Mutter, es liegt an den Zeiten.« Damit wendet sich Heinrich wieder Hogarth zu. »Silbergraveur und Kupferstecher hat er gelernt und sogenannte moralische Bilder gezeichnet: käufliche Frauenzimmer, Wüstlinge, verarmte Adlige …«

»Ja, ja, mid des Geschigges Mächden, da iss gä ew'ger Bund zu flechden.«

Zille liest, dass sich Hogarth auch einen Namen als *comic history painter* gemacht hat. »Koomick hisstorie peinter soll er auch gewesen sein … Hat sich der komischen Historie zugewandt, steht hier. Das gefällt mir, das möchte ich auch mal machen. Ich möchte so gern zum Zeichenunterricht gehen.«

Die Mutter tippt sich an die Stirn. »Duh haßd scha änn Biebmadds! Wo soll'n das Geld herkommen?«

Beide schweigen fortan. Die Mutter widmet sich wieder voll und ganz ihren Tintenwischern, Heinrich Zille träumt davon, ein Künstler wie William Hogarth zu sein. Da wird an der Tür geschlossen, und der Vater kommt herein.

»Hurra, wir sind gerettet! Sie haben mich bei Siemens & Halske genommen! Jetzt ist Schluss mit der Armut bei uns, und in ein paar Jahren bauen wir uns ein Haus in Rummelsburg.«

»Kann ich jetzt Zeichenunterricht kriegen?«

»Ja, mein Sohn. Was du selbst verdienst, musst du nicht mehr zu Hause abgeben, das kannst du dafür ausgeben.«

10
1869 – Wohnung des Zeichenlehrers Spanner

Es ist eine ärmliche Dachstube in Berlin O, Blumenstraße, in welcher der schon etwas ältliche Schullehrer Anton Spanner privaten Zeichenunterricht gibt, um seine Finanzen aufzubessern. Spanner hat einen einfachen Kerzenständer vor Zille aufgebaut, den der Junge mit dicker schwarzer Kreide abzumalen versucht.

»Das Zeichnen hat mir schon immer in der Schule Spaß gemacht«, erklärt Heinrich.

»Junge, konzentrier dich!«, mahnt Spanner.

»Bin schon fertig.« Zille reicht dem Lehrer das Blatt mit dem Kerzenständer.

Spanner stößt einen Laut des Unmuts aus. »Kind, dein Strich ist nicht flott und treffsicher genug. Ein Naturtalent bist du nicht. Und was heißt das? Üben, üben, üben! Also los!«

11

Mai 1870 – Umkleidezimmer einer Tingeltangel-Truppe

Fünf Sängerinnen einer Damenkapelle bereiten sich auf ihren Auftritt vor. Die meisten sind halbnackt, eine ist nur mit Strümpfen bekleidet. Das ist die einzige Schlanke, alle anderen sind dralle Frauenzimmer. Sie kann ihren Text schon auswendig und trällert ihr Lied mit zur Decke gerichteten Augen. Neben ihr sehen wir die Klavierspielerin, die mit breitem Hintern auf einer Reisetruhe sitzt und in die Tasten haut. Die dritte der Künstlerinnen hat sich vor einer Frisierkommode aufgebaut und macht sich zurecht. Sie hat eine knappe Schürze umgebunden, die aber ihr mehr als voluminöses Gesäß nicht bedecken kann. Die beiden anderen Sängerinnen stehen in der Mitte des Raumes und studieren ihre Lieder. Die eine hat schon ihr Unterkleid übergestreift, die andere ist nackt und zeigt eine außergewöhnlich starke Schambehaarung.

Heinrich Zille sitzt am Rande dieser Szene auf einem Kanapee und studiert die Damen. Wir erahnen, warum er später mit nie nachlassender Lust dralle Frauen zeichnen wird.

Die Direktorin kommt herein, mit einigen Briefen und mehreren Kostümen in der Hand. Sie steuert auf Zille zu.

»So, Heinrich, die Briefe bringste nachher zur Post. Und wenn die Kostüme alle im Koffer sind, trägste den zur Bahn und gibsten auf nach Frankfurt.«

Gesangsprobe einer Tingeltangel-Gruppe

12
Juni 1870 – Vor dem Brandenburger Tor

Heinrich Zille ist gerade einmal zwölf Jahre alt, hat aber als Stadtführer schon reichlich Zulauf. Wir sehen ihn mit etwa einem Dutzend Berlin-Besuchern vor dem Brandenburger Tor, wo er die kesse Berliner Göre gibt und mit fester Stimme und ein wenig marktschreierisch wiedergibt, was er zu Hause in Löfflers Stadtführer gelesen hat.

»Das Brandenburger Tor, meine hochverehrten Herrschaften, ist nach Ansicht von Kennern das schönste Tor in ganz Deutschland. Es ist nach dem Muster der Propyläen in Athen von Carl Gotthard Langhans erbaut worden und war 1793 fertig. Obendrauf sehen Sie eine Victoria in einer Quadriga stehen. Sie ist ein Werk von Gottfried Schadow. 1807 ist sie von den Franzosen nach Paris entführt worden, 1814 haben die Preußen sie aber zurückgeholt.«

Ein korpulenter Herr aus Hamburg fühlt sich mehr und mehr gelangweilt und fällt Zille ins Wort. Dabei schwenkt er ein Exemplar des Hintertreppenromans *Die Bauernfänger von Berlin*. »Deswegen bin ich an die Spree gekommen, nicht der Bauwerke wegen! Die sind in Paris oder Wien doch ein wenig imposanter. Ich möchte hier das Fürchten lernen.«

Heinrich Zille verbeugt sich und bemüht sich um sein bestes Hochdeutsch. »Sehr wohl, der Herr. Das Fürchten möchten Sie lernen … Stellen Sie sich vor, Sie stehen auf dem Alexanderplatz, wollen zum Denkmal Friedrichs des Großen Unter den Linden, wissen den Weg aber nicht und sehen sich unsicher nach allen Seiten um. Da kommt ein Berliner, fragt Sie freundlich, ob er Ihnen helfen kann. Er begleitet sie zu Friedrich dem Großen, Sie kommen ins Gespräch mit ihm und laden ihn zu einem Glas Bier ein. Er führt sie zu einer Kneipe, in der ganz zufällig mehrere Männer Karten spielen. Die laden Sie zum Mitspielen ein, Sie nehmen Platz und werden dann im Kümmelblättchen-Spiel, einer Art Hokuspokus mit Kartenerraten, gründlich übers Ohr gehauen und um einige Taler erleichtert. Die Dummen werden nicht alle.«

»Das verbitte ich mir!«

»Pardon, das war nicht auf Sie bezogen.«

»Ich will was Gruseliges hören.«

Heinrich Zille muss nur kurz überlegen. »Dann erzähle ich Ihnen, wie schlimm es einem Mann ergehen kann, der in Berlin zu Besuch ist. Ein Landsmann von mir, der sächsische Geheimschreiber Conrad Schütz, gehört zum Gefolge von Rudolf II. und dem Erzbischof von Magdeburg und ist dienstlich unterwegs. Als eingefleischter Lebemann will er sich natürlich in Berlin ein kleines Abenteuer nicht entgehen lassen, und so schlendert er an der Mühlendammschleuse vorbei zum Krögel, wo sich zwei Badestuben befinden. Da begegnet ihm eine schöne Bürgersfrau, und er fordert sie auf, mit ihm in den Badezuber zu steigen. Die ist entsetzt über diesen unsittlichen Antrag, schreit auf und läuft davon. Die Berliner sind so zornig, dass sie zum Rat laufen und die Bestrafung des auswärtigen Sittenstrolchs fordern. Conrad Schütz speist gerade zu Mittag, als ihn die Schergen ergreifen und vor Gericht bringen wollen. Doch den aufgebrachten Bürgern dauert das zu lange, sie schleppen Schütz zum Neuen Markt, wo er ohne großes Federlesen geköpft wird.«

Die Ehefrauen grinsen schadenfroh, während den unternehmungslustigen Männern in der Gruppe gar nicht zum Lachen zumute ist.

»Immer geht es gegen die Männer«, findet der Hamburger. »Was haben die Berliner denn an mordenden Frauen zu bieten?«

Heinrich Zille schmunzelt. »Zum Beispiel die Anna Maria aus der Stralower Straße. Die hat sich – 1675 muss es gewesen sein – im Hause des Bäckermeisters Peter Baumen hinter dessen Bett versteckt, um ihm in der Nacht mit einem langen Messer die Kehle durchzuschneiden. Doch der Bäcker erwacht rechtzeitig und kann um Hilfe rufen. Sein Geselle und eine Magd retten ihn und machen Anna Maria dingfest. Am 12. Januar 1676 wird sie vor dem Berlinischen Rathaus enthauptet. Aber damit nicht genug – zu anatomischen Zwecken wird ihr auch noch die Haut abgezogen.«

Zille hält inne, weil er das Gefühl hat, dass diese Geschichten für die empfindsamen Gemüter unter den Zuhörern doch ein bisschen zu arg sind. Deshalb ist er froh, als ein Ehepaar aus Zwickau nun fragt, ob man nicht nach Stralow fahren könne, um das Schloss zu sehen, das in *Die Bauernfänger von Berlin* eine so große Rolle spiele.

Zille ist ein wenig verlegen, denn dieses Schloss ist eine Erfindung der Romanschreiber. Er fällt sogar kurz ins Sächsische zurück. »Was da in dem Roman drinne steht, das geht in geenen Zergus 'nein, und Stralow is änne Reese nich wert. Die haben nur ein herrschaftliches Gemäuer mit einem Park herum, eben das Romanhaus.«

»Wir wollen trotzdem nach Stralow.«

»Gut, dann gehen wir zum Molkenmarkt und nehmen einen Torwagen«, schlägt Zille vor.

»Wir wollen lieber in einer Droschke fahren.«

»Die Droschken dürfen nicht aus der Innenstadt raus.«

»Bleedsinn! Mach geeh grohses Gesummsä!« Der Zwickauer winkt eine gerade vorüberfahrende Droschke herbei, und der Kutscher ist bereit, die Innenstadt trotz des Verbots zu verlassen.

Zille freut sich und berlinert nun ganz spontan. »Det is ja prima, denn kann ick Ihnen ooch jleich mal die Jaststube von dem Julius Tübbecke zeijen, die is nehmlich einmalich uff da Welt!«

13
Juni 1870 – Wirtshaus von Julius Tübbecke in Stralow

Heinrich Zille steht mit der Mehrzahl der Berlin-Besucher, mit denen er eben am Brandenburger Tor war, in der Gaststube. Deren Besonderheit sind die Kupferstiche, Lithographien und Malereien, die an den Wänden hängen.

»Das ist alles auf meinem Mist gewachsen«, erklärt Julius Tübbecke seinen Gästen. »1843 hab ich meine Prüfung vor der Kunstakademie abgelegt und wollte Maler werden, so einer wie Anton von Werner. Aber sie haben mir nur eine mittelmäßige Begabung bescheinigt, und aus mir ist nichts geworden – außer Wirt.«

Zille hat sich die Schöpfungen Tübbeckes mit großen Augen angesehen und ruft nun: »Ich finde die Bilder herrlich! So möchte ich auch mal malen können. Besonders schön ist dieses hier.«

Tübbecke lacht schallend. »Das ist ja auch von Theodor Hosemann.«

Wie peinlich! Heinrich Zille läuft rot an und möchte am liebsten im Boden versinken.

Die Gäste setzen sich und bestellen Potsdamer Stange, Spree-Athener oder Weiße mit Himbeer, der Droschkenkutscher lässt sich zu einem Glas Gilka einladen.

Tübbecke erläutert das Stralower Wappen und wird gefragt, ob er auch Fischer sei.

»Ja, das auch, vor allem bin ich aber Leichenfischer. Selbstmörder kommen von weit her, um sich zwischen der Liebesinsel drüben am Treptower Ufer und unserer Stralauer Kirche in der Spree zu ertränken. Im Leichenhaus neben der Kirche liegt immer ein Gefischter zum Abholen.« Er blickt wohlwollend zu Heinrich Zille hinüber, wird aber ein wenig spöttisch. »Wenn du einen Gefischten naturgetreu abzeichnen kannst, wirst du die Aufnahmeprüfung an der Akademie der Künste ohne Mühe bestehen.«

»Lieber zeichne ich Leute, die ins Wasser gehen, um zu baden, und nicht, um sich das Leben zu nehmen.«

»Am besten, du machst beides, mein Junge.«

14

Anfang 1872 – Klassenraum in einer Volksschule

Der Lehrer, ein strammer Preuße, sitzt vorn auf dem Katheder. Auf seinem Tisch liegt ein Stapel Zeugnisse. Er hebt an zu einer feierlichen Rede. »Meine lieben Jungen! Eben hat es geläutet, und damit ist euer letzter Schultag angebrochen. Früher hätte man gesagt, dass ihr nun ins feindliche Leben hinaustreten müsst, heute aber entlassen wir euch in ein freundliches Leben, denn nach dem glorreichen Sieg über die Franzosen haben wir Deutschen nun ein einig Vaterland und einen Kaiser, unseren Wilhelm I., der Tag für Tag bis in die späte Nacht hinein an seinem Schreibtisch sitzt und arbeitet, um uns allen eine rosige Zukunft zu bescheren. Wir erheben uns jetzt zu einem dreifachen Hurra!«

Die weit über dreißig Knaben fahren von ihren Bänken hoch und schreien ihr Hurra heraus.

»Danke! Setzen! Nun will ich euch der Reihe nach fragen, bei wem ihr in die Lehre geht.«

Einer nach dem anderen steht auf und antwortet dem Lehrer. Viele Berufe werden genannt, vom Schlosser bis zum Bäcker, und alle Jungen sind fröhlich – nur Heinrich Zille nicht. Der druckst herum, als er an der Reihe ist.

»Ich möchte so gerne Zeichner werden, aber ich muss Fleischer lernen. Meine Mutter will es so.«

Er hasst den Anblick der Fleischersfrau mit ihrem blutverschmierten Kittel und ihren Wurstfingern, und er leidet, wenn er bei seinen Wanderungen durch Berlin die Schweine, die zur Schlachtbank geführt werden, fürchterlich quieken hört.

»Das kann ich gut verstehen«, sagt der Lehrer. »Schrecklich, wenn man den Tieren mit dem Messer die Kehle durchschneidet und sie dann mit dem Beil zerhackt!«

Zille stehen Tränen in den Augen.

15
März 1872 – Fleischerei

In einem sehr unappetitlichen Schlächterkeller ist ein totes und in der Mitte aufgetrenntes Schwein an den Hinterbeinen aufgehängt. Der Fleischermeister ist dabei, die Haut herunterzuschneiden, Heinrich Zille sieht angewidert zu.

»Aus der Haut kannste noch Leda machen«, sagt der Fleischer. »Nüscht wird wegjeworfen. Haste vastanden?«

»Ja«, presst Zille hervor.

»So, nu jeht et an't Entweiden«, fährt der Meister mit seinen Erklärungen fort. »Dabei is eens det Wichtichste: Von der Scheiße, die noch im Darm drin is, darf nüscht an't Fleisch ran, sonst kannste dit in Müllkasten schmeißen, det kooft keena mehr.«

»Ja.« Mehr bringt Zille noch immer nicht hervor.

»Du kümmerst da jetzt um die Blutwurscht, los ab!«

Zille tritt an eine riesengroße Schüssel, die mit breiigem Blut gefüllt ist. Ekel steigt in ihm auf, aber er überwindet sich und geht zu einem Tisch, auf dessen rissiger Holzplatte ein großes Stück Speck und gegarte Schwarten liegen. Daneben sind alte Schrippen angehäuft. Er nimmt nun eine Reibe und macht aus den Schrippen Paniermehl, das er in das Schweineblut schüttet. Danach zerkleinert er Speck und Schwarte und wirft sie in die Schüssel.

»Imma wieda umrühr'n!«, ruft der Meister.

Zille rührt – und muss sich erbrechen. Mit der Hand vor dem Mund stürzt er durch eine offenstehende Tür in den Hof hinaus.

16
März 1872 – Wohnung des Zeichenlehrers Spanner

Spanner sitzt am Tisch und studiert Skizzen von Leonardo da Vinci. Dabei schläft er ein. Als an seinem Klingelzug gerissen wird, schreckt er auf und ist über diese Störung alles andere als erfreut. Er hinkt zur Tür.

»Wer ist denn da?«

»Heinrich Zille«, kommt es vom Treppenhaus her.

»Du? Es ist doch gar kein Unterricht heute.«

»Nein, aber Sie müssen mir helfen, lieber Herr Spanner, Sie sind meine letzte Hoffnung.«

»Na, dann immer rein in die gute Stube.«

Spanner öffnet die Tür und lässt Heinrich Zille eintreten. Nachdem sie sich die Hände geschüttelt haben, führt er den Vierzehnjährigen zu den Plätzen, die sie beide in den Unterrichtsstunden immer einnehmen.

»Dann fang mal an, mir dein Herz auszuschütten. Obwohl …« Spanner winkt ab. »Ich kann mir ohnehin schon denken, um was es geht. Um deine Lehre als Fleischer …«

Zille nickt. »Ich habe geholfen, ein Tier zu töten. Ich habe es zur Schlachtbank geführt und festgehalten. Ich will kein Schlächter werden! Ich kann kein Blut sehen!«

Spanner steht auf und legt seinen Arm um die Schulter des Jungen. »Ach Heinrich, du bist mir ans Herz gewachsen, und ich kann dich nicht leiden sehen. Du hast Talent zu ganz was anderem als zum Schweineschlachten. Komm, ich rede noch einmal mit deinen Eltern.«

Er holt sich seine Stiefel, zieht die Jacke über, setzt einen alten Filzhut auf seinen nahezu kahlen Kopf und geht zur Tür.

17

März 1872 – Wohnung Kleine Andreasstraße Nr. 17

Anton Spanner sitzt bei Zilles Eltern in der mittlerweile schon wesentlich besser ausgestatteten Stube. Statt der Strohsäcke gibt es richtige Betten, und ein sehr solide gearbeiteter Tisch hat den großen Pappkarton ersetzt. Seit Traugott Zille als Mechaniker bei Siemens & Halske Arbeit gefunden hat, ist er ein ganz anderer Mensch geworden, und auch Ernestine Zille erscheint inzwischen als akzeptable Bürgersfrau.

»Wir sitzen jetzt in der Friedrichstadt, an der Ecke Markgrafen- und Charlottenstraße«, erzählt Traugott Zille dem Zeichenlehrer seines Sohnes. »Wir bauen nicht nur Zeigertelegraphen, sondern auch eine Telegraphenlinie nach der anderen. Zuletzt haben wir sogar ein Atlantikkabel verlegt. Und seit Werner Siemens das dynamoelektrische Prinzip entdeckt hat, fangen wir mit dem Bau von Generatoren an.«

Spanner nickt. »Das hört sich gut an, da kann man Ihnen nur gratulieren, Herr Zille. Ich erinnere mich noch gut daran, was die Leute bei Borsig 1848 gerufen haben: Wir sind keine Proletarier, wir sind Maschinenbauer! Heute kann man hinzufügen: Auch die Mechaniker von Siemens & Halske gehören zum Adel des Arbeiterstandes. Und Sie wissen doch, liebe Frau Zille, lieber Herr Zille, *noblesse oblige*.«

»Bitte?«

»Adel verpflichtet.« Spanner versucht, so gewinnend wie möglich zu lächeln. »Damit meine ich, dass es weit unter Ihrem Stand ist, Ihren Sohn Fleischer lernen zu lassen … Alles blutig, alles eklig.

Das hat Ihr Heinrich nicht verdient. Sein zeichnerisches Talent zu verschleudern, würde ich fast in die Nähe einer Todsünde rücken. Ich flehe Sie an, schicken Sie ihn in die Lithographielehre. Da sitzt er in einer warmen Stube, friert nicht an Händen und Füßen, bekommt keine schmutzigen Finger und trägt Kragen und Schlips. Er wird mit Sie angeredet und geht pünktlich um viere nach Hause. Lithographen sind begehrte Leute und werden mehr als gut bezahlt, denn überall werden neue Mietshäuser hochgezogen, und jede kahle Wand will mit einem bunten Druck behängt werden. Kurz gesagt, ich habe mit einem Lithographen in der Alten Jakobstraße gesprochen, und wenn Sie zustimmen, dann kann Ihr Sohn am 1. April bei Fritze Hecht anfangen.«

18
April 1872 – Hecht'sche Werkstatt in der Alten Jakobstraße

Fritz Hecht geht durch seine nicht eben große Werkstatt und schaut seinen Gesellen und dem neuen Lehrling bei der Arbeit zu. Schon fertig oder noch im Entstehen sind Öldrucke mit frommen Motiven wie Heiligenbildern, Madonnen mit blutendem Herzen oder Jesus am Kreuz sowie die Bildnisse deutscher Heerführer und Fürsten, allen voran des Kaisers Wilhelm I. Ein Geselle bedient eine imposante Handhebelpresse.

Heinrich Zille steht an einem Arbeitstisch und ist dabei, für ein medizinisches Werk mit der Feder den Beinstumpf eines Kriegsveteranen auf ein Blatt Transparentpapier zu zeichnen.

»Weeßte eijentlich, warum die Lithographie so heißt, wie se heißt?«, fragt ihn der Meister.

»Nee …«

»Det kommt von *lithos*. Det is Jriechisch und bedeutet Stein. Und wer hat den Steindruck afunden?«

Wieder muss Zille passen. »Tut ma leid, keene Ahnung.«

»Det war der Alois Senefelder.« Hecht nimmt aus einem Regal einen Lithographiestein und hält ihn Zille hin. »Wo jiebtet die besten Steene? In Solnhofen. Wat Besseret als den Solnhofer Plattenkalk findste uff da janzen Welt nich. Schön jraublau mussa sein. Und weil die Steene so teua sind, schleifen wa se, wenn allet jedruckt is, imma von Neuem ab und verwenden se wieda.«

Zille nickt. »Det hab ick jestern schon machen müssen.«

»Jut.« Hecht nimmt nun das Blatt mit dem Beinstumpf hoch und betrachtet es sorgfältig. »Janz ausjezeichnet. Wie in natura. Ick war bei den Düppeler Schanzen dabei, ick weeß, wie sowat uff'n Schlachtfeld aussieht. Und wie kriejen wa nun deine schöne Zeichnung uff den Stein hier ruff?«

Zille überlegt einen Augenblick. »Ich reibe die Rückseite von mei'm Transparentpapier mit Graphit ein und übertrage meine Zeichnung seitenverkehrt auf den Stein. Dann nehme ick die Stahlnadel und ritze die Konturen auf dem Stein so ein, det allet jut sichtbar is. Danach nehm ick die Tusche und …«

Der Meister hebt die Hand. »… und fang ma vorja noch 'ne Maulschelle ein!«

Zille zieht unwillkürlich den Kopf ein. »Wieso'n ditte?«

»Weil du mit deinen fettigen Pfoten oben auf den Stein gefasst hast. Da nimmta doch nu keene Tusche mehr an!«

Zille gibt sich zerknirscht. »Vastehe.«

»So, wat machste nu, wenn de dia mal uff dem Stein 'n bisschen vazeichnet hast? Dann nimmst den Schaber und korrigierst det. Und wenn de schummrige Überjänge ham willst, dann verreibst de die Kreide mit dem Wischer hier, dem Estompe, wie wir sagen. Aba det kann ick dia erst nach'm Frühstück zeigen, wenn ick wat jejen mei'm Durscht jetan habe. Mit anderen Worten, du jehst jetzt erst mal Bier holen. Und zwar im Orpheum, det is det Balllokal jenau unta uns. Die Kellna da vakoof'n dir wat.«

19

April 1872 – Balllokal Orpheum in der Alten Jakobstraße Nr. 32

Heinrich Zille betritt das volkstümliche Etablissement, in der Hand einen Siphon. Mehrere Kellner sind dabei, den Fußboden zu wienern und die großen Spiegel an den Wänden zu putzen. Dabei müssen sie über Männer und Frauen, oder besser gesagt, Kerle und Weiber hinwegsteigen, die noch volltrunken auf den Plüschsofas liegen. In einer der Nischen ist ein dickes Frauenzimmer zu sehen, auf dessen nacktem Gesäß drei Kellner einen Skat kloppen.

»Grand Hand!«, ruft einer von ihnen und lässt seinen Karo-Buben auf eine der rosigen Pobacken klatschen. »Die Kleinen sagen's den Großen.«

»Na, Kleena, willste mitspielen?«, wird Zille gefragt.

Der ist nicht auf den Mund gefallen und grinst frech. »Ja, aba nur, wenn ihr die Dame andersrum dreht.«

»Wenn der Meister Hecht oben ein Bild davon druckt und wir das dann hier verkaufen dürfen …«

»Ick werd's ihm sagen. Kann ick nu mein Bier kriegen?« Er hebt seine Siphonflasche hoch wie eine Fackel.

Doch die Kellner lassen sich Zeit, erst muss das Spiel zu Ende gebracht werden. Der Mann mit dem Grand wirft seine letzte Karte auf den »Tisch«.

»Das war's. Grand Hand. Ohne 1, Spiel 2, Hand 3, mal 24, macht 72. Schreib mal uff, Paule!«

Zille ist so fasziniert vom Skatspiel, dass er den Platz des Kellners einnimmt, der jetzt aufsteht, um mit seinem Siphon in die hinteren Räume zu eilen.

»Weeßte denn, wie't jeht?«, wird er gefragt.

»Ick bin doch nich von jestan.« Zille fährt mit der Hand über das entblößte Hinterteil der noch wie narkotisierten Dame und sammelt die Karten ein, um sie gekonnt zu mischen und zu verteilen.

20

April 1872 – Commandantenstraße und Dönhoffplatz

Morgengrauen. Berlin ist noch nicht erwacht. Heinrich Zille geht durch die weithin stille Commandantenstraße. Unerwartet tritt Fritz Hecht aus einem der Hausflure. Beide prallen zurück.

»Wat machst du denn hier?«, fragt Hecht. »Wollteste einbrechen bei mir?«

»Nee, ick wollte früh in der Werkstatt sein und üben, bevor et richtich losjeht. Und da dacht ick mir, ick jeh noch 'n bisschen spazieren, um mir die Jegend anzukieken und mitzukriejen, wo wat los is so in alla Herrjottsfrühe.«

»Warste denn schon uff'm Dönhoffplatz?«

»Nee.«

»Na, denn komm ma mit!«

Ein Einjähriger, mit dem Zille oft denselben Weg geht, kommt ihnen entgegen. Der Mann ist ebenso naiv wie eingebildet.

»Gehen Sie bloß nicht weiter!«, ruft Zille dem anderen schon von weitem zu.

»Warum denn nicht?«

»Ham Se nich jehört von dem Robert Koch? Dem is neulich 'ne Bazille ausjerückt, se soll sich noch hier in der Jejend rumtreiben. Die Bevölkerung is schon janz uffjeregt.«

Der Einjährige fährt zusammen. »'ne Bazille! Wie groß is se denn?«

»Inne Hunderter-Zigarrenkiste wird se jrade reinjehn.«

Daraufhin entschließt sich der andere zu einem erheblichen Umweg.

Hecht verzieht das Gesicht, grinst dann aber doch. Was er seinem Lehrling nun auf dem Dönhoffplatz zeigt, ist ein Stillleben ganz besonderer Art. Wie die Heringe liegen da Männer in den Hausfluren.

Zille erschrickt. »Sind die alle tot?«

Hecht lacht. »Nee, die sind schon jestan Abend jekommen und schlafen hier, damit se rechtzeitich zur Stelle sind, wenn nachher der Wochenmarkt losjeht. Det sind allet welche, die keen Zuhause ham und 'n bisschen wat vadienen woll'n.«

»Det müsste man ma zeichnen und drucken«, findet Zille.

Hecht schüttelt den Kopf. »Det kooft doch keena.«

Während sie noch miteinander reden, kommen Schutzleute herbeigelaufen, um die Obdachlosen zu wecken und zu vertreiben. Wer nicht schnell genug aufsteht, den reißen sie an den Haaren hoch. Schmerzensschreie hallen über den Platz.

21
1874 – Wohnung Theodor Hosemann, Luisenstraße, am Neuen Tor

Der Kunstmaler, Zeichner, Illustrator und Karikaturist Theodor Hosemann hat sich in der Hauptstadt einen Namen gemacht. 1807 in Brandenburg an der Havel als Sohn eines königlich-preußischen Offiziers zur Welt gekommen, gilt er als vortrefflicher Chronist des biedermeierlichen Berlin. Bekannt geworden ist er auch als Illustrator der Schriften Adolf Glaßbrenners. Seit 1857 lehrt er als Professor an der Akademie der Künste, seit 1860 ist er dort auch Mitglied.

Hosemann, dessen Gesicht ein wenig an eine Seerobbe erinnert, hält Heinrich Zille eine Illustration zu Hänsel und Gretel hin. »Det zeichneste jetzt mal ab.«

Zille ist nicht übermäßig begeistert. »Das sieht ja fast so aus wie 'ne Lithographie.«

Hosemann lacht. »Keen Wunder, schließlich war ick mal Lithograph. Bei Arnz & Winckelmann in Düsseldorf hab ick jelernt und bin dann mit Winckelmann nach Berlin. 1828 muss det jewesen sin. Beim Verlag von Winckelmann in Berlin war ick Erster Zeichner, mit vierhundert Talern Jehalt im Jahr. Kannst mia ruhich als Vorbild neh'm. Oda hast schon eens?«

»Ja, den Hogarth.«

Hosemann ist darüber sehr amüsiert. So'n Zufall! »Hogarth war mein Name im ›Tunnel über der Spree‹. Det war so'n Literatenverein.«

»Jetzt sind aber Sie mein Vorbild geworden«, versichert ihm Heinrich Zille.

Hosemann winkt ab. »Nee, Junge, lass det lieba. Du musst rausgehen int Freie, uff die Straße raus, und selbst beobachten. Det is bessa als nachmachen. Für'n Vollblutzeichner liegt det Jlück in Berlin sozusagen auf der Straße.«

Zille ist unsicher, was seine Karriere als Künstler betrifft. Was muss er tun, um Erfolg zu haben? »Wenn ich Menschen richtig wiedergeben will, muss ich dann nicht auch auf die Königliche Kunstschule gehen?«

»Schaden kann det nüscht. Aba da kommste nur hin, wenn de vorher den Akademiefürschten jefragt hast.«

»Wen?«

»Den Anton von Werner.«

22

1874 – Atelier Anton von Werner in seiner Villa an der Potsdamer Straße

Anton von Werner ist 1843 in Frankfurt an der Oder geboren worden, hat an den Kunstakademien in Berlin und Karlsruhe studiert und sich in Paris inspirieren lassen. 1870 kam er durch die Gönnerschaft hochgestellter Persönlichkeiten am Ende des Deutsch-Französischen Krieges nach Versailles und erhielt dort den Auftrag, die Proklamation des Deutschen Kaiserreiches bildlich festzuhalten. Mit seinen detailgetreu gemalten Historienbildern sorgte er danach für Aufsehen. Man wählte ihn 1874 in die Preußische Akademie der Künste und machte ihn zum Direktor der Hochschule für die Bildenden Künste.

Wir sehen eingangs Anton von Werner vor seiner Staffelei. Die Leinwand vor ihm hat riesige Ausmaße, fast 4,5 mal 7,5 Meter. Nur wenige Figuren sind schon vollendet, das meiste ist nur mit schwarzer Kreide skizziert.

Ein Diener öffnet die Tür.

Der Maler fährt herum und gibt sich ungnädig. »Was ist denn, Franz?«

»Der Lithographielehrling Heinrich Zille wünscht Sie zu sprechen. Er hat sich angemeldet.«

»Soll hereinkommen.«

Heinrich Zille leistet dieser Aufforderung Folge. In der Hand hält er eine Mappe mit seinen Zeichnungen. Mit sichtbarer Hochachtung tritt er vor den Mann, der ihm als außerordentlich einflussreich geschildert worden ist. »Ich bitte die kleine Störung zu entschuldigen, Herr von Werner, aber Professor Hosemann meint, dass es unumgänglich sei, Ihre Zustimmung einzuholen.«

»Wozu?«

»Ich möchte die Aktzeichenklasse von Professor Domschke besuchen.«

Der Maler besinnt sich seiner Pflichten als Direktor der Hochschule für die Bildenden Künste. »Wie alt sind Sie denn, Herr …«

»Zille, Heinrich Zille, geboren am 10. Januar 1858 in Radeburg bei Dresden.«

»In Sachsen also!« Man sieht Anton von Werner an, was er denkt: Auch das noch! »Dann bist du gerade einmal sechzehn Jahre alt – und willst weibliche Akte zeichnen?«

»Meinetwegen auch männliche!«

Anton von Werners Miene verdüstert sich weiter. »Du hast dich hier in Berlin schon ganz schön assimiliert, alle Achtung.«

Zille weiß nicht, was »assimiliert« bedeutet, und redet weiter frisch von der Leber weg. »Was die Frauen betrifft, habe ich schon alles gesehen. Ich bin Lehrling in der Lithographiewerkstatt von Fritze Hecht in der Alten Jakobstraße und muss immer ins Orpheum gehen, um Bier zu holen.«

»Kunst sollte etwas Hehres sein«, murmelt Anton von Werner. »Aber zeig mal her, was du schon alles gezeichnet hast!«

Zille holt seine Skizzenblätter hervor. Auf dem ersten sehen wir die Szene aus dem Orpheum, wo die Kellner auf dem entblößten Hinterteil einer voluminösen Dame ihre Skatkarten anhäufen. Von Werner hält das Blatt so, dass es genau vor seinem Genregemälde ins Bild kommt, das *Die Proklamation des Deutschen Kaiserreichs im Spiegelsaal zu Versailles am 18. Januar 1871 heißen soll.* Größer kann ein Kontrast nicht sein. Auf dem zweiten Blatt von Zille sind die Obdachlosen vom Dönhoffplatz zu sehen. Anton von Werner zieht die Augenbrauen hoch und kann es nicht fassen.

Zille verfällt nun ins Berlinische. »Ick hab nur det jemacht, wat Professor Hosemann mir jeraten hat: Ick bin uff de Straße jejangen und hab jezeichnet, wat ick jesehen hab. Und ick hab da draußen nich nur den Kaiser jesehn, wie er in seine Kutsche sitzt und die Linden runta fährt.«

Anton von Werner ist nachdenklich geworden. »Ich bin sicherlich ein sehr konservativer Mensch, aber in erster Linie bin ich durch und durch Künstler und möchte alle fördern, die etwas können.

Das Deutsche Kaiserreich braucht sie, um seine Geltung draußen in der Welt zu erhöhen. Sie sollen die Wirklichkeit abbilden und einem Realismus huldigen, der ebenso erhebend wie unterhaltend sein kann und erzählerische oder belehrende Elemente nicht scheuen muss, aber eines auf keinen Fall darf: schockieren. Wenn Sie mir versprechen, sich daran zu halten, dann haben Sie mein Plazet, zu Carl Domschke zu gehen.«

23

1874 – Zeichensaal in der Akademie der Künste

Anatomisches Zeichnen bei Prof. Carl Domschke, geboren 1812 in Berlin, was nicht zu überhören ist. In dem Unterrichtsraum gibt es keinen freien Platz mehr, Domschke schreibt mit schwarzer Kreide auf ein Schild *WEGEN ÜBERFÜLLUNG GESCHLOSSEN* und drückt es Heinrich Zille in die Hand.

»Det häng'n Se mal draußen an die Türe, det hier nich andauernd eena rinjekleckert kommt. Und Sie da …« Er zeigt auf einen Studenten, der kurz eingenickt ist. »Wenn Se nich mehr könn'n, dann setzen Se sich mit Ihr'm Brett uff de Treppe draußen und nehm nich die hoffnungsvollen Jünglinge hier die Plätze weg, die woll'n alle bald nach Italien, Schinkeln hintaher. Se könn'n sich ooch mein Buch koofen und zu Hause üben. *Wegweiser für den praktischen Unterricht im Freihandzeichnen* heißt det.« Er macht eine kleine Pause. »Wat denn, keena züscht ab? Na denn, danke, meine Herren.«

Ein Pedell kommt in den Saal und trägt ein menschliches Skelett, einen Schädel und eine Reihe von Knochen herein, die er auf einem großen Tisch ausbreitet.

Johannes, Zilles Nachbar, beugt sich zu ihm hinüber. »Mal sehen, was Knochen-Domschke heute wieder zu bieten hat.«

Domschke rückt seinen goldenen Kneifer auf der auffallend rötlich gefärbten Nase zurecht und beginnt zu dozieren. »Wat ick Ihnen nu azähle, is nich allet von mir, sondern von Jottfried Schadow. Wie heißt sein Buch über die Lehre von den Proportionen?« Mehrere Studenten melden sich, er übersieht sie aber.

»Wenn't keena weeß, will ick et Ihnen varraten: *Polyclet oder Von den Maassen des Menschen nach dem Geschlechte und Alter*. Erschienen issit zuerst 1834. Und wat is det Wichtigste daran? Der anjehende Künstla muss lernen, dem Jefühl wat entjejenzusetzen, so det er nich von ihm übamannt wird. Det Jejenjewicht is ein rationales Jerüst, det menschliche Knochenjerüst nämlich.« Er zeigt auf den Tisch mit den anatomischen Schaustücken. »So, denn ma ran an die Balken, die wa in unsam Körpa drin ham!«

Die Kunstschüler machen sich an die Arbeit. Heinrich Zille versucht sich an einem Schädel. Es dauert eine Zeit, bis er ihn aufs Papier bringt. Als er fertig ist, geht er mit seinem Blatt zu Domschke. Ein anderer Schüler drängelt sich vor. Er ist stolz auf die Unterarmknochen, die er gezeichnet hat.

Domschke aber verzieht das Gesicht. »Det sollen die Unterarmknochen sein? Ick seh da höchstens 'n paar kleene Baumäste, aber keene Knochen. Det machen Se man wieda weg!«

Nun ist Zille an der Reihe. Domschke betrachtet seine Bemühungen mit dem gewohnt kritischen Blick und kommt auch bei ihm zu einem wenig schmeichelhaften Urteil. »Det soll der Schädel sein? Hm, da ham se wohl eher 'n Selleriekopp jezeichnet. Det machen Se man wieda weg!«

24
1874 – Hinter dem Häuschen der Eltern in Rummelsburg

Nach Abzahlung ihrer Schulden haben sich Traugott und Ernestine Zille ein Baugrundstück in Rummelsburg, in der späteren Fischerstraße Nr. 8, kaufen können. Nun ist ihr bescheidenes Haus fertig geworden. Hinter dem sitzen sie in einem kleinen Gärtchen und trinken mit Heinrich und Fanny zusammen Kaffee.

»Ist das mit deinem Kunstunterricht nicht verschwendetes Geld?«, fragt ihn der Vater. »Was macht die Kunst? Sie geht Wasser saufen.«

Zille antwortet ihm in schönstem Sächsisch: »Es wärd sich schon zusammenläppern, nu ja, das Leben is doch scheen.«

Die Mutter ergreift das Wort. »Im nächsten Jahr geht deine Lehre zu Ende – und was machste dann?«

Zille gibt eine ausweichende Antwort. »Ach, weißte, man lernt nie aus.«

Der Vater wechselt lieber das Thema und zeigt auf das Häuschen. »Klein, aber mein.«

»Unser!«, verbessert ihn die Mutter.

»Du hast recht, aber das reimt sich nicht so gut.«

Die Mutter schwärmt: »In Rummelsburg haben wir es so gemütlich wie in Potschappel. Wie auf'm Lande ist es hier.«

Zille blickt sich um. »Aber langsam wird ringsum alles bebaut, ihr werdet viel Trubel haben. Na, nich umsonst heißt eua Kiez ja ooch Rummelsburg.«

Der Vater korrigiert ihn. »Der Name stammt vom Weinhändler Rummel. Der Johann Jakob Rummel hat die alte Meierei hier gekauft und 'n Wirtshaus draus gemacht, die Rummelsburg. Aber was willste mehr: Wir haben 'n schönen See und sogar 'ne Bahnstation, Stralow-Rummelsburg.«

»Prima, det allet.« Heinrich Zille freut sich mit den Eltern. »Wenn ick ma heirate, dann zieh ick ooch hierher.«

Die Schwester sieht ihn mit großen Augen an. »Aber 'ne Braut haste noch nich?«

»Nee, det komm noch. Vielleicht lerne ich eine beim Aktzeichnen kennen.«

Mutter und Schwester sind entsetzt, der Vater aber grinst. »Wo bleibt denn dann in der Hochzeitsnacht die Überraschung?«

Heinrich Zille muss ihm recht geben. »Da is wat dran. Dann zeichne ick doch lieba Männa.«

25

1875 – Hecht'sche Werkstatt in der Alten Jakobstraße mit angrenzendem Hof

Heinrich Zille steht an einer Steinhandhebelpresse und ist schwer beschäftigt. Fritz Hecht tritt zu ihm heran.

»Uff 'n Tach jenau ham wa den 31. März 1875, deine Lehrzeit

Der Rummelsburger See mit Blick auf die Stralauer Kirche

jeht heute zu Ende. Ick würde dir zu jerne behalten, so jut, wie de bist, aba noch een'n Jesellen jiebt det Jeschäft nich mehr her. Tut ma leid … Wat willste nu machen?«

»Ick fange bei Winckelmann & Söhne an. Professor Hosemann kennt Herrn Winckelmann von seina Zeit in Düsseldorf und hat ma vamittelt.«

»Jott sei Dank!« Fritz Hecht atmet erleichtert auf.

»Ick sare Ihnen ooch herzlichen Dank für allet, wat Sie mir beijebracht ham.«

Fritz Hecht strahlt erst, dann grinst er. »Noch wat, Zille: Wir sind zwar keene Buchdrucker, aba wir drucken ooch, deshalb ham wa uns bei die richtijen Drucka 'n schönen Brauch abjekuckt, det Gautschen.«

Hecht hebt die Hand, und auf dieses Zeichen hin stürzen die Gesellen herbei, packen Heinrich Zille, schleppen ihn auf den Hof und setzen ihn in einen mit Wasser gefüllten Bottich.

»Nu biste 'n waschechter Lithograph. Jottes Segen uff all deinen weiteren Wegen!«

26

1877 – Werkstatt von Winckelmann & Söhne, Spittelmarkt Nr. 14

Das Unternehmen Winckelmann & Söhne ist ein Verlag und eine Druckerei. Heinrich Zille entwirft gerade ein sogenanntes Papiertheater aus mehreren Theater-Ausschneidebögen sowie Figuren und Kulissen. Diese Arbeit ist ihm fremd, und er hat sichtbar Mühe, den Auftrag zu erledigen.

Der Verlagsinhaber kommt vorbei, an seiner Seite ein Händler, dem er seine Ware anpreist. »Mit dem Papiertheater bringen verantwortungsvolle Eltern ihren Kindern die wundervolle Welt unserer Bühnen nahe, bevor diese die echten Theater besuchen dürfen. Das Bürgertum holt sich die Faszination, die von den Werken unserer großen Dichter ausgeht, damit in die eigenen vier Wände. Bekannte Stoffe werden für Kinder bearbeitet. Zudem sorgen wir dafür, dass von exzellenten Autoren eigens für die Jugend pädagogisch wertvolle Stücke geschrieben werden. Wir liefern zum eigentlichen Theaterbau komplett gedruckte, kolorierte oder selbst zu kolorierende Figuren und Kulissen sowie Proszenium und Vorhang, dazu selbstverständlich auch Texthefte und Spielanleitungen.«

Heinrich Zille hört zu, während er eine Prinzessin zeichnet. Besonders gut scheint ihm das nicht zu gelingen.

Ein älterer Kollege kommt vorbei, die tadellose Zeichnung eines Tigers in der Hand. Er sieht Zille einen Augenblick bei der Arbeit zu und gibt dann ein vernichtendes Urteil ab. »Ich weiß nicht, was Sie eigentlich können. Sie können gar nichts!«

Das trifft Heinrich Zille wie ein Messerstich in die Brust. Er reißt sich seine Schürze vom Körper, wirft sie auf den Arbeitstisch und stürzt aus dem Raum.

27
1877 – Scheunenviertel

Heinrich Zille schlendert durch das Scheunenviertel, einen Skizzenblock in der Hand. Er geht durch dunkle Torbögen und in ärmliche Hinterhöfe. Vor einer baufälligen Holzbaracke bleibt er stehen und sieht durch ein offenstehendes Fenster Frauen und Männer auf zerschlissenen Pferdedecken schlafen. Zille setzt an, sie auf seinem Skizzenblock festzuhalten.

Ein Schutzmann, dem er verdächtig erscheint, kommt auf ihn zu. »Wat machen Sie denn hier?«

Zille lächelt und bemüht sich um ein einwandfreies Hochdeutsch. »Ich habe meine Jahre des Forschens genommen.«

»Sind Se wohl eena von diese Sozialisten, wat? Attentate uff'n Kaiser!«

Nun berlinert Zille wieder. »Mein' Se denn würklich, det der mal in diese Jegend hier kommt? Der weeß doch jar nich, det et die jiebt.«

Damit geht er weiter.

28
1877 – Inselbrücke und die Straße An der Fischerbrücke

Zille steht am Ufer der Spree, sieht Hafenarbeitern beim Entladen eines Lastkahns zu, der Zille *Hulda*, und hält die Szene auf seinem Skizzenblock fest. Wir sehen, dass er langsam Fortschritte macht.

Wissbegierig, wie er ist, nähert er sich den Arbeitern und zögert keinen Augenblick, sie anzusprechen. »Kann ick ma mal euan Kahn von innen anseh'n?«

Der Vorarbeiter schüttelt den Kopf. »Nee, kannste nich. Wenn de dia wat brichst, isset meine Schuld, und dann krieje ick wat uff'n Deckel.«

»Denn ehm nich.«

Zille zieht sich zurück, um seine Skizze zu vollenden. Als er fertig ist, zögert er einen Augenblick und murmelt: »Man müsste noch wat runtaschrei'm unta det Bild. Aba wat?«

Endlich hat er einen Einfall und schreibt mit seiner schwarzen Kreide: *Der Zille möchte jerne uff die Zille, darf aba nich.*

Danach fällt sein Blick auf eine nahe gelegene Kneipe.

29
1877 – Kneipe im Fischerkiez

Zille sitzt in einer Kneipe, hält sein Bierglas in der Hand, nimmt einen Schluck, setzt es wieder ab und beobachtet aufmerksam das Geschehen. Der dicke und verschlagene Wirt steht hinter dem Tresen und sieht mit geschäftsmäßigem Interesse seiner wesentlich jüngeren Frau dabei zu, wie sie versucht, die Gäste zu animieren – ganz offensichtlich nicht nur zum Biertrinken. Sie nähert sich dem Tisch eines Bauern.

»Na, uff'm Molkenmarkt jenüjend Mülch und Eia vakooft?«

Der Bauer antwortet auf Platt: »Ja, aber nu geiht dat al wedder op den Herbst to.«

»Bei mir im Bett isset imma warm. Wat denkst de?«

Der Mann winkt ab. »Lass mal, ik ga tau meine eigene Fru.«

Die Wirtin wendet sich nun Heinrich Zille zu und setzt sich sogar auf den freien Stuhl neben ihm.

»Und Sie? Ham Se ooch uff'm Molkenmarkt wat vakooft?«

Zille ist interessiert an ihr, aber auch ein wenig unsicher. »Für das, was ich herstelle, gibt es da keinen Stand.«

»Wat machen Se denn so?«

»Wat ick so mache? Ick bin mal in der einen lithographischen Werkstatt und mal in der anderen ... als Zinkograph, Kupferätzer und Radierer.«

Die Wirtin sieht ihn mehr als einladend an. »Mir kannste ooch janz nackicht malen, meen Kleena, und nich nur ditte ...«

30
1877 – Auf der Königstraße

Heinrich Zille, wieder mit seiner Zeichenmappe in der Hand, geht die Königstraße entlang, bleibt stehen und sieht zu, wie ein Arbeiter ein Plakat, das für *Concerte* in Kroll's Etablissement wirbt, an eine der neuen Litfaßsäulen kleistert. Als der Arbeiter das nächste Plakat vom Stapel nimmt, merkt er, dass es sich um einen Fehldruck handelt, und will es wegwerfen. Sofort ist Zille bei ihm.

»Warten Se mal, det könn'n Se mir schenken, da kann ick uff da Rückseite wat druff zeichnen.«

Der Plakatkleber grinst. »Ham Se wohl keen Jeld, sich neuet Papier zu koofen?«

»Sieht man mir das an?«, fragt Zille.

»Ja, so isset.«

Der Mann schenkt ihm den gewünschten Bogen. Zille bedankt sich, geht weiter und bleibt vor dem Schaufenster einer Kunsthandlung stehen. Er betrachtet die dort ausgestellten Ölgemälde, Lithographien und Zeichnungen, will ins Geschäft hineingehen, greift schon nach der Türklinke – und weicht wieder zurück.

31
1877 – Kunsthandlung an der Königstraße

Der Kunsthändler Louis Sasse ist dabei, einen kaufkräftigen, aber nicht übermäßig gebildeten Bourgeois zu beraten. Er geht an den Wänden seiner Galerie entlang und präsentiert seine Prachtstücke.

»Hier habe ich etwas von Léon Bonnat, einem Schüler von Eugène Delacroix …«

»Nein, Herr Sasse, ich will etwas Deutsches.«

Der Händler wird noch um eine Spur eifriger. »Sehr wohl, der Herr. Wie wäre es mit einem Gemälde von Carl Blechen?«

»Blechen, nee, das hört sich so nach Blech an und ist mir auch zu teuer. Außerdem haben wir Landschaften draußen zur Genüge, die muss ich mir nicht auch noch ins Zimmer hängen.«

»Wie gefällt Ihnen dieses Bild von Georg Waldmüller? Etwas sehr Figürliches …«

Der potentielle Käufer guckt skeptisch. »Wo soll denn das sein?«

»In einer Kleinstadt in Österreich.«

»Der Mann ist auch noch Österreicher?«

»So ist es«, muss Sasse einräumen.

Der Bourgeois fährt auf. »Ich hänge mir doch keinen Österreicher ins Zimmer, wo denken Sie hin!«

Der Händler entschließt sich zu einem letzten Versuch. »Wie ist es mit einem Frauenbildnis von Feuerbach?«

»Was, dieser rote Hetzer gegen unsere christliche Religion hat auch gemalt?«

»Der Maler ist Anselm Feuerbach, der Philosoph heißt Ludwig mit Vornamen.«

»Ach, ist mir doch egal! Guten Tag!«

Der Käufer verlässt die Kunsthandlung und stößt in der Tür mit Heinrich Zille zusammen, der gerade eintreten will.

Zille begreift, was hier geschehen ist, und gibt sich schlagfertig. »Wenn Sie schon nichts verkaufen können, Herr Sasse, dann werden Sie vielleicht etwas kaufen wollen.«

»Der Heinrich Zille wieder, Gott bewahre! Aber zeigen Sie mal her, was Sie mir heute mitgebracht haben.«

Sasse legt die Mappe auf einen Tisch, klappt sie auf und sieht sich die einzelnen Blätter an. Zille schaut ihm zu und hält den Atem an. Hoffnung keimt in ihm auf, zumal der Kunsthändler anerkennend nickt.

»Erstaunlich, welche Fortschritte Sie gemacht haben …«

»Und?«

Sasse schüttelt den Kopf. »Leider reicht es immer noch nicht, mein lieber Zille.«

»Aber ich habe doch genau das getan, was Sie mir geraten haben, und das Porträt von August Borsig und anderen lithographiert.«

Der Kunsthändler nimmt das Blatt mit dem Abbild Borsigs noch einmal auf und betrachtet es eingehend. »Gut, ich will Ihnen den Gefallen tun und es bei mir aufhängen. Zahlen kann ich Ihnen allerdings nichts dafür.«

»Und wie soll es jetzt mit mir weitergehen?«

»Bemühen Sie sich um eine Stelle in einer Werkstatt und verdienen Sie ein paar Taler. Ansonsten gilt: Üben, üben, üben! Pardon, aber die Menschen in Ihren Zeichnungen scheinen allesamt etwas auf den Kopf bekommen zu haben, so platt ist der. Gehen Sie abends wieder in die Akademie zum Aktzeichnen, damit die Proportionen endlich stimmen!«

32

1877 – Zeichensaal in der Akademie der Künste

Heinrich Zille ist dabei, einen Männerakt zu skizzieren. Modell steht der Akademiediener, der »Schöne Adolf«. Er ist gänzlich nackt.

»Jede Woche müssen wir den zeichnen«, murrt Zilles Nebenmann zur Rechten.

Auch Zille stöhnt. »Warum kriegen wir keine Frau zum Abmalen, eine, die so richtig drall ist?«

»Weil nur die Meisterklasse Frauen abbilden darf, allerdings auch nicht als Vollakt.«

Der Professor kommt vorbei und besieht sich, was Zille zu Papier gebracht hat. »Hm, nicht schlecht, die Schatten haben Sie sorgfältig gepunktet, aber die Körperkonturen sind etwas unsicher umrissen. Das ist mir alles zu sehr glatte Lithographenmanier.«

Zille lacht. »Keen Wunda, schließlich bin ick jelernta Lithograph.«

Das klingt ein wenig patzig, und der Professor zahlt es ihm mit gleicher Münze heim. »Dann gehen Sie doch am besten gleich zur Photographischen Gesellschaft, dort gibt es die schönsten Kunstreproduktionen, und sie müssen nichts Eigenes entwerfen. Emil Werckmeister, einer der beiden Besitzer, ist ein alter Freund von mir. Wenn Sie sich bei ihm vorstellen, mit den besten Empfehlungen von mir, werden Sie sicherlich ein glücklicher Mensch und machen hier den Platz frei für einen richtigen Künstler.«

33
1877 – Werkstatt der Photographischen Gesellschaft

Die Photographische Gesellschaft ist 1862 gegründet worden und hat ihren Sitz in der Krausenstraße Nr. 36, nahe dem Dönhoffplatz, damals Dönhofs-Platz oder Dönhofsplatz geschrieben. Wir sehen eine Geschäftsanzeige:

In unserem Verlage sind
in grösstem Wandformat wie in kleinem Mappenformat
erschienen:
Moderne Bilder
direct nach
den Original-Gemälden der bedeutendsten Meister
photographirt.
Classische Bilder
nach Zeichnungen.
Pracht- und Sammelwerke
von 15 bis 600 Mark.
Gallerie-Werke
Original-Photographien nach alten Gemälden
der

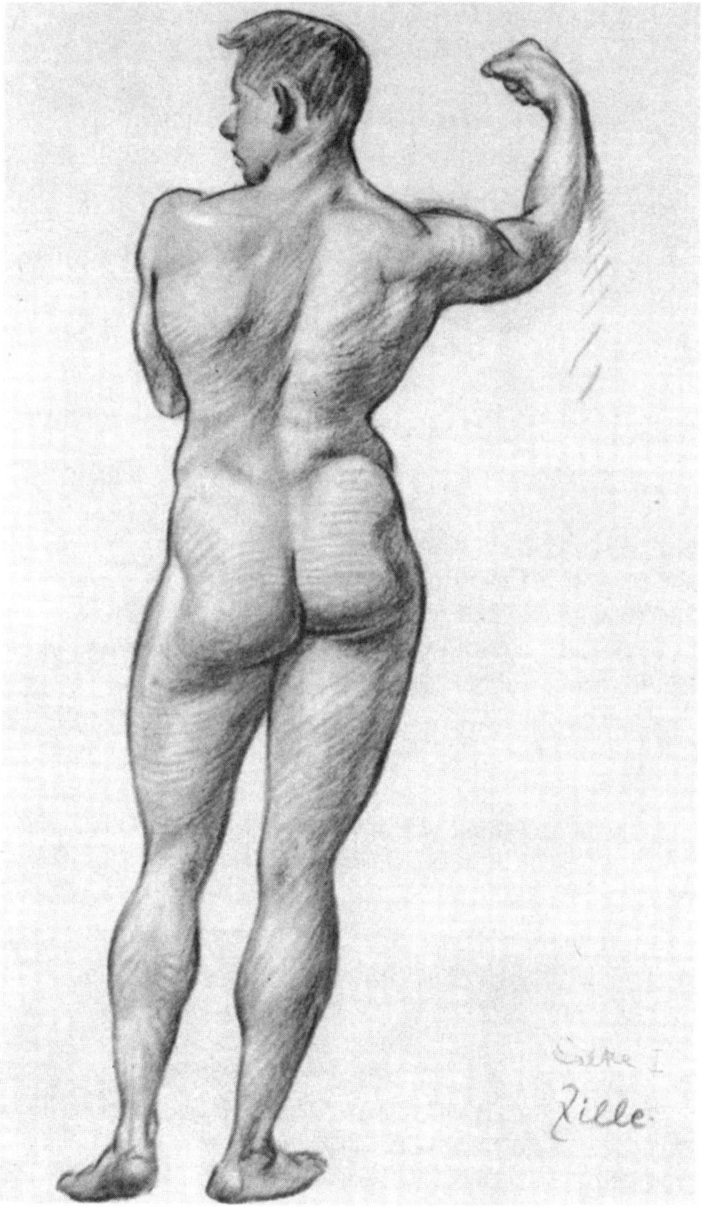

Männerakt

Berliner, Dresdener, Florentiner, Londoner,
Louvre-Gallerie.
Vollständiger Catalog
mit 4 Photographien, franco gegen Einsendung von
50 Pfennigen
in deutschen oder ausländischen Postmarken.

Permanente
Ausstellung u. Detail-Verkauf
Krausenstr. 36, am Dönhofsplatz.

Einrahmungen und Mappen zu jedem Format.

Alle Aufträge werden
durch jede Buch- und Kunst-Handlung oder direct
schnell und sorgfältig ausgeführt.

Neben diesem Plakat verdeutlicht uns der großzügig ausgestattete Raum, in dem Heinrich Zille am Zeichentisch sitzt, dass die Photographische Gesellschaft eine ganze andere Adresse ist als die Werkstatt von Fritz Hecht. Zille hat seinen sozialen Aufstieg begonnen.

Ihm gegenüber arbeitet der Kollege Martin Langner.

Emil Werckmeister kommt vorbei und bleibt bei ihnen stehen. »Na, Herr Zille, haben Sie sich schon gut eingewöhnt bei uns?«

Zille erhebt sich, bevor er antwortet. »Aber selbstredend, Herr Werckmeister. Ich habe mir fest vorgenommen, mindestens die nächsten vierzig Jahre meines Lebens in Ihrer Gesellschaft zu verbringen.«

»Brav, mein Lieber, brav! Mit Herrn Langner kommen Sie gut aus?«

»Ja, bestens.«

»Dann will ich Sie nicht länger von der Arbeit abhalten, sonst muss ich noch mit mir selber schimpfen. Es ist ohnehin bald Mittagspause.«

»Auf die freue ich mich nun gar nicht«, brummt Langner. »Denn ich habe mein Essen leider zu Hause vergessen.«

»Sie haben ja direkt eine poetische Ader!«, ruft Zille. »Vielleicht sollte man die für unsere Glückwunschkarten nutzen.«

Werckmeister überhört das und setzt seinen Rundgang fort. Zille und Langner beugen sich wieder über ihre Blätter. Ihre Zeichenstifte fliegen noch über das Papier, als eine attraktive junge Frau in der Tür erscheint. Es ist Hulda Frieske. Sie hält einen Fresskorb in der Hand. Ein Raunen geht durch den Raum, alle Männer blicken auf. Sie steuert auf Langner zu.

»Martin, ich bringe dir das Essen, das du vergessen hast.«

Langer springt auf. »Hulda, du bist ein Schatz!«

»Ihre Tochter?«, fragt Heinrich Zille.

»Nein, eine Cousine meiner Frau.«

Man sieht Heinrich Zille an, dass er sich auf den ersten Blick in Hulda verliebt. Er steht auf und sieht sich nach allen Seiten um, wobei er einen leicht verwirrten Eindruck macht. »Ist denn kein Stuhl da für das schöne Fräulein Hulda?«

»Oh, was für ein Kavalier!« Sie strahlt ihn an.

34

1878 – Hinter dem Häuschen der Eltern in Rummelsburg

Traugott und Ernestine Zille sind bei der Gartenarbeit. Er hält eine große Gießkanne in der Hand und wässert die Stangenbohnen, sie jätet Unkraut.

Heinrich Zille und Hulda Frieske erscheinen am Gartenzaun.

»Hallo, ihr beiden, ich will euch meine Braut vorstellen!«

Die Eltern fahren hoch und sind ziemlich verblüfft. Es dauert eine kleine Weile, bis sie sich die Hände gesäubert haben. Heinrich Zille hat inzwischen die Gartentür geöffnet und kommt auf sie zu.

Die Mutter breitet die Arme aus und wird, was man ihr gar nicht zugetraut hätte, richtig pathetisch. »Herzlich willkommen, mein Kind, im Schoße unserer Familie!«

Während sie Hulda umarmt, fragt der Vater Heinrich, wann die Hochzeit sei.

»Erst, wenn ick mein'n Militärdienst hinta mir habe.«

Sechs

Es war März geworden. Gustav Budenstieg erwachte an diesem Morgen gegen acht – so nahm er jedenfalls an. Eine Uhr besaß er nicht. Aber der Blick durch die Dachluke ließ darauf schließen. Wo war er hier? Er brauchte einige Sekunden, sich daran zu erinnern: auf einem Dachboden in der Greifenhagener Straße, nicht weit weg vom Bahnhof Schönhauser Allee. Quer durch den Raum waren Wäscheleinen gespannt. Von denen hatte er Betttücher, die schon halbwegs getrocknet waren, gerissen, um sich ein Lager zu bereiten. Eine Matratze hatten sie nicht ersetzen können. Verdammt weh taten ihm jetzt Schultern und Hüften vom Liegen auf den harten Brettern. In seiner Zelle hatte er wesentlich besser geschlafen. Die Ärsche vom Gericht hätten ihm ruhig ein paar Monate mehr aufbrummen können!

Budenstieg stand auf und massierte sich die schmerzenden Körperpartien. Dann pinkelte er in die Ecke, neben die eiserne Leiter für den Schornsteinfeger. Der weiße Putz war noch nass von gestern Abend. Es stank schon gewaltig. Die Bewohner des Hauses würden ihre Freude daran haben. Schadete ihnen gar nichts! Man würde den uringetränkten Putz abschlagen müssen.

Er lauschte. Da waren Schritte auf der Treppe. Dann hörte Budenstieg die Stimmen eines Mannes und einer Frau. Er wollte es nicht auf einen Kampf ankommen lassen. Schnell kletterte er die Leiter hoch, stieß die Luke auf und gelangte hinaus ins Freie. In der Mitte war das Dach mit Teerpappe gedeckt. Darauf ließ sich gefahrlos laufen. Links und recht davon aber lagen die roten Dachziegel auf einer gefährlichen Schräge – Rutschbahnen in den Tod! Budenstieg wurde schwindlig. Er hielt sich an einem Schornstein fest, bis der Anfall vorbei war. Dann kletterte er über die Barriere hinweg, den die Brandmauern dieses und des angrenzenden Mietshauses bildeten. Hinter den Mauern ließ sich eine Luke aufhebeln. Mit akrobatischem Geschick glitt er auf den Dachboden hinunter. Eine halbe Minuten später stand er unten auf der Greifenhagener.

Was nun? Budenstieg überlegte. Nach kurzem Zögern lief er zur Schönhauser und weiter bis zur Schivelbeiner Straße. Dort hatte er vor Antritt seiner letzten Haftstrafe als Hilfskraft in einem Sanitärgeschäft gearbeitet. Gas – Wasser – Scheiße. Immerhin hatte er im Wedding mal eine Klempnerlehre angefangen – und bald wieder abgebrochen. Keine Lust gehabt ... und kein Talent. »Du bist zum Scheißen zu dämlich!«, hatte der Meister gerufen. Der Chef in der Schivelbeiner hatte so'n komischen Namen gehabt. Er kam nicht gleich drauf. Dann fiel es ihm wieder ein: Heiße. Gestatten, heiße Heiße! Helmut Heiße. Noch blöder als Gustav Budenstieg.

Als er Heißes Laden betrat, kam der freundlich auf ihn zu und streckte ihm die Hand entgegen. »Na, Justav, allet abjesessen?«

»Ja. Gelobt sei, was hart macht!« Der übliche Spruch seines Wärters. »Kann ick wieda anfangen bei Ihnen?«

Heiße seufzte. »Von mir aus jerne. Aba det hat sich doch hier überall rumjesprochen, wie dich die alte Frau beim Klauen erwischt hat und du se so wegjeschubst hast, det se 'n paar Wochen im Krankenhaus liejen musste und fast totjegangen wäre. Ick kann dich zu keem Kunden mehr schicken, det musste doch einsehen!«

»Und hier inna Werkstatt?«, fragte Budenstieg.

»Da hab ick selba nich jenuch zu tun, tut ma leid. Et sind eben miese Zeiten.«

Budenstieg ging zur Schönhauser zurück. Wie bei einer Beerdigung, ganz langsam und voller Trauer. Was sollte er als Nächstes tun? Er bog in eine Nebenstraße ein. Mehr als eine Stunde lief er ziellos durch die Gegend. Immerhin hatte er jetzt etwas mehr Auslauf als auf dem Tegeler Gefängnishof. Am Senefelderplatz fiel er fast in den Eingang zur U-Bahn. Wenn das kein Wink des Schicksals war! Diesmal löste er sogar eine Fahrkarte. In der U-Bahn konnte man schwerlich während der Fahrt abspringen, wenn Gefahr im Verzug war. Der Zug Richtung Reichskanzlerplatz lief ein. Voll bis obenhin. Manche Berliner fuhren jetzt erst ins Büro. Budenstieg quetschte sich noch in einen Waggon. Die Fahrgäste standen so dicht gedrängt wie die Heringe. Vor ihm war ein aufgeblasener Vertreter. Da die U-Bahn auf dieser Strecke um jeden Kohlenkeller herumfuhr, gab es eine Kurve nach der anderen. Man wurde gegeneinandergepresst. Daher fiel es nicht auf, wie Budenstiegs Hand aus Versehen in das Jackett des aufgeblasenen Vertreters fuhr und eine Brieftasche herausfischte. Das war das große Los! Am Alexanderplatz sprang er aus dem Zug und lief die erstbeste Treppe hoch. Einen stillen Winkel suchen und nachsehen, wie groß die Beute war. Unter der S-Bahn-Brücke konnte er es wagen. »Scheiße, verdammte!« Nur zwanzig Mark. Dabei hatte der Vertreter nach mindestens fünfhundert ausgesehen. Nur einen Trost gab es: In der Brieftasche steckte eine Karte für das nächste Berliner Sechstagerennen. Wenigstens etwas!

Immerhin reichte die Beute, um sich in ein Café zu setzen und zu frühstücken. Viel Spaß machte es allerdings nicht. Budenstieg hatte das Gefühl, als starrten ihn alle an. Was will der stinkende Knastbruder hier? Passt bloß auf eure Portemonnaies auf! Die Leute hatten recht. Wahrscheinlich roch er auch gewaschen noch anders als sie. An der Wand hing eine ältere Ausgabe des *Berliner Boulevard Blattes*. Er nahm die Zeitung vom Haken und blätterte sie durch. Interessierte ihn alles nicht. Berlin war ihm fremd geworden – eine andere Welt, nicht mehr seine.

Als er zu den Traueranzeigen kam, hatte er eine Idee. Bertie, sein Zellennachbar, hatte ihn darauf gebracht: »Wenn Leute auf 'ner Beerdigung sind, dann musste bei denen einbrechen, da is bestimmt keena zu Hause.« Budenstieg suchte nach Verstorbenen, bei denen es möglicherweise etwas zu holen gab. Viele waren es nicht. Aber da: Der Herr Medizinalrat Prof. Dr. Neidhart Lambey aus der Hartwigstraße in Pankow beklagte den allzu frühen Tod seiner geliebten Ehefrau Isolde. Beisetzung auf dem Wald- und Parkfriedhof Pankow-Schönholz – in einer Stunde! Das Schicksal meinte es gut mit ihm. In Tegel hatte er sich fortgebildet, nicht nur als Taschendieb, sondern auch als Einbrecher. Also auf nach Pankow! Und zwar möglichst schnell. Die U-Bahn fuhr nur bis zum Nordring. An der Schönhauser Allee musste er in die Straßenbahn umsteigen. Das dauerte ewig. Endlich kam die 57 angezuckelt. An der Breite Straße stieg Budenstieg aus. In aller Eile suchte er nach einer Eisenwarenhandlung. Zumindest einen Schraubenzieher musste er sich kaufen, dazu noch einen Dietrich. Da war ein Laden! Er stürzte hinein.

»Wozu brauchen Se'n den?«, wollte der Verkäufer wissen.

»Mein Bruder heißt Dietrich, und ich will ihm damit eine kleine Freude machen.« Budenstieg war stolz darauf, dass er diesen Satz in einer Fremdsprache herausgebracht hatte – in Hochdeutsch.

Er bekam beide Werkzeuge. Anstandslos. Die Leute waren immer noch nicht wachsam genug. Wozu warnte die Kriminalpolizei sie andauernd vor Menschen wie ihm?

Über die Kavalierstraße kam er in die Hartwigstraße. Viele Häuser hier hatten Fassaden wie die im vornehmen Westen. Budenstieg sah sich nach allen Seiten um. Es war kaum jemand unterwegs, und von den wenigen Fußgängern interessierte sich niemand für ihn. Er trat in das Haus, in dem Prof. Dr. Neidhart Lambey laut Traueranzeige wohnte. Ein schneller Blick auf den Stillen Portier. Er war richtig! Vorderhaus, zwei Treppen. Über die Stufen war ein roter Sisalläufer gespannt. Der dämpfte die Schritte. Als Budenstieg oben angekommen war, presste er sein rechtes Ohr an die Wohnungstür. Alles ruhig. Sollte er vorsichtshalber klingeln? Nein, das hätte die Nachbarn hellhörig machen können. Oder waren die auch auf dem Friedhof? Er unterließ es trotzdem. Man konnte nie wissen. Vielleicht war der Lambey mit allen verkracht.

Schnell hatte Budenstieg Schraubenzieher und Dietrich aus der Innentasche seines Mantels gezogen und sich an die Arbeit gemacht. Das Schloss war noch aus dem vorigen Jahrhundert. Es war ein Kinderspiel für ihn, die Tür zu öffnen. Innerhalb von zwei Minuten stand Budenstieg in der Wohnung. Er blickte sich um. Alles sah sehr vornehm aus. Vom Flur gingen mindestens fünf Zimmer ab. Wo hatte der Medizinalrat seinen Schreibtisch stehen? Darin war Bargeld zu vermuten. Wo lag das Schlafzimmer? Dort versteckten die Frauen meistens ihren Schmuck. Budenstieg lauschte. Irgendwo hatte es geraschelt. Offenbar in der Wohnung über ihm. Er öffnete die erste Tür und stand im Schlafzimmer. Budenstieg lief zum Kleiderschrank und riss die Tür auf. Links war das Fach mit der Bettwäsche. Er griff sich Stück für Stück und warf es auf den Boden. Fehlanzeige!

»Was machen Sie denn hier?«

Ein kräftiger Mann stand in der Tür. Offensichtlich der Hausmeister.

»Seh'n Se doch!« Budenstieg war zu erfahren in seinem Metier, um gleich in Panik zu geraten.

»Dann werd ich mal die Polizei rufen.« Der Mann sprang zurück in den Flur und wollte die Zimmertür abschließen.

Damit hätte Budenstieg in der Falle gesessen. Er schnellte nach vorn und riss mit aller Kraft an der Klinke. Die Tür flog auf. Doch der Mann war nicht gewillt, ihn laufen zu lassen, und versperrte ihm den Weg.

»Hau ab!«, schrie Budenstieg.

»So kommst du mir nicht davon!« Der Mann stürzte sich auf ihn.

Da stieß ihm Budenstieg seinen Schraubenzieher in den Bauch. Der Mann brach schreiend zusammen. Budenstieg lief ins Treppenhaus und hastete nach unten. Überall flogen die Wohnungstüren auf. Aber er schaffte es auf die Straße hinunter. Langsam, nicht rennen, nicht auffallen! Sei ein Passant wie jeder andere! Es gelang. Jetzt bloß weg! Er lief zum Bahnhof Pankow-Schönhausen und wartete auf einen Zug Richtung Innenstadt. Da die Bahn hier schon elektrifiziert war, schaffte Budenstieg es schneller als erwartet zum Stettiner Bahnhof. Die Gegend kam ihm bekannt vor. Richtig, in der Borsigstraße wohnte Hella. Mit der hatte er mal eine Weile zusammengelebt. Sie hatte ihr Geld mit ihrer Pflaume verdient. Ihm war es egal gewesen. Nach außen hin jedenfalls. Hella hatte ein gutes Herz. Vielleicht konnte er bei der eine Weile bleiben. Wenigstens ein paar Nächte bei ihr schlafen. Und mit ihr.

Seitenflügel, vier Treppen. Er stieg hinauf. Es müffelte nach

Braunkohle, Wirsingkohl und schwarzem Schimmel. Der Papierstreifen mit Hellas Namen klebte noch an alter Stelle. Er drückte auf den Klingelknopf. Drinnen hustete jemand. Das Husten wurde zu einem Anfall. Er klingelte noch einmal.

Schritte. Jemand zog das Guckloch auf. Budenstieg lächelte, als würde er photographiert werden.

Von drinnen war eine unwirsche männliche Stimme zu vernehmen: »Wat woll'n Sie'n hier?«

»Die Hella sprechen.«

»Wer sind Sie eijentlich?«

»Der Justav, Gustav Budenstieg, 'n alta Freund von ihr.«

»Sie lässt keen Freia mehr ran, sie hat mächtig Tb.«

Daher kam der Husten. Dennoch fragte Budenstieg, ob er vielleicht eine Nacht bei Hella schlafen könne.

Jetzt wurde die Wohnungstür geöffnet. Hella tauchte auf. Im Nachthemd.

»Nee, jeht nich. Aba wende dia mal an Muskel-Adolf, mit'm schönen Jruß von mir, und frag ihn, ob a wat hat für dich!«

»Mach ick, danke. Und allet Jute für dich!«

Det is nich mein Tach heute, dachte Budenstieg. Immer wieder dieselbe Frage: Was nun?

Max Liebermann konnte als überführt gelten. Karl-Heinz hatte in dessen Villa am Wannsee ein Photo gemacht, auf dem deutlich zu erkennen war, wie Liebermann Zille kopierte.

Als Nächster stand nun Hermann Frey auf Kowolleks Liste. Wie war der zu überlisten? Kowollek hörte es gern, wenn man von ihm – halb spöttelnd, halb anklagend – behauptete, er sei der findigste und gerissenste Reporter, den ganz Berlin zu bieten habe. Auch diesmal kam er schnell auf eine Idee, für die ihm das Wort »genial« fast noch zu schwach erschien. Er kaufte sich Zilles *Kinder der Straße* und suchte einige Zeichnungen heraus, die nur mit einem knappen Titel versehen waren und nicht mit den typischen Zille-Dialogen. Gewöhnlich wurden die Bilder durch eine fette Bildunterschrift und ein kurzes Gespräch zwischen den abgebildeten Figuren ergänzt. Die nicht betexteten Zeichnungen nun wollte Kowollek Hermann Frey vorlegen und ihn bitten, sich in Zille-Art etwas auszudenken, das man den Protagonisten in den Mund legen konnte. So wollte Kowollek herausfinden, ob Frey in dieser Tätigkeit Übung hatte.

Heiner fand es besser, Zilles Sprüche zu überkleben und später Freys Texte mit dem jeweiligen Original zu vergleichen.

Kowollek dachte nach und entschied sich dann gegen den Vorschlag seines Freundes. »Das ist mir zu direkt.«

Der Photograph legte einen neuen Rollfilm in seine Kamera. »Wo finden wir Hermann Frey?«

»Er ist heute Vormittag bei Otto Wrede in Dahlem, dort bin ich mit ihm verabredet.«

»Wer ist Otto Wrede?«

»Ein Musikverleger, der mehrere Titelbilder von Zille verwendet hat und für seine Operetten die Texte von Hermann Frey schreiben lässt, so auch für Walter Kollos *Maskenball im Ziegenstall.*«

»Na jut, dann auf nach Dahlem. Du befiehlst, ich folge dir!«

Von einem rasenden Reporter erwartete man, dass er in Berlin jede Straße kannte, mochte sie noch so unbedeutend sein. Aber Kowollek hatte keine Ahnung, wo Im Schwarzen Grund zu finden war. Das Straßenverzeichnis in seinem Stadtplan verriet es ihm: Sie mussten nach Dahlem, in die Nähe des U-Bahnhofs Thielplatz.

»Jetzt weeß ick endlich, warum se damals die Wilmersdorfer U-Bahn jebaut ham«, bemerkte Heiner, als er von ihrem Ausflug in eine der vornehmsten Gegenden Berlins erfuhr. »Unsatwejen.«

Als die U-Bahn am Thielplatz hielt, hörten sie die Stimme des Stationsvorstehers: »Alles aussteigen, der Zug endet hier!«

Kowollek stand auf. »Weiter nach Krumme Lanke geht es erst nächstes Jahr. Aber sie bauen schon kräftig.«

Heiner staunte, als sie vom Bahnsteig, der im Einschnitt lag, die Treppen nach oben stiegen. »Det is ja keen richtija Bahnhof hier, det is ’n Landhaus!«

Das Verlags- und Wohnhaus von Otto Wrede trug die Hausnummer 21, und von der U-Bahn aus hatten sie es in ein paar Minuten erreicht.

Hermann Frey stand schon am Gartentor und erwartete sie. »Immer frisch, fromm, fröhlich, Frey, wie der Turnvater Jahn es von einem deutschen Jüngling erwartet. Wenn die Herren von der Zeitung kommen, muss man sofort zur Stelle sein! Von ihrem Wohlwollen hängt es ab, ob man bejubelt wird oder sich aufhängen kann. Kommen Sie, meine Herren, bei Otto Wrede in der Bibliothek steht ein kleines Frühstück für Sie bereit! Beim Essen können wir auch über alles reden. Ick fühle ma richtich jebauchpinselt, det ma det *BBB* zu den berühmtesten Berlinern zählt.« Er stockte einen Augenblick. »Eijentlich müsste et ja heißen: zu die berühmtesten Berliner. Hier lang bitte!«

Kowollek lachte. »Immer an der Wand lang!«

»Und den Käse haben sie heute zum Bahnhof Thielplatz gerollt! Ein paar Stücken davon sehen Sie vor sich auf dem Teller.«

Kowollek hatte den Eindruck, dass Hermann Frey einer der sympathischsten Menschen war, die in Berlin herumliefen. Und bei seiner Gutmütigkeit, die ihm förmlich ins Gesicht geschrieben stand, konnte es keinen Zweifel geben, dass er seinem Freund Heinrich Zille ab und an unter die Arme griff, wenn der mal nicht mehr weiterwusste.

Während sie zu frühstücken anfingen, stellte Kowollek erst einmal Fragen zu Freys eigenen Projekten.

Der musste nicht lange nachdenken. »Da hätten wir vor allem meinen Papagei, der keine harten Eier mag.«

»Bitte?« Kowollek konnte ihm nicht folgen.

Hermann Frey lachte. »Was habe ich mich nicht über die amerikanischen Schlager geärgert, die in ihrer Blödheit nicht zu übertreffen sind – denken Sie nur an *Ausgerechnet Bananen*! Um diese Musik zu verhöhnen, habe ich mir als Texter gemeinsam mit dem Komponisten Walter Kollo etwas sehr Schönes ausgedacht: *Mein Papagei frißt keine harten Eier*. Idiotischer geht es nicht mehr! Der Berliner Rundfunk spielt mit und plant die Uraufführung.«

Nachdem sie eine Weile über diese Parodie geplaudert hatten, kam Kowollek auf die freundschaftliche Verbindung zwischen Hermann Frey und Heinrich Zille zu sprechen.

»Dem soll's verdammt schlechtgehen«, war Kowolleks Eröffnungszug.

»Kann man wohl sagen!« Hermann Frey schloss die Augen und nickte.

Kowollek wurde nun vertraulicher. »Aber er muss ja wohl immer noch zeichnen, um finanziell über die Runden zu kommen.«

»Das ist ja das Dilemma!«, rief Hermann Frey. »Er kann seine Hände nicht mehr richtig gebrauchen.«

»Und Sie können ihn da nicht ein wenig unterstützen?«

Hermann Frey lachte. »Doch, die letzten Bildunterschriften bei Zille sind alle von mir!«

»Glaube ich nicht!«, rief Kowollek, zog Zilles *Kinder der Straße* aus seiner Aktentasche, schlug Seite 11 auf und hielt sie dem Schlagertexter hin. »Versuchen Sie's mal! Wenn Sie's schaffen, gibt das ein paar schöne Zeilen für meine Geschichte über Sie.«

»Na, jehm Se ma her, junga Mann!«

Unter der von Kowollek ausgesuchten Zeichnung stand nur *Die lieben Nachbarn*. Ein Hochzeitspaar schreitet durch eine Toreinfahrt, über der die Hausnummer 21 und die Aufschrift *Hotel garni* prangt. Zwei kleine Mädchen tragen die Schleppe, auf die einige Hunde zusteuern, um ihre Markierungen zu hinterlassen. In den Fenstern der umliegenden Häuser liegen Frauen und gaffen, auch in der Kneipe »Zum verborgenen Veilchen« interessiert man sich für das Geschehen auf dem Bürgersteig. Unter den Nachbarn, die den rechten Bildrand beherrschen, sticht eine dralle jüngere Frau mit einem Einkaufskorb in der linken Hand hervor, die drohend ihre Rechte hebt und etwas in Richtung der Braut zu schreien scheint, die Blickkontakt mit ihr hat.

Hermann Frey brauchte keine Minute zu überlegen, dann schrieb er in verschnörkelten Druckbuchstaben, wie sie für Zille typisch waren: *»Dette mia mei'm Bräutijam wegjenomm'n hast, du Aas, det wirst noch ma bitte bereu'n!«*

Heiner photographierte Frey, wie er sich mit einem Stift in der Hand über das Papier beugte. Nach Kowolleks Meinung ent-

Die lieben Nachbarn

sprach die Bildunterschrift nicht ganz Zilles Stil, kam aber schon dicht an ihn heran. Er blätterte nun zu Seite 55, auf der eine Szenerie in einer ärmlichen Wohnküche abgedruckt war: Eine Frau mit ängstlichem Gesichtsausdruck lauscht an einer Tür, beobachtet von ihrer schon im Bett liegenden, vielleicht achtjährigen Tochter. Unter der Zeichnung stand *Das böse Gewissen.*

»Na, Herr Frey, sind Sie noch mal so frei?«

»Aber freilich!«

Was der Schlagertexter dann nach kurzem Überlegen in Zille'schen Buchstaben zu Papier brachte, war vom Original wirklich nicht mehr zu unterscheiden: *»Mutta, wat lauschsten so ängstlich?« – »Et scheint so, det Vata doch nich aus'm Fensta jesprung'n is.«*

Rund dreihundert Männer hatten sich auf dem Friedhof der St. Andreas- und St. Markus-Gemeinde an der Berliner Straße in Hohenschönhausen versammelt, alle bekleidet mit Frack, Zylinder und Lackschuhen. Sie blickten würdig und kummervoll drein. Ein Fremder hätte sie für hohe Ministerialbeamte halten können. Die Friedhofshalle konnte bei weitem nicht alle fassen, die zur Trauerfeier gekommen waren. So standen die meisten im Freien. Sie mussten ihre Zylinder mit den Händen festhalten, sonst hätte sie ihnen der stürmische Wind vom Kopf gefegt.

Die Tür der Kapelle wurde geöffnet. Der Harmoniumspieler war beim Schlussakkord angekommen. Riesige Kränzen wurden bewegt. Mit den weißen Chrysanthemen darauf mussten sie ein Vermögen gekostet haben. Auch der Sarg, der herausgetragen und auf einem Katafalk auf Rädern abgesetzt wurde, war ungemein kostbar geschmückt.

Mit einer Blaskapelle an der Spitze setzte sich der Trauerzug in Bewegung. Choräle erklangen. Hinter dem Sarg ging ein Pfarrer, der halblaut für die Seele des Verstorbenen betete. Kräftig gebaute Männer trugen reichbestickte Banner, flankiert von Herrn mit breiten Schärpen über der Brust. In Viererreihen folgte die Schar der Trauergäste.

»Det muss aba 'n hohet Tier jewesen sein, det se hier vabuddeln«, befand ein Rentnerin, die gerade das vermoderte Laub vom Grab ihrer Schwester harkte.

»Sieht janz nach'm Bankier aus«, vermutete ihr Mann.

Budenstieg, der vorbeischlenderte, hörte dies und sorgte für Aufklärung. »Det is Messer-Maxe, der König vom Ringverein Immertreu.«

»Mensch, die janze Berlina Untawelt is uff'm Friedhof!«, murmelte die Renterin.

In seiner Aufmachung hatte es Budenstieg nicht gewagt, sich in den Trauerzug einzureihen, obwohl er einst ein guter Freund von Messer-Maxe gewesen war.

Vor dem Grab senkten sich die Banner, der Sarg wurde Zentimeter für Zentimeter in die Grube hinabgelassen. Alle neigten das Haupt und falteten die Hände. Der Chor setzte ein. Feierlicher und getragener ging es nicht.

So nimm denn meine Hände
und führe mich
bis an mein selig Ende
und ewiglich!
Ich mag allein nicht gehen,
nicht einen Schritt.
Wo du wirst geh'n und stehen,
da nimm mich mit!

Muskel-Adolf, eigentlich Adolf Leib, gedrungen und ein lebendiger Fleischkloß, trat vor und hielt eine bewegende Rede. »Max, ich muss dich preisen als edlen Menschen, als großes Vorbild für die Gesellschaft. Du bist unersetzlich. Wie vielen von uns hast du aus bitterer Not geholfen! Immer warst du für andere da, treu bis in den Tod.«

»Det sind doch allet dem Zille seine Typen«, hörte Budenstieg die Rentnerin sagen. »Issa denn ooch selba bei?«

»Nee, ick seh'n nich.«

»Schade!«

Muskel-Adolf kam zum Ende, trat ans offene Grab und warf drei Hände feuchter Erde auf den Sarg.

Dann war die Blaskapelle wieder an der Reihe und spielte *Ich hatt' einen Kameraden*. Alle sangen oder summten mit.

Ich hatt' einen Kameraden,
einen bessern findst du nit.
Die Trommel schlug zum Streite,
er ging an meiner Seite
in gleichem Schritt und Tritt.

Dann folgte ein Lied, das den Anwesenden noch mehr aufs Gemüt schlug:

Üb immer Treu und Redlichkeit
bis an dein kühles Grab,
und weiche keinen Finger breit
von Gottes Wegen ab.
Dann wirst du wie auf grünen Au'n
durch's Pilgerleben geh'n,
dann kannst du sonder Furcht und Grau'n
dem Tod ins Auge seh'n.

Für einen Augenblick stand Muskel-Adolf allein. Sofort war Gustav Budenstieg neben ihm. »Schönen Gruß von Hella! Ob ick wieda bei euch mitmachen darf?«

»Meinetwejen.«

Da kam Stinki angefegt und stieß Budenstieg zur Seite. »Hau bloß ab, du Knalltüte! Sonst kannste deine Knochen einzeln sortier'n. Du hast mich doch damals vapfiffen, du hinterlistiger Hund!«

Damit trat er Budenstieg so kräftig in den Hintern, dass der auf dem nächstbesten Grabhügel landete. Budenstieg rappelte sich wieder auf und suchte das Weite. Was blieb ihm weiter übrig. Auch heute war nicht sein Tag. Er lief zur nächsten Straßenbahnhaltestelle und fuhr mit der 64 zum Alexanderplatz. Am

Bahnhof kaufte er sich ein *Berliner Boulevard Blatt*. Stand was drin über den Raubüberfall in der Hartwigstraße? Zum Glück nur wenige Zeilen. Ohne Zeichnung vom Täter. Der Hausmeister hatte überlebt. Budenstieg nahm es ohne jede Regung zur Kenntnis. Der Arsch war doch selber schuld! Was hatte er sich auf ihn gestürzt? Der Medizinalrat war bestimmt hoch versichert. Idioten gab's auf diesem Erdball!

Vom Potsdamer Platz aus konnte Budenstieg mit der 74 gleich zum Sportpalast fahren. Das Sechstagerennen wollte er sich auf keinen Fall entgehen lassen. Während er auf die Straßenbahn wartete, fiel sein Blick auf ein paar Zille-Plakate. Sofort fing er leise an zu schimpfen.

»Der denkt, det Leben, det wia führ'n, is irjendwie lustig – und vadient ooch noch ville Jeld mit unsam Elend. Arschloch det! Mit dem müsste man mal abrechnen!« Wenn Budenstieg einen Menschen hasste, dann diesen Pinselheini. »Sollte ick ma nen Mord bejehen, denn weeß ick jenau, wen ick mia dafür aussuche!«

Die Straßenbahn kam. Eine Dreiviertelstunde später saß er im Sportpalast. Die Pedalritter fuhren sich ein. Ringsum wurden Wetten abgeschlossen. Drei Paare wurden besonders oft als Favoriten genannt: Lothar Ehmer / Georg Kroschel (Deutschland), Willy Rieger / Oskar Tietz (Deutschland) und Piet van Kempen / Emil Richli (Niederlande / Schweiz).

Budenstieg freute sich auf den Budenzauber, der gleich beginnen würde. Doch urplötzlich kippte seine Stimmung. An der Bande war ein Kriminalkommissar aufgetaucht und ließ seinen Blick prüfend über die Ränge gleiten. Von den Greifern kannte er alle. Der hier war Hermann Kappe. Wahrscheinlich suchte der Kommissar den Raubmörder aus der Hartwigstraße. Wenn der Hausmeister, den Budenstieg niedergestochen hatte, eine treffende Beschreibung des Täters geliefert hatte … Es konnte aber auch sein, dass der Mann, dem er in der U-Bahn das Geld und die Karte fürs Sechstagerennen geklaut hatte, zur Polizei gegangen war. »Gucken Sie sich mal Reihe 7, Sitz 24 an, dann haben Sie ihn!« Budenstieg wusste, dass es nicht gut für ihn aussah.

Sieben

Heinrich Zille erwachte, als gegenüber auf dem Bahnhof Westend eine Lokomotive vor dem Einfahrtsignal wütend pfiff. Er sah auf den Wecker: 9 Uhr 5. Zeit aufzustehen. Freunde in seinem Alter sagten immer wieder, er solle den Tag möglichst früh beginnen und jede Minute Leben genießen, denn ewig schlafen würde er ohnehin bald. Es war recht mühevoll, sich aus dem Bett zu hieven. Als Zille schließlich auf der Bettkante saß, musste er mit den nackten Füßen lange nach seinen Filzlatschen tasten. Endlich hatte er sie gefunden. In Unterhemd und Schlafanzughose ging er auf den Flur, um sich einen Mantel überzuwerfen. Mitte März brauchte er den noch, wollte er sich nicht was wegholen, wenn er eine Weile auf dem Balkon stand. Kaum hatten ihn die Spatzen wahrgenommen, kamen sie angeflogen, um sich ihr Frühstück abzuholen. Auf kleinen Schalen und Untertassen servierte er ihnen Körner, Brotkrumen und Wasser. Um sie nicht zu stören, trat Zille zur Seite und blickte auf die Straße hinunter. Das bunte Treiben dort war Balsam für seine Seele. Allein die Tatsache, dass immer weniger Pferde zu sehen waren, schmerzte ihn. Nur der Kohlenmann ließ seinen Karren noch von einem Kaltblüter ziehen. Zuletzt war der Bestatter auf Benzinbetrieb umgestiegen. Na schön, dachte Zille, ick werd wohl sowieso draußen in Stahnsdorf begraben werden, weil hier inna Stadt keen Platz mehr is – und da bin ick uff'm Lastwagen eher am Ziel!

Nach einer Viertelstunde ging er ins Zimmer zurück und setzte sich auf den alten Holzstuhl, der an seinem Schreibtisch stand. Er wollte die Briefe durchsehen, die ungeöffnet auf der Tischplatte lagen. Zille hatte keine Lust mehr zu lesen, was man ihm schrieb. Die Elogen langweilten ihn, und über Schmähungen ärgerte er sich noch immer. Auch nahmen die Bettelbriefe langsam überhand. Am liebsten hätte er alles in den Ofen geworfen, aber das ließ sein Pflichtgefühl nicht zu. Also machte er sich daran, ein Kuvert nach dem anderen aufzuschlitzen. Der erste Brief kam von einer Käthe Teetzmann. Sie sei 42 Jahre alt und Hauswartsfrau.

Vier Jören und keen Mann. Jedenfalls keener, der für se da is. Jeden Tach die Treppen putzen, eenmal inne Woche wischen und eenmal im Monat bohnern. Det Kreuz tut mir so weh, Herr Professor. Und meen Seel is ooch anjeknackst. Wenn der Olle mal zu Hause kommt, dann jibtet Keile, bis de Fetzen fliejen. Erst icke, bis ick nich mehr kroochen kann, dann die Kleenen. Imma druff, bis er seinen Frust losjeworden is. Willi hat nämlich keene Arbeet, müssen se wissen. Man hat'n rausjeschmissen, weil er zuville jesoffen hat. Jetzt sauft er noch mehr, weil er keene Arbeet hat. Und Jeld ham wa ooch keens. Der Milchmann kieckt uns schon janz doof an, weil er imma anschreiben muss. Ick bin wejen meiner Kinder und mir in großer Sorge. Wat soll ick tun?

Zille seufzte. Wenigstens drohte die Frau nicht damit, den Gashahn aufzudrehen, wenn er ihr kein Geld schickte. Er legte den Brief auf den Stapel, auf dem der Zettel *Helfen! Was schicken!* klebte. Wenn Anna, seine Schwiegertochter, demnächst kam, dann würde er sie zur Bank schicken, damit sie kleine Geldscheine holte, und die dann mit ihr zusammen eintüten. Heinrich Zille half, so gut er konnte. Vielen armen Teufeln hatte er sogar schon ein zinsloses Darlehen gewährt, damit sie sich als Kohlenhändler, Gemüsemann oder Droschkenkutscher selbständig machen konnten.

Er ging in die Küche, um zu frühstücken. Spartanisch wie immer. Mehr als eine Scheibe Brot war ihm von ärztlicher Seite nicht gestattet worden. Seines Zuckers wegen. Zu viele Kohlehydrate. Also gab es nur eine halbe Stulle mit Butter und Wurst und die andere Hälfte mit Käse. »Wenn Sie mehr essen wollen, Herr Zille, müssen Sie sich bewegen. Viel laufen!« – »Wie denn? Ick komm doch mit meine Füße nich mehr die Treppen runta, und ruff schon jar nich.«

Mutter mit zwei Kindern

Zille kehrte an seinen Schreibtisch zurück, um etwas zu erledigen, das er sich schon lange vorgenommen hatte: seine Photographien und seine Glasnegative zu ordnen. Es mochten, so schätzte er, um die hundert Abzüge sein und mindestens viermal so viele Negative. Die meisten Photoplatten hatten ein Format von 9 mal 12 Zentimeter. Er nahm ein Lineal, um nachzumessen. Richtig. Einige waren auch größer: 12 mal 16, teils auch 13 mal 18 Zentimeter. Es musste schon Ewigkeiten her sein, dass er sie belichtet hatte. Drei Jahrzehnte vielleicht. Wie die Zeit verging!

Es klingelte. Zille fuhr zusammen, als wäre ein Schuss gefallen. Wer kam so früh? Die Reinemachefrau? Heute – am Mittwoch? Das konnte nicht sein. Er schlurfte auf den Flur hinaus. Das Ritual begann.

»Hör'n Se uff zu klingeln, ick bin nich zu Hause!«

»Das merke ich«, kam es von draußen.

»Wer is'n da?«

»Adolf.«

Zille erkannte die Stimme zwar, aber die konnte man auch imitieren. Sicherheitshalber sah er durch das Guckloch. Kein Zweifel, es war wirklich sein Freund Adolf. »Denn komm'n Se mal rin, Herr Born, und heil'n Se mia! Krank jenuch bin ick ja.«

Draußen stand Dr. Adolf Heilborn, geborener Berliner, 55 Jahre alt, sowohl Arzt als auch Schriftsteller und Übersetzer. Er zählte zu Zilles ältesten und engsten Freunden.

»Heinrich, warum bist du denn so misstrauisch geworden?«

»Die Leute denken doch alle, ick hab ville Jeld. Eines Taches kommt noch eena, bricht hier ein und bringt ma um!«

Dr. Heilborn kommentierte das nicht und folgte Zille ins Zimmer. Als er die ausgebreiteten Photographien und Glasnegative sah, staunte er.

»So viele Bilder! Mensch, Heinrich, warum hast du so wenig aus deiner Begabung als Photograph gemacht?«

»Ach weeßte, ick wollte nüscht mit eem Graphen zu tun ham. Nee, du hast ja recht. Keen Aas spricht davon, det ick ooch jute Photographien jemacht habe.«

Dr. Heilborn setzte sich. »Zeig mal, was hast du denn alles auf die Platte gebannt?«

Zille hatte zahlreiche Motive abgelichtet: die Familie, Künstlerkollegen und Ateliers, Altberliner Höfe, der Krögel obenan, Märkte, Reisigsammlerinnen, Kinder, Spiel- und Rummelplätze, Badestellen und Keller mit Kegelbahnen.

»Leute zu photographieren war eijentlich viel umkomplizierter, als sie zu zeichnen«, erinnerte sich Zille. »Wenn ein Zeichner die Menschen aufs Papier bringen will, sind sie alle beleidigt, drehen den Kopf weg und schimpfen oder wollen einen aus dem Anzug stoßen. Wenn aber ein Photograph sie auf die Platte bekommen will, sind alle da und machen ein freundliches Gesicht.«

»Das ist in der Tat seltsam. Wahrscheinlich haben sie euch Zeichner im Verdacht, sie nur als Karikatur wiedergeben zu wollen.«

»Da is wat Wahret dran«, musste Zille bekennen. »Aba ick hab ja die Leute ooch jeknipst, um sie nachher anhand der Photographie zu zeichnen. Zu Hause war det viel bequema. Und man konnte det Janze ooch noch 'n bisschen witziga machen.«

Er demonstrierte das am Beispiel einer Photographie, die den Keller des Beerdigungsinstituts Gustav Aßmann in der Bergstraße Nr. 69 zeigte. Auf der Zeichnung hieß der Bestattungsunternehmer nicht mehr Gustav Aßmann, sondern Gustav Erdmann. Aus dem Schild *Lieferung nach allen Krankenhäusern – auch n. Außerhalb* war geworden: *Lieferant der Sarkophage höchster und hoher Herrschaften*. Links oben an der Seite hatte Zille noch *Teilzahlung* hinzugefügt.

»Manchmal hast du bei deinen Zeichnungen auch ein bisschen geschummelt«, stellte Dr. Heilborn fest, als er weitere Photographien in den Händen hielt. »Hier … Das ist als Zeichnung in deinem Band *Berliner Rummelplätze* drin – was ich hier sehe, ist aber die Dresdner Vogelwiese am Ufer der Elbe. Na ja, *corriger la fortune!*«

»Ick weeß zwar nich, wat det heißen soll, aba recht wirst schon ham. Det Photo muss ick jemacht ham, als die beeden Aujuste, der Gaul und der Kraus, und icke zur Cranach-Ausstellung nach

Dresden jefahren … nein, jeradelt sind. Wo uns uffjefallen is, det der Cranach auf vielen seina Bilda ’n Jesicht jemalt hat, det so aussieht wie meins.«

»Hm …«, machte Dr. Heilborn. »Wer weiß, wessen Wiedergeburt du bist …«

Zille packte die Photos und die Negative wieder ein. »Soll ick dir mal sajen, wozu die Photographie für alle Mala besonders jut is?«

»Na?«

»Damit die jungen Mala, die det Maul janz weit aufreißen und meinen, sie sei’n die Jrößten, merken, wie wenig sie eijentlich können. Alle spotten se über den juten Anton von Werner – dreizehn Jahre issa nun ooch schon dot –, dabei soll’n die erst ma alle ’n Stiebel so malen wie der!«

»Apropos Photographien, wenn man es genau nimmt, ist ein Kinofilm nichts weiter als eine Abfolge Tausender von Photos, die an unserem Auge in einem Wahnsinnstempo vorbeigerissen werden.«

»Wie kommsten jetzt uff’n Film?«, wollte Zille wissen.

»Weil mir der Tucholsky und der Ostwald erzählt haben, dass da einer im Auftrag von Otto Guttenberg ’n Drehbuch schreiben soll: *Heinrich Zille – Der Film seines Lebens*.«

»Det stimmt, und der Knabe – een jewisser Banofsky – schwirrt ooch schon übaall rum, wo ick mal jewesen bin. Sojar meine alte Kaserne will a sich ansehn.«

»Und? Freust du dich darüber?«

»Ach, ick weeß nich. Irjendwie hab ick so det Jefühl, det ick ’n Damoklesschwert üba meim Kopp hängen hab – und det det an eem janz dünnen Faden hängt.«

Acht

Zille, Zille und abermals Zille! Johannes Banofsky kam nicht mehr von ihm los. Manchmal hatte er das Gefühl, Opfer einer Metamorphose zu sein und sich schleichend in den Maler zu verwandeln. Sogar zu zeichnen hatte er begonnen, Dutzende von Blättern mit Skizzen bedeckt. Nur um zu begreifen, wie es sich anfühlte, wenn man einen Stift in der Hand hatte und schöpferisch tätig war. Kam noch hinzu, dass er in seinem Film den Zille in seinen mittleren Jahren spielen wollte.

Cilly befürchtete schon, dass er langsam verrückt wurde. Deshalb flüchtete er sich für einen Tag nach Friedrichshagen, um mit seinen Eltern an der Spree spazieren zu gehen und auf andere Gedanken zu kommen.

»Hatten wir einen Verwandten, der Maler oder Zeichner war und mir etwas vererbt haben könnte, das mich zu Zille hinzieht?«, fragte er seinen Vater.

Der lachte. »Erinnerst du dich nicht, dass ich vertretungsweise auch einmal Zeichnen unterrichtet habe?«

»Daher kann's wohl kaum kommen!«

Die Mutter führte seine Zille-Obsession darauf zurück, dass er sich in seiner Kindheit stundenlang Bilderbücher angesehen hatte. »Darin sahen die Hasen so aus, als wären sie von Zille gemalt.«

Diese Vermutung klang gar nicht so abwegig. Der Ausflug nach Friedrichshagen hatte sich also gelohnt. Nach dem Kaffee fuhr Banofsky mit der Eisenbahn nach Berlin zurück.

Er war am Bahnhof Friedrichstraße mit Gabriele Tergit verabredet, die Gerichtsreportagen verfasste. Banofsky wusste zwar, dass der Name Gabriele Tergit nur ein Pseudonym war, ihren richten Namen – Elise Hirschmann – kannte er allerdings nicht. Sie war ein Jahr älter als er und als höhere Tochter aufgewachsen, war ihr Vater doch der Gründer der Deutschen Kabelwerke. Banofsky hatte sich einige Zeit lang ein paar Mark als Sportberichterstatter verdient und sie in der Redaktion des *Berliner Tageblattes* kennengelernt.

»Was machst du'n jetzt?«, war die erste Frage, als sie sich in einem der Cafés gegenübersaßen, die sich in einem der gelben Stadtbahnbögen etabliert hatten.

Gabriele Tergit lachte. »Ich werde heiraten.«

»Wer ist denn der Glückliche? Auch einer von der schreibenden Zunft?«

»Nein, ein Architekt. Heinz heißt er. Heinz Reifenberg. Und was treibt dich derzeit um?«

»Ein Drehbuch. Ich sitze an einem Film über das Leben von Heinrich Zille, habe aber Mühe, die Atmosphäre einzufangen: Berlin, Zilles Milljöh, die ganzen anderen Milieus ...«

Sie nickte. »Verstehe. Aber eigentlich ist das absurd! Ich sitze gerade an einem Berlin-Roman und lasse einen meiner Helden sagen: *Es ist gar nicht so leicht, über Berlin zu schreiben, die besten Leute haben sich schon die Zähne daran ausgebissen. Vielleicht nur im Film möglich*. Und jetzt kommst du und behauptest, auch da kann man es nicht!«

»Du machst mir Mut!«

»Nimm dir Walther Ruttmanns Film *Berlin – Die Sinfonie der Großstadt* zum Vorbild und zeige in Fetzen, was besonders berlinisch ist.«

»Danke für deinen Rat!« Er sah sie forschend an. »Sag mal, schreibst du etwa einen Roman über Heinrich Zille?«

»Nein, das nicht. Aber ich habe ihn vor Augen als Beispiel für jemanden, der durch die Gunst des Volkes in die Höhen der Unsterblichkeit katapultiert wird. Meine Figur trägt den Namen Georg Käsebier und ist ein Volkssänger aus Neukölln, aus der Hasenheide, um den plötzlich ein Riesenrummel entbrennt – und das nur, weil die Zeitungsschreiber und Geschäftemacher jemanden brauchen, der das Publikum zum Geldausgeben animiert. Aber das ist nicht der einzige Grund für seinen Aufstieg. Das Volk hat auch das Bedürfnis nach einer Heldenfigur, der all das gelingt, was ihm selbst nicht gelingt. Dieses Verlangen wird durch Käsebier befriedigt.«

»Da gibt es wirklich Parallelen zu Zille«, erkannte Banofsky. »Wir brauchen unsere Vorbilder.« Er zeigte auf eine ziemlich erfolglose Schriftstellerin, die mit einer Freundin am Nebentisch saß. »Guck dir mal dieses Kulturmäuschen an! Immer verbittert, immer von oben herab, glaubt sich selbst auf einem unglaublich hohen kulturellen Niveau. Neulich habe ich mit ihr zusammen ein Glas Wein getrunken. Ich sage ›Prost!‹, und sie antwortet: ›Bei mir heißt das Proust!‹«

Sie unterhielten sich noch eine Weile, dann fuhr Banofsky nach Hause, um das Material durchzusehen, das er bereits gesammelt hatte. Viele hatten ihm etwas über Zille erzählt. Er hatte kluge Sätze von Max Liebermann und von Kurt Tucholsky aufgeschrieben, aber die konnte er fast schon auswendig hersagen. Neu für ihn war ein kurzer Text von Käthe Kollwitz, den Cilly irgendwo gefunden hatte.

Es gibt mehr als einen Zille: einen der die typischen Illustrationen für Witzblätter machte, und daneben einen anderen. Der andere zeichnete ganz ohne Nebenzweck und Hintergedanken. (…) Dann aber gibt es noch einen dritten Zille. Und dieser ist mir der liebste: Der ist weder Humorist für Witzblätter noch Satiriker. Er ist restlos Künstler …

Banofsky legte das Blatt beiseite. Käthe Kollwitz' Erkenntnisse waren erhellend wie deprimierend zugleich. Wie sollte er all diesen Nuancen in seinem Drehbuch Rechnung tragen, wie den dreifachen Zille einfangen?

Cilly kam herein. »Eben hat 'ne Freundin angerufen. Für mich könnte eine Stelle frei werden!«

»Ah«, rief Banofsky, »bei Guttenberg! Bei dem hab ich mich auch mächtig für dich ins Zeug gelegt!«

»Nein, bei der Ufa in Babelsberg.«

»Oh!«

»Komm doch mit raus und lass dich inspirieren!«

»Keine schlechte Idee.«

Banofsky hatte ohnehin das Gefühl, überhaupt nichts vom

Film zu verstehen. Je länger er an seinem Drehbuch saß, desto unsicherer wurde er, und desto mehr zweifelte er daran, dass ihm der große Wurf gelingen würde. Vielleicht lag das daran, dass er sich so stark mit Zille identifizierte, denn auch der zweifelte noch immer an sich selbst – trotz all seiner Erfolge.

Banofsky und Cilly fuhren also mit dem Zug zum Bahnhof Neubabelsberg und liefen ein paar hundert Meter zum Ufa-Filmgelände. Cilly verschwand in Richtung der Personalverwaltung.

»Toi, toi, toi!«, rief er ihr hinterher.

Er selbst eilte zur neuen Aufnahmehalle, einer riesigen Eisenkonstruktion, massiv ausgemauert, entworfen vom Architekten Carl Stahl-Urach. Gerade wurde der Film *Spione* gedreht. Regie führte Fritz Lang, der auch das Drehbuch geschrieben hatte – zusammen mit Thea von Harbou. Der Bankdirektor Haghi, gespielt von Rudolf Klein-Rogge, war der Kopf einer internationalen Spionageorganisation. In seinem Auftrag ist eine geheimnisvolle Schönheit unterwegs: Sonja Barranikowa alias Gerda Maurus. Jason, der Chef des Geheimdienstes, setzt nun seinen Agenten No. 326 ein. Der war mit keinem Geringeren als Willy Fritsch besetzt worden. Sein Diener war Paul Hörbiger.

Was Banofsky sah, erinnerte ihn ebenso an *Metropolis* wie an *Dr. Mabuse, der Spieler*. Leider war *Spione* noch ein Stummfilm, so dass er nicht viel dazulernen konnte. Allerdings überraschte ihn die Dominanz der Kamera. Es gab eine Vielzahl von Einstellungen, viele schnelle Verbindungen zwischen den einzelnen Bildern und immer wieder wirkungsvoll hervorgehobene Details. Er konnte also im Drehbuch dem Regisseur viel Freiraum lassen und brauchte nicht selbst alles bis ins letzte Detail festzulegen. Das ersparte ihm viel Zeitaufwand und Gehirnschmalz.

In einer Drehpause fragte er Fritz Lang, in welchem Maße der Tonfilm die Filmkunst verändern würde. Die Antwort fand Banofsky deprimierend.

»Alles, was sich mit Bildern sagen lässt, sollte man weiterhin mit Bildern sagen und sich lange Dialoge ersparen, denn ein Bild sagt mehr als tausend Worte. Filme dürfen nicht wie Theaterstücke aufgebaut sein: keine langen Monologe, Banofsky, immer nur kurze Dialoge! Prägnant. Zündend.«

Banofsky bedankte sich. Das klang so überzeugend, dass er es beherzigen wollte. Zufrieden zog er ab, sah sich auf dem Gelände um und wartete auf Cilly.

Als sie aus dem Personaltrakt kam, sah er ihr schon von weitem an, dass sie keinen Erfolg gehabt hatte.

»Nichts!«, seufzte sie. »Wenn wir nicht am Hungertuch nagen wollen, müssen wir ganz auf deinen Zille-Film setzen!«

Neun

Die Kommandantenstraße zog sich in leichter Krümmung von der Alexandrinen- zur Lindenstraße, wobei sie etwa in der Mitte die Alte Jakobstraße kreuzte. Geschäftshäuser dominierten hier, und im Haus mit der Nummer 80/81, fast schon an der Ecke Lindenstraße, hatte die Kleider-Vetriebsgesellschaft (KVG) der Gebrüder Max, Willy und Leo Sklarek ihren Firmensitz.

Nach Büroschluss saßen die drei zusammen, um wie jedes Jahr auf das Ereignis anzustoßen, das sie einst groß gemacht hatte: das Zusammentreffen von Max Sklarek mit Felix Kieburg.

»Alfons, Champagner!«, riefen sie nun.

Der Bürodiener kam herbeigeeilt und ließ den Korken knallen. Bis an die Decke flog er und hinterließ dort eine deutlich sichtbare Delle. Es war nur eine von vielen. Die Gebrüder Sklarek klatschen Beifall. In der Haltung eines Oberkellners, die rechte Hand auf dem Rücken, füllte der Bürodiener die bereitstehenden Gläser.

Max Sklarek erzählte die Geschichte von der Wahrsagerin Seidler und seiner Bekanntschaft mit Felix Kieburg immer wieder mit denselben Worten. »Ich sitze in ihrem Zimmer. Nur eine alte Stehlampe brennt. Sie sieht mich an – und sagt sofort: Sie haben Geldsorgen! Und die hatte ich wirklich, wisst ihr ja. Da war mir klar, dass die Frau übermenschliche Fähigkeiten hat. Sie mustert mich und fragt: Sie sind Schneider? Ich schüttele den Kopf. Sie schließt die Augen und murmelt: Nein, nicht Schneider … Textilien … Stoffe … Stoffhändler. Sie sind … Textilkaufmann! Dann sagt sie mir auf den Kopf zu, dass nach dem Krieg das Geschäft schwierig geworden ist. Sie hatte recht, denn Uniformen wurden nicht mehr gebraucht. Ich nicke also. Darauf sie: Lassen Sie mir etwas Ruhe! Ich muss mich konzentrieren, um in die Zukunft sehen zu können … Es vergeht eine Weile, dann fordert sie mich plötzlich auf: Herr Sklarek, gehen Sie von hier aus über das Tempelhofer Feld, bis Sie nach Neukölln gelangen! Dort treffen Sie einen Mann. Er steht an einem Kiosk. Ihn müssen Sie um Rat bitten!«

Die Brüder schwiegen, auch heute wieder schwer beeindruckt von dem Ereignis.

Max Sklarek fuhr fort. »Ich also nach Neukölln! In der Hermannstraße steht in der Tat ein Mann an einem Kiosk und isst eine Waffel. Ich spreche ihn an: ›Mein Name ist Max Sklarek. Ich bin Textilkaufmann und beruflich stark in Schwierigkeiten. Ob Sie mir wohl einen Tip geben können?‹ Der Mann lacht und sagt: ›Kann ich. Mein Name ist Felix Kieburg. Ich leite hier im Bezirk eine städtische Bekleidungsstelle.‹ Wir sind ins Gespräch gekommen und ... Aber das wisst ihr ja alles.«

Kieburg und die Sklareks sollten bald Freunde und Partner werden. Kieburg stieg weiter auf und wurde Leiter der Kleider-Vertriebsgesellschaft, die alle Dienststellen der Stadt belieferte, so auch die Polizei, die Verkehrsbetriebe, die Krankenhäuser und die Altersheime. Die Gebrüder Sklarek wurden alleinige Lieferanten der KVG. Als Kieburg 1924 in Schwierigkeiten geriet, übernahmen die Sklareks ein Jahr später die KVG – um sich mit ihr alsbald eine goldene Nase zu verdienen. Schnell hatten sie begriffen, dass man überall einflussreiche Freunde haben musste, und waren in die Parteien eingetreten, die in Berlin das Sagen hatten. Max war Mitglied der Deutschen Demokratischen Partei (DDP), der auch der Berliner Oberbürgermeister Gustav Böß angehörte. Leo und Willi waren gerade der SPD beigetreten. Die Deutschnationale Volkspartei (DNVP) und die Kommunisten hielt man sich durch Spenden warm.

Die Gebrüder Sklarek waren ungemein prominent geworden. In ihren prunkvollen Villen im Berliner Westen trafen sich bekannte Sportler und Künstler, leitende Beamte und Funktionäre aller Parteien. Spötter sprachen schon von der »Sklarekstadt Berlin«. Die Brüder konnten sich sogar einen eigenen Rennstall und ein Jagdhaus in Mecklenburg leisten.

Leo Sklarek hob sein Glas. »Auf dass es noch viele Jahre so weitergehe!«

Sie stießen an. Max nippte nur an seinem Champagner, denn seine schrumpfenden Nieren machten ihm zunehmend zu schaffen. An großen Festen nahm er nicht mehr teil, an Orgien schon gar nicht.

Leo und Willy begannen von ihrer großen Leidenschaft zu sprechen: den Pferden. Die verschlangen noch mehr Geld als die schönen Frauen, die sie sich hielten.

»Lupus ist ein phantastisches Pferd!«, rief Leo. »Mit ihm werden wir Ende Juni auch das sechzigste Deutsche Derby gewinnen.«

»Garantiert«, ergänzte Willy. »Denn mit Everett Haynes haben wir den besten Jockey, den es gibt, und mit Anton Olejnik einen begnadeten Trainer. Und wenn es uns noch gelingen sollte, das Zille-Rennen zu organisieren, mit dem Meister persönlich an der Rennbahn, dann wird das unser bestes Jahr.«

Max rieb sich die Hände. »Es läuft wirklich alles fabelhaft! Denkt bloß an den preiswerten Pelz für die Frau von Oberbürgermeister Böß! Gäbler muss auch noch geschmiert werden.« Der kommunistische Stadtrat Otto Gäbler war Aufsichtsratsvorsitzender der Berliner Anschaffungsgesellschaft.

In diesem Moment klingelte jemand an der Tür zu den Geschäftsräumen. Da die Schreibkraft und die Kontokorrentbuchhalterin schon nach Hause gegangen waren, stand Max Sklarek selbst auf, um den Gast einzulassen.

»Der Pinselheinrich! Da sind Sie ja endlich!«, rief er, als er die Tür geöffnet hatte.

Vor ihm stand der Schauspieler Rudolph Rocholl, der eine frappierende Ähnlichkeit mit Heinrich Zille hatte.

Zehn

Johannes Banofsky wusste, dass es sich um eine fixe Idee handelte, aber er war fest davon überzeugt, den Zille-Stoff nicht in den Griff zu bekommen, wenn er nicht alle die Orte aufsuchte, die im Leben des Meisters eine bedeutsame Rolle gespielt hatten.

»Mir will sich nicht erschließen, dass du im Film Zille als Soldat in Frankfurt an der Oder und Sonnenburg nicht verkörpern kannst, nur weil du nicht selbst dort warst. Kasernenhof ist doch Kasernenhof!«, hatte sein Vater ausgerufen, als Banofsky ihn gebeten hatte, ihm die kleine Reise an die Oder und in die Terra Transoderana zu finanzieren.

»Aber ich hätte das Gefühl, mit falschen Karten zu spielen«, entgegnete Banofsky.

»Man kann't ooch übatreim!«, hatte Cilly geurteilt, Zille parodierend. Dennoch wollte sie ihn begleiten. »Sonst gehst du mir noch verloren.«

Der Reiseplan war schnell erstellt: Berlin–Fürstenwalde–Frankfurt / Oder–Küstrin – Sonnenburg. Überall mit ausgedehnten Zwischenhalten. Von Sonnenburg ging es dann direkt zurück nach Berlin.

»Wenn wir am Sonntag den ersten Zug nehmen, müssten wir alles schaffen und könnten am späten Abend wieder zu Hause sein.« Geld für die Übernachtung in einem Hotel oder einer Pension hatten sie nicht.

So standen Banofsky und Cilly am 18. März in aller Herrgottsfrühe auf dem Schlesischen Bahnhof und warteten auf die Einfahrt des Zuges nach Frankfurt an der Oder. Dem Kalender zufolge stand der Frühling vor der Tür, aber sie hatten sich wohl zu dünn angezogen und froren gewaltig. Damit ihnen ein wenig wärmer wurde, gingen sie auf und ab – und standen plötzlich vor einem Zille-Plakat. Das Märkische Museum warb für die Ausstellung zu dessen siebzigstem Geburtstag.

Hinter ihnen tauchte eine Familie auf, offenbar ebenfalls mit der Absicht, sich die Wartezeit mit dem Betrachten der Anschläge zu verkürzen. Die Stimme des älteren Mannes kam Banofsky bekannt vor. Unauffällig drehte er sich um. Es war der Bankier Paul von Scheppko, der in einer Villa am Spreeufer residierte. Banofsky kannte ihn aus Friedrichshagen. Dann musste der jüngere Mann sein Sohn sein, Oberstudienrat Dr. Peter von Scheppko, und die Dame Frau Bankier von Scheppko, Anna-Louisa mit Vornamen. Banofsky zog Cilly mit sich fort, blieb aber in Hörweite stehen. Was mochten sie zu Zille sagen?

Paul von Scheppko war anzusehen, dass er am liebsten auf die Zille-Zeichnung gespuckt hätte. »Dass sich das Märkische Museum nicht entblödet, diesem Gossenmaler so viel Aufmerksamkeit zu schenken! Anstatt seine Werke auszustellen, sollte man sie auf den Misthaufen werfen!«

Sein Sohn sah die Sache etwas anders. »Nicht doch! Wenn wir Zilles Bilder des Elends betrachten, freuen wir uns, dass es uns besser geht. Der Maler schenkt uns also Wohlbefinden. Wir sollten ihm dankbar sein!«

»Das ist ein verkappter Kommunist!«

»Lass ihn doch! Wenn die Leute vom fünften Stand ihn lieben, ist das allemal besser, als wenn sie einen neuen Spartakus lieben. Bei Leuten wie Zille brauchen wir keine Angst vor einer Revolution zu haben.«

Sein Vater ließ sich mit diesem Argument fast überzeugen. »Aber dass er so ein Volksheld geworden ist, das wurmt mich.«

Der Zug kam in den Bahnhof gerollt. Die Auspuffschläge der Lokomotive verhinderten, dass Banofsky und Cilly dem Gespräch der Bankiersfamilie weiter folgen konnten.

Karlshorst–Erkner–Fangschleuse–Hangelsberg. Weit war es nicht bis Fürstenwalde an der Spree.

Als sie ausgestiegen waren, blieben Banofsky und Cilly noch so lange auf dem Bahnsteig stehen, bis sich der Zug wieder in Bewegung gesetzt hatte.

Banofsky zeigte mit der großen Geste eines Burgschauspielers auf den Perron Richtung Berlin. »Ein hehrer Augenblick! Dort drüben haben sie im Dezember des Jahres 1883 auf den Zug nach Berlin gewartet – Heinrich Zille und seine ihm eben angetraute holde Gattin Hulda – und gleichsam ihre Hochzeitsreise angetreten. Nach Rummelsburg, denn Venedig lag weit außerhalb ihrer finanziellen Möglichkeiten. Halten wir voller Andacht inne!«

Das taten sie dann auch, bevor sie sich auf den Weg in die Stadt machten. Banofsky war als Junge zwar öfter in Fürstenwalde gewesen, hatte aber keine Ahnung mehr, wie sie laufen mussten.

»Fragen wir jemanden!«, sagte er, als Cilly seine Unkenntnis enerviert zur Kenntnis genommen hatte.

»Um diese Uhrzeit ist doch noch niemand unterwegs.«

Doch sie begegneten einem Rentner.

»Entschuldigen Sie, wie kommen wir zur Schloßstraße?«

»Immer die Eisenbahnstraße runter, bis fast an die Spree, vorher biegen Sie aber links ab in die Schloßstraße.«

Banofsky bedankte sich und hakte sich bei Cilly unter. »Machen wir uns also auf den Weg.« Er sah die Geliebte an. »Was weißt du über Fürstenwalde?«

»Ich weiß nur, dass Heinrich Zille hier geheiratet hat.«

»Sehr schön! Und weiter?«

»Keine Ahnung!«

Banofsky spulte ab, was er am Abend zuvor in einem Reiseführer gelesen hatte. »Die Stadt hat dem Falschen Waldemar Widerstand geleistet und war im vierzehnten Jahrhundert sogar Bischofssitz. Die Firma Pintsch produziert hier Glühbirnen. Große Töchter und Söhne der Stadt: keine.«

»Schade, dass du nicht in Fürstenwalde auf die Welt gekommen bist!«

»Na warte!« Banofsky bestrafte seine Freundin für diese Bemerkungen mit einem Klaps auf den Po, wobei er seine Hand dann weiter abwärts rutschen ließ und – trotz des Rockes – zwischen ihre Beine zu kommen suchte.

»Hannes, doch nicht hier auf der Straße!«

»Du hast recht, die Fürstenwalder sind so was nicht gewohnt. Denn Straßenmädchen wird's ja hier keine geben. Aber ich habe gestern in Zilles *Hurengesprächen* gelesen, und da ...«

»Soll ich mich nun geehrt fühlen oder nicht?«

Banofsky überlegte einen Augenblick. »Diese Szene streichen wir aus dem Drehbuch unserer Affäre.«

Cilly zeigte mit dem Finger nach oben. »Das da links sieht mir ganz nach einer Kirchturmspitze aus.«

»So? Ich hätte das eher für ’ne Radioantenne gehalten.« Und er begann zu singen: »*Die schöne Adrienne hat eine Hochantenne ...*«

»Wer hat das noch mal geschrieben?«

»Das ist von Theodor Waldau.«

»Was du alles weißt!«

Sie bogen schon vor der Schloßstraße links ab, um noch einen Blick auf den Dom St. Marien und das Rathaus zu werfen. Dann standen sie endlich vor dem Wohnhaus Schloßstraße Nr. 26.

Wieder spielte Banofsky den pathetischen Cicerone. »Hier, meine sehr verehrten Damen und Herren, hat Heinrich Zille am 15. Dezember 1883 den heiligen Bund der Ehe mit seiner Hulda geschlossen, mit Hulda Frieske, der Cousine eines Kollegen. Wir verneigen uns vor der Größe des Augenblicks!«

»Und was ist mit der Hochzeitsnacht, Herr Stadtführer?«, wollte Cilly wissen.

»Tut mir leid, ich weiß weder wo noch wie sie stattgefunden hat.«

»Das kommt also auch nicht in deinen Film rein?«

»Nein.«

»Wer soll denn dann ins Kino gehen?«

Das brachte Banofsky ins Grübeln. In der Tat, so wie er sein Drehbuch im Kopf hatte, beinhaltete es keine Liebesszene, eine deftige schon gar nicht. Er hatte das Gefühl, Heinrich Zille zu entweihen, wenn er ihn beim Ausleben fleischlicher Begierden zeigte. Seine Freunde sagten immer, es würde jeden vom Sockel holen – egal ob Kaiser, König, Großbankier, Industriellen oder Chef –, wenn man sich ihn auf der Toilette vorstellte. »Der macht beim Kacken ooch bloß die Knie krumm!« Der Satz hätte von Heinrich Zille stammen können. Noch stärker schrumpfte ein Übermensch auf Normalmaß, wenn man ihn sich im Ehebett ausmalte. Denn selbst die höchsten Würdenträger verhielten sich dort nicht anders als die Tiere. Vielleicht war das der eigentliche Grund, warum die katholische Kirche ihren Priestern den Zölibat verordnet hatte.

»Hannes, was ist?« Cilly war beunruhigt. »Hast du was?«

»Ja, Heißhunger nach dir!«

Er drängte sie in den Hausflur von Zilles Hochzeitshaus und tat mit ihr das, was Heinrich Zille in der Hochzeitsnacht wohl mit seiner Hulda gemacht hatte.

Um ein Haar verpassten sie den nächsten Zug nach Frankfurt an der Oder. Gerade noch konnten sie ins Abteil springen. Viel Zeit sich zu erholen blieb ihnen nicht. Wieder fragten sie auf dem Bahnhofsvorplatz nach dem Weg.

»Zu den Kasernen wollen Sie? Also, Sie gehen hier die Fürstenwalder Straße entlang, am Kleistpark vorbei, und dann biegen Sie in die Heilbronner Straße ein. Deren Verlängerung ist die Logenstraße, die reicht bis fast an die Oder heran, da befinden sich auch die Kasernen.«

Sie bedankten sich und begannen ihren Marsch Richtung Fluss. Am Ziel gab Banofsky abermals wieder, was er schon herausgefunden hatte.

»Hier, meine Damen und Herren, hier in diesen Kasernen und als Wachsoldat im Gefängnis Sonnenburg hat Berlins Bester, wie kein Geringerer als Kurt Tucholsky unseren Heinrich Zille genannt hat, von 1880 bis 1882 seinen Militärdienst abgeleistet. Vor sich sehen Sie die Unterkunft der II. Companie beim Leib-Grenadier-Regiment. Wenn Sie genauer wissen möchten, was Zille als Rekrut an diesem Ort alles erlebt hat, dann gehen Sie bitte im nächsten Jahr ins Kino – vielleicht auch erst 1930, wenn sich der Tonfilm in Deutschland endgültig durchgesetzt hat.«

»So lange kann ich aber nicht warten!«, rief Cilly.

»Dann lass ich dich vorher mein Drehbuch lesen.«

Frankfurt an der Oder konnten sie also abhaken. Sie hetzten zum Bahnhof zurück. Obwohl Sonnenburg auf der Landkarte recht nah aussah, war der Weg dorthin ziemlich umständlich, weil sie über Küstrin fahren und in Werbig umsteigen mussten.

»Leider hat Sonnenburg keinen Bahnanschluss«, hatte Banofsky bereits in Berlin herausgefunden. »Aber es sind auf der Straße nur rund fünfzehn Kilometer zu laufen.«

»Hin und zurück?«

»Nein, nur hin.«

Cilly war sehr erschrocken gewesen. »Soll ich also dreißig Kilometer zu Fuß gehen?«

»Was sind schon dreißig Kilometer? Bei den Olympischen Spielen in Amsterdam werden die Athleten beim Marathonlauf mehr als 42 Kilometer zurücklegen – und das in nur drei Stunden!«

»Dann musst du ohne mich nach Sonnenburg fahren.«

»Das würde ich nicht überleben! Aber keine Angst, ich habe einen Freund in Küstrin, der uns sein Rad leiht.«

»Ein Rad nur?«

»Kein Einrad, ein Tandem.«

Der Freund in Küstrin wurde von allen Tristan genannt, weil er von Hause aus nicht nur Musiker war, sondern auch noch den Familiennamen Wagner trug. Als Orchestermusiker wie als Solist war er gescheitert und verdiente nun sein Geld in einer Firma, die Klaviere herstellte, Pianofortes.

»Er hat erst vor ein paar Monaten geheiratet«, sagte Banofsky, als sie vor dem kleinen Häuschen Tristans an der Warthe standen. »Ich wette um hundert Mark mit dir, dass er uns seine Frau als ›meine Isolde‹ vorstellen wird.«

Cilly wollte nicht wetten. Und sie tat gut daran, denn sie hätte verloren.

Tristan Wagner sang bei der Begrüßung auch noch aus voller Brust:

Ohne Nennen, ohne Trennen,
neu Erkennen, neu Entbrennen,
ewig endlos, ein-bewußt:
heiß erglühter Brust
höchste Liebeslust!

»Die hatten wir gerade in Fürstenwalde«, murmelte Banofsky. »Jetzt wollen wir so schnell wie möglich nach Sonnenburg.«

Tristan war neugierig. »Auf Zilles Spuren seist du, hast du geschrieben. Soll's ein neues Buch werden?«

»Ja, und zwar eines, das sich dreht!«

»Ein Drehbuch«, ergänzte Cilly, als würde sie Tristan nicht zutrauen, das kleine Wortspiel zu entschlüsseln.

Banofsky verdrehte die Augen ob ihrer Naivität.

»Ein Buch, um das sich alles dreht, wäre Ihnen wohl lieber als ein Drehbuch?«, fragte ihn Isolde.

Banofsky nickte. »Sie haben mich durchschaut, Frau Wagner! Mein erster Roman *Auf Schusters Rappen* ist bisher auch mein einziger geblieben, bei seinem Erscheinen hat sich kein Mensch darum geschert. Nun versuche ich mein Glück beim Film. Da ich auch Schauspieler bin, will ich den Heinrich Zille in seinen mittleren Jahren spielen. Eine Hauptrolle im eigenen Film – das ist ein schöner Traum!«

»Dann also auf nach Sonnenburg!«, rief Tristan und holte sein Tandem-Fahrrad aus dem Schuppen.

Mit Banofsky am Lenker ging es wenige Minuten später Richtung Osten. Da Cilly, zierlich wie sie war, nicht übermäßig kräftig in die Pedale trat, brauchten sie fast eine Stunde, ehe sie vor dem Zuchthaus in Sonnenburg vom Rad stiegen.

Wie schon in Fürstenwalde begann Banofsky auch dort, vor einer imaginären Menschenmenge einen Vortrag zu halten. »Hier brachte Heinrich Zille einige Zeit als Wachsoldat zu. Er hat mir selbst erzählt, wie er an diesem Ort für den Leutnant von Ledebour Zeichnungen anfertigte. So malte er auch das Johanniter-Schloss und konnte später eine Photographie dieses Bildes in der märkischen Heimat-Zeitschrift *Der Bär* veröffentlichen – was ihm sein erstes Honorar einbrachte. Sie sehen also, welch bedeutende Rolle Sonnenburg im Leben Heinrich Zilles gespielt hat!«

Unbemerkt von Banofsky hatte sich ihm während dieser kleinen Rede ein älterer, schon etwas gebeugter Mann genähert, der ihn nun ansprach. »Verzeihung, der Herr, aber habe ich eben recht gehört, dass Sie den Namen Zille erwähnt haben?«

»In der Tat!«

Der Mann stellte sich vor und erzählte, dass er zu Zilles Militärzeit Schreiber bei den Grenadieren gewesen sei. »Mir hat er es zu verdanken, dass ihn heute alle als Zille kennen.«

Banofsky staunte. »Wie das?«

»Eingerückt ist er bei uns als Heinrich Zill. Sein Vater Traugott Zille wurde von den Behörden wegen einer rechtlichen Angelegenheit gesucht und hat deshalb beim Umzug nach Berlin das E hinten einfach weggelassen. Nun, wir von der Militärbehörde haben uns natürlich – wie bei allen anderen Rekruten auch – einen Auszug aus dem Geburtsregister kommen lassen, und da stand es schwarz auf weiß: *Heinrich Zille*.«

»Na siehst du«, sagte Cilly, »da hat sich der Besuch in Sonnenburg also gelohnt.«

Johannes Banofsky: Drehbuch zum Zille-Film

II Die Militärzeit (1880–1882)

35

1880 – Kasernenhof

Heinrich Zille ist gerade beim II. Compagnie-Leib-Grenadier-Regiment in Frankfurt an der Oder eingerückt. Die soeben angekommenen Rekruten haben auf dem Kasernenhof Aufstellung in Reih und Glied genommen. Sie tragen noch keine Uniform. Ihre Habseligkeiten, verstaut in Koffern und großen Pappkartons, stehen neben und hinter ihnen.

Heinrich Zille hat sich in der dritten Reihe versteckt und sieht mehr als unglücklich aus.

Oberst von Buylien ist zum Empfang herbeigekommen, baut sich vor den Rekruten auf und gibt sich alle Mühe, leutselig zu erscheinen.

»Wo sind meine Grenadiere?«, brüllt er über den Kasernenhof.

»Hier!«

Der Oberst formt die Hände zu Schalltrichtern und legt sie an die Ohren. »Ich höre nichts. Lauter!«

»Hier!«

»Hier, Herr Oberst – so heißt das bei uns!«, korrigiert sie der Unteroffizier Katschocke, der stark an einen Neandertaler erinnert.

Jetzt endlich klappt es. »Hier, Herr Oberst!«

»Na bitte!« Der Oberst ist zufrieden. »Gleich werden Sie auf die einzelnen Kompanien verteilt, meine Herren. Unsere Offiziere, Unteroffiziere und Rekrutengefreiten freuen sich schon auf Sie. Denen sage ich immer: Die Leute nur mit Worten erziehn! Bei Androhung von Strafe: Keinen Mann anfassen!« Damit beginnt er, die Front der Mannschaften abzuschreiten. Der Rekrut Siebenkäs, der links neben Heinrich Zille steht, hat sich nicht richtig eingeordnet. Der Oberst quetscht sich zu ihm durch, tippt ihm auf Schulter und will allen zeigen, wie väterlich er sein kann.

»Stellen Sie sich auf Vordermann!«

Siebenkäs versteht ihn nicht. Zum einen ist er nicht sonderlich helle und zum anderen mit seinen Gedanken ganz woanders.

Oberst Buylien wird ungeduldig. »Sie sollen sich auf Vordermann stellen!«

Siebenkäs mustert den Mann, der vor ihm steht und ihn um mehr als einen Kopf überragt. Auf den soll er sich stellen?

Da platzt dem Oberst der Kragen, die Maske fällt. »Herrgott, ist denn kein Unteroffizier da, der diesem Schwachmatikus einen Rippentriller versetzt? Katschocke, nehmen Sie den Mann mal in die Mangel!«

Katschocke kommt herbeigeeilt und will sich auf Siebenkäs stürzen. Doch Leutnant von Ledebour hält ihn zurück.

36
1880 – Kasernenstube

Acht Mann haben sich eine Stube zu teilen. Nacheinander kommen sie durch die Tür herein. Heinrich Zille steckt unauffällig mitten im Pulk.

Vor ihm läuft Siebenkäs. Der wirft sich, um einen guten Platz zu ergattern, auf die Schlafstelle neben dem Fenster – und schreit auf. »Da is ja nich mal Stroh in der Matratze drin, det is nur Häcksel! Wie det pikt! Da haben et die Schweine bei uns im Stall ville bessa.«

Heinrich Zille drängelt am wenigsten und bekommt deshalb nur die Bettstelle an der Tür. Als er sein Bündel auf die Zudecke wirft, schreit auch er auf. »Wanzen! Allet voller Wanzen!«

Einer lacht. »Damit wa uns wie zu Hause fühlen.«

Alle Mann machen nun wie wild Jagd auf die Wanzen.

Katschocke steht unbeachtet in der Tür und genießt diese Szene.

Zwei Selbstbildnisse als Soldat

Dann brüllt er los: »Raustreten zum Einkleiden, ihr Arschlöcher! Aber Tempo, sonst mache ich mit euch das, was ihr mit den Wanzen macht!«

37
1881 – Kasernenhof

Es hat tagelang geregnet, der Boden ist matschig. Heinrich Zille und seine Kameraden sind nun vollständig eingekleidet. Sie haben sich in Reih und Glied aufgestellt, jeder hat ein Gewehr über der Schulter hängen. Katschocke sieht zu, wie ein Einjähriger Befehle gibt. Dessen Stimme ist nicht gerade durchdringend.

»Präsentiert das Gewehr!«, ruft er.

Katschoke ist unzufrieden mit ihm und brüllt: »Einjähriger Levi, Sie müssen lauter kommandieren, das hört ja kein Schwein! Sie müssen schrei'n! Könn' Sie nich schrei'n?! Sie sind doch sonst ein ganz gebildeter Mensch. Lassen Sie mich mal! Los, ihr Wanzen! Das Gewehr im Anschlag! Sturmangriff auf die Baumgruppe hinten!«

Die Rekruten laufen los, Siebenkäs und Zille als Letzte.

»Gegnerisches Feuer!«, schreit Katschocke. »Alle in Deckung!«

Die Rekruten werfen sich in den Dreck. Schlamm spritzt Zille ins Gesicht.

»Jetzt robben wir bis zur Mauer hinten!« – »Auf!« – »Hinlegen!« – »Auf!« – »Hinlegen!« – »Los, los! Na wird's bald?«

Zille keucht, bedauert aber gleichzeitig, dass er kein Zeichenblatt bei sich hat und nicht alles festhalten kann. Was hat Hosemann immer gepredigt? »Beobachten Sie, das ist besser als nachmachen!« An diesen Rat hält sich Zille jetzt, als er noch eine Weile im Schlamm liegen bleibt, um sich einzuprägen, wie die Falten eines preußischen Kommissumhangs fallen.

»Sind Sie wahnsinnig geworden? Haben wohl keine Lust, was? Na, die werden wir Ihnen schon beibringen, Sie Schlappschwanz! Los, los, auf, Mann!«

»Einjähriger Levi, Sie müssen lauter kommandieren, das hört ja kein Schwein, Sie müssen schrei'n! Könn' Se nich schrei'n? Sie sind doch sonst ein ganz gebildeter Mensch!«

38
1881 – Latrine

Heinrich Zille ist allein. Er sitzt auf einem Donnerbalken und zeichnet auf der weiß getünchten Wand links neben sich mit schwarzer Kreide einen Neandertaler, der eine Keule in der Hand hält. Mit jedem Strich wird der Katschoke immer ähnlicher. Als Zille das Porträt vollendet hat, beginnt er mit der Unterschrift. Die Buchstaben *Ka* sind schon vollendet.

Da passiert, was passieren muss. Katschoke steht plötzlich in der Tür und entdeckt Zille samt seinem Kunstwerk. Er tritt näher an die Wand heran. »Wer soll'n das sein?«, fragt Katschoke. Offenbar sieht er sich selbst ganz anders als die Rekruten.

Damit wäre Zille gerettet gewesen, wenn nicht in diesem Augenblick Siebenkäs die Latrine betreten hätte. »Sie sind det!«, posaunt der in seiner grenzenlosen Naivität. »Det sieht doch 'n blinda mit'm Stock!«

Jetzt begreift es auch Katschoke, zumal er noch die beiden Anfangsbuchstaben seines Nachnamens entdeckt. »So, bei den Urmenschen sind wir also? Na gut, dann sollen Sie's auch wie bei den Urmenschen haben, Zille. Siebenkäs, Sie scheißen jetzt hier auf den Boden, und Sie, Zille, machen das wieder sauber! Alles! Das ist ein Befehl, und wenn Sie den nicht befolgen, meine Herren, dann Gnade Ihnen Gott!«

39
1881 – Kasernenstube und Flur davor

Die Soldaten sitzen auf ihren Strohsäcken und sind mit dem Gewehrreinigen beschäftigt. Heinrich Zille kommt herein. Gelächter empfängt ihn.

»Det stinkt hier so!«, ruft einer. »Haste dir ooch richtich die Hände jewaschen?«

Ein anderer lacht. »Es gibt Künstler und Dilettanten – / die einen scheißen ins Loch, und die anderen auf die Kanten.«

»Macht ja nüscht, macht ja nüscht, / wird ja wieder abjewischt«, kommt es aus der Ecke. »Wozu ham wa denn unsan Heinrich Zille!«

Der holt aus, um dem anderen eine aufs Maul zu geben.

Der Kamerad grinst. »Schlag nur zu, dann sitzte 'n paar Wochen inna Arrestzelle. Viel Spaß dabei!«

Zille lässt die Hand wieder sinken und sieht sich anklagend um. »Is det die Dankbarkeit dafür, det ick dem Katschoke eens auswischen wollte?«

»Det wird doch allet nur noch schlimma, wenn wir ihn reizen. Da müssen wa durch!«

Leutnant Bernhard von Ledebour erscheint in der Tür.

»Achtung!«, schreit der Stubenälteste.

Alles springt auf und nimmt Haltung an.

Der Leutnant winkt ab. »Rührt euch.« Dann sieht er sich in der Stube um. »Ist der Rekrut hier drin, der auf der Latrine den Katschoke karikiert hat?«

»Wer'n wa nu alle dafür bestraft, Herr Leutnant?«, fragt der Stubenälteste.

»Nein, ihr kriegt nachher sogar besseres Essen aus der Offizierskantine, wenn ihr mir verratet, wer es war.«

»Der Zille hier!«

»Gut, soll mir folgen!« Der Leutnant geht zur Tür, um sie Zille aufzuhalten.

Siebenkäs klopft Zille auf die Schulter. »Scheiße mit dem Arrest, wa?«

Der Leutnant schließt die Tür hinter sich und ist nun mit Zille allein auf dem Flur.

»Früher beim Alten Fritz sind se alle in der Zitadelle in Spandau ins finstere Verlies jekommen – und wohin jeht's nu mit mir?«, fragt Zille.

Leutnant von Ledebour lacht. »Das werden wir gleich sehen. Sie sind Künstler, Zille?«

»Lithograph bin ich, angestellt als Geselle bei der Photographischen Gesellschaft. Künstler nur privat. Bei Spanner habe ich das Zeichnen gelernt, und bei Professor Hosemann und beim Aktzeichnen in der Akademie noch einiges mehr.«

»Wunderbar, dann kommen Sie mal mit mir mit! An einen Ort, an dem Sie in aller Ruhe zeichnen können.«

»Pardon, aber ich kann Ihnen nicht folgen, Herr Leutnant.«

»Doch, können Sie, Zille!«

Der Leutnant geht voran, und Heinrich Zille läuft hinter ihm her.

40
1881 – Stube Oberst von Buylien

Der Oberst steht an seinem Kartentisch und schaut auf verschiedene Lagepläne, Landkarten und Messtischblätter. Sein Bursche tritt ein und salutiert vorschriftsmäßig.

»Herr Oberst, melde gehorsamst: Leutnant von Ledebour ist wie befohlen zur Stelle!«

»Soll eintreten!«

Ledebour grüßt, wie es das Reglement vorsieht. Oberst von Buylien kommt auf ihn zu und gibt ihm die Hand.

»Habe Sie rufen lassen, mein Lieber, um Ihnen höchstes Lob zu spenden. Was Sie mir da an Zeichnungen vorgelegt haben, ist wirklich superb! Werde Sie in den höchsten Tönen empfehlen, wenn wieder eine Anfrage kommt, wer für den Generalstab brauchbar sei.«

41
1881 – Stube Leutnant von Ledebour mit Blick auf den Kasernenhof

Ledebour steht vor einem geöffneten Schrank, zieht seine Uniformjacke an und macht sich bereit, die Kaserne zu verlassen.

Heinrich Zille sitzt am Schreibtisch und zeichnet Messtischblätter. Er staunt. »Wat denn? Heute is doch jar nich Kaisers Jeburtstach …«

»Nein, aber ich muss zum Empfangskomitee.«

Zille grinst. »Will die Kaiserin empfangen? Soll da wirklich jemand zusehen bei?«

Der Leutnant hebt warnend den Zeigefinger. »Zille, gucken Sie mal in die Bibel!«

»Wieso, Herr Leutnant?«

»Sprüche Salomos, Kapitel 19, Vers 29: *Den Spöttern sind Strafen bereitet, und Schläge auf der Narren Rücken*.«

»Danke für die Warnung, Herr Leutnant.«

Vom Kasernenhof unten sind barsche Kommandos zu hören. Zille steht auf, geht zum Fenster und sieht hinunter. Katschoke ist gerade dabei, seine Rekruten mächtig zu schleifen. Zille schmunzelt und geht wieder zum Schreibtisch zurück.

»Wollen Sie mir nicht verraten, Herr Leutnant, wer nu wirklich empfangen werden soll?«

»Auguste Viktoria, die Frau unseres Kronprinzen, kommt morgen Nachmittag aus Schlesien und will hier in Frankfurt eine Teepause einlegen. Der kaiserliche Hofzug wird um 1 Uhr 51 auf dem Bahnhof einlaufen, und da hat das Regiment geschniegelt zum Empfang bereitzustehen.«

»Ick ooch?«

»Na sicher!«

42
1881 – Bahnhof Frankfurt an der Oder

Die Ehrenwache des Leibregiments steht auf dem Bahnsteig bereit. Man hat Soldaten von etwa gleicher Körpergröße ausgewählt, unter ihnen auch Heinrich Zille und Siebenkäs. Beide sind glatt rasiert. Alle Uniformen sind tadellos gebügelt. Die Mannschaften sind ebenso aufgeregt wie die Offiziere.

Zille stößt Siebenkäs in die Seite und macht mit dem Kopf eine Bewegung in Richtung des Premierleutnants der Ehrenwache. »Du, guck mal, wat mit dem los is!«

Der Mann hat vor lauter Aufregung Gesichtszuckungen bekommen und muss abtreten. Leutnant vom Ledebour übernimmt das Kommando.

Der Hofzug verspätet sich, und die Soldaten werden immer

unruhiger. Sie haben vorher in der Bahnhofsgaststätte noch ein paar Bier getrunken. In Vorfreude auf das große Ereignis und um seine Leute mit dem Gerstensaft ruhigzustellen, hatte der Premierleutnant eine Runde nach der anderen geschmissen. Das rächt sich nun. Heinrich Zille kann dem Druck seiner Blase kaum noch standhalten, und auch Siebenkäs hampelt schon herum.

Zille grinst den Kameraden an. »Du machst ja ooch schon janz schön Wassertreten.«

Siebenkäs stöhnt. »Noch fünf Minuten – und ick muss allet so loofen lassen, wie et jrade kommt.«

Endlich naht der Zug und hält mit quietschenden Bremsen. Die Prinzessin entsteigt dem Salonwagen. Die Soldaten begrüßen sie mit einem donnernden »Hurra!« und mit »Hoch lebe Prinzessin Auguste Viktoria!«. Die Kapelle spielt den Begrüßungsmarsch. Die Gesichter der Soldaten bleiben starr, aber die ersten Gewehre beginnen ein wenig zu schwanken.

Aber das ist nicht alles, was Oberst von Buylien später in Rage geraten lässt …

Leutnant von Ledebour nähert sich der Prinzessin mit einer gefüllten Teetasse, die er auf einem kleinen Tablett balanciert. »Wollen sich Kaiserliche Hoheit ein wenig erfrischen?«

»Sehr aufmerksam, danke!« Die Prinzessin greift zur Teetasse und nimmt einen Schluck. »Ich wollte eigentlich die Ehrenformation abschreiten, aber die Zeit … Ach, dann mache ich das eben mit der Tasse in der Hand.«

So geht sie neben dem Leutnant her. Damit nimmt das Unheil seinen Lauf. Siebenkäs und andere haben inzwischen dem inwendigen Druck nicht mehr standhalten können und ihre Blase entleert. Kleine Pfützen haben sich gebildet, die durch immer neue Rinnsale stetig vergrößert werden. Die Prinzessin muss mehrmals ihren Rock raffen und mit langen Schritten die Rinnsale überqueren.

»Die muss denken, det se hier am Urinoco is«, murmelt Heinrich Zille.

43
1881 – Kasernenstube

Die Rekruten haben quer durch die Stube eine Wäscheleine gezogen, auf der ihre Hosen zum Trocknen hängen. Heinrich Zille sitzt auf seinem Bett und vollendet die Zeichnung, die seine Braut Hulda in voller Schönheit zeigt. Als er fertig ist, öffnet er seinen Schrank, um das Bild innen an die Schranktür zu kleben.

In diesem Augenblick kommt Katschoke herein. Der Stubenälteste macht Meldung, und alle nehmen Haltung an.

Katschoke beginnt zu brüllen: »Das gilt für alle, die am Bahnhof waren – habt ihr euch schon eure Windeln abgeholt? Meinetwegen könnt ihr euch vollpissen, wenn ihr hier im Bett liegt, aber nicht, wenn ihr einer Prinzessin begegnet! Ihr seid keine Männer, ihr seid keine Menschen – ihr seid Schweine!«

»Jawoll, Herr Gefreiter, wir sind Schweine!«

Katschoke entdeckt nun das Bild von Hulda Frieske an Zilles Schranktür. Er grinst. »Und das ist Ihre Sau?«

Zille kann sich nicht zurückhalten. »Die einzige Sau hier, das sind Sie!«

44
1881 – Hof im Zuchthaus Sonnenburg bei Küstrin

In mittäglicher Sonnenglut drehen Zuchthäusler ihre Runden, die Köpfe kahl geschoren, die Hände auf dem Rücken gekreuzt.

Wir suchen Heinrich Zille in ihren Reihen, doch die Kamera zeigt ihn nach einiger Zeit am Rande des Hofes, wo er mit Leutnant von Ledebour an der meterhohen Mauer steht und redet.

»Ich danke Ihnen, Herr Leutnant, dass ich nicht in der Arrestzelle sitze, sondern nur als Wache abkommandiert worden bin.«

»Ach wissen Sie, Zille, wenn Ihnen die Sache hier zu langweilig wird, dann können Sie auch zur Sonnenburger Kirche gehen. Da hängt unter anderem das Wappen meiner Familie, und es wäre sehr schön, wenn Sie's abmalen könnten.«

Zille auf Zuchthauswache

45
1882 – Kirche in Sonnenburg bei Küstrin

Heinrich Zille sitzt in der Kirche und malt mit Hingabe das Wappen der Familie von Ledebour ab. Die Aufgabe ist nicht sonderlich schwierig, denn das Wappen ist einfach konstruiert und weist nur drei Farben auf. Der Helm in der Mitte ist silbern, die beiden Federn darüber und der Schild darunter sind in Rot und Weiß gehalten.

Nach einiger Zeit kommt der Leutnant in die Kirche, verneigt sich mit gefalteten Händen vor dem Kreuz und kommt auf Zille zu. »Na, mein Lieber, kriegen Sie das hin?«

»Herr Leutnant, mit dieser Frage beleidigen Sie mich!«

Ledebour schmunzelt. »Ich bitte um Vergebung! Als Wiedergutmachung biete ich Ihnen zwei Tage Sonderurlaub an, damit Sie in aller Ruhe nach Fürstenwalde fahren und um die Hand Ihrer Hulda anhalten können. Bald ist Ihre Dienstzeit zu Ende … Und dann soll geheiratet werden?«

»So isses!«

Elf

Gustav Budenstieg hatte wieder eine Bleibe. Eine Höhle. In der Koppenstraße, gleich am Schlesischen Bahnhof. Die Wohnung teilte er sich mit drei anderen Mietern. Jeder hatte sein eigenes Zimmer. Küche und Toilette waren gemeinsam zu nutzen. Die anderen Männer respektierten ihn. Er war der Härteste. Wenn er kacken musste und gegen die Klotür bummerte, hatten die anderen zu verschwinden. Die Miete konnte er bezahlen, weil Stinki ihm ein Darlehen gewährt hatte. »Rückzahlen kannste det, indem de für mich arbeitest.« Hella hatte mit Muskel-Adolf geredet, und der hatte Stinki unter Druck gesetzt.

Stinki hatte seinen Namen, weil er »aus dem Mund roch wie 'ne Kuh aus'm Arschloch«, so Muskel-Adolf. Wie Stinki mit bürgerlichem Namen hieß, wusste nur die Polizei.

»Heute Abend biste um zehne oben am Bahnhof Hasenheide!«, hatte Stinki angeordnet. »An da U-Bahn.«

»Wat haste vor?«

»Wirste schon sehen.«

»Kommen noch andere?«

»Nee, nur wir beede. Und pass uff, det dir nich allzu ville Leute sehn!«

Budenstieg hatte sich am Nachmittag hingelegt, um bis zum Abend ein wenig zu schlafen. Um halb zehn klingelte sein Wecker. Er stand auf und zog sich an. Bevor es losging, wollte er noch ein Bier trinken. In der Küche traf er Jünne, Günther. Der hatte einen ehrbaren Beruf: Er war Kellner. Wenn man so wollte, hatten sie beide denselben Arbeitgeber – den Ringverein Immertreu. Der hatte den Eigentümer eines vornehmen Restaurants am Kurfürstendamm gezwungen, Jünne einzustellen. »Sonst können Sie Ihren Laden zumachen!« Ein paar Prozente seines Lohns und seiner Trinkgelder hatte Jünne natürlich abzuliefern. Ohne den Ringverein wäre er arbeitslos gewesen.

So funktionierte Berlin.

Jünne hatte ein Faible fürs Boxen. »Weißte, dass Schmeling in zwei Wochen gegen Franz Diener boxen wird?«

»Nee, weeß ick nich.«

»Schmelings erster Kampf im Schwergewicht. Fünfzehn Runden.«

Budenstieg überlegte kurz. »Ick komm mit, besorg ma ooch 'ne Karte!« Boxen imponierte ihm. Das war wie das Leben. Ein einziger Schlagabtausch. Man teilte aus, man steckte ein, man ging zu Boden und wurde angezählt, man kam wieder hoch und kämpfte weiter. Meistens verlor man zwar, aber vielleicht klappte es beim nächsten Kampf.

Budenstieg öffnete den Verschluss seiner Bierflasche mit einem Handkantenschlag. Bier beruhigte. Er wusste ja nicht, was Stinki vorhatte. Vielleicht wollte er jemanden umbringen. Und wenn schon – Millionen Menschen liefen rum, auf einen mehr oder weniger kam es da nicht an.

Pünktlich machte sich Budenstieg auf den Weg zum Kaiser-Friedrich-Platz. Auf der Schillingbrücke ging er über die Spree, dann am Engelufer entlang zur Adalbertstraße. So kam er zum Kottbusser Tor, wo noch eine Menge los war. Weiter zur Admiralstraße, über den Landwehrkanal rüber, dann in die Camphausenstraße. Schon hatte er die grauen Türme der Garnisonkirche vor sich. Er postierte sich am Eingang zur U-Bahn.

»Hallo, Bude, da biste ja!« Stinki war mit einem dunkelroten BMW Dixi 3/15 aus Richtung Gneisenaustraße gekommen und hatte neben Budenstieg angehalten. »Steig ein! Wir fahr'n noch 'n paar Meter. In so 'ner noblen Kutsche hält uns jeda für ehrbare Kaufleute.«

»Jut einjefädelt!« Budenstieg stieg zu Stinki ins Auto – und hätte sich am liebsten die Nase zugehalten, so bestialisch stank es im Innern des Wagens.

Zum Glück fuhren sie nur ein paar hundert Meter die Hasenheide hinunter. Hier gab es eine Menge Restaurants und Etablissements, und es war noch mächtig Betrieb. Doch Stinki interessierte das nicht. An der Ecke Fichtestraße wendete er, rumpelte über die Gleise der Straßenbahn und fuhr zur Kreuzung zurück. Ein Parkplatz war bald gefunden. Sie stiegen aus.

»So, nu kommt der jemütliche Teil des Abends!«, verkündete Stinki.

»Wat haste denn vor?«, wollte Budenstieg endlich wissen.

»Nischt weiter als'n heißen Abriss.«

Budenstieg kannte das. »'n Versicherungsbetrug?«

»Jenau. Die Möbeltischlerei von Walther Juskowiak is pleite, und er kann sich nur retten, wenn allet abbrennt und die Versicherung zahlt.«

»Und wie willste det machen, det die Polente nüscht merkt?«

Stinki grinste. »Det is mein Jeheimnis. Du bleibst draußen und stehst Schmiere! Falls der Wachschutz oda irjendeen andera ufftaucht.«

Budenstieg vermutete, dass Stinki für einen Kurzschluss sorgen und damit den Brand auslösen wollte. Das hinterließ keine Spuren, anders als bei Brennspiritus oder solchem Zeugs. Hatte er mal gehört.

Sie kamen in die Gewerbehöfe, die man um die Jahrhundertwende im Dreieck zwischen Camphausenstraße und Hasenheide errichtet hatte. Vier Höfe waren es, die Gebäude ringsum alle mit weiß glasiertem Klinker verkleidet. Im zweiten Hof stand eine Villa. Zwischen der und der ersten Etage eines Gewerbehofes war ein verglaster Gang zu sehen. Wat et in Berlin nich allet jab! Budenstieg staunte.

Stinki hatte in seinen Manteltaschen alle Werkzeuge stecken, mit denen er die Türen zur Tischlerei von Walther Juskowiak in weniger als zwei Minuten öffnen konnte. Er verschwand im Innern des Gebäudes, Budenstieg hielt Wache. Alles blieb ruhig. Schließlich kam Stinki über den Hof geschlendert wie ein Buchhalter, der noch bis Mitternacht an dem längst überfälligen Jahresabschluss gearbeitet hatte. Als Budenstieg nach oben sah, begann es hinter mehreren der hohen Fenster zu wetterleuchten.

»Los, ab!«, rief Stinki. »Aba langsam und unauffällig!«

Ungestört erreichten sie die Straße und stiegen in ihren Wagen. Als die Feuerwehr anrückte, waren sie schon über alle Berge.

Die Versicherung zahlte prompt, und Walther Juskowiak führte einen Teil des erhaltenen Geldes an Stinkis Hintermänner ab.

Auch in den nächsten Tagen war Budenstieg voll im Einsatz. Unzählige Zuhälter waren Mitglieder in den Ringvereinen, und Budenstieg hatte zu kontrollieren, dass deren »Pferdchen« nicht die ihnen zugewiesenen Plätze verließen und im Revier anderer auf Freiersuche gingen. Dann hatte er einem Gastwirt, der sich weigerte, Schutzgeld zu zahlen, als erste Warnung die Fensterscheiben zu zertrümmern. Das machte alles mächtig Spaß! Schließlich kam wieder ein Sonderauftrag.

»Bude, heute Abend jehn wir zusammen in die Kleopatra-Bar inna Fasanenstraße«, teilte ihm Stinki mit.

»Wat issen da?«

»Der Wirt, dieset Arschloch, hat unsere Babsy rausjeschmissen! Nur weil se nich mit ihm ins Bett jehen wollte. Umsonst sollte se det ooch noch machen! Na, heute wird a seh'n, watta davon hat: 'n leeret Lokal!« Die Ringvereine hatten alle weiblichen Bediensteten angewiesen, zu Hause zu bleiben. Kellnerinnen, Bardamen, Schönheitstänzerinnen, Toilettenfrauen – alle waren sie nicht zur Arbeit erschienen. Auch weibliche Stammgäste kamen nicht in die Fasanenstraße.

Stinki lachte. »Die Männa, die wat erleben wollen, kehren natürlich sofort wieder um, wenn da keene Frau zu sehen is.«

»Und wat soll'n wir beede da nu?«, wollte Budenstieg wissen.

»Wirste jleich seh'n!«

Auf dem Weg zur Kleopatra-Bar kamen sie an einer Buchhandlung vorbei, deren Schaufenster ganz Heinrich Zille gewidmet war. Auf einem Foto mit einer großen goldenen 70 blickte der Künstler dem Betrachter entgegen. Darunter lagen alle Bildbände, die von ihm erschienen waren.

Budenstieg blieb stehen und spuckte mehrmals gegen die Schaufensterscheibe. »Am liebsten würde ick det allet anzünden«, murmelte er. »Ick hasse den Kerl!«

»Warum denn dette?«, fragte Stinki. »Et lieben ihn doch alle.«

Budenstieg brachte es nicht recht über die Lippen. »Weil ... weil ... weil der Zille jenauso aussieht wie ... wie ... Saftbacke.«

»Wer is Saftbacke?«

»Det war eena von meinen Lehrern inna Erziehungsanstalt. Der hat mir imma jute Noten jejehm und 'n Ausjang bewilligt, wenn ick ...« Budenstieg brach ab.

»... ihm deinen Arsch hinjehalten hast«, vollendete Stinki den Satz und grinste. »Bei den alten Griechen waren det die Lustknaben.«

»Ich find det jar nich lustig!«, rief Budenstieg und machte Anstalten, Stinki eine aufs Maul zu geben.

Der wich zurück. »Is ja jut! Schlach die Saftbacke zusammen und nich mir!«

»Der is leida schon tot.« Budenstieg beruhigte sich wieder.

Sie kamen zur Kleopatra-Bar. Kein Gast weit und breit.

Der Geschäftsführer saß einsam und allein auf einem Barhocker. Er sprang herunter, als Stinki und Budenstieg Platz genommen hatten. »Guten Abend, die Herren! Was darf es sein?«

»Sekt. Eine Flasche. Die teuerste!«

Der Geschäftsführer war es nicht gewohnt, dass seine Gäste teuren Sekt bestellten, und hatte Mühe, die Flasche zu öffnen. Es schäumte grandios. Endlich hatte er zwei Gläser gefüllt und brachte sie zu dem Tisch, an dem die beiden Vertreter der Ringvereine saßen.

»Auf Ihr Wohl und auf das der Kleopatra-Bar!«, rief Stinki, wobei er kaum noch berlinerte. So klang das, was er im Anschluss sagte, geradezu amtlich. Er stellte sich als Vorsitzender des Ringvereins Alpenglühen vor. »Mein Herr, in Ihrer Hand liegt es, den Boykott gegen Ihre Bar zu beenden. Schon in einer Viertelstunde könnte es so weit sein! Sie brauchen nur die Babsy wieder einzustellen und ihr ein angemessenes Schmerzensgeld zu zahlen – sagen wir, tausend Mark.«

Der Geschäftsführer rang mit sich. Aber was blieb ihm anderes übrig? Er musste dem Vorschlag zustimmen.

Es sah gut aus für Gustav Budenstieg. Er hatte den Anschluss ans Leben draußen gefunden. Stinki, Muskel-Adolf und die anderen akzeptierten ihn. Er durfte dabei sein, wenn sie bei Kühn am Schlesischen Bahnhof eine Molle nach der anderen zischten. Das Lokal lag an der Madaistraße, und da Budenstieg nur um die Ecke biegen musste, um zu Hause zu sein, konnte er sich jedes Mal bis zum Anschlag volllaufen lassen.

Heute hatten sie gerade die erste Runde bestellt, als plötzlich zwei Männer des Ringvereins Norden und der Wirt des Klosterkellers ins Lokal gestürmt kamen. Die drei waren ganz furchtbar erregt.

»Adolf, du musst uns helfen!«

»Wat is denn passiert?«

»Im Klosterkeller hat et jestern 'ne Schlägerei mit 'n paar Zimmerleuten jegeben. Der eene hat eenen von uns, den Malchin, mit'm Messa am Arm und am Kopp so schwer verletzt, detta ehm im Krankenhaus jestorm is!«

Muskel-Adolf bedachte zuerst alle möglichen Verwicklungen. Die Zimmerleute kamen vom U-Bahn-Bau und waren Kraftpakete. Darum hatte der Wirt, bei dem sie verkehrten, den Schutzvertrag mit Immertreu gekündigt. An seine Zimmerleute traute sich sowieso keiner ran. Muskel-Adolf hatte von Attacken abgeraten. Der kleine finanzielle Verlust schmerzte nicht weiter. Nun aber war das Mitglied eines befreundeten Vereins getötet worden.

»Da hört der Spaß auf!«, rief er. »Wir steh'n treu und fest zu unsan Brüdan – und darum jibt et nur eene Devise: Rache! Wo finden wa denn die Schweine?«

Der Klosterkeller-Wirt wusste es. »In ihrem Zunftlokal, bei Naubur, Breslauer Straße Nummer 1.«

»Jut. Stinki, du besorjst zwee Kraftdroschken! Auf in den Kampf!«

Es war ein Katzensprung von dem einen Lokal zum anderen. Schon hielten sie mit den Droschken vor dem Domizil der Zimmerleute. Acht elegant gekleidete Herren sprangen auf die Straße.

»Vier jehn rin, viere bleiben erst mal draußen!«, ordnete Muskel-Adolf an.

Der Klosterkeller-Wirt, der mitgekommen war, drängte sich

nach vorn. »Ick muss euch doch zeigen, wer der Zimmermann is, der den Malchin erstochen hat.«

Muskel-Adolf nickte. »Stimmt.«

Er selbst, der Wirt, Stinki, Budenstieg und Bobby betraten das Lokal. Bobby hieß so, weil gerade in allen Zeitungen stand, dass der Zoo einen Gorilla anschaffen und ihn »Bobby« nennen wollte. Und Bernie Bober ließ nicht nur aufgrund seines Nachnamens an das neue Zootier denken, er hatte auch die Figur und das Gesicht eines Gorillas. Dass seine Gesichtsfarbe eher als schweinchenrosa zu bezeichnen war, hatte die Umbenennung nicht verhindern können.

Sie betraten das Lokal. An die vierzig Zimmerleute mochten sich versammelt haben. Budenstieg hatte befürchtet, dass sie sich sofort auf sie stürzen würden. Aber vorerst blieb alles ruhig. Man hielt sie für Kriminalbeamte. Das entnahm er dem Getuschel an den Tischen. Als sie die offenstehende Tür zum Hinterzimmer erreicht hatten, kamen sie nicht weiter, weil dort der fliegende Fischhändler Hehde gerade seine Aale an den Mann zu bringen suchte.

»Aale, Aale – frisch jeräuchert aus da Spree!«

Der Klosterkeller-Wirt zeigte auf einen kräftig gebauten Zimmermann, der gerade etwas beim Fischhändler kaufte. »Det is der, der … Schulnies heeßta!«

»Herr Schulnies, würden Sie uns bitte unauffällig folgen?« Muskel-Adolf sagte das in einem so dienstlichen Ton, dass der Zimmermann ohne Zögern aufstand und den Herren voraus zur Tür ging. Erst als er draußen die anderen Männer stehen sah, begriff er, dass man ihn in eine Falle gelockt hatte.

Da trafen ihn auch schon die ersten Schläge. Alles fiel über ihn her. »Schlagt ihn tot, den Hund!«

Schulnies sank bewusstlos zu Boden.

Inzwischen aber hatten die anderen Zimmerleute die Schlägerei bemerkt und waren bereit, die Schlacht anzunehmen. Mit Beil und Hammer, mit Winkel und Hobel drangen sie auf die Immertreuen ein. Die hatten nur ihre Fäuste, ein paar Billardstöcke und einige abgebrochene Stuhlbeine. Es gab auf Seiten der Unterweltler einige Leichtverletzte. Budenstieg hatte eine blutende Nase. Kinderkram.

Muskel-Adolf blies zum Rückzug, aufgeben aber wollte er nicht. »In ein paar Minuten sind wa mit hundat Mann wieda hier!«

Gegenüber lag das Lokal Leo's Hof. Man rief per Telephon Verstärkung herbei.

Indessen war die Polizei zur Stelle. Von den Anwohnern wollte jedoch niemand etwas gesehen haben. »Det müssen Fremde jewesen sein, wohl welche aus Polen. Aber die sind längst wieder weg.«

»Über die Grenze«, sagte ein junges Mädchen. Alles lachte.

Die Polizei rückte wieder ab. Die Zimmerleute blieben in ihrer Festung und ließen die Jalousien hinunter. Man wollte etwas Zeit gewinnen, um Verstärkung zu holen, bekam aber nur zwei Maurer ans Telephon. Muskel-Adolf dagegen eilten Dutzende kampferprobter Vereinskameraden zu Hilfe. Am Ende waren es fünfzehn Kraftdroschken, die vor Leo's Hof hielten.

Die Massenschlägerei begann. Zweihundert Männer schlugen und stachen mit allem aufeinander ein, was einer Streitaxt oder einem Messer ähnelte. Budenstieg kämpfte mit Bier- und Siphonflaschen in der Hand und mähte so manchen Zimmermann nieder.

Dann ging alles ganz schnell. Beide Seiten hatten plötzlich Schusswaffen in den Händen. Neben Budenstieg wurde ein Maurergeselle getroffen. Es war wie im Krieg.

Budenstieg wollte nach einem zu Boden gefallenen Revolver langen. Beim Bücken traf ihn einer der Zimmerleute mit einem Hobel am Kopf. Er stürzte aufs Pflaster, genau ins Blut des Maurergesellen, und verlor das Bewusstsein.

Im St. Hedwig-Krankenhaus hatte man in dieser Nacht eine Menge zu tun. Sieben Handwerker waren schwer verwundet, einer von ihnen, der Maurergeselle, bei der Einlieferung verstorben. Mehrere Dutzend Leichtverletzte hatten nach ärztlicher Versorgung wieder nach Hause gehen können, unter ihnen auch Budenstieg.

Den ganzen nächsten Vormittag über lag er völlig antriebslos auf seinem Bett. Die Wunde am Kopf war genäht worden und schmerzte. Das war jedoch weniger schlimm als das Gefühl, dass sich in seinem Gehirn etwas gequetscht hatte. Die Ärzte hatten gesagt, er habe keine Gehirnerschütterung. Aber er hatte was, das wusste er! Schon lange. Im Bau hatte er einige Male im Krankenrevier gelegen. »Mein Zellennachbar will ma umbringen!« – »Ick höre Stimmen, die ma sajen, ick soll ma am Fenstergitta uffhängen!« – »Saftbacke war inna Nacht in meine Zelle und wollte ma wieda …«

Aber was hatte er zu hören bekommen? »Budenstieg, wenn Sie einen auf unzurechnungsfähig machen wollen, dann sind Sie hier an der falschen Adresse. Von wegen Verlegung nach Wittenau – wir wissen, dass es sich von dort aus besser türmen lässt. Sie haben keine Macke, hören Sie auf, uns diesen Unsinn zu erzählen!«

Auch die Mithäftlinge hatten gemeint, dass er mit dieser Masche nicht weiterkäme. Also hatte er nichts mehr gesagt. Es war auch besser geworden. Doch nun der Schlag auf den Kopf … Aber den würde er auch noch wegstecken! Lief ja alles bestens. Immertreu war wie eine Familie für ihn. Viel besser noch!

Am frühen Nachmittag raffte er sich auf. Mal sehen, wie es den anderen ging, die gestern in der Breslauer Straße dabei gewesen waren. Ob die Polente noch etwas unternommen hatte?

Auf seinem Weg zu Kühn in der Madaistraße kam er am Andreasplatz vorbei. Er zuckte zusammen. Das durfte doch nicht wahr sein! Wer stand da und hielt große Reden? Heinrich Zille!

»Hier in der Kleinen Andreasstraße Nummer 17, da ham wa jewohnt, als ick mit meine Eltan nach Berlin jekomm'n bin. Det war vor … vor … etwas mehr als sechzig Jahren – 1867. Da war ick nich mal zehne.«

Um ihn herum standen an die dreißig Leute und hörten andächtig zu.

Budenstieg war wütend. Erzählte dieser scheinheilige Pinselheini hier etwa seine Erfolgsgeschichte? Ohne zu überlegen, stürzte er sich auf Zille.

Zwölf

Eigentlich hätte Konrad Kowollek zu Hause an der Schreibmaschine sitzen und seine Zille-Geschichte zu Ende schreiben müssen. Aber die Redaktion hatte noch eine Freikarte zu vergeben gehabt, und so war er lieber in die Piscator-Bühne am Nollendorfplatz geeilt, um *Die Abenteuer des braven Soldaten Schwejk* zu sehen. Der sächsische Satiriker Hans Reimann und der bekannte Schriftsteller Max Brod hatten Jaroslav Hašeks Roman *Der brave Soldat Schwejk* auf die Bühne gebracht. Sogar Bertolt Brecht war hinzugezogen worden, um dem Stück den letzten Schliff zu verleihen. Erwin Piscator wollte aus dem *Schwejk* ein Riesenspektakel machen und hatte George Grosz dazu gebracht, satirische Trickfilmsequenzen zu entwerfen. Laufbänder sollte es zudem geben und viele burleske Szenen.

Das Theater war fast bis auf den letzten Platz gefüllt, was Kowollek in Erstaunen versetzte – denn wie hatte doch Kurt Tucholsky alias Peter Panter im Januar in der *Weltbühne* so treffend geschrieben? *Die Besucher einer Berliner Premiere wollen Goethe, plus Dante, plus Brecht, plus Bruckner, plus Claudel; die Besucher der 50. Aufführung wollen das »Dreimäderlhaus«. Nun mach du in Berlin Theater.*

Während Kowollek darauf wartete, dass sich der Vorhang hob, ging ihm immer wieder durch den Kopf, was gestern Abend und heute Morgen in den Zeitungen gestanden hatte: Am Andreasplatz war Heinrich Zille von einem Unbekannten attackiert worden, als er etlichen Bewunderern gerade von seiner Kindheit erzählt hatte. Im allgemeinen Durcheinander habe der Angreifer in Richtung Schlesischer Bahnhof entkommen können, aber auch Heinrich Zille sei von der anrückenden Polizei nicht mehr entdeckt worden. Er müsse schnell in einem Hauseingang verschwunden sein.

Das sprach eindeutig für den Doppelgänger, dem Kowollek

schon am Oranienburger Tor begegnet war. Dass Zille selbst für solche Exkursionen zur Verfügung stand, konnte ausgeschlossen werden. So schlecht, wie der außerdem zu Fuß war, kam ein schnelles Weglaufen nie und nimmer in Frage.

Kowollek fragte sich, wie man sich diesen Doppelgänger vorzustellen hatte. Natürlich musste er eine gewisse Ähnlichkeit mit Heinrich Zille aufweisen, zumindest was Körpermaße und Alter betraf. Bei Haar- und Barttracht ließ sich einiges auf Kopf und Gesicht zaubern, auch ohne dass man Maskenbildner war. Vor allem aber musste der Mann schnell und gut zeichnen können und die Berliner Mundart beherrschen.

Das Klingelzeichen ertönte, die letzten Besucher eilten zu ihren Sitzen. Das Stück begann und war so aufregend, dass Kowollek den Zille-Imitator bald vergessen hatte – bis Schwejk in den Garnisonsarrest wanderte und der versoffene Feldkurat Katz dort zu einer Predigt erschien.

Schnell blätterte Kowollek im Programmheft: Der Feldkurat Katz wurde von einem gewissen Rudolph Rocholl gespielt.

Nach dem Ende der Vorstellung wartete Kowollek am Bühnenausgang auf Rocholl. Hoffentlich kam er allein! Doch der Schauspieler zog mit Kollegen in ein Lokal in der Motzstraße. Was blieb Kowollek, als ihm unauffällig zu folgen? Als Rocholl nach einer Stunde auf die Toilette ging, eilte er ihm nach und stellte sich neben ihn an die Rinne.

»Ich bin Konrad Kowollek vom *BBB*. Habe ich die Ehre, neben dem berühmten Schauspieler Rudolph Rocholl mein Wasser abzuschlagen?«

»Oh, das klingt nach Kleists *Michael Kohlhaas*. Ja, der große Rudolph Rocholl pinkelt neben Ihnen.« Und da er schon eine gewaltige Menge Bier intus hatte, tat er das lang anhaltend.

»Dieser Rudolph Rocholl ist nicht nur ein glänzender Feldkurat Katz«, nahm Kowollek die Vorlage auf, »sondern auch ein glänzender Heinrich Zille – zum Beispiel gestern auf dem Andreasplatz. Vor einigen Wochen habe ich Sie auch schon am Oranienburger Tor als Zille gesehen. Grandios, wie Sie den Pinselheinrich geben!«

»Unsinn!«, fauchte Rocholl ihn an, hatte sein Mundwerk wegen seines hohen Alkoholspiegels allerdings nicht mehr vollständig unter Kontrolle. »Ich bin noch nie als Zille aufgetreten! Bis jetzt haben mich nur die Gebrüder Sklarek für ihr Zille-Rennen im Sommer engagiert. Für eine Menge Geld.« Jetzt merkte er, dass er sich verplappert hatte, und erschrak. »Aber wagen Sie es nicht, auch nur ein Sterbenswörtchen darüber zu schreiben!«

Johannes Banofsky saß Tag und Nacht an seinem Drehbuch. Manchmal ging er erst zu Bett, wenn andere im Haus schon zur Frühschicht ausrückten. Es war wie ein einziger Rausch. Banofsky war trunken von Zille.

»Zu viel Kiwakosta«, murmelte er, als er – es war kurz vor neun – zu Cilly an den Frühstückstisch kam.

»Du redest schon wirr.« Sie machte sich ernsthaft Sorgen um ihn. »Bald bekommst du mir noch einen Nervenzusammenbruch!«

»Bei Zille war immer wieder von Kiwakosta die Rede«, erklärte er ihr. »Vom Kirsch-Wacholder-Kognak-Stammtisch.«

Cilly war schon unten gewesen und hatte Schrippen und eine Zeitung mitgebracht.

Als Banofsky die Lokalseite aufschlug, stutzte er. »Das ist merkwürdig ...«

»Was denn?«

»Hier steht, dass Zille am Andreasplatz von einem Unbekannten niedergeschlagen worden ist. Als die Polizei die Ermittlungen aufnehmen wollte, waren aber beide verschwunden – der Täter wie Zille selbst. Als Reporter dann bei Zille an der Wohnungstür geklingelt haben, hat er nur von drinnen gerufen: ›Ick weeß von nüscht! Ihr habt ja alle 'ne Macke!‹«

»Stimmt«, murmelte Cilly.

»Wenn wir alles erst auf Zilluloid haben, werde ich mich wieder in einen normalen Menschen verwandeln.« Es klingelte. »Das werden die Pfleger aus der Irrenanstalt sein – mit 'ner Zwangsjacke, um mich abzuholen.«

Cilly ging zur Wohnungstür und öffnete. Draußen stand eine Frau Mitte vierzig, die ihr bekannt vorkam.

»Guten Morgen!«, rief die nun. »Eine Freundin hat mir gesagt, dass sie eine wundervolle Schneiderin sind. Und da wollte ich mir bei Ihnen …«

»Kommen Sie doch herein!« Cilly machte Platz, um die neue Kundin eintreten zu lassen. »Wenn Sie mir bitte noch Ihren Namen …«

»Aber Cilly!«, rief Banofsky, der schon aufgesprungen war. »Alle Welt kennt doch Alice Hechy!« Er zählte einige Filme auf, in denen sie zu sehen gewesen war. »*Hoffmanns Erzählungen*, *Tobias Buntschuh – Das Drama eines Einsamen*, *Die Puppe vom Lunapark*, *Der Kampf um den Mann* … Gerade ist sie mit den Dreharbeiten für *Zuflucht* beschäftigt, unter der Regie von Carl Froelich. Und Henny Porten ist auch dabei.«

Alice Hechy klatschte Beifall. »Ich sehe, Sie verstehen was vom Film!«

»Er hat sogar schon in einem mitgespielt«, verriet ihr Cilly, »in *Die Verrufenen*. Das ist der mit Zilles Milljöh. Und jetzt sitzt er an einem Drehbuch zu einem Film über Heinrich Zille.«

»Mensch«, rief die Hechy, »dann sind Sie dieser Barkowsky?«

»Banofsky! Aber sonst stimmt alles. Woher wissen Sie von dem Drehbuch?«

»Zille ist ein alter Freund von mir, und Walter Kollo ebenfalls.«

»Der Zufall macht vor keinem halt«, erkannte Banofsky. »Erzählen Sie doch mal! Ich bin für alles dankbar, was ich über Zille erfahre.«

Alice Hechy tat ihm den Gefallen, und so erfuhr er einige interessante Details aus Zilles Leben.

»Am besten, Sie sprechen auch einmal mit seinen alten Freunden – sofern die noch am Leben sind.« Sie musste einen Augenblick nachdenken. »Doktor Heilborn, der Arzt, könnte Ihnen vielleicht weiterhelfen.«

Banofsky bedankte sich und eilte in seiner Arbeitspause zum nächstgelegenen Postamt, um die Telephonnummer von Dr. Heilborn herauszufinden und ihn anzurufen. Einen Dr. Adolf Heilborn gab es wirklich. Und seine Sprechstundenhilfe holte ihn sofort an den Apparat, als der Name Heinrich Zille fiel. Banofsky fasste sein Anliegen in wenigen Worten zusammen.

»So, so …«, ließ sich Dr. Heilborn vernehmen. »Mir ist bereits bekannt, dass Hans Ostwald und Rudolf Danke ein Buch über Heinrich auf den Markt werfen wollen – und nun soll es auch noch einen Film über sein Leben geben? Na schön, er wird's schon verkraften. Hoffentlich!«

»Hätten Sie denn gelegentlich ein Stündchen Zeit, um mir von Ihren Erlebnissen mit Ihrem Freund Heinrich Zille zu erzählen?«, fragte Banofsky mit allem Charme, den er aufzubieten vermochte.

Dr. Heilborn klang nicht gerade begeistert. »Wenn's denn sein muss. Sagen wir, gleich heute nach der Sprechstunde. Um sieben Uhr in den Weinstuben Trarbach.«

»Herzlichen Dank! Ich werde pünktlich zur Stelle sein.«

»Ich nicht. Aber warten Sie ruhig auf mich! Auf Wiederhören!«

Mangels finanzieller Ressourcen war Banofsky alles andere als ein Kenner der gehobenen Gastronomie Berlins. Dass die von Dr. Heilborn genannte Lokalität in der Behrenstraße gelegen war, wusste er jedoch. Er hatte den Stadtplan ungefähr im Kopf und war sich sicher, dass man den Weg von seiner Wohnung in der Köpenicker Straße bis zu den Weinstuben durchaus zu Fuß zurücklegen konnte, ohne Plattfüße zu bekommen. Auf nicht ganz vier Kilometer schätzte er die Strecke – das war in einer Dreiviertelstunde zu schaffen. Das Geld für Straßen- oder U-Bahn konnte er sich sparen.

Cilly küsste ihn zum Abschied. »Wenn du mit dem Arzt zusammensitzt, kannst du ihn gleich fragen, ob es ein Medikament gegen deine Zilleritis gibt.«

»Wieso denn das? Ich brauche höchstens eines, das sie noch steigert!«

Damit zog er los. Die Köpenicker Straße mochte er nicht, denn die war zwar, beginnend am Schlesischen Tor, nur zwei Kilometer lang, zog sich aber ohne Abwechslung schnurgerade dahin, so dass ihm die Strecke stets viel länger vorkam. Endlich hatte er den »langen Jammer«, wie seine norddeutschen Freunde zu sagen pflegten, hinter sich gelassen und kam in die beschaulich gewundene Inselstraße. Dann ging es über einen Nebenarm der Spree hinweg Richtung Breite Straße, wo es eine Menge von Zilles Milljöh zu sehen gab. Doch er musste weiter. Am Ribbeckhaus vorbei auf den Schloßplatz, über den Werderschen Markt zur Französischen und zur Charlottenstraße. Endlich bog er in die Behrenstraße ein. Welche Gedanken hätte Zille an dieser Stelle gehabt? Vielleicht die:

Wird schon wern
mit de Mutter Bern,
mit der Mutter Horn
isset ooch jeworn,
nur Mutter Schmitten,
die hat jelitten,
der ham se dreimal
in't Holzbeen jeschnitten.

Das Haus Behrenstraße Nr. 47 war in wunderschönem Jugendstil erbaut. Rechts vom Hauseingang befanden sich die Weinstuben Haus Trarbach, links hatte der Friseur Alfred Tölpel sein Domizil. Welch herrlicher Name! War das schon eine mit Geldstrafe zu ahndende Beleidigung, wenn man das »Herr« wegließ und nur sagte: »Sie haben mir die Haare zu kurz geschnitten, Tölpel«? Wie auch immer, eigentlich hätte sich Banofsky mit seiner Künstlermähne vor Betreten der fürnehmen Weinstuben erst einmal von Tölpel herrichten lassen müssen. Doch dazu fehlten ihm Zeit und Geld.

So musste er hinnehmen, dass ihm der Geschäftsführer einen Blick zuwarf, der wohl bedeuten sollte: Hier wird nicht gebettelt, gehen Sie ein Haus weiter! Doch Banofsky ließ sich nicht so leicht einschüchtern, eine solche Abweisung amüsierte ihn eher. Und noch amüsanter war es mitanzusehen, wie der Geschniegelte plötzlich Haltung annahm, als Banofsky sich vorstellte und nach dem Gast fragte, mit dem er verabredet war.

»Ich suche Herrn Doktor Heilborn. Mein Name ist Professor Johannes Banofsky.«

»Oh ... Ich bringe Sie an den Tisch von Doktor Heilborn!«

Es gab einen Innenhof, von dem etliche Säle abgingen. Edel sah es hier aus. Die Räume waren zum Teil mit Zedernholz und Onyx ausgekleidet. Die zahlreichen Stuckornamente, Malereien und Schnitzwerke überforderten das Auge fast.

»Wenn ich mir den Hinweis erlauben darf, Herr Professor, der Architekt und Jugendstilkünstler Richard Riemerschmid aus München hat diese Räumlichkeiten für uns entworfen. Bei einem Brand im Jahre 1914 ist unser Haus völlig zerstört worden, wir haben aber alles originalgetreu wiederaufbauen lassen.«

»Hm, *à la bonne heure!*«, rief Banofsky – und wurde damit seinem selbstverliehenen Titel in den Augen des Geschäftsführers vollauf gerecht.

»Da sind wir!«

Dr. Adolf Heilborn war ein freundlicher älterer Herr, aber – so schätzte Banofsky – doch um gute fünfzehn Jahre jünger als Zille. Banofsky machte sich bekannt.

»Angenehm. Setzen Sie sich doch!« Dr. Heilborn musterte ihn. »Sie sind also einer von den – nehmen Sie mir's nicht übel – von den Filmfritzen, wie man in Berlin so sagt?«

»Ich bin eigentlich gelernter Zimmermann, habe auch ein wenig Kunstgeschichte studiert und immer mal wieder beim Film geschauspielert. Sogar einen Roman habe ich geschrieben. *Auf Schusters Rappen* heißt der.«

»Tut mir leid, den habe ich nicht gelesen«, bedauerte Dr. Heilborn. »Aber das gleicht sich sicher dadurch wieder aus, dass Sie meine literarischen Hervorbringungen auch nicht wahrgenommen haben.«

»Nein. Ich denke, Sie sind Arzt?«

»Im Hauptberuf schon, aber daneben bin ich auch Schriftsteller, Übersetzer und Dozent an der Urania. Als Schiffsarzt bin ich viel in der Welt herumgekommen – und meine Erlebnisse wollten verwertet werden. Angefangen habe ich mit einer *Allgemeinen Volkskunde*, dann gibt es von mir einige Reisebeschreibungen, etwas über Darwin und auch über Ernst Haeckel, der mein sehr verehrter Lehrer war. Einige Monographien zur Natur- und Kulturgeschichte habe ich ebenfalls geschrieben. 1924 ist im Rembrandt-Verlag außerdem *Die Zeichner des Volkes – Käthe Kollwitz, Heinrich Zille* erschienen.«

Banofsky lachte. »Womit wir beim Thema des heutigen Abends wären! Aber lassen Sie mich vorher noch meine Hochachtung über Ihr Œuvre zum Ausdruck bringen.«

»Sie beherrschen die Kunst der Schmeichelei!«

»Wer wäre gegen so etwas immun?«

Dr. Heilborn lachte. »Mein Freund Heinrich Zille vielleicht. Der hätte auf Ihre Eloge bestimmt reagiert mit ›Danke für die Blumen! Aba hehm Se sich die mal für späta uff, und werfen Se se uff mein' Sargdeckel ruff!‹.«

Dann begann Heilborn, des Längeren über Zille und seine Freundschaft mit ihm zu plaudern, anfangs im Ton des geübten Essayisten. »Er ist zwar wortreich, aber ihm mangelt es an jeglichem Pathos, an der großen, hinreißenden Geste. Er führt nicht das blitzende Schwert des Richters, er hält eher die schallende Pritsche Yoricks in den Händen.«

»Was bitte?« Banofsky konnte ihm nicht folgen. »Eine Pritsche ist doch ein Bett – wie soll einer die schwingen können?«

»Es gibt noch eine weitere Bedeutung«, belehrte Dr. Heilborn ihn. »Als Pritsche wird auch das knüppelähnliche Instrument der Karnevalisten bezeichnet, meist aus gefalteter Pappe oder aus Sperrholzstreifen gebastelt. Man kann damit Schläge austeilen und klappernde Geräusche erzeugen.«

»Ach so. Und Yorick, wer ist das? Hört sich nach Shakespeare an.« Banofsky klatschte sich mit der flachen Hand gegen die Stirn. »Hamlet hält seinen Schädel in der Hand. *Alas, poor Yorick! I knew him, Horatio.* Ich erinnere mich, *skull* bedeutet Schädel. Obwohl ja bei uns ein Skuller ein Ruderer ist.«

»Ich habe Zille mit Yorick verglichen, weil auch er ein geistreicher Hofnarr ist, der der Gesellschaft den Spiegel vorhält. Und doch – so übermütig er manchmal auch den Yorick gibt, so brennt ihm die Asche auf dem Herzen, genau wie dem Ulenspegel des Flamen Charles de Coster. Sein buntgeschecktes Narrenmäntelein verhüllt das ernste Kleid des Philosophen, und nur dem Hellhörigen tönt aus seinen oft derben Späßen vernehmlich ein Spruch von Wilhelm Raabe entgegen: *Wenn Ihr wüsstet, was ich weiß, würdet Ihr viel weinen und nur wenig lachen.*«

Banofsky war beeindruckt davon, wie leicht Dr. Heilborn seine Gedanken druckreif formulieren konnte. Sollte er ihn in seinen Zille-Film einbauen? Die Frage war, ob man dessen Figur im Hinblick auf das gemeine Kinopublikum so gehoben sprechen lassen durfte. Vielleicht ließ sich ihm noch etwas Volkstümliches entlocken. Banofsky versuchte, ihn vorsichtig auf die richtige Spur zu bringen.

»Ich bin natürlich im Besonderen an denjenigen persönlichen Erlebnissen mit Heinrich Zille interessiert, die sich in opulente Filmszenen umsetzen lassen.«

»Selbstverständlich!« Dr. Heilborn begann zu erzählen. Von Heinrich Zille, von dessen Freunden Max Liebermann, Hermann Frey, Dr. Alois Lautenschläger, Fritz Klimsch, Walter Schmarje, August Gaul, August Kraus, Walter Kollo, Claire Waldoff, Senta Söneland und Alice Hechy.

Banofsky konnte gar nicht so schnell mitschreiben. Sein Notizblock füllte sich mehr und mehr mit kleinen Anekdoten. Er bedauerte, der Stenographie nicht mächtig zu sein. »Liebermanns Biographie kenne ich ganz gut – aber wenn Sie mir noch etwas zu Hermann Frey sagen könnten?«

»Ein Tausendsassa, immer zu Scherzen aufgelegt und voller verrückter Ideen. Mal ganz oben, mal ganz unten. Es gab Zeiten, da hat er gebettelt und im Obdachlosenasyl übernachtet, und dann wieder ist er im neuesten Luxuswagen durch Berlin gerauscht und war der große Mäzen für arme Künstler. Groß geworden ist er mit den Texten, zu denen Walter Kollo die Musik geschrieben hat, zum Beispiel *Und dann schlich ich still und leise / immer an der Wand lang* oder dem *Bummelpetrus.* Gerade eben ist *Mein Papagei frisst keine harten Eier, / zu harte Eier frisst er nie* ganz neu erschienen. Das wird Heinrich Zille besonders gefallen, hat er doch ein ausgeprägtes Faible für gefiedertes Getier – am liebsten würde er seine Wohnung zu einer großen Voliere machen.«

Banofsky schrieb sich alles auf. »Hermann Frey hätten wir nun – und die anderen Freunde?«

»Sehr kordial verbunden war er vor allem mit den beiden Bildhauern August Gaul und August Kraus. Mit ihnen und mit Doktor Lautenschläger war er auch im Spessart. 1906 muss das gewesen sein. Sie verlaufen sich im Wald und kommen an eine abgelegene Stelle. Da beginnt Gaul zu schwärmen: ›Ist das nicht herrlich hier? Wir sind bestimmt die ersten Menschen, die ihren Fuß auf dieses wunderschöne Fleckchen Erde gesetzt haben. Alles unberührte Natur!‹ Zille zeigt auf einen verrosteten Email-Eimer. ›Et muss wohl doch schon eena vor uns dajewesen sein.‹«

Banofsky lächelte. Zille schien solche unerwarteten Wendungen, solche kleinen *gags*, wie die amerikanischen Drehbuchschreiber das nannten, zu lieben. Den nächsten *gag* sollte Banofsky in wenigen Sekunden selbst erleben.

Ein älterer, gemütlich aussehender und etwas korpulenter Herr war an ihren Tisch getreten und verbeugte sich leicht. »Danke.«

»Bitte!«, erwiderte Banofsky. »Obwohl mir noch nicht ganz klar ist, wofür Sie sich bedanken.«

»Ich heiße Danke – Rudolf Danke.«

»Na bitte!«, rief Dr. Heilborn. »Endlich lerne ich den Mann kennen, mit dem Heinrich Zille im Augenblick mehr Zeit verbringt als mit all seinen Freunden zusammen. Hat er Sie hergeschickt?«

»Nein, ich bin zufällig vorbeigekommen und habe den Namen Zille gehört. Und da Sie mir von Zille genauestens beschrieben worden sind, habe ich mir sofort gedacht, dass Sie Doktor Heilborn sein müssen.«

»Dann gesellen Sie sich doch zu uns!«

»Gern.«

Banofsky belustigte es, wie Rudolf Danke offensichtlich vermied, das Wort »danke« auszusprechen. Mit ein paar Freunden konnte man da bestimmt gut wetten, wem es als Erstem gelang, ihn in die Falle zu locken.

»Darf ich Sie alle zu einer Flasche Moselwein einladen?«, fragte Dr. Heilborn. »Der ist hier in den Weinstuben Trarbach ganz besonders köstlich.«

»*Thank you*«, sagte Rudolf Danke.

Banofsky sah den Neuankömmling an. »Wie ich gehört habe, *Mister Thank you*, sind Sie gerade dabei, ein Buch über Heinrich Zille zu schreiben?«

»Ja, *Heinrich Zille erzählt … Gespräche und Erlebnisse mit dem Meister* soll es heißen. Ich arbeite im Auftrage des Carl Reissner Verlags aus Dresden, in dem schon verschiedentlich etwas von Zille erschienen ist, so 1924 der Bildband *Berliner Geschichten und Bilder* mit einem Vorwort von Max Liebermann und ein Jahr später *Zwischen Spree und Panke*.« Danke sah zu Banofsky hinüber. »Ich bin noch immer dabei, mir die Orte anzusehen, die für Heinrich Zille bedeutsam waren. Morgen will ich nach Rummelsburg und Stralau raus. Wenn Sie Lust haben, kommen Sie doch mit! Dann kann ich Ihnen auch einige Anekdoten erzählen, die Sie in Ihren Film einbauen können. Zille hat mir erzählt, dass Sie an einem Drehbuch sitzen.«

»*Merci!*«, rief Banofsky. »Ich kann Ihnen aber nicht versprechen, dass Sie dafür eine Hauptrolle im Zille-Tonfilm bekommen.«

Danke winkte ab. »*Grazie!* Bloß nicht! Ich wollte um elf Uhr am Bahnhof Rummelsburg starten.«

»Ist mir recht!«

Johannes Banofsky hatte in seinen Wanderjahren viel von der Welt gesehen – nur in Rummelsburg war er noch nicht gewesen. Das war ihm nie als ernsthaftes Defizit erschienen, nun aber bereute er es. Wie sollte er sich in Heinrich Zille hineinversetzen, wenn er nicht dessen Rummelsburger Wurzeln etwas genauer kannte? Er hatte die Stimme des Meisters im Ohr: »Wenn se jetz' alle so viel Rummel um mich machen, denn liegt det daran, det ick mal 'ne janze Weile da jewohnt habe.«

Fast wäre Banofsky zu spät am verabredeten Ort gewesen, weil er die Bahnhöfe Stralau-Rummelsburg, Rummelsburg und Betriebsbahnhof Rummelsburg nicht richtig auseinandergehalten hatte. Aber dann hatte er sich doch noch daran erinnern können, dass Rudolf Danke nur einen kurzen Bahnhofsnamen genannt hatte. Und richtig, Danke stieg aus demselben Zug wie er. Noch fuhr die Reichsbahn auf dieser Strecke mit Dampf, überall aber war man schon dabei, Stromschienen anzubringen.

»Schön, dass es geklappt hat!«, sagte Banofsky. »Aber schade, dass uns Heinrich Zille nicht begleitet.«

»Es tut ihm selber leid, aber Sie wissen ja, die Füße ... Er käme bei sich in Charlottenburg die Treppen nicht mehr hoch – und die hier am Bahnhof auch nicht.«

Banofsky seufzte. »Und das passiert ausgerechnet einem Flaneur wie ihm! Ein hartes Schicksal. Der Herr hätte ihm das wirklich ersparen können.«

»Eine Spur von Religiosität habe ich bei ihm nie entdecken können.«

»Deswegen also!« Banofsky blickte zürnend zum Himmel hinauf.

Rudolf Danke hatte die Orte, die sie nacheinander aufsuchen wollten, nach Datum sortiert aufgelistet. Er hielt Banofsky den Zettel hin:

1872 – Einzug ins Haus der Eltern: Fischerstraße
1883 – Erste eigene Wohnung: Grenzweg
1887 – Zweite Wohnung: Türrschmidtstraße
1890 – Dritte Wohnung: Mozartplatz

»Bis er dann 1892 nach Westend gezogen ist. Ehe wir nun losmarschieren ...« Danke hatte einige Seiten seines Manuskripts mitgebracht und las vor, was ihm Zille aus seiner Zeit in Rummelsburg erzählt hatte: »*Hinterher* – nach dem Zeichenunterricht in der Akademie und einem Umtrunk mit den anderen Malerjüng-

Blick auf die Ostbahn bei Rummelsburg

lingen und Bildhauer-Aspiranten«, fügte Danke erklärend hinzu – »*jing's zu Fuß nach Rummelsburg. Verschiedene liefen bis zum Schlesischen Bahnhof mit. Ich selbst musste noch über die Jleise der Ostbahn rüber. Weil um diese Zeit keine Wagen mehr kamen, wurden die Barrieren ja nich erst hochjezogen, und ich kroch unten durch. Die Straße war stockdunkel. Hier und da pennten am Wege Obdachlose. Zu Hause anjelangt, nahm ick mein Essen aus der Röhre – schlief 'n paar Stunden und war am andern Morgen um sieben Uhr schon wieder in Berlin bei der Arbeit.*«

Banofsky war voller Bewunderung. »Muss der Mann ein Stehvermögen gehabt haben!«

Danke lachte. »Ja, der konnte so einiges schlucken. Eine Künstlerin – ich glaube, es war die Waldoff – hat mir einmal von Zilles früheren Räuschen erzählt: Wenn eener hinfiel wie 'ne Latte, war't Heinrich.«

»Heinrich der Schluckspecht«, resümierte Banofsky. »Das rächt sich nun. Denken Sie nur an seine Gesundheit!«

»Alles hat eben seinen Preis! Aber ich glaube, er zahlt ihn, ohne sich für das Damals zu verfluchen.«

Als sie am Grenzweg angekommen waren, las Rudolf Danke eine weitere Passage aus seinem Zille-Buch vor.

1883 wurde geheiratet, die erste eigene Wohnung bezogen – Familie entstand. (...) Als ich noch da wohnte, war 'n Morjenspaziergang da draußen – Frau und Kinder schliefen noch – mein schönstet Sonntagsvergnüjen. Viele kleene Landschafts-Aquarelle sind damals entstanden. Und wat ist heute? Statt Jras und wildet Farrenkraut – Stullenpapier, und an den Baumstämmen die einjeschnittenen Hängematten-Ringe. – Als widere ihn diese Nichtachtung des bißchen Natur an: Nee – nee, da jeh ick nu nich wieder hin.

Nachdem sie in Rummelsburg alles abgeklappert hatten, was für Zilles Leben von Bedeutung war, liefen sie um das westliche Ende des Rummelsburger Sees herum, um auf der Halbinsel Stralau nach dem legendären Wirtshaus Tübbecke zu suchen.

Die Gegend war noch weniger idyllisch als Rummelsburg selbst. Industriebetriebe beherrschten das Bild: die Engelhardt-Brauerei, die Stralauer Glaswerke und zahlreiche Bootswerften am Wasser. Dazu kamen die Wohnvilla und die Remise der Teppichfabrik M. Protzen und Sohn sowie der Palmkernölspeicher und der Flaschenturm. An der Straße Alt-Stralau befand sich das Maschinenhaus des Osthafens.

»Dahinter liegen an die zwanzig Ausflugsgaststätten«, wusste Danke zu berichten. »Das hängt auch mit dem großen Volksfest zusammen, das es hier seit Ewigkeiten gibt, dem Stralauer Fischzug. Die große Institution aber ist Julius Tübbecke gewesen.« Danke zog einen weiteren Zettel aus der Manteltasche und zeigte ihn Banofsky: *Geboren 1824, gestorben 1911. Fischereibesitzer, Wirt, Maler, Gemeindevertreter.* »Sogar eine Straße haben sie hier nach ihm benannt. Sein Sohn Franz war Bildhauer und an der Gestaltung der Siegesallee beteiligt – auf der übrigens auch Zille zu sehen ist. Aber das ist eine andere Geschichte, die erzähle ich Ihnen später. Zille jedenfalls war oft bei Tübbecke zu Gast und hat auch, als er sich als Fremdenführer ein paar Mark verdient hat, ganze Besuchergruppen hierher geführt. Mehr noch, Stralau hat Zille sogar dazu angeregt, sich als Schriftsteller zu versuchen. So ist seine Erzählung *Die Nebelkrähe* entstanden. Darin geht es um den Maler Raabe, der ein Jugendfreud Tübbeckes war. Warten Sie, ich habe einen Auszug dabei. Jetzt hören Sie Zille im Original.«

Raabe kam nie bis zur Kirche, dem Motiv seiner Skizze, Tübbeckes Gasthaus ließ ihn nicht vorbei.
»Tag, Julius!«
»Tag ooch, olle Nebelkrähe!«
Raabe lehnt sich an seine Stammecke der Schenke. Ihre Unterhaltung ist wortlos, aber Tübbecke hat Schnäpse. (...)
Julius wußte, wie viel der Freund bedurfte. Dann nahm er ihn behutsam unter den Arm, brachte ihn vor die Haustür, drehte ihn mit dem Gesicht nach Berlin und »Jute Nacht, olle Nebelkrähe.«

Die Kirche zu Stralau

– So ist er in einer nebligen Novembernacht vom rechten Weg abgekommen –
Am grauen Morgen umflatterte ein Schwarm kreischender Krähen ein Wasserloch der sumpfigen Stralauer Wiesen.

»Haben Sie denn den Maler Raabe wenigstens als Moorleiche gefunden, als hier alles bebaut wurde?«, wollte Banofsky wissen.

»Keine Ahnung. Ich weiß nur, dass Zille seinem Fachinger gern ein Glas Kognak beimischt, um das Gesundheitswasser trinkbarer zu machen. Das hat er hier bei Tübbecke gelernt, der seinen Gästen immer einen sogenannten siebenköpfigen Spree-Athener kredenzt hat. Ich lese Ihnen die Passage über Tübbecke mal vor!«

Und Zille erzählte weiter, wie dieses Original eines akademisch gebildeten Weißbierwirtes – in Fontanes »L'Adultera« findet man ihn wieder – seine ganze Liebe, die er dem ersehnten Malerberuf nicht hatte widmen können, den ewig durstigen, aber auch ewig blanken Künstlern zukommen ließ. »Und wenn er 't besonders jut meinte, und die Olle guckte jerade wech, denn lechten wir ihm beim Bezahlen 'n Sechser hin, uff den er uns 'ne Mark rausgab.«

Während er zugehört hatte, war Banofsky noch etwas eingefallen, das er bisher nicht ausreichend bedacht hatte. »Sagen Sie, Herr Danke, so richtig verstehe ich das immer noch nicht …«

»Was, bitte?«

»Wie Heinrich Zille zu einem der berühmtesten Berliner geworden ist. Bei Sportlern ist das offensichtlich: Im letzten Jahr schlägt Max Schmeling den Belgier Fernand Delarge, wird Europameister und ist ab sofort in aller Munde. Mit einem Schlag.«

»Bei Zille war das eher ein Prozess, der sich über viele Jahre hingezogen hat. Um die Jahrhundertwende hat er seine ersten Zeichnungen ausstellen können, und es gab die ersten Veröffentlichungen in Zeitschriften wie dem *Simplicissimus* und den *Lustigen Blättern*. Damit war er aber auch nur einer von vielen. Dann hat 1902 Hans Rosenhagen, dessen Urteil überall hoch geschätzt wurde, sehr positiv über ihn geschrieben. So richtig bekannt jedoch wurde Zille erst, als man ihn 1903 in die Berliner Secession aufgenommen hat. Das können Sie mit dem Sieg Max Schmelings vergleichen. Aber ohne Max Liebermann wäre das wohl nicht geschehen. Zille ist und bleibt sein Protegé.«

»Danke! Jetzt kann ich seinen Aufstieg besser nachvollziehen. Mir fällt aber noch ein weiterer Umstand ein, der für seinen Ruhm entscheidend gewesen sein könnte.«

»Ich bin gespannt!«

»Die Sehnsucht der Berliner nach einem Mann wie ihm. Zille veredelt sie, erhöht sie, überhöht sie! Das Elend in ärmlichen Gegenden wird durch Zille zum vergnüglichen Milljöh.«

Rudolf Danke nickte. »Womit Sie natürlich recht haben! Verstärkend kam hinzu, dass Zille 1910 den Menzelpreis erhielt und 1924 zum Professor und zum Mitglied der Preußischen Akademie der Künste ernannt wurde.«

»Verstehe. Der berühmte kleine Mann auf der Straße sah sich dadurch geehrt, dass man Heinrich Zille schätzte, und fühlte sich nicht mehr ganz so elend.«

Wieder nickte Rudolf Danke. »Und die Mieze aus der Mulackritze, die Zille zeichnet, ist keine kleine Nutte mehr, sondern eine Berühmtheit.«

Sie hatten viel miteinander zu bereden, und erst am späten Nachmittag nahmen Danke und Banofsky auf dem Schlesischen Bahnhof voneinander Abschied.

»Tausend Dank, Herr Danke!«, rief Banofsky. Er hatte so viel erfahren, dass er sich nun mit Feuereifer an den nächsten Teil seines Drehbuchs machen konnte.

Das dachte er jedenfalls in diesem Moment. Schnell sollte er aber merken, dass seine Geschichtskenntnisse über die Zeit von 1883 bis 1907 nicht sonderlich groß waren. Also fuhr er auch diesmal zum Nachhilfeunterricht nach Friedrichshagen hinaus. Sein Vater liebte es, andere zu belehren, und zögerte nicht, sofort zur kleinen Berlin-Chronik des *BBB* zu greifen und darin zu blättern.

Banofsky blickte auf seinen Notizblock. »Vor deinem großen Überblick habe ich erst noch einige kleine Fragen.«

»Dann schieß mal los!«

»Wie war das mit der Berliner Loslösung?«

Sein Vater schaltete nicht sofort. »Womit?«

»Ich meine nicht den amerikanischen Sezessionskrieg von 1861 bis 1865, sondern den unter Berlinern Künstlern um die Jahrhundertwende.«

»Warte mal, da muss ich auch erst nachsehen.« Nach ein paar Sekunden war das passende Nachschlagewerk aus dem Regal gezogen. »1898 fällte die Jury der Großen Berliner Kunstausstellung ein vernichtendes Urteil über ein modernes Landschaftsgemälde von Walter Leistikow. Der regte daraufhin die Gründung einer fortschrittlichen Künstlerorganisation an, losgelöst von der konservativen Clique um Anton von Werner. So entstand die Berliner Secession, deren Präsident Max Liebermann wurde. Insgesamt waren 65 Künstler mit von der Partie. In der ersten gemeinsamen Ausstellung zeigten sie 330 Bilder und Grafiken und 50 Skulpturen.«

»War Heinrich Zille auch unter ihnen?«

Sein Vater musste eine Weile blättern, bis er die Antwort gefunden hatte. »Heinrich Zille war in dieser ersten Ausstellung nicht vertreten, er stellte erst 1901 in der Berliner Secession aus und wurde 1903 Mitglied.«

Banofsky bedankte sich und kam zur nächsten Frage. »Ich möchte in mein Drehbuch eine Szene einbauen, die auf der neuerbauten Hochbahn spielt. Wie ist das denn damals alles losgegangen?«

Wieder musste sein Vater erst nach einer zuverlässigen Quelle suchen.

»Am 11. März 1902 hat die Berliner Hoch- und U-Bahn ihren Betrieb für das allgemeine Publikum aufgenommen. Am 15. Februar 1902 gab es allerdings schon eine offizielle Probefahrt, die als ›Ministerfahrt‹ in die Geschichte eingegangen ist, weil der sogenannte Eisenbahnminister Doktor Karl Hermann Peter von Thielen, der Minister des Inneren Freiherr von Hammerstein und der Kriegsminister von Goßler neben den am Bau beteiligten Ingenieuren und Baudirektoren mit an Bord waren. Der Zug wurde um 11 Uhr auf dem Bahnhof Potsdamer Platz abgelassen und nach einer Schleifenfahrt zum Bahnhof Zoologischer Garten auf der Station Stralauer Tor erwartet.«

Banofsky bedankte sich. »Und nun, Herr Professor, erbitte ich mir den großen Überblick!«

»Wo fange ich am besten an? Nun, vielleicht damit, wie Kaiser Wilhelm I. am 16. April 1871 die Verfassung des Deutschen Kaiserreiches unterschreibt und Berlin damit Reichshauptstadt wird. Danach verändert sich die Stadt in rasantem Tempo und wird immer glanzvoller. In der sogenannten Gründerzeit entstehen prachtvolle Bauwerke. Die mit Glas überdachte Kaiserpassage zwischen der Straße Unter den Linden und der Ecke Behren- und Friedrichstraße beherbergt nicht nur sage und schreibe 51 Geschäfte, sondern auch mehrere Restaurants, einen Konzertsaal und ein Panoptikum. Das Luxushotel Kaiserhof am Wilhelmplatz wird feierlich eröffnet, die Nationalgalerie auf der Spreeinsel vollendet. Die ersten Pferdestraßenbahnen rollen durch die Innenstadt und in die Vorstädte. 1877 wird Berlin Millionenstadt, bereits 1905 hat die Stadt die Zwei-Millionen-Grenze überschritten. Durch den 1877 geschlossenen Ringbahngürtel und die 1882 in Betrieb genommene Stadtbahn versucht man, des zunehmenden Verkehrs Herr zu werden. 1880 weiht Kaiser Wilhelm I. den Neubau des Anhalter Bahnhofs mit seiner riesigen Halle ein, im Lehrter Bahnhof verkehren die Züge schon seit 1871. 1881 wird die erste elektrische Straßenbahn getestet und der öffentliche Fernsprechverkehr offiziell aufgenommen. Überall werden Mietskasernen hochgezogen, auch in den Vororten. 1888 folgt das Dreikaiserjahr. Nachdem Kaiser Wilhelm I. gestorben ist und sein Nachfolger Friedrich III., die große Hoffnung der Liberalen, nach nur 99 Tagen Amtszeit einem Krebsleiden erliegt, besteigt Wilhelm II. den Thron. 1894 ist Wallots Reichstagsgebäude fertig, ein Jahr später die Kaiser-Wilhelm-

Gedächtniskirche. 1896 folgt das Theater des Westens, 1902 fährt die erste Hoch- und U-Bahn in Berlin, und wenig später sind die ersten Omnibusse auf den Straßen zu sehen. 1905 wird in Anwesenheit von Kaiser Wilhelm II. der Berliner Dom geweiht, 1907 öffnen das KaDeWe und das Hotel Adlon ihre Pforten. Berlin wird Zeitungsstadt, neue Theater entstehen, und die ersten Sportvereine gründen sich. Kunst und Literatur erleben ihre Blüte, die ersten Filme werden gedreht. Zwischen all diesem Licht gibt es in Berlin aber auch viel Schatten: Die soziale Frage, die mit dem Vormärz in das öffentliche Bewusstsein gerückt ist, hat sich noch nicht gelöst, und die Massen fristen ihre Existenz ziemlich elend in den riesigen Mietskasernen.«

Banofsky hatte aufmerksam zugehört und sich Notizen gemacht. Jetzt war er um einen klugen Kommentar bemüht, als wollte er von seinem Vater eine gute Note erhalten. »Das ist also das Berlin, in das Heinrich Zille nach seiner Militärzeit als Ehemann zurückkehrt. Am 15. Dezember 1883 heiraten Heinrich Zille und Hulda Frieske in Fürstenwalde, der Heimat der Braut.«

Johannes Banofsky: Drehbuch zum Zille-Film

III Hochzeit, Kinder, Umzüge, erste Erfolge als Künstler (1883–1907)

46
1883 – Wohnung der Schwiegereltern in Fürstenwalde, Schloßstraße Nr. 26

Heinrich Zille und Hulda Frieske sitzen im Wohnzimmer auf zwei Stühlen mit hohen Lehnen, ein Standesbeamter steht vor ihnen. Weiterhin haben sich in der guten Stube aufgebaut: Zilles Eltern Traugott und Ernestine, seine Schwester Fanny, die Schwiegereltern, eine Freundin Huldas und als Trauzeuge Zilles Arbeitskollege Martin Langner, dem Zille seine Bekanntschaft mit Hulda zu verdanken hat.

Die Zeremonie ist mitten im Gange. Der Standesbeamte kommt zum Abschluss seiner Ansprache. »Wer in diesen Zeiten die Ehe eingeht, der darf sich wahrlich glücklich preisen, denn unter unserem Kaiser Wilhelm II. werden wir Deutschen glanzvolle Jahrzehnte erleben. Ich komme nun zu der entscheidenden Frage, die ich dem Brautpaar nach Recht und Gesetz zu stellen habe: Wollen Sie, Herr Lithograph Heinrich Zille, mit Ihrer hier anwesenden Verlobten, Fräulein Hulda Frieske, die Ehe eingehen? Dann antworten Sie bitte mit Ja!«

Ziller schmettert sein »Ja!«.

»Nun meine Frage an Sie, Fräulein Hulda Frieske: Wollen auch Sie mit Herrn Lithographen Heinrich Zille die Ehe eingehen? Dann antworten Sie bitte ebenfalls mit Ja!«

Hulda ist befangen und haucht ihr »Ja«.

Der Standesbeamte wird jetzt sehr feierlich. »Hiermit erkläre ich

Sie beide für rechtmäßig verbundene Eheleute. Sie dürfen sich nun gegenseitig die Ringe anstecken.«

Es folgen Ringwechsel und Brautkuss. Danach verliest der Standesbeamte den Ehebucheintrag, und das Brautpaar sowie die beiden Trauzeugen leisten ihre Unterschrift. Anschließend beginnt die Gratulationscour.

47
1883 – Bahnhof Fürstenwalde

Heinrich Zille und seine Frau Hulda stehen mit leichtem Gepäck auf dem Bahnhof Fürstenwalde. An ihrer Seite Huldas Mutter. Aus Richtung Osten nähert sich der Zug.

Der Stationsvorsteher betritt in majestätischer Haltung den Perron. Dicht neben Zille bleibt er stehen und schreit nach links wie nach rechts: »Zurücktreten von der Bahnsteigkante!«

Hulda und ihre Mutter umarmen sich. »Keene richtichen Flitterwochen!«, jammert die Mutter.

Zille verdreht die Augen. Der Zug rollt in den Bahnhof und hält.

»Eingelaufener Zug nach Berlin!«, brüllt der Stationsvorsteher.

Zille schmerzt das Ohr von diesem Geschrei. »Warum is der Zuch denn eingelaufen?«, fragt er den Beamten. »Ham sie den in Frankfurt zu heiß jewaschen?«

Der Beamte sieht ihn groß an. »Sie sind wohl vom *Kladderadatsch*?«

»Nee, aba da wär' ick jerne.«

»Einsteigen!«

Nun nimmt auch Zille von Auguste Frieske Abschied, belässt es aber bei einem Händedruck. Dann hilft er Hulda ins Abteil. Der Schaffner schlägt die Tür hinter ihnen zu. Zille zieht das Fenster trotz der winterlichen Kälte auf, damit beide mit ihren Taschentüchern winken können, Hulda vorn, er hinter ihr.

»Gottes Segen auf allen Wegen!«, ruft die Mutter unten auf dem Perron und winkt zurück.

»Abfahren!«, schreit der Stationsvorsteher.

Ein paar Pfiffe, dann setzt sich der Zug unter lauten Auspuffschlägen und viel Dampf und Rauch in Bewegung.

48
1883 – Vor einer Kellerwohnung am Grenzweg in Rummelsburg

Es ist ein typisch grauer Dezembertag. Heinrich und Hulda Zille steigen aus einer Pferdedroschke. Er hilft ihr galant aus dem Wagen, hebt sie dann hoch und trägt sie auf Händen zum Haus und die Kellertreppe hinunter.

»Raum ist in der kleinsten Hütte für ein glücklich liebend Paar.«

49
1884 – Restaurant Frederich in der Potsdamer Straße

Heinrich Zille sitzt mit seinem Kollegen Karl Bosse an einem der hinteren Tische. Zille ist etwas unruhig, spielt mit den Bierfilzen, baut damit ein Kartenhaus, das schnell wieder zusammenfällt, und durchsticht dann mit dem Zeigefinger einen Bierdeckel.

»Was ist denn los mit dir?«, fragt Bosse

»Huldas Niederkunft steht kurz bevor.«

Bosse grinst. »Vater Zille, ich kann's nicht fassen! Aber ein Vierteljahrhundert biste ja nun auch schon alt, da wird's langsam Zeit.«

In diesem Augenblick betritt Adolph Menzel das Restaurant. Auch wenn er mit seinen nur 1,40 Meter Körpergröße eigentlich übersehen werden müsste, richten sich sofort alle Augen auf »die kleine Exzellenz«. Obwohl noch nicht geadelt, hat er in Berlin bereits einen gewissen Ruhm erlangt.

Karl Bosse zählt einige seiner bekanntesten Gemälde auf. »*Abreise König Wilhelm I. zur Armee am 31. Juli 1870*, *Eisenwalzwerk* von 1875 und *Das Ballsouper* von 1878. Für das *Eisenwalzwerk* soll er eigens nach Königshütte gereist sein und hundert Detailzeichnungen angefertigt haben.«

Zille hakt ein. »Als Zeichner nehm ick ihn mia imma zum Vorbild. *Jauchefass auf Wagen* is janz phantastisch!«

»Der ist wie du«, erklärt Karl Bosse. »Alles, was er sieht, muss er zeichnen. Mit krankhaftem Eifer, sagen die Leute. Tausende von Zeichnungen soll er in seinen Skizzenbüchern und Heften haben.«

Zille nickt anerkennend. »Ja, det is schon wat!«

Karl Bosse blickt Zille auffordernd an. »Geh doch mal hin und frag ihn, ob er wirklich mit 'nem Zimmermannsbleistift zeichnet, wie ich gehört habe, oder mit Pastellkreiden!«

Zille zögert einen Augenblick, gibt sich aber dann doch einen Ruck und tritt zu Menzel an den Tisch. »Entschuldigen Sie bitte die Störung, aber …«

Menzel strahlt. »Ah, Sie sind der neue Diena, der mir jeden Morjen den Ofen einheizen soll. Den letzten hab ick rausjeschmissen, weila mir zu ville Qualm jemacht hat.«

»Nee, der bin ick nich. Ick bin Zeichna und wollte Sie mal wat fragen.«

Menzel reagiert unwirsch. »Nich heute und nich hier beim Essen! 'n andret Mal.«

Zille kehrt langsam und etwas bedröppelt zu Karl Bosse zurück.

»Na?«, fragt der.

Zille winkt ab. »Ach, lass mal, det hat keen Zweck! Die Herren Künstler aus da Akademie, die wer'n imma uff so'n kleenen Popel wie mia herabblicken und nüscht mit mia zu tun ham woll'n.«

50

1884 – Vor dem Haus mit Zilles Kellerwohnung am Grenzweg in Rummelsburg

Es ist Spätherbst. Zille sitzt auf einem Schemel vor dem einstöckigen Wohnhaus, in dessen Keller er eine Wohnung gemietet hat, und zeichnet das gebogene Ende des Fallrohres, das von der Regenrinne nach unten führt. Das Wasser wird in einer hölzernen Rinne in die Beete geleitet. Aus den Fugen des Mauerwerks ist der Mörtel herausgewaschen. Alles hat den Charme des Verfalls.

Ein Nachbar, dem man den Lehrer ansieht, kommt vorbei und

sieht Zille einen Augenblick schweigend zu, bis er doch die erste Frage stellt. »Machen Sie das nur für sich oder für die Photographische Gesellschaft, bei der Sie beschäftigt sind?«

Zille blickt auf. »Nur für mich, Doktor Lorch. Morgens vor und abends nach der Arbeit muss ick imma wat zeichnen. Anders jeht et nich, det is mein künstlerischer Trieb.«

»Außerdem werden Sie bald zum ersten Mal Vater. Da wird man dann nachts andauernd aus dem Schlaf gerissen, ist den ganzen Tag über müde und kommt zu nichts mehr. Wann soll es denn so weit sein?«

»Die Hebamme sacht, dettet jeden Tach losjehn kann.«

51

1884 – Kellerwohnung in Rummelsburg

Heinrich Zille läuft in seiner Küche unruhig auf und ab. Bei seiner Frau haben die Wehen eingesetzt. Aus dem Nebenzimmer dringen ihre Schmerzensschreie.

Die Hebamme erscheint in der Tür. »Noch 'n bisschen Jeduld, Herr Zille, et is allet in Ordnung!«

Zille setzt sich an den Küchentisch und versucht, eine Zeichnung zu Ende zu bringen, auf der seine Hulda in hochschwangerem Zustand zu sehen ist. Er kommt aber nicht weit und steht wieder auf. Die Schreie nebenan werden so laut, dass er beide Hände auf die Ohren presst. Sein Blick fällt auf den Abreißkalender. Der zeigt den 4. Oktober 1884 an.

Endlich erscheint die Hebamme in der Tür. In der Hand ein Bündel. »Mein herzlichste Jratulation! Mutta und Kind jeht et jut.«

Zille hat Freudentränen in den Augen. »Wat isset denn?«

»'n Mädchen.«

»Margarete«, murmelt Zille. »Der Herrjott, wenn et denn eenen jibt, lasse dich wachsen, blühen und gedeihen!« Damit eilt er zu seiner Frau.

52
1885 – Photographische Gesellschaft

Wir sehen Heinrich Zille an seinem Arbeitsplatz. Vor ihm liegt eine Photogravüre der Holbein'schen Madonna, die zum Druck vorzubereiten ist. Zille aber lässt alles stehen und liegen und geht mit seinem Zeichenblock zum Fenster, durch das er seinen Blick über die Dächer Berlins schweifen lässt. Er beginnt, die Kuppel der Schlosskirche zu zeichnen.

Sein Freund und Kollege Karl Bosse kommt herein und schüttelt den Kopf. »Da kann's einer wieder mal nicht lassen!«

»Ick brauch det ehm wie andere …«

Karl Bosse grinst. »Ich verstehe – und billiger ist es auch! Aber hättest du nicht auch mal Lust, mich zu porträtieren?«

»Warum nicht? 'n schönen Kopp haste ja.«

Karl Bosse rückt seine Brille zurecht und stellt sich neben seinem Staubkasten in Positur. »Wunderbar! Und wenn du mal berühmt bist, dann hänge ich vielleicht im Museum.«

»Na, bessa, eena hängt da als am Jalgen!«

53
1887 – Rummelsburg, Türrschmidtstraße

Ein Pferdefuhrwerk kommt herangerumpelt. Auf dem Bürgersteig gehen Heinrich und Hulda Zille und schleppen beutelartige Taschen. Vor ihnen läuft ihre Margarete, die nun schon drei Jahre alt ist, und schiebt stolz einen Puppenwagen vor sich her. Sie beugt sich zu ihrer Puppe hinunter. »Juste, wir zieh'n jetzt um. Musste nich weenen!«

Sie bleiben vor einem einstöckigen Mietshaus stehen, wie es für Berliner Vororte typisch ist.

»Hier sind wa!«, erklärt Heinrich Zille seiner Familie und zeigt auf die Fenster, die zu ihrer künftigen Bleibe gehören. »Et jeht langsam aufwärts mit uns, raus aus'm Kellaloch, jetzt wohn' wa schon Paterre!«

54
1888 – Landschaft in der Nähe von Rummelsburg

Heinrich Zille sitzt in Gottes freier Natur und zeichnet einen knorrigen Weidenbaum. Dr. Lorch, der Nachbar, den wir aus Bild 50 kennen, kommt auch heute vorbei.

»Na, immer noch Bigamist?«

Zille kann ihm nicht gleich folgen. »Wieso'n det?«

»Das liegt doch auf der Hand: Sie sind sowohl die Ehe mit Ihrer Hulda als auch mit Ihrer Kunst eingegangen.«

»Da ham Se recht, Herr Doktor Lorch. Aba die eene Ehe kostet wat, und die andere bringt mir immerhin 'n paar Pfennige ein.«

»Also keine brotlose Kunst?«

»Nee, gerade hat mir een Händla zwee Bilda abjekooft. *Fischerboot bei böigem Wind auf dem Müggelsee* und *Rummelsburger See mit Blick auf die Stralauer Kirche.*«

»Und das hier kaufe ich Ihnen ab!«

Zille strahlt. »Danke schön! Da is ja dann wieda 'n bisschen wat in'ne Haushaltskasse drin, und ick kann ma ohne schlechtet Jewissen wat zu lesen koofen.«

55
1892 – Buchhandlung

Heinrich Zille steht an einem Tisch und besieht sich die neuerschienen Romane. Er greift zu *Irrlichter und Gespenster*.

Der Buchhändler tritt von hinten an ihn heran. »Das ist der neueste Roman von Max Kretzer. Eine Trilogie. In diesem Jahr erscheinen Band 1 und 2. Nach *Die Verkommenen* und *Meister Timpe* weitere Meisterwerke! Man nennt Max Kretzer schon den deutschen Zola.«

Zille nickt. »Ick weeß, ick hab 'n vor Jahren mal porträtiert. Nur 'ne kleene Skizze, aba immerhin!«

»Ich kann mich noch gut daran erinnern, das Bild hängt bei mir neben dem Schreibtisch.«

Zille fährt herum. Vor ihm steht Max Kretzer. »So 'n Zufall!«, ruft Zille aus. »Eben ham wa von Ihn'n jeredet.«

Kretzer lächelt. »Zufall? Hinter allem könnte doch auch der Wille unseres Schöpfers stehen.«

Zille verzieht das Gesicht. »Nee, nich doch!«

Kretzer lässt sich nicht beirren. »Manchmal glaube ich, dass bei unserer Geburt bereits festgelegt ist, was wir unser ganzes Leben lang tun und denken werden. Das Konzept der Prädestination hat schon etwas für sich.«

»Dann is det Elend, wat Sie in Ihren Büchan so schön beschreiben, also von Gott gewollt und unabänderlich?«

»Wer kann das wissen? Wir können nur versuchen, es abzuändern. Wollen Sie nicht auch zur Sozialdemokratie kommen?« Kretzer sieht ihn auffordernd an.

Zille winkt ab. »Nee, mein Herz schlägt zwar links, aber in 'ne politische Partei will und werde ick nie eintreten!«

Kretzer wechselt das Thema. »Und wie geht es Ihnen zu Hause?«

»Drei Kinda ham wa jetzt. 1884 ist die Margarete uff de Welt jekomm'n, vier Jahr später der Hans und letztet Jahr der Walter. Det heißt, det wa dauand in 'ne jrößere Wohnung umziehen müssen. Jetzt lehm wa am Victoriaplatz.«

»Ja, Familie ist etwas Schönes!«

»So isset. Und jeden Sonntag heißt et bei mir: Uffjestanden, Kinda, heute jeht's ab ins Jrüne! Entweder in den Finkenkrug raus, Pflanzen und Schmetterlinge bekieken, oder in'n Zoo.«

56
1892 – Berliner Zoo

Heinrich Zille spaziert mit seiner Frau und den drei Kindern durch den Zoo. Margarete, acht, und Hans, vier, laufen und springen umher, der einjährige Walter liegt im Kinderwagen.

Antilopen-, Straußen- und Elefantenhaus interessieren Zille zunächst weniger als die Pflanzen am Wegesrand. »Kinda, hier, pflückt mal den Sauerampfer! Der kommt nachher uff die mitjebrachten Stullen ruff.«

Margarete und Hans bücken sich, Zille hilft mit. Der gepflückte Sauerampfer wird in den Kinderwagen gelegt.

Sie kommen zu den Elefanten. Während seine Frau und die Kinder die Dickhäuter bestaunen, zieht Zille seinen Skizzenblock hervor und hält fest, was sich vor und hinter der Barriere tut.

»Jetzt will ick zu den Löwen!«, ruft Margarete nach einiger Zeit aus.

Man bewegt sich in Richtung Raubtierhaus. Zille erklärt den beiden größeren Kindern den Unterschied zwischen Tigern und Löwen und bemüht sich dabei um ein gepflegtes Hochdeutsch. »Ein Tiger ist gestreift, ein Löwe nicht. Dafür haben die Männchen eine wunderschöne Mähne. Der Königstiger hier im Berliner Zoo ist vor einiger Zeit gestorben, es soll aber ein neues Tier aus Indien kommen. Vorerst haben sie einen Löwen in den Tigerkäfig gesperrt.«

Während Zille dies sagt, kommt ein Unteroffizier mit einigen Rekruten anmarschiert. Alle in schicken Uniformen. Sie bleiben neben der Familie Zille stehen, und der Unteroffizier belehrt seine Untergebenen: »Das hier, Leute, ist ein Königstiger. Er sieht aus wie ein Löwe, ist aber ein Tiger, da es hier dransteht.« Er zeigt dabei auf das Schild, das an den Gitterstäben angebracht ist.

Zille kann sich das Lachen nur mühsam verkneifen.

Margarete nutzt den Moment, in dem ihre Eltern nicht richtig Obacht geben, und läuft in Richtung Elefantentor davon.

»Heinrich, pass auf, dass sie nicht in't Jehege fällt!«, ruft Hulda und versetzt Zille damit etwas in Panik.

Zille läuft der Tochter hinterher, übersieht dabei einen Findling, der zur Zierde neben einer Blumenrabatte liegt, fällt der Länge nach hin und bleibt reglos liegen.

Entsetzen bei seiner Frau und dem großen Sohn. Im Kinderwagen fängt Walter fürchterlich an zu schreien.

57
1892 – Praxis Dr. Alois Lautenschläger

Heinrich Zille sitzt mit einem großem Pflaster auf der Stirn und einer verbundenen rechten Hand im Wartezimmer. Neben ihm haben vier andere Patienten Platz genommen, wobei die drei Männer offensichtlich Mitglieder der gehobenen Stände sind, während die Frau ein Dienstmädchen zu sein scheint. Man vertreibt sich die Zeit mit munterem Geplauder.

»Was halten Sie denn davon, dass man Gerhart Hauptmann verboten hat?«, fragt der Rentner die Runde.

»Sie meinen *Die Weber*«, präzisiert der Gymnasialprofessor die Frage und hält dann mit seiner Meinung nicht hinter dem Berg. »Ich finde es richtig, dass unser Polizeipräsident Freiherr von Richthofen die Aufführung aus ordnungspolizeilichen Gründen untersagt hat. Andernfalls hätte es nur wieder Unruhen in Berlin gegeben!«

»Habe ich Sie nicht neulich in der Galerie von Eduard Schulte an der Ecke Unter den Linden und Wilhelmstraße gesehen, Herr Professor?«, fragt der Buchhändler.

»Gut beobachtet! Dort gab es die erste Ausstellung der neugegründeten Künstlergemeinschaft ›Vereinigung der XI‹ mit Werken von Max Liebermann, Franz Skarbina und Walter Leistikow zu sehen.«

Der Buchhändler sieht Heinrich Zille an, der ein wenig in Gedanken versunken zu sein scheint. »Da sind Sie doch sicherlich auch drin?«

Zille schreckt hoch. »Ich? Nein! Was hat ein bloßer Handwerker wie ich in dieser Schar erlauchter Künstler zu suchen?«

Das Dienstmädchen lacht. »Wat nich is, kann ja noch werden! Et is noch keen Meista vom Himmel jefalln. Ham Se eijentlich schon mal 'n Kicker jemalt? Mein Bräutigam is nämlich eena.«

Der Gymnasialprofessor verbessert sie. »Der Deutsche sagt Fußballspieler.«

Der Buchhändler widerspricht ihm. »Warum nicht Kicker? Das ist englisch, und der Fußballsport kommt doch aus England.«

»Und er ist plebejisch!«

»Auf dem Dampfer *Hertha* haben sie gerade einen neuen Fußballverein gegründet«, weiß der Rentier zu berichten. »Der soll so heißen wie der Dampfer: Hertha BSC.«

»Ein reichlich volkstümlicher Name«, findet der Gymnasialprofessor. »Da ist mir Viktoria 89 schon lieber.«

Der Buchhändler zieht seine Taschenuhr heraus. »Heute lässt uns Doktor Lautenschläger aber lange warten. Ich muss zurück in meine Buchhandlung.«

»Wer Alois mit Vornamen heißt ...«, murmelte der Gymnasialprofessor.

In diesem Augenblick geht die Tür zum Sprechzimmer auf, und Dr. Lautenschläger erscheint. »Der Nächste bitte!«

Zille steht auf und humpelt zu ihm hin. Da seine Hand verbunden ist, belässt es der Doktor bei einer angedeuteten Verbeugung. »Immer hereinspaziert! Sind Sie unter eine Pferdebahn geraten?«

»Nee, nur im Zoo vorm Löwenkäfig schwer jestürzt.«

Dr. Lautenschläger lacht. »Na, immer noch besser als *im* Löwenkäfig. Sie sind neu in meiner Praxis?«

»Ja. Ein Kollege hat mich Sie ... nee, Ihnen empfohlen.«

»Na, dann nehmen Sie mal Platz, Herr ...«

»Zille, Heinrich Zille!«

Der Arzt, der sich gerade hinter seinem Schreibtisch niedergelassen hat, federt wieder hoch. »Mensch, dann sind Sie das, von dem die Zeichnungen hier stammen?«

Heinrich Zille sieht sich um und entdeckt wirklich zwei seiner Zeichnungen. Auf der einen ist ein Fischerboot bei böigem Wetter auf dem Müggelsee zu sehen, auf der anderen der Rummelsburger See mit Blick auf die Stralauer Kirche. Zille schmunzelt. »Ja, die habe ick beede verbrochen, so vor fünfzehn Jahren vielleicht, und dann an een'n Händler in der Königstraße vakooft.«

»Genau. Von dem habe ich Sie auch.«

»Sind Se wenichstens in jute Hände jekomm'.«

Dr. Lautenschläger lacht. »Ich hoffe nur, Sie machen es nicht so wie der Goldschmied René Cardillac bei E. T. A. Hoffmann in der Novelle *Das Fräulein von Scuderi*.«

Zille guckt etwas irritiert. »Pardon, Herr Doktor, aba ick versteh nua Bahnhof.«

»Der Cardillac hat sich nie von seinen Schmuckstücken trennen können, und wenn er sie doch einmal verkauft hat, dann hat er den Käufer anschließend ermordet und sie wieder an sich genommen.«

»Jute Idee, aba so ville bringen meine Bilda nich ein, det sich det lohnen würde.«

»So, Herr Zille, dann breiten Sie sich mal hier auf meiner Liege aus, damit ich Sie richtig untersuchen kann.«

Als Dr. Lautschläger Zilles Knie berührt, schreit der auf. »Mann, da hör ick ja die Engel im Himmel sing'n!«

Der Arzt ist ungerührt. »Wenn Sie Musik gerne haben, kommen Sie doch einmal zu einem meiner Abende! Ich würde mich sehr geehrt fühlen.«

58
1892 – Photographische Gesellschaft

Heinrich Zille, Karl Bosse und einige andere Kollegen sind in der Werkstatt dabei, alles auseinanderzunehmen und die herumliegenden Arbeitsmaterialien in Kisten zu packen.

Ein Möbelträger kommt herein und sieht sich fragend um. »Wo soll'n det allet hinjehen?«

»Zum Reichskanzlerplatz«, antwortet Zille.

»Kenn' ick nich, jibt et nich!«

»Nee, noch nich, aba bald! Der Kaiser will die Bismarckstraße valängern lassen, und da, wo se in Westend uff die Ahornallee treffen wird, soll 'n jroßer Platz hin, eben der Reichskanzlerplatz.«

Jetzt begreift der Möbelträger die Zusammenhänge. »Nu weeß ick, wo dit is! Da, wo die Villa Tanneck steht, det Märchenschloss.«

Zille nickt. »Jenau.«

»Det is ja j.w.d.! Und warum wollta jrade da hin?«

»Unser Firmeninhaber wohnt in Westend, Ahornallee Nr. 36«, klärt Karl Bosse ihn auf. »Und damit es für ihn nicht so weit zur Arbeit ist, hat er in der Ahornallee Nr. 50 ein neues Atelier- und

Werkstattgebäude errichten lassen, genau an der Ecke des besagten Platzes.«

Heinrich Zille ist inzwischen an den Berliner Stadtplan getreten, der mit Reißnägeln an der Wand befestigt ist, und tippt mit dem linken Zeigefinger auf den Reichskanzler- und mit dem rechten auf den Victoriaplatz in Rummelsburg. »Mensch, det sind ja jut und jerne sechzehn, siebzehn Kilometer, eenmal janz durch Berlin durch! Und det jeden Tag hin und zurück.« Er sieht zu Karl Bosse hinüber. »Nee, du, da zieh ick dieset Jahr ooch noch nach Westend!«

59

1892 – Salon im Landhaus von Dr. Lautenschläger

Ein illustrer Kreis von zehn Gästen sitzt halbkreisförmig in zwei Reihen vor einem Cellisten, der die Cello Sonata No. 4, Op. 102 No. 1 von Ludwig van Beethoven zu Gehör bringt. Dr. Lautenschläger und die anderen Gäste sind wie gebannt von der Musik und schauen verzückt, während Heinrich Zille eher etwas gequält wirkt. Das hier ist nicht ganz seine Welt, und so ist er auch amüsiert, als draußen ein Unwetter losbricht und der Donner den Cellisten zwingt, sein Spiel abzubrechen.

»Kein Wunder, wo heute der Dreizehnte ist«, bemerkt einer der Gäste. »Wenn auch kein Freitag, sondern ein Donnerstag.«

»Trotzdem ist es nur allzu logisch«, lautet der Kommentar des Gastgebers. »Ist doch der Donnerstag nach dem germanischen Donnergott Donar benannt.«

Zille hat Wilhelm Busch im Sinn: »*Musik wird oft nicht schön gefunden, / Weil sie stets mit Geräusch verbunden*. Ich meine, dass der Donner nicht ganz zu einer Sonate passt.«

Dr. Lautenschläger staunt. »Wat denn, Sie könn'n ooch Hochdeutsch?«

Zille lacht. »Det is detselbe wie det Mimikry bei die Tiere, vastehn Se?«

Der Hausdiener bringt Wein und Zigarren. Die Herren machen es sich gemütlich, während es draußen schüttet wie aus Kübeln.

»Das ist ja eine wahre Sintflut!«, stellt einer fest.

»Ja«, murmelt Zille, »mit der Sündflut würd et in Berlin ooch imma schlimma. Denken Se bloß mal an die Damenringkämpfe im Theater am Alexanderplatz! Leopoldine Sterneck und Annerl Mutzenbecher jejeneinander.«

»Das ist ja furchtbar dekadent!«, ruft sein Nebenmann.

»Der Untergang des Abendlandes steht kurz bevor«, meint ein anderer. Man weißt nicht, ob das ernst oder ironisch gemeint ist.

Zille hat inzwischen zum Rotweinglas gegriffen, nimmt den ersten Schluck, kaut den Wein einen Augenblick und ist entzückt. »Darin könnt ick direkt baden!«

Dr. Lautenschläger lacht. »Dann lasse ich Ihnen gleich morgen eine Kiste davon schicken.«

»Aba nua, wenn der Bote jleich eene Zeichnung von mir für Sie mitnimmt!«

»Sie lassen sich wohl nicht gerne was schenken?«

»Nee, ohne Jejenjeschenk jeht et bei mir nich! Sonst komm ick mir noch imma wie eena vor, der ohne Almosen nich üba die Runden kommt.«

60
1892 – Sophie-Charlotten-Straße Nr. 88

Vor einem vierstöckigen Mietshaus auf der östlichen Seite der Straße, dem man deutlich ansieht, dass es erst in den letzten Jahren hochgezogen worden ist, hält ein mit zwei Pferden bespannter Möbelwagen. Heinrich Zille springt vom Kutschbock, sieht sich um und nimmt das Panorama in sich auf.

Die gegenüberliegende Straßenseite und der Geländestreifen bis zu den Gleisen der Ringbahn sind noch unbebaut. Auf hellem Sandboden haben sich Laubenpieper niedergelassen. In der Mitte der Kolonie gibt es einen großen Platz, auf dem man Wäsche zum Trocknen aufgehängt hat. Hinter den Eisenbahngleisen kann man das Obduktionshaus und den Begräbnisplatz der Luisen-Gemeinde erkennen. Dahinter dehnt sich Richtung Südwesten braches Land mit dem Exerzierplatz der Garde du Corps und einigen Schießständen bis hin zur dunkelgrünen Kulisse des Grunewalds. Die Ausläufer der Villenkolonie Westend sind gerade noch auszumachen. Ein Zug der Ringbahn zieht auf dem Weg nach Halensee dampfend vorüber.

»Wissen Se eijentllich, wer hier vorja jewohnt hat?«, fragt der Kutscher.

»Nee.«

»Offiziere vom Königin-Elisabeth-Jarde-Regiment.«

»Na, wat sare ick imma? Nobel jeht die Welt zujrunde!«

Vom Bahnhof Westend her nähert sich der Rest der Familie: Hulda Zille mit den Kindern Margarete, Hans, die neben ihr herlaufen, und Walter, den sie im Kinderwagen schiebt.

Als sie heran sind, zeigt Heinrich Zille nach oben. »Da oben im vierten Stock, da wer'n wa nu wohnen.«

Hulda strahlt. »Drei jeräumige Zimma mit Küche und Balkon – wer hätte det jedacht, als wa vor nicht janz zehn Jahren in Berlin anjekommen sind und in det Kellaloch da in Rummelsburch jehaust ham!«

Zille lacht. »Ja, höha hinaus jeht et nich mehr!«

61

1892 – Galerie im »Architektenhaus« in der Wilhelmstraße Nr. 92

An den Wänden hängen über vier Dutzend Bilder von Edvard Munch. Davor stehen Anton von Werner und einige andere Künstler und diskutieren erregt. Im Hintergrund sehen wir Heinrich Zille.

»Das ist doch ein Skandal!«, ruft der Maler Hermann Eschke, seines Zeichens »Königlicher Professor«. »Da holen wir uns Munch nach Berlin, weil wir Freundliches und Idyllisches nach Art der Skagen-Gruppe aus dem hohen Norden erwarten – und sehen nun stattdessen mit Farben übertünchte Leinwände, die uns Berlinern wohl beweisen sollen, dass kunstvolles Malen und die lebensechte Gestaltung von Bildern veraltet sind. Offenbar muss man eine Leinwand nur beschmieren, um als großer und moderner Künstler zu gelten.«

»Ich habe die Einladung unterschrieben«, bekennt Anton von Werner. »Und ich gestehe ein, dass ich mich habe täuschen lassen. Dafür trage ich die Verantwortung, und als Verantwortlicher erkläre ich die Munch-Ausstellung hiermit ab sofort für geschlossen!«

Die älteren Mitglieder des Vereins Berliner Künstler klatschen Beifall, die jüngeren geben ihrem Unmut Ausdruck.

»Was halten Sie davon?«, wird Heinrich Zille von seinem Nebenmann gefragt.

»Da halte ick ma an den alten Fontane, der mal jesagt hat: *Skandal ist immer das Süßeste*.«

62

1893 – Neue Werkstatträume der Photographischen Gesellschaft

Heinrich Zille ist dabei, ein fertiges Blatt vom Lithographiestein zu ziehen. Karl Bosse sieht ihm dabei zu und mustert ihn prüfend. »Du siehst aber müde aus heute!«

Zille gähnt. »Kein Wunda, ick war doch jestern Abend in meina alten Heimat.«

Karl Bosse staunt. »Was denn, in Potschappel?«

»Nee, inna Andreasstraße.«

»Hast du das Haus gezeichnet, in dem ihr gewohnt habt, als ihr nach Berlin gekommen seid?«, will der Kollege wissen.

»Nee, det war ja in der Kleinen Andreasstraße. Jestan war ick in der sozusagen jroßen Andreasstraße, in den Concordia-Sälen. Da hat Friedrich Engels jesprochen, und Wilhelm Liebknecht hat den Fest-Commers aöffnet.«

Karl Bosse reagiert prompt. »*Proletarier aller Länder, vereinigt euch!*«

»Dit war ja nu der Karl Marx. Aba ejal, ick weeß, wo ick zu Hause bin.«

Bosse verzieht das Gesicht und wechselt lieber das Thema. »Ist das von Max Klinger, was du da gerade in der Hand hast?«

»Ja, ein Blatt aus *Opus VIII, Eva und die Zukunft*.«

»Der Klinger geht jetzt nach Leipzig«, weiß Karl Bosse zu berichten.

»Schade, muss sich die ›Vaeinijung der XI‹ umbenennen in ›Vaeinijung der X‹.«

In diesem Augenblick betritt Max Liebermann die Werkstatt und sieht sich suchend um. Zille und Bosse zucken zusammen, denn natürlich kennen sie ihn. Er hatte im Frühjahr 1891 auf der Ausstellung des Münchner Kunstvereins die Große Goldmedaille erhalten, war Kopf der leicht anarchischen ›Vereinigung der XI‹ und nach dem Tod seiner Mutter gerade in das elterliche Palais am Pariser Platz gezogen, was keine Zeitung unkommentiert gelassen hatte.

»Mein lieba Mann, der Liebermann!«, kommentiert Zille das Erscheinen des prominenten Malers.

Max Liebermann erblickt sie. »Guten Tag!«

Zille wendet sich zu Liebermann hin. »Könn'n wa Ihnen irjendwie helfen, Herr Liebermann?«

»Ja. Ich möchte die erste Folge meiner Radierungen verlegen lassen, und ein Freund hat mir die Photographische Gesellschaft empfohlen.«

Zille lacht. »Det muss eena jewesen sein, der wat vom Jewerbe vasteht!«

»Auf Ihre Radierungen freuen wir uns«, erklärt Karl Bosse.

»Uff meine Radierungen hat sich keena jefreut!«, stöhnt Zille. »Inna Schule, wenn ick beim Deutschdiktat imma allet wegradieren musste, weil et falsch war. Det war dann uff da Schiefatafel imma 'ne mächtige Sauerei.«

Max Liebermann lacht. »Viele Menschen aus den höheren Kreisen denken immer an Radierung, wenn sie mich vor Augen haben, denn der Begriff leitet sich vom Lateinischen *radere* ab, was ›kratzen, wegnehmen, entfernen‹ bedeutet. Liebermann, der Störenfried, den man gern entfernen würde …«

»Uns hier stör'n Se nich, janz im Jejenteil!«

63
1895 – Kunsthandlung an der Königstraße

Der Kunsthändler Louis Sasse, den wir schon aus Bild 31 kennen, geht in seiner Galerie auf und ab und wartet auf Kunden. Als Heinrich Zille, eine große Mappe unter den rechten Arm geklemmt, die Kunsthandlung betritt, sieht er nicht eben glücklich aus.

»Juten Morjen, Herr Sasse!«, ruft Zille. »Acht Jahre sind ja nu seit mei'm ersten Besuch in't Land jejangen, und da will ick mein Jlück bei Ihnen noch mal probieren.«

Sasse gibt sich sehr reserviert. »Nun ja … Welchen Techniken haben Sie sich denn inzwischen zugewandt, Herr …«

»Zille, Heinrich Zille.«

»Ja, Pardon!«

»Tut ma leid, det ick noch nich in janz Berlin bekannt bin, aba ick hab immerhin schon dem Liebermann die Hand jejehm, vielleicht hat mich det befruchtet.«

Je stärker Zille berlinert und sich als ein Mann des einfachen Volkes gibt, umso mehr zeigt sich Sasse als Angehöriger der höheren Stände. »Ich möchte noch einmal auf meine Frage zurückkommen, welche Technik Sie derzeit präferieren.«

»Radierungen. Det, wat mir bei Liebermann so jefallen hat, Aquatinta-Radierungen.«

»Wunderbar! Da habe ich einmal von Karl Bodmer *Die Stadt Traben-Trarbach* und die *Grevenburg an der Mosel* verkauft. Und wenn Sie mir so etwas anbieten wie *Das Berliner Stadtschloß und die Spree*, dann könnten wir schon ins Geschäft kommen. Aber zeigen Sie doch mal, was Sie in Ihrer Mappe haben!«

Heinrich Zille holt sein erstes Blatt hervor. Der Kunsthändler fällt fast in Ohnmacht, als er es betrachtet. Die Aquatinta-Radierung trägt den Titel *Die Mantelnäherin während des Confektionsstreiks* und ist eine mehr als realistische Darstellung eines Geschlechtsaktes.

»Das darf doch nicht wahr sein!«, ruft der Kunsthändler voller Empörung.

»Doch, det is wahr!«, entgegnet Zille mit bewundernswerter

Gelassenheit. »So, wie die Frau bei mir daliecht, die Beene schon breit jemacht, und der Herr Jemahl oder Liebhaber die Hosen runterlässt, so spielt sich det in Berlin jeden Tach hundertfach ab, vielleicht ooch tausendfach! Wat soll denn daranne so schlimm sein?«

»Ich bitte Sie!«, ruft der Kunsthändler. »Kunst soll das Schöne wiedergeben und alles, was uns heilig ist – Moral, Christentum und Nächstenliebe –, aber nicht das Schmutzige und die Gosse. Was Sie zeichnen, Zille, das gehört in keine Kunsthandlung! Damit wecken Sie höchstens bei niveaulosen Kerlen auf der Kegelbahn Interesse.«

»Jut, werd' ick's da mal vasuchen!«, entgegnet Zille ungerührt.

Dieses Gespräch hat ein anderer Künstler mitgehört, der unbeachtet von den beiden in die Kunsthandlung gekommen ist: der Bildhauer Karl Begas.

»Na, denn kommen Sie gleich zu meinem Kegelabend! Gerade gegründet im Gartenlokal an der Bismarckstraße.«

Zille freut sich. »Ja, jerne, Herr …«

»Begas, Karl Begas!«

»Anjenehm! Ick hab schon von Ihnen jehört. Ick male Bilda, und Sie hauen Bilda. Det vabindet!«

64
1895 – Kegelbahn

Die Kegelbahn ist an der Seite eines Biergartens in einem langgestreckten und reichverzierten Schuppen untergebracht. Als Heinrich Zille und Karl Begas eintreten, sieht man ein Dutzend Männer nacheinander an die Bahn treten und ihre Kugel aufsetzen. Rufe wie »Alle Neune!« oder »Mensch, wieder 'ne Ratze!« hallen durch den Raum.

»Dann werde ich Ihnen mal die Männer vorstellen, die aus unserem Gewerbe sind«, sagt Begas zu Zille. »Das da links ist der August Gaul. Gaul wie Pferd. Wie sollte er auch anders heißen? Der Mann ist Tierbildhauer. Kommt von der Königlichen Zeichenakademie in Hanau. Neben ihm haben wir August Kraus. Auch kein geborener Berliner, kommt von der Ruhr.«

»Bessa, als wenna se hat«, murmelt Zille.

»So ist es. Kraus ist ebenfalls Bildhauer.«

»Aua!« Zille tut so, als hätte er sich beim Gebrauch des Holzklüpfels auf den Daumen gehauen.

Karl Begas lacht. »Unsere Berufskrankheit. Und wenn Sie mal einen Grabstein für sich brauchen sollten: August Kraus ist gelernter Grabsteinbildhauer. In Berlin hat er an der Akademie bei Ernst Herter studiert. Jetzt ist er Meisterschüler bei meinem Bruder Reinhold.«

Zille ist beeindruckt. »Allet sehr nobel! Da muss ick ja direkt damit protzen, det ick sozusagen der Meisterschüler von Theodor Hosemann jewesen bin.«

Karl Begas geht nun mit Zille zu Gaul und Kraus und macht die Herren miteinander bekannt. Es wird eine fröhliche Begrüßung. Man versteht sich vom ersten Augenblick an prächtig.

65

1899 – Gebäude der Berliner Secession in der Kantstraße Nr. 12, neben dem Theater des Westens

Einsam geht Heinrich Zille von Bild zu Bild, nimmt alles in sich auf und ist voller Bewunderung für die Leistung der anderen. Man merkt ihm aber auch eine gewisse Traurigkeit darüber an, hier nicht selbst vertreten zu sein.

Längere Zeit bleibt er vor einer Skulptur von Fritz Klimsch stehen. Von der Seite her nähern sich ihm zwei Männer: August Kraus und Dr. Adolf Heilborn.

Kraus begrüßt Zille mit Handschlag, dann stellt er ihn und Dr. Heilborn einander vor. »Darf ich Sie miteinander bekannt machen? Doktor Heilborn, das ist Heinrich Zille, Lithograph und mein Kegelbruder. Lieber Herr Zille, das ist Doktor Adolf Heilborn. Er ist nicht nur Mediziner, sondern auch Schriftsteller und Übersetzer. Gerade ist von ihm bei Hirt in Leipzig eine *Allgemeine Völkerkunde* erschienen …«

»… *in kurzgefaßter Darstellung*«, fügt Dr. Heilborn hinzu. »Weil ich nur als Schiffsarzt in der Welt herumgekommen bin und alle die Völker nicht in Augenschein nehmen konnte, die in Binnenländern leben, die Schweizer beispielsweise und die Mongolen.«

»Als Übersetzer betätigt er sich auch«, fügt August Kraus hinzu.

»Da ham wa ja wat Jemeinsamet!«, freut sich Heinrich Zille. »Ick hab nämlich ooch mal als Übersetza 'n paar Pfennige verdient.«

Kraus staunt. »Wie das? Vom Sächsischen ins Berlinische?«

»Nee, von Stralau nach Treptow rüba, uff der Fähre da.«

»Nun wissen Sie als Zugereister, lieber Kraus, was ein echter Berliner ist«, stellt Dr. Heilborn fest. »Aus Breslau muss er kommen – oder aber aus Sachsen, wenn ich das richtig verstanden habe.«

Zille nickt. »So isset.« Und er fügt, da gerade eine hübsche Frau an ihnen vorbeigeht, auf sächsisch hinzu: »Jetzt ähm gommt änne schicke Frau vorbei, där ihr gebliemtes Gleed is noch ganz nei.«

August Kraus mustert Zille von oben bis unten. »Hm … Wenn ich Sie so sehe, Herr Zille, dann habe ich da eine Idee …«

66
1899 – Atelier von August Kraus in der Kolonie Grunewald

Heinrich Zille steht auf einer Holzkiste. Links von ihm sehen wir den Bildhauer August Kraus. Der klettert die Stufen zu einer Art Podest hinauf und legt letzte Hand an die schon weithin fertige Büste eines mittelalterlichen Ritters.

»Wer soll ick nu sein?«, fragt Zille. »Ick hab det imma noch nich bejriffen.«

»Der Wedigo von Plotho«, antwortet Kraus.

»Nie jehört!«

»Das Adelsgeschlecht derer von Plotho ist wendischer Abstammung. Die haben anfangs auf einer Wasserburg in Altenplathow gesessen.«

»Und wat is mit Wedigo?«

»Der Name klingt so schön nach althochdeutscher Herrlichkeit, gleichzeitig aber auch slawisch. Wedigo soll Sohn des Waldes heißen.«

»Na, aus'm Wald komm ick ja nich jrade, und als Hinterwäldla fühl ick ma ooch nich mehr, dazu bin ick nu schon zu lange in Berlin.«

Kraus schmunzelt. »Heinrich, du hast doch mal Schlächter gelernt, oder?«

»Hab ick, wenn ooch nich lange.«

»Weißt du, welchen Beinamen Wedigo hatte?«

»Nee.«

»Der Bauernschlächter.«

Zille springt von seiner Kiste, hebt eine herumliegende Kartoffel vom Boden auf und will sie Kraus an den Kopf werfen. Das Geschoss verfehlt diesen aber und kracht Wedigo von Plotho an die Nase.

Kraus lacht. »So ist's richtig, Kartoffel zu Kartoffel!«

»Was soll'n det nun wieda heißen?«

»Das soll heißen, Heinrich, dass du eine wunderschöne Kartoffelnase hast, und wenn du dann auf der Siegesallee als edler Ritter stehst, ist das eine wunderbare Satire auf die Heldengestalten, die der deutsche Kaiser auf der Siegesallee postiert haben will.«

»Ick denke, Wilhelm Zwo will sämtliche Markgrafen und Kurfürsten, die et in Brandenburg mal jejehm hat, hintereinanda uffstellen – und dazu noch alle preußischen Könije. Et heißt, 32 Puppen soll'n et wern. Aba dein Wedigo von Plotho war doch weda det eene noch det andere.«

»Nein, aber den Hauptfiguren sollen je zwei Büsten zur Seite stehen. Menschen, die im Leben oder in der Epoche der jeweiligen Herrscher eine wichtige Rolle gespielt haben.«

»Und an wessen Seite soll ick nu steh'n?«

»Du gehörst zu Heinrich dem Kind.«

Zille lacht. »Heinrich, det passt ja wie die Faust uffs Ooge! Aber det ick nich zum Großen Kurfürsten oda zum Alten Fritz jestellt werde, det beleidigt mia direkt. Wat war'n det überhaupt für eena, dieser Heinrich?«

Kraus muss einen Augenblick nachdenken. »Das war ein Aska-

Bildhauer Kraus an der Arbeit zum Wedigo
(Photographie)

nier, der Nachfolger von Waldemar dem Großen. Der ist 1319 gestorben, und da er kinderlos war, ist sein Vetter Heinrich Markgraf geworden. Und das mit elf Jahren! Darum Heinrich das Kind. Aber schon ein Jahr später ist er heimgegangen in die Ewigkeit.«

Zille nickt. »Jetzt hab ick's vastanden. Und wer is die Büste auf seina andren Seite?«

»Der Herzog Wartislaw IV. von Pommern, sein Vormund.«

»Sehr schön, Aujust. Und wen hast nu als Vorbild für den Heinrich selba jenomm? Eens von deinen Kindan?«

»Nein, dafür hat mir Paul Bazelaire als Modell gedient.«

»Wat denn, der mit det Cello aus Sedan, der neulich in Berlin war?«

»Genau. Der ist dreizehn Jahre alt, also gerade richtig für Heinrich II. von Brandenburg.«

»Een Franzose, eena vom Erbfeind. Mein Jott! August, die Bayern wür'n sajen, det is hintafotzig, wat de da machst: In alla Stille det unterjrab'n, wat den Hohenzollan heilig is.«

»Laut kann ich ja den Mund nicht aufmachen, ich habe schließlich eine Frau und vier Kinder zu ernähren.«

»Humor und Satire als revolutionäre Waffe. Da muss ick direkt ma drüba nachdenken. Det bringt vielleicht mehr als Lassalle und Karl Marx zusammen.« Zille zieht seine Taschenuhr hervor. »Mensch, ick muss nach Hause! Die woll'n Karl Marx bei mir abholen.«

Zille eilt zur Tür. Kraus macht eine Handbewegung, die andeuten soll, dass er plemplem sei.

67
1899 – Wohnung Heinrich Zille

Zille hat auf seiner Staffelei zwei Köpfe von Karl Marx. Links eine Photographie und rechts eine fast fertige Radierung.

Zilles Sohn Hans, der nun schon elf Jahre alt ist, schaut herein. »Vater, is det ooch eena von deine Freunde? 'n Bildhauer?«

»Nee, det is sozusajen der erste Marxist, nämlich Marx selba,

Karl Marx. Der hat 'ne Menge darüber jeschriem, det die Arbeita ausjebeutet wer'n und in Armut leben, während die Fabrikbesitza und die Kapitalisten nur so im Jeld schwimmen und immerzu Fettlebe machen.«

»Denn will ick ooch mal Kapitalist wer'n.«

Zille hebt die Hand. »Du, raus hier!«

Hans verschwindet. Zille macht sich daran, die letzten Korrekturen an seiner Marx-Radierung vorzunehmen. Da geht die Tür auf, und Hulda bringt Max Kretzer herein. Man begrüßt sich.

Kretzer sieht die Radierung. »Da ist der Philosoph, der die Welt nicht nur neu interpretieren, sondern auch verändern will. Und in seinem Sinne werden wir das schaffen!«

»Ihr Wort in Jottes Ohr!« Zille fasst sich an den Kopf. »Der Marx und die Relijion sind nur für det Opium zuständig, det man braucht, um det Volk zu beruhijen. Aba in Berlin raucht ja keena Opium, da besaufen se sich lieba.«

Max Kretzer sieht beglückt aus, als er die Zille'sche Marx-Radierung von der Staffelei nimmt. »So wird Karl Marx nun auf meinem Schreibtisch stehen, Tag für Tag.«

»Hoffen wa, det er Ihnen imma det Richtje einjibt, damit da Sozialismus in't nächste Jahrhundert den Kapitalismus aus da Welt schafft.«

»Herr Zille, Sie sollten endlich in die SPD eintreten!«

»Nee! Ick ajreife zwar jerne Partei, aba ick trete in keene ein. Ick bin icke und lass ma vor keen'n Karren spannen, und die SPD is ma meistenteils zu lasch.«

Max Kretzer ist um ein hehres Schlusswort bemüht. »Ich bin gespannt, was das nächste Jahrhundert uns bringen wird!«

Zille greift zu einem Exemplar der *Berliner Illustrirten Zeitung*. »Die hat ihre Leser befragt, wat sie vom vergangenen Jahrhundert halten. 27 Fragen waren et. Ick lese Ihnen mal 'n paar vor, und Sie jehm mir die Antworten. Also: Welchen Beinamen würden Sie diesem Jahrhundert geben?«

Kretzer überlegt nicht lange. »Das Jahrhundert, in dem die Idee des Sozialismus geboren wurde.«

»Nee. Das Jahrhundert der Erfindungen. Nächste Frage: Wer

hat Ihrer Ansicht nach der Menschheit den größten Dienst erwiesen?«

»Karl Marx.«

Zille lacht. »Haha! Zwee sind et jleich: George Stephenson mit seina Dampflokomotive und Lord Joseph Lister.«

»Wer soll denn das sein?«

»Der Entdecka der antiseptischen Wundbehandlung. Und weiter im Text. Der bedeutendste deutsche Mann in diesem Jahrhundert? Nu sajen Se nich wieda Karl Marx!«

»Wenn Sie so fragen, dann ist es sicher Bismarck.«

»Richtich! Der jrößte Dichter? Det is klar, det war Joethe. Aba der jrößte Denker des Jahrhundert? Da komm Se nie druff! Nich Kant, nich Schopenhauer, nich Darwin, sondern Feldmarschall Graf Helmuth von Moltke.«

Die beiden Männer brechen in schallendes Gelächter aus, und Zille kann erst nach einer geraumen Weile fortfahren.

»Der jrößte Maler des Jahrhunderts? Adolph von Menzel. Ausjerechnet eena, den ick nich leiden kann.« Er überfliegt nun den Artikel und hakt nur hier und da ein. »Aba det hier, det is erfreulich: Der jrößte Bildhaua is Reinhold Begas. Berlin, jetzt freue dir! Der jrößte Musiker? Wagner, wer ooch anders? Der jrößte Feldherr: Napoleon. Der is aba ooch der jrößte Missetäta des Jahrhunderts. Der jrößte Afinder: Edinson. Die bedeutendste Frau: Königin Luise. Klar – Luise, keene war wie diese. Der jrößte Berlina: Alexander von Humboldt – vor Kaiser Wilhelm I. Na, det is doch ooch wat Erfreulichet. Det wichtigste Buch: Charles Darwins *Entstehung der Arten*. Da staun ick aba. An dritta Stelle – det is wat für Sie! –, jleich nach der Bibel: Karl Marx sein *Kapital*. Det wichtichste Ereijnis für Berlin: die Erhebung zur Reichshauptstadt und die Märzrevolution 1848. Jetzt kommt die letzte Fraje. Was erhoffen Sie sich vom kommenden Jahrhundert? Antwort: Abrüstung, Sieg des Sozialismus und Lösung der sozialen Frage.«

Max Kretzer strahlt. »Das lässt doch hoffen! Und wann gibt es bei Ihnen die erste Ausstellung?«

Zille winkt ab und wechselt ins Hochdeutsche. »Ich kann nicht ausstellen, ich leiste zu wenig. Das überlasse ich denen, die es besser können. Nur was Wert hat, soll öffentlich gezeigt werden, und nicht das, was doch eines Tages im großen Müllkasten der Zeit verschwindet!«

»Mensch, Zille«, ruft Kretzer, »Sie sind allzu bescheiden! Sie sollten mehr Vertrauen zu sich und Ihren Werken haben. Im neuen Jahrhundert muss das anders werden! Stoßen wir an, lieber Zille, auf dieses neue Jahrhundert! Einen Guten Rutsch wünsche ich Ihnen! Was haben Sie denn vor für Silvester?«

»Erst sitze ick mit der Familie beisamm', dann pilgere ick mit Freunden in'n Lustjarten.«

68
1899 / 1900 – Lustgarten

Es ist wenige Minuten vor Mitternacht. Der Lustgarten ist rappelvoll mit feiernden Berlinern. Heinrich Zille steht mit August Kraus, August Gaul und Dr. Lautenschläger zusammen in der Menge und zählt das alte Jahr herunter.

»Zehn, neun, acht, sieben, sechs, fünf, vier, drei, zwei, eins – Prosit Neujahr!«

Die Freunde umarmen sich und sprechen einander gute Wünsche für das neue Jahrhundert aus. Die gehen aber in den Salutschüssen unter, die von den am Rande aufgestellten Feldbatterien abgefeuert werden.

Als die Schüsse verhallt, die Feuerwerksraketen in den Himmel gestiegen und die Jubelschreie etwas abgeebbt sind, wendet sich Karl Kraus an Zille. »Und was hast du dir vorgenommen, Heinrich?«

Zille muss nicht lange überlegen. »Det, wat mir der alte Hosemann schon vor über 25 Jahren anjeraten hat: Rausgehen auf die Straße und die Leute beobachten.«

»Wollt ihr weg von die Blume, spielt mit'n Müllkästen!«

69

1901 – Straßen in Berliner Arbeiter- und Elendsvierteln

Zille flaniert durch die Straßen des Spandauer Viertels und sucht nach Szenen und Motiven. In seiner Jackentasche steckt ein kleiner Zeichenblock, auf dem er alles festhält, was er für »Milljöh«-typisch hält. Er skizziert die Menschen mit schnellen, charakteristischen Strichen und schreibt sich ihre Dialoge auf.

Zwei Jungen, Ranzen auf dem Rücken, rennen zur Schule. Ein Betrunkener, der auf dem Heimweg ist, sieht ihnen verständnislos hinterher und ruft: »Kinda, lernt bloß nüscht, sonst müssta späta arbeeten!«

Eine verhärmte Frau mit zwei Kindern kommt Zille entgegen. Der Sohn, der etwas älter ist, geht rechts neben ihr an der Hand, die Tochter trägt sie auf dem Arm. Sie kommen an einem Restaurant vorbei und werfen einen Blick hinein. »Mutta, jiebt's denn ooch Leute, die alle Tage warmet Essen ham?«, fragt der Junge.

Die Tochter muss mal, die Mutter nimmt sie herunter und hält sie über dem Rinnstein ab. Als Zille sie zeichnen will, dreht sie schnell den Kopf weg.

Zille läuft weiter und entdeckt ein offenstehendes Tor zu einem Hinterhof. Er geht durch die Einfahrt und beobachtet das Geschehen. Kinder jeglichen Alters bestaunen eine Blume, die aus einer Ritze zwischen Hauswand und Pflastersteinen sprießt. Da keift aus der Tür einer Kellerwohnung eine ältere Frau: »Wollt ihr weg von die Blume, spielt mit'n Müllkasten!« Der steht unter dem Schild *Spielen auf dem Hof verboten!*

Zille verharrt in seiner Deckung und lauscht den Kindern. Ein kleines Mädchen sitzt in einer Ecke und betet. Ein anderes kommt auf sie zu. »Wat machsten da?«

»Vata jeht klau'n, ick soll beten, det se'n nich awüschen.«

»Mein Vata is noch in't Zuchthaus. Aba wenna da wieda rauskommt, wirta sich freu'n, det wa inzwischen so ville jeworn sind.«

Eine Zehnjährige will auch etwas Sensationelles bieten. »Wenn ick will, kann ick Blut in'n Sand spucken.« Und als die anderen ihr das nicht glauben, beweist sie es ihnen.

Ein Junge kommt von der Straße her auf den Hof und ruft zu seiner Mutter hinauf, die am Fenster steht: »Mutta, draußen haun sich 'n paar Besoffene, aba Vata is nich mang!«

Zille wendet sich ab, verlässt den Hinterhof, kommt wieder auf die Straße und setzt seinen Streifzug fort. Ein Stückchen weiter steht ein Zeitungsverkäufer, und ein Junge von vielleicht zwölf Jahren spricht ihn an. »Sie, Zeitungsonkel, hat et noch keen'n neu'n Mord jejehm?«

Zille spaziert durch einen kleinen Park. Zwei ältere Frauen gehen plaudernd nebeneinanderher. Eine leere Bank taucht vor ihnen auf.

»So, ick setze mir'n bisschen«, sagt die eine. »Damit mein Olla ooch mal wat uff die Bank hat.«

Die beiden Frauen reden nun miteinander, und Zille nimmt einen Baum als Deckung, um ihnen zuzuhören.

»Die Kombüse ohne Fensta ham Se nu ooch vamietet?«

»Ja, aba bloß an een blinden Klavierspieler.«

Auf einer anderen Bank sitzt ein älteres Ehepaar. Sie hat ein Einholnetz bei sich und besieht sich den gerade gekauften Kopf Wirsingkohl. Der Mann mault: »Schon wieda Kohl mit ohne Fleesch als Beilage. Ick esste doch jastan erscht …«

Sie korrigiert ihn. »Et heeßt nich: Ick esste. Man sacht: Ick aß.«

Er reagiert lakonisch. »Uff dir mach det ja stimm'n! Ick selbst brauch mir aba nich Aas nennen.«

Zille muss laut auflachen. Da wird der Mann pampig. »Wer mir schief ankiekt, den stoß ick aus'n Anzug!«

Zille steckt seinen Zeichenblock wieder ein, wandert weiter und prallt auf dem engen Bürgersteig mit einem dicken, kahlköpfigen und schnauzbärtigen Wirt zusammen, der vor seinem Kellerlokal steht und auf Kunden wartet.

»Wenn Se Hunga ham, junga Mann, denn nüscht wie rin bei mir!«

Zille will dieser Verlockung schon folgen, da trägt die Frau, die sich im ersten Stock auf dem Fensterbrett ausgebreitet hat, ein Spottgedicht vor: »Meene Wurscht is jut, / wo keen Fleesch ist, da is Blut. / Wo keen Blut is, da sind Schrippen, / an meene Wurscht is nüscht zu tippen!«

H. Zille
1911.

Der Wirt droht mit erhobener Faust nach oben, Zille macht sich davon. Er kommt nun in eine Straße, in der Liebesdienerinnen auf Kundschaft warten. Sie haben ihre Röcke gerafft und stellen ihre frischgewaschenen Unterröcke mit all den schönen Rüschen zur Schau.

Bei einem dickbäuchigen und leicht alkoholisierten Mann, dem man ansieht, dass er viel Geld verdient, haben sich auf dem Weg zu einer Absteige rechts und links zwei Nutten eingehakt. Der Mann fürchtet wohl ein wenig um seinen guten Ruf. »Nu haltet mir ordentlich feste, und wenn mir eena kennt, denn seid ihr meine Töchter«, hört Zille ihn sagen.

Eine Nutte kommt mit ihrem Luden vorbei. Sie starrt Zille an. »Du, Maxe, der sieht aus wie'n Lustmörda!«

Er tröstet sie: »Mensch, Mieze, wat Bessret kan dia doch janich passier'n! Da kriechste 'n piekfeinet Bejräbnis, eens mit 'nem weißen Sarch und so, und der janze Vaein kommt und singt.«

Hinter Zille taucht Dr. Heilborn auf. »Na, mein Lieber, wieder die Arbeit geschwänzt, um Milieustudien zu betreiben?«

»Nee, ick habe heute frei, weil ick zuletzt ooch sonntags jearbeitet habe. Aba bei der Secession inna Kantstraße jibt et in Bälde die Ausstellung *Schwarz-Weiß*, und da hat ma der Liebermann jebeten, ooch 'n paar von meine Zeichnungen auszustellen. Dafür bin ick nu untawegs.«

70

1901 – Gebäude der Secession in der Kantstraße Nr. 12, neben dem Theater des Westens

Heinrich Zille, inzwischen 43 Jahre alt, zeigt seine Bilder zum ersten Mal in einer Ausstellung. Sie hängen gleich rechts und links neben dem Eingang. Kaum einer beachtet sie jedoch. Die Besucher wollen die Werke der Berühmtheiten sehen und suchen nach Max Liebermann, Franz Skarbina oder Max Slevogt. Zille steht an der Wand und beobachtet die wenigen, die seinen Zeichnungen wenigstens etwas Beachtung schenken.

»Sie ham woll sonst keene Zeit, det Se det noch bei'n Rejen missen zurechtefingern.«

Ein älterer Herr, offenbar ein Militär in Zivil, beugt sich zu seiner Dame hinunter und zeigt ihr deutlich an, wie sehr ihn das Gesehene anwidert. »Der Kerl nimmt einem ja die ganze Lebensfreude!«

71

1901 – Wirtshaus von Julius Tübbecke in Stralau (seit 1893 mit au statt ow am Ende)

Wir sehen Heinrich Zille in demselben Restaurant, in das er 1870 erlebnishungrige Berlin-Besucher geführt hat (Bild 13). Er trinkt zuerst aus einer großen Weißbierschale, einem »Glasstumpen«, dann genehmigt er sich auch noch einen Kümmel. Man sieht ihm seinen Kummer an.

Am Nebentisch sitzen ein paar Einheimische, darunter auch eine Mutter mit einem Jungen von etwa vier Jahren, und lassen sich Weißbier und dazu einen Kirsch servieren.

»Nagels Kirsch muss ick imma mit Weißbier vadünnen, sonst krieg ick Löcha in'n Magen«, erklärt der eine.

Das Kind greift nach dem Weißbierglas, die Mutter zieht seinen Arm zurück. Darauf beginnt das Kind zu schreien.

»Olla Brüllaffe, du! Vata muss doch erst trinken, dann kannste det Jlas auslecken.«

»Schnaps is aba nich jut für Kinda«, wendet einer ein.

»Doch, der tut die Würma abtöten, die a hat.«

Zille greift nach seinem Notizblock, um diese Szene festzuhalten, steckt ihn aber – in Erinnerung an das Erlebnis während der Ausstellung – schnell wieder ein.

Julius Tübbecke, inzwischen fast achtzig Jahre alt, hat das gesehen und kommt zu ihm an den Tisch. »Mensch, Zille, ick hab jehört, det nich alle bei Ihra ersten Ausstellung jejubelt ham. Nehm Se't leicht!«

»Ick schäme ma irjendwie, det ick so vastanden werde.«

»Nich doch! Ick hab läuten jehört, der Hans Rosenhagen will in *Kunst und Künstler* wat sehr Positivet üba Sie schreim. Dass wa 'ne neue Ascheinung in der Kunstszene ham, eenen, der uns mit

Der Veteran im Kaiserkeller

farbijen Zeichnungen Berlins dunkle Seiten nahebringt, ebenso realistisch wirksam wie humorvoll.«

Zille strahlt. »Dann kann ick ja weitermachen, Herr Tübbecke. Herzlichen Dank ooch – und ein Hoch uff Sie!« Er hebt sein Glas.

72

1902 – Ländliche Umgebung Charlottenburgs

Heinrich Zille und August Gaul ziehen an einem wunderschönen Tag im Frühherbst durch Wald und Flur, beide mit einem Schmetterlingsnetz in der Hand, und suchen nach neuen Exemplaren für ihre Sammlungen.

»Weißt du eigentlich, dass du ein Lepidopterologe bist?«, fragt Gaul.

Zille schüttelt den Kopf. »Nee, weeß ick nich. Wat soll'n det sein?«

Gaul lachte. »Ein Schmetterlingssammler.«

»Na sowat! Aba det Kind muss ja 'n Namen ham. Doch nu mal 'ne Jejenfraje: Weeßt du, welcher berühmte Kolleje uns schon abjemalt hat?«

»Keine Ahnung, da muss ich passen!«

»Gaul, setzen, Fünf! Carl Spitzweg in *Der Schmetterlingsjäger*. Muss vor unjefähr sechzig Jahren jewesen sein.«

»Kein Wunder, dass ich das nicht weiß, da war ich noch gar nicht geboren. Wenn das Bild *Der Schmetterlingsjäger* heißt, dann ist das wohl zudem nur einer, also kann er uns nicht beide gemalt haben.«

»Weeßt du, wie man Menschen wie dich nennt? Korinthenkacker!«

»Danke für die Blumen.«

»Bitte, jern jescheh'n.«

Sie kommen an einer Weide vorbei, auf der ein Pferd beim Grasen ist.

Zille freut sich. »Stell da mal daneben! Dann zeichne ich euch und schreibe drunta: Ein Gaul kommt selten allein.«

»Haha! Apropos Gaul, der Begas will, dass Kraus und ich reiten lernen, damit wir sozusagen am eigenen Leib erfahren, wie so ein Tier gebaut ist, bevor wir es in Stein meißeln oder in Bronze gießen.«

»Jut, det ick nur Menschen male!«, brummt Zille. »Da brauch ick nur in'n Spiegel rinkucken oda mir meene Hulda anseh'n.« Er grinst und guckt Gaul an. »Aba du könntest et ja mal als Minotaurus vasuch'n.«

Endlich kommen sie an eine Stelle, an der sich Schmetterlinge vieler Arten finden und lustig durch die milden Lüfte flattern. Es sind vor allem Kohlweißlinge, Distelfalter, Tagpfauenaugen und Zitronenfalter. Gaul und Zille prahlen mit den Prunkstücken ihrer Sammlung: Aurorafalter, Taubenschwänzchen, Großer Feuerfalter, Kaisermantel, Ochsenauge. Als ein Admiral auftaucht, stürzen sich beide mit ihren Netzen auf ihn und wollen in einfangen. Das Tierchen schlägt die tollsten Volten, um ihnen zu entkommen. Zille und Gaul geraten mit den Stöcken ihrer Fanggeräte aneinander, prallen aufeinander und stolpern übereinander. Das Ganze sieht mehr als komisch aus. August Gaul ist der Glückliche, der den Schmetterling schließlich erwischt.

»Jratulation, det du den Tirpitz erwischt hast!«, stößt Zille hervor, leicht außer Atem.

»Der Tirpitz ist nur Vizeadmiral, zum richtigen Admiral soll er erst nächstes Jahr befördert werden. Und ins Tötungsglas wird er im Gegensatz zu meinem Fang hier auch nicht gesteckt.«

Gaul holt jetzt aus seiner Jackentasche ein Einweckglas mit einer etwa fünf Zentimeter großen Öffnung, in dem sich am Boden ein mit Essigäther getränkter Wattebausch befindet. Er zieht den Korken ab und befördert den gefangenen Schmetterling hinein.

Zille verzieht das Gesicht. »Schön is det ja nich, wie a da nun langsam stirbt!«

»Soll ich ihn lebendig mit einer Nadel auf dem Brett in meiner Sammlung fixieren?«, fragt Gaul. »Du tust gerade so, als seien wir wie die Indianerhäuptlinge bei Karl May, die die Skalps ihrer Gegner sammeln und sich an den Gürtel hängen.«

»Vielleicht sollte man doch lieba Steine sammeln«, brummt Zille.

»Mach das, wenn du Nieren- und Gallensteine hast!« Als Gaul das Glas wieder in der Jackentasche verstauen will, stößt er auf eine eingewickelte Schrippe. Er packt sie aus und hält sie Zille hin. »Hast du Hunger?«

»Nee, ick jeh Morjen schon in die Schrippenkirche.«

73
1902 – In der »Schrippenkirche«

Der »Verein Dienst an Arbeitslosen« organisiert seit 1883 im Wedding Gottesdienste mit Frühstück. Im Volksmund heißt diese Institution sehr bald »Schrippenkirche«, obwohl man sich anfangs in einem ehemaligen Lokal in der Müllerstraße einfindet. Durch eine Schenkung kommt man schließlich zu einem großen Grundstück an der Ecke Acker- und Hussitenstraße. Dort wird am 12. Oktober 1902 ein neues Quergebäude mit einem Gottesdienst eingeweiht. Die »Schrippenkirche« ist also kein sakrales Gebäude.

In einem einfachen Saal sitzt Heinrich Zille in der letzten Reihe und kann auch hier nicht anders, als Menschen auf seinem Skizzenblock festzuhalten. So zum Beispiel den Pfarrer, der ihn bei der Predigt mit seinem Bart und dem breiten Gesicht ein wenig an Karl Marx erinnert.

»Wisset, die Liebe verbindet uns mit Gott und mit unseren Mitmenschen. Somit ist es also unmöglich, Gott zu lieben, ohne die zu lieben, die wir Streuner, Landstreicher, Suffköppe und Faulenzer nennen. Wir alle sind Gottes Kinder! Und als solche haben wir insbesondere denen zu helfen, die ohne eigene Schuld keine Arbeit finden und ihr täglich Brot nicht mit eigenem Geld erwerben können. Berlin hat derzeit achzigtausend Arbeitslose, von denen sind zehntausend obdachlos. Wir vom Verein teilen bei jedem Gottesdienst sechshundert Portionen Kaffee und Schrippen aus, die wir weithin mit Spenden finanzieren. Ein jeder, der etwas hat, gebe, wie er es sich in seinem Herzen vorgenommen hat – nicht mit Unlust oder aus Zwang, denn einen fröhlichen Geber liebt Gott. Und so danken wir allen, die uns auch heute wieder dieses köstliche Frühstück beschert haben. Bevor wir es zu uns nehmen, stehen wir noch auf und sprechen gemeinsam das Vaterunser.«

Zille macht mit, obwohl er nicht sonderlich ergriffen ist. »Ick hab doch nu mal mitta Kürche nich ville am Hut.«

Anschließend spricht der Pfarrer den Segen. »Der Herr segne dich und behüte dich, der Herr lasse sein Angesicht leuchten über dir und sei dir gnädig, der Herr hebe sein Angesicht über dich und gebe dir Frieden. So, nun ran an die Buletten!«

Die anwesenden Obdachlosen stürzen zu den gedeckten Tischen.

»Ick hab ooch Hunga!«, sagt Heinrich Zille zu seiner Frau.

Hulda hält ihn zurück. »Das geht doch nicht! Wir gehören nicht zu den Armen.«

»Nee, aba wir würden zu ihnen jehören, wenn ick nich bei der Photographischen Jesellschaft wäre und wir nur von meiner brotlosen Kunst leben müssten.« Damit geht er zum Tisch neben dem Altar, auf dem das Körbchen für die Spenden steht, und wirft einen größeren Geldschein hinein.

Der Pfarrer sieht das, freut sich und dankt mit einem »Vergelt's Gott!«.

»Na, hoffentlich denkta mal dran!«, murmelt Zille, ehe er sich eine mit Pflaumenmus bestrichene Schrippe angelt und genüsslich hineinbeißt.

74

1903 – Gebäude der Secession in der Kantstraße Nr. 12, neben dem Theater des Westens

Der Vorstand der Berliner Secession berät über die Aufnahme neuer Mitglieder. Max Liebermann als Präsident leitet die Sitzung. Wir sehen ferner Walter Leistikow, Otto Heinrich Engel, Willy Döring, Bruno Cassirer, der zugleich als Protokollant fungiert, Ludwig Dettman, Oskar Frenzel und Fritz Klimsch.

»Ich habe hier den Aufnahmeantrag von Heinrich Zille«, sagt

Max Liebermann. »Den befürworte ich mit Nachdruck. Gibt es gegenteilige Meinungen?« Sein Blick geht rundum.

Einer hat Einwände, Willy Döring, der aus Karlsruhe nach Berlin gekommen ist. »Tut mir leid, bei mir zählen als bildende Künstler nur Maler und Bildhauer – aber Zeichner? Jedes Kind kann zeichnen!«

Fritz Klimsch, der mit Zille befreundet ist, lacht. »Keiner aber kann die Kinder so gut zeichnen wie Heinrich Zille.«

»Aber nur die auf den Hinterhöfen und in der Gosse.«

»Um die sollte es uns in der Secession doch ganz besonders gehen«, bekundet Max Liebermann. »Wer nur das Schöne und Erhabene darstellen will, soll zu Anton von Werner gehen. Ich erinnere mich noch genau an meine Anfangsjahre, als man mich den Maler des Hässlichen genannt hat. Erhebt also jemand Einwände, dass der Zeichner des Hässlichen in Zukunft zu uns gehört?« Liebermann blickt sich um, keine Hand regt sich. »Danke. Dann bittet den Zille mal herein!«

Bruno Cassierer steht auf, geht zur Tür, öffnet sie und ruft Zille, der in einem Vorraum gewartet hat. »Herr Zille, kommen Sie herein, Sie sind uns herzlich willkommen!«

Zille tritt ein und verbeugt sich leicht. »Danke allerseits! Nu bin ick schon so jut wie unsterblich, und 'n Ehrenbejräbnis is ma sicha.«

»Bestimmt!«, lacht Fritz Klimsch. »Denn irgendwann wirst du ja mal vom Veloziped fallen.«

75
1904 – Landstraße

Heinrich Zille, August Gaul, August Kraus und Dr. Alois Lautenschläger sitzen auf sehr robusten Fahrrädern und treten kräftig in die Pedale

»Wie weit isset denn noch bis Dresden?«, fragt Zille.

Dr. Lautenschläger denkt kurz nach. »Gut zwanzig Kilometer.«

»Mein Jott!«, stöhnt Zille. »Hätte nich der Alte Fritz, alßa Sachsen aobat hat, alle Kunstwerke nach Berlin schaffen könn'n? So müssen wa nun jedet Mal erst durch die Jegend radeln, wenn wa wat seh'n woll'n.«

»Dir tut Bewegung gut!«, weiß Dr. Lautenschläger.

»Dir noch mehr, fett wie de jeword'n bist! Und det als Medizinmann.«

Auch August Gaul ist müde. »Ich will mich nicht länger abmühen, ich will 'n Pferd – oder wenigstens 'ne kleine Pause!«

August Kraus pflichtet ihm bei. »Ja, 'ne letzte Rast vor Dresden. Die Gemäldegalerie ist auch morgen noch geöffnet.«

»Gut.« Dr. Lautenschläger bremst. »Alles absteigen!«

Das tun dann auch alle, holen ihre Trinkflaschen aus den Körben, die auf den Gepäckträgern befestigt sind, und lagern sich am Wegesrand.

Kraus sieht Zille an. »Na Heinrich, wie fühlst du dich in deiner alten Heimat?«

»Es is gemietlich, wo die sächs'sche Zunge glingt. Nu ja, das Läben is hier scheen.« Schon aber berlinert er wieder. »Ihr müsst nur uffpassen, det ihr nich inna Nähe seid, wenn 'n Sachse mal eenen fahren lässt.«

»Warum denn das?«

»Na, kennta det nich? Jefährlich is der Furz der Sachsen, / denn der kann im Darme wachsen. / Und beendet seinen Marsch / mit 'nem lauten Knalle aus'm Arsch.«

Alle lachen. Dr. Lautenschläger fügt noch etwas hinzu: »Heinrich, wenn du so weitermachst, kommst du nie in die Akademie der Künste!«

»Det is ooch det Letzte, wat ick will.«

Dr. Lautenschläger gibt den Führer durch die Gemäldegalerie. »Der junge Johann Wolfgang Goethe, meine Damen und Herren, hat nach seinem Besuch der Dresdner Gemäldegalerie emphatisch ausgerufen: ›Meine Verwunderung überstieg jeden Begriff!‹ Und hier sehen Sie das Bildnis des Bernhard von Reesen, geschaffen im Jahre 1521 von Albrecht Dürer. Etwa zur selben Zeit ist auch die Sixtinische Madonna von Raffael entstanden, eigentlich Raffaello Santi.«

August Gaul klatscht Beifall. »Wenn du so weitermachst, können wir uns die Weiterfahrt nach Dresden ersparen.«

»Genau!«, ruft August Kraus. »Mir widerstrebt es beim Ausmaß meiner Erschöpfung, schon wieder aufs Rad zu steigen.«

Zille richtet sich auf. »Mein Jroßvata hatte 'n Tip, wie man janz schnell nach Dresden kommt.«

»Na?«

»Du stecksten Finga inne Neese und drehsten.«

Dr. Lautenschläger hat kein Mitleid und scheucht sie hoch. »Los, hopp, hopp, keine Müdigkeit vorschützen!«

Sie steigen wieder auf ihre Räder und fahren weiter. Die Kamera folgt ihnen. Nach einigen Augenblicken kommt ihnen ein Pferdefuhrwerk entgegen. Der Kutscher auf dem Bock ist offenbar eingeschlafen, so dass sie alle vier heftig klingeln, um ihn zu wecken und ihm zu bedeuten, dass er ausweichen soll. Dieses ungewohnte Geklingele lässt die beiden Pferde durchgehen. Sie schießen auf die Berliner Radler zu. Heinrich Zille wird gestreift, fliegt in hohem Bogen in den Graben und bleibt wie leblos liegen.

76
1905 – Friedhof der Dreifaltigkeitsgemeinde an der Bergmannstraße

Auf dem Dreifaltigkeitsfriedhof II zieht ein langer Trauerzeug zum Feld OM, G 1, an seiner Spitze Kaiser Wilhelm II. mit der gesamten kaiserlichen Familie. Dahinter folgt alles, was in Kunst und Politik Rang und Namen hat. Am 9. Februar 1905 ist Adolph Menzel – seit 1898 von Menzel – gestorben. Wir sehen den letzten Teil eines Staatsbegräbnisses.

Heinrich Zille erblicken wir in den hinteren Reihen, neben ihm August Gaul.

»Wenn du letztes Jahr beim Radfahren Pech gehabt hättest, würden wir jetzt an deinem Grabstein vorbeikommen.«

»Du schon, icke nich.«

»Hast du eigentlich mal was mit Menzel zu tun gehabt?«

»Nee, nur 'n paar Mal 'n paar Worte mit ihm jewechselt.«

»Und – war er dir sympathisch?«

»Nee, janz im Jejenteil, ick hab'n nie richtich jemocht«, bekennt Heinrich Zille. »Aba nu bin ick doch ooch janz schön betroffen, detta jestorm is. Hast du den Auftrach bekomm'n?«

»Was für einen Auftrag?«

»Den für seine Büste, die uff det Familienjrab ruffkomm'n soll.«

»Nein, die wird Reinhold Begas gestalten.«

»Aba wenn et bei mia mal so weit is, dann will ick, det du det machst.«

»Versprochen, Heinrich! Aber bis ein Kaiser deinem Sarg folgt, musst du noch eine Menge wunderbarer Werke geschaffen haben.«

»Jut, ick werd' ma Mühe jehm.«

77
1905 – Wohnung Zille in der Sophie-Charlotten-Straße Nr. 88

Wir sehen Heinrich Zille beim Füttern seiner Vögel. Dann geht er zu seinem hochaufragenden Kachelofen, um sich ein wenig den Rücken zu wärmen. Anschließend kehrt er zu seinem Zeichentisch zurück und setzt seine Arbeit am *Berliner Weihnachtstreiben* fort. Vor der Berolina, die auf dem Alexanderplatz dunkel aufragt, drängen sich dick vermummte Frauen mit Geschenkpaketen in der Hand, während Kinder Zündhölzer und Waldteufel feilbieten. Eine Elektrische zieht vorüber. Zille zeichnet gerade den Stangenstromabnehmer, als draußen am Klingelzug gerissen wird. Er blickt mürrisch in Richtung Tür und hofft, dass seine Hulda den ungebetenen Gast abwimmelt. Doch wenig später geht die Zimmertür auf. Im Türrahmen, den er ziemlich ausfüllt, steht ein Mann, der mit seinem dunklen Vollbart, seiner schwarz eingefassten Brille und seiner Schiebermütze so aussieht, wie man sich im Volke wohl einen russischen Anarchisten vorstellt.

»Mühsam«, sagt der etwas unheimliche Besucher.

Zille bezieht das auf seine angefangene Zeichnung und nickt. »Ja, aba det is für die Weihnachtsbeilaje der *Berliner Morgenpost* und muss fertich wer'n.«

Der andere lacht. »Nein, so heiße ich. Mühsam, Erich Mühsam.«

Zille springt auf. »Ick kenn Sie doch! Sie steh'n sojar hier in meim Bücherschrank.« Er geht hin, um einen dünnen Band herauszuziehen. »*Die Wüste.* Ihre Jedichte.« Er schlägt das Büchlein auf und geht das Inhaltsverzeichnis durch. »*Ein Droschkenkutscher flucht. Ein Marktweib kreischt … Aus den Kellern quellen des Elends Düfte …* Det passt allet so wunderbar!«

Mühsam schmunzelt. »Auch das, was ganz weit hinten steht: *Drück' mir die Hand, dass dein Leid mich beglücke …*«

Zille muss einen Augenblick nachdenken, bis er diese Anspielung verstanden hat. Dann zuckt er zusammen. »Sie meinen … Ick will doch den armen Teufeln nur helfen, nüscht weita!«

»Und werden dadurch langsam zu einer Berliner Berühmtheit. Und verdienen Geld damit.«

Zille ist ratlos. »Wat soll ick nu machen – uffhör'n?«

»Nein, die Kritik gilt uns allen, die wir soziale Missstände anprangern – ganz gleich, ob nun mit Worten oder mit Bildern. Mit diesem Konflikt müssen wir leben.«

»Jut, dann lehm wa mit ihm! Aba nehmen Se doch erst mal Platz! Hulda kocht uns 'n schönen Kaffee.«

Hulda verlässt den Raum. Mühsam und Zille setzen sich.

»Sie komm'n ooch nich aus Berlin?«, fragt Zille.

»Nein, aus Lübeck. Dort haben sie mich wegen ›sozialdemokratischer Umtriebe‹ von der Schule verwiesen, worauf ich nach Parchim gegangen bin und dort die Mittlere Reife geschafft habe. Anschließend bin ich wieder zurück nach Lübeck und habe eine Lehre als Apotheker absolviert. Vor vier Jahren bin ich dann nach Berlin gezogen und habe hier als Apotheker mein Geld verdient, auf Fontanes Spuren sozusagen. Aber wie bei ihm hat auch bei mir der Dichter die Oberhand gewonnen. Die poetische Ader steckt tief in mir, schon als Fünfzehnjähriger habe ich satirische Texte für einen Zirkusclown geschrieben.«

Zille nickt. »Det ist wie bei mir. Ick konnte schon als Junge nicht anders, ick musste imma wat zeichnen.«

»Und wie ist es heute? Sind Sie gut im Geschäft?«

Zille lacht. »Ja, imma zwischen morgens um neune und abends um sechse inne Photographische Jesellschaft.«

»Ich hatte an Ihre eigenen Arbeiten gedacht.«

»Da bin ick schon vorm Frühstück und nach Feiaabend eijentlich imma zu Jange. Von nüscht kommt ja nüscht. Und manchmal druckt ja ooch eena wat ab.« Zille zählt einiges auf: Die Münchener *Jugend*, die Berliner *Lustigen Blätter*, der *Simplicissimus* und der *Ulk* haben etwas von ihm gebracht. »Det Schönste is, det der Verlag M. Lilienthal 'n Dutzend Kunstdrucke hier in Berlin herausjegeben hat.«

»Gratuliere! Hoffentlich haben Sie auch was für mich. Seit 1902 bin ich Redakteur bei einer – wie man so schön sagt – anarchistischen Zeitschrift mit dem Titel *Der arme Teufel* und seit diesem Jahr beim *Weckruf*. Es wäre schön, wenn wir Zeichnungen von Ihnen veröffentlichen könnten!«

Zille steht auf und holt eine Reihe von Arbeiten hervor, weiß aber nicht recht, was er Mühsam zeigen soll. Er entscheidet sich schließlich für eine Zeichnung, auf der eine verhärmte Frau zu sehen ist, die im Krankenbett liegt. Vor ihr steht ein sehr korpulenter Arzt in schwarzem Mantel, eine Melone auf dem Kopf. Unten hat Zille ihren Dialog festgehalten: *»Herr Doktor, Brot soll ick nich essen?« – »Nein, liebe Frau.« – »Na, ich hab auch kein Geld, mir welches zu kaufen!«*

78
1906 – Praxis Dr. Alois Lautenschläger

Wir sehen ein üppiges kaltes Büfett, aufgebaut im Wartezimmer von Dr. Lautenschläger, das wir aus Bild 57 kennen. Mit Sektgläsern in der Hand stehen gut zwei Dutzend Gäste vor dem Büfett, darunter die Künstler August Kraus und August Gaul, die ins Gespräch mit dem Geburtstagskind, Dr. Lautenschläger, vertieft sind.

»Das wird ja immer schlimmer!«, hören wir Gaul sagen.

»Was?«, fragt Dr. Lautenschläger.

»Die Steinwürfe von Schülern gegen die Stadt- und Ringbahn

»Herr Doktor, Brot soll ich nicht essen!« – »Nein, liebe Frau.« –
»Na, ich hab' auch kein Geld, mir welches zu kaufen!«

nehmen kein Ende. Das *Berliner Tageblatt* berichtet täglich darüber.«

Kraus seufzt. »Schuld daran werden die vielen Schundromane sein, die im Umlauf sind. In denen wimmelt es nur so von Morden. Das verdreht den Schülern den Kopf.«

Dr. Lautenschläger sucht nach einer anderen Erklärung. »Das Zertrümmern von Glas ist sicherlich etwas Archaisches.«

»Oder Anarchisches«, fügt Kraus hinzu.

Dr. Lautenschläger nickt. »Das auch. Es ist für den zivilisierten Menschen geradezu ein Bedürfnis.«

Kraus lacht. »Für den zivilisierten Menschen haben wir doch seit kurzem diese neuen Bedürfnisanstalten aus gusseisernen Platten, diese Rotunden.«

»Unserem lieben Zille fehlen doch die Motive für seine Zeichnungen, wenn es keine Männer mehr gibt, die gegen Bäume und Hauswände urinieren.« Gaul sieht sich um. »Wo bleibt er eigentlich?«

Kraus zeigt auf die Tür. »Da kommt er. Wenn man vom Teufel spricht …«

Heinrich Zille kommt herein, umarmt Dr. Lautenschläger und überreicht ihm sein Geschenk – ein in Geschenkpapier verpacktes Bild. »Herzlichen Glückwunsch zum Geburtstag, mein lieber Alois, / bleib im neuen Lebensjahr gesund und nimm hier dies!«

»Nun dichtet er auch noch«, seufzt Gaul.

Dr. Lautenschläger nimmt das Geschenk entgegen und reimt ebenfalls. »Tausend Dank, mein lieber Heinrich, / vor lauter Glück nun wein ich.«

»Auspacken!«, rufen die umstehenden Gäste.

Das Geburtstagskind wickelt das Papier von dem Bild, und zum Vorschein kommt eine Zeichnung, auf der braune und gelbe Töne dominieren. Zille hat ihr den Titel *Der trutzige Reiter* gegeben. Wir sehen im Hintergrund zwei Kulen. Dr. Lautschläger thront als Dickerchen auf einem mächtigen Brauereipferd, dessen Schweif Blümchen verzieren. Der Arzt ist nur mit einem sehr kurzen Hemd bekleidet, das einen kugelrunden Bauch freigibt. Hosen hat Dr. Lautenschläger keine an, seine Blöße wird lediglich von einem

Lendenschurz verdeckt. Den Kopf ziert ein Jägerhütchen. In der linken Hand hält er ein aufgeschlagenes Buch, in der rechten einen überlangen Stock. So reitet er über einen Hang.

Gaul klatscht Beifall. »Man beachte die Skalps eroberter Damen, die vorn am Sattel baumeln!«

»Ja, ja, sein Hang zu leichten Damen …«, kommt es aus der hinteren Reihe der Geburtstagsgäste.

Dr. Lautenschläger winkt ab. »Meine Ferien aber werde ich leider nicht in Begleitung begehrenswerter Damen verbringen.«

79
1906 – Am Main, im Hintergrund der Spessart

Dr. Lautenschläger sitzt auf einem stattlichen Ross, ist aber nicht so bekleidet wie der trutzige Reiter, sondern wie ein Wandersmann. Er reitet Schritt, trotzdem haben August Gaul, August Kraus und Heinrich Zille Mühe, ihm zu folgen, denn sie sind zu Fuß unterwegs. Zille schleppt eine schwere Photoausrüstung mit sich herum.

»Halt!«, ruft er, als sie eine Weggabelung mit besonders schöner Aussicht erreicht haben. »Jetzt wird photographiert.« Er baut Stativ und Kamera auf und kriecht dann unter das schwarze Tuch, das seinen Photoapparat bedeckt. »Ick seh euch jar nich!«

»Dann nimm den Mündungsschoner von der Linse!«, ruft Gaul.

»Man merkt, dass du schon seit Ewigkeiten bei der Photographischen Gesellschaft bist«, stellt Dr. Lautenschläger fest.

»Da werd ick ooch bis an mein Lebensende bleiben.«

80
1907 – Photographische Gesellschaft, Chefzimmer

Die beiden verantwortlichen Männer der Photographischen Gesellschaft stehen am Fenster und sehen auf die Straße hinunter. Beide sind zwischen fünfzig und sechzig, der eine ist schon weithin kahlköpfig, der andere trägt einen Vollbart.

Jubiläum
»Wat, fünfundzwanzig Jahre sind Sie schon hier?
Nun denken Sie bloß mal, was für einen Haufen Geld
Sie uns in der Zeit schon weggetragen haben!«

»Nun geht das Jahr 1907 auch schon langsam zu Ende«, sagt der Glatzköpfige.

»Unser Gewinn wird in diesem Jahr nicht eben üppig ausfallen«, seufzt der Bärtige.

In diesem denkbar ungünstigen Moment klopft Heinrich Zille an die Tür und tritt nach dem »Herein!« in den Raum, in der Hand einen Bogen mit einer Resolution und etlichen Unterschriften. Er bemüht sich um sein schönstes Hochdeutsch. »Bitte entschuldigen Sie die Störung, die Herren, aber meine Kollegen haben mich bevollmächtigt, Ihnen unsere Forderung zu überreichen.«

»Ah ja.« Der Glatzköpfige schaut wenig begeistert drein. »Worum geht es denn?«

»Um etwas mehr Lohn im neuen Jahr und leicht verkürzte Arbeitszeiten.«

»Das Übliche also.« Der Kahlköpfige nimmt die Resolution in Empfang. »Danke, Zille, wir werden uns alles durchlesen und unsere Entscheidung später bekanntgeben. Sie können gehen.«

Zille deutet eine leichte Verbeugung an und verlässt den Raum.

»Sie können gehen …«, wiederholt der Bärtige die Worte seines Kompagnons. »Vielleicht ist das die Idee des Tages!«

»Du meinst, wir sollten Zille entlassen? Er ist seit dem 1. Oktober 1877 bei uns, seit über dreißig Jahren also. Denk doch an seine Erfahrung und seinen guten Ruf!«

»Schön und gut, aber er verdient mir zu viel! Außerdem ist er ein verkappter Sozialist, und er wird in der Öffentlichkeit immer bekannter. Zudem ist er mir mit zu vielen Künstlern befreundet. Das verschafft ihm eine Machtposition, die mir langsam unheimlich wird. Einige haben mich schon ganz erstaunt gefragt: ›Was denn, Sie sind der Chef bei der Photographischen Gesellschaft? Ich dachte, das ist der Heinrich Zille!‹ Der Mann muss zum Jahresende hier verschwinden!«

»Du meinst, wir sollen ihm wirklich kündigen?«

»Ja, das meine ich!«

»Ich weiß nicht recht …«

Dreizehn

Johannes Banofsky saß an seiner fast zwanzig Jahre alten Schreibmaschine, einer Wanderer Continental, und suchte Zilles Leben zwischen 1907 und 1919 in filmischen Szenen zu erfassen, beginnend mit dem Bild 81. Es war harte Arbeit, denn jedes Bild glich einer kleinen Kurzgeschichte und bedurfte seiner eigenen Komposition. Zuweilen brauchte Banofsky Stunden, um eine angemessene Lösung für dramaturgische Probleme zu finden. Auch sollten die Übergänge zwischen den einzelnen Bildern nicht zu abrupt sein. Man durfte die Zuschauer im Kino nicht überfordern. Zu viele Personen einzuführen war ebenfalls nicht gut. Zudem durfte er nicht ständig die Zeitebenen wechseln, sonst erlebte das Publikum das, was Banofsky den »Faust-Effekt« nannte: *Mir wird von alledem so dumm, / als ging mir ein Mühlrad im Kopf herum.* Andererseits aber war ein Leben nun mal kein gemächlich dahinziehender Fluss, und Heinrich Zille hatte außerdem eine Unmenge von Freunden, die im Drehbuch nicht fehlen durften. Es war ein Unterschied, ob man einen Menschen in einer einzigen Episode seines Lebens schilderte oder dessen gesamte Biographie erfassen wollte. Bei seinem geplanten Zille-Film hatte Banofsky die Jahre bis zum Umzug nach Berlin schon ausgelassen, dennoch waren die Menge des Materials und die Komplexität des Themas immer noch schier überwältigend. Das musste er alles auf ein Mindestmaß reduzieren – und gleichzeitig hatte er opulente Bilder zu entwerfen. Banofsky überkamen Versagensängste. Wie sollte er das jemals schaffen?

Dazu gesellten sich rein technische Schwierigkeiten. Schrieb er sein Drehbuch mit der Hand, korrigierte es dann und tippte anschließend die Endfassung in die Maschine, dauerte das zu lange. Wenn er sich aber gleich an die Schreibmaschine setzte, vertippte er sich andauernd und musste zum Radiergummi greifen oder Zeilen, die absolut misslungen waren, gänzlich durchstreichen.

Geschah das zu oft, sah das Manuskript so chaotisch aus, dass er es Otto Guttentag nicht zumuten konnte. Dann musste Banofsky die Seite aus der Maschine reißen und noch einmal von vorne anfangen.

Heute wollte Banofsky sich der Kündigung Zilles bei der Photographischen Gesellschaft und dessen Reaktion auf diesen Schicksalsschlag widmen. Er legte ein neues Farbband ein, spannte ein Blatt auf die Maschine, richtete es aus und konzentrierte sich. Los ging's!

Heinrich Zille kommt asu … »Scheiße!« Gleich im ersten Satz ein Tippfehler! Radiergummi. Den Abrieb wegpusten. Weiter! … *aus dem Mietshaus Sophie-Charlotten-Straße Nr. 88 und bleibt unschlüssig im Eingang stehen. Es regnet nicht nur, es schüttet wie aus Küghb …* »So ein Mist!« Die Typenhebel hatten sich verhakt. Der für den Buchstaben B hatte sich etwas verbogen, und Banofsky musste eine Flachzange holen, um ihn wieder zu richten. Weiter!

… es schüttet wie aus Kübeln. Seine Frau kommt ihm aus Richtung Spandauer Straße entgegen, eine Einkaufstasche in der Hand, eine Regenhaube über den Kopf gezogen.
Sie ist erstaunt. »Nanu, du bist ja noch gar nicht los zur Arbei. Ist dein kranker Magen wieder schlimmer geworden?«
»Nee, jetz jeh ick ooch, s•nst komm ick wirklich n•ch zu spät.«

Jetzt hatte sich das kleine o so mit Schmutz und kleinen Teilchen des frischen Farbbandes gefüllt, dass Banofsky immer nur ein • auf dem Papier hatte. Er ging an Cillys Arbeitstisch, um sich eine Nähnadel zu holen und das o zu reinigen.

Als er das erledigt hatte, war er aus dem Rhythmus gekommen und beschloss deshalb, erst einmal zum Bahnhof Schlesisches Tor zu laufen und sich ein *Berliner Boulevard Blatt* zu kaufen. Der Kiosk befand sich unten neben der Fahrkartenausgabe.

»Das *BBB* bitte!«

Als Banofsky die Zeitung in der Hand hielt und die Schlagzeile auf der ersten Seite sah – neben Photos von Heinrich Zille und Max Liebermann –, traute er seinen Augen kaum: *Skandal um Zille! Liebermann und Frey springen ein – Kunstfälscherskandal um »Berlins Besten«*.

Banofsky überflog den Artikel. Heinrich Zille könne aufgrund seiner diversen Krankheiten schon lange nicht mehr zeichnen, das übernehme sein Freund Max Liebermann für ihn. Die Texte unter den Zeichnungen stammten von dem berühmten Schlagerkomponisten Hermann Frey, der Zille ebenfalls eng verbunden sei. Man habe sogar einen Zille-Doppelgänger engagiert.

»Das darf doch nicht wahr sein!« Banofsky lief zur nächsten Telephonzelle, um sich Gewissheit zu verschaffen. Zille selbst konnte er nicht anrufen, der hatte keinen Anschluss. Aber selbst wenn er einen gehabt hätte – was hätte er zu diesen Anschuldigungen schon sagen sollen? Also versuchte Banofsky es bei Max Liebermann. Da ging niemand ans Telephon. Verständlich. Ebenso war es bei Hermann Frey, Hans Ostwald und Walter Zille. Auch das schien nicht verwunderlich. Sie hätten ohnehin alles abstreiten müssen. Wenn aber nun doch ein Funken Wahrheit in der Geschichte steckte? Was dieser Kowollek da schrieb, schien alles Hand und Fuß zu haben. Zille war krank, seine Hände zitterten, alles war ihm zu viel. Dass man unter diesem Umständen einen Doppelgänger engagiert hatte, um den Betrieb am Laufen zu halten, klang nur allzu logisch. Schließlich lebte Zille von der Marke Zille.

Wer sonst konnte etwas wissen? Draußen vor der Telephonzelle hatte sich schon eine kleine Schlange gebildet. Der Vorderste bummerte mit der Faust gegen die Scheibe und rief: »Fass dich kurz!«

Banofsky überlegte fieberhaft. Gabriele Tergit war von der Presse und hätte die Seriosität Kowolleks besser einschätzen können als er selber, doch Banofsky kannte ihren richtigen Namen nicht. Gabriele Tergit war nur ihr Pseudonym. Rudolf Danke war nach Dresden gefahren. Kurt Tucholsky weilte sicherlich wieder in Schweden. Blieb Dr. Heilborn. Banofsky blätterte im Telephonbuch, um die Nummer zu suchen.

Da riss einer der Wartenden die Tür auf und zerrte ihn aus der Telephonzelle. »Jetzt bin ick ma dran! Det ist bei mir 'n Notfall!«

Banofsky verzog sich lieber und lief die Skalitzer Straße hinunter. Ein Stückchen weiter war das neue Postamt. Man musste sich am Schalter melden und bekam dann eine freie Zelle zugewiesen. Bevor er an der Reihe war, hatte er auch die Nummer von Dr. Heilborn gefunden.

»Tut mir leid, der Doktor ist zu Hausbesuchen unterwegs.«

Banofsky hängte ein und überlegte. Vielleicht war es das Beste, jemanden aus der Kunstszene anzurufen. Zuerst fiel ihm Max Osborn ein, der Kunstkritiker der *Vossischen Zeitung*. Doch der war nicht in der Redaktion, und seine Privatnummer wollte man nicht herausgeben. Es war wie verhext!

Hier im Postamt konnte sich Banofsky aber immerhin etwas mehr Zeit lassen, ohne dass ihm jemand mit Prügel drohte. Wo hatte Zille zuletzt etwas veröffentlicht? Wer hatte seine Bilder und Zeichnungen ausgestellt? Nach ein paar Sekunden hatte Banofsky das Plakat des Märkischen Museums vor Augen: *Zilles Werdegang – Ausstellung zu Heinrich Zilles 70. Geburtstag*. Den Direktor des Museums kannte er, das war Walter Stengel.

Den bekam er sogar an den Apparat. Banofsky nannte seinen Namen.

»Ich kann mir denken, weshalb Sie anrufen. Sie möchten wissen, was ich von dem Artikel im *BBB* halte?«

»So ist es! Haben Sie als Kunstkenner denn in den letzten Arbeiten von Zille die Handschrift Liebermanns bemerkt?«

»Das kann ich ohne ein sorgfältiges Gutachten nicht sagen. Liebermann ist ein so genialer Künstler, dass er im Zweifelsfalle auch wunderbare Zille-Bilder … schaffen könnte. Es bleibt uns vorerst nichts anderes, als abzuwarten. Vielleicht stellen Zille oder auch Liebermann und Frey Strafanzeige gegen das *BBB*, dann sehen wir weiter.«

Banofsky bedankte sich, verließ die Telephonzelle, bezahlte seine Gespräche und trat wieder auf die Skalitzer Straße hinaus. Wenn Kowollek mit seinen Anschuldigungen recht haben sollte, dann war das das Aus für seinen Zille-Film. Die Leute wollten ihren Pinselheinrich als Halbgott sehen – und nicht als Betrüger.

Banofsky ging langsam weiter Richtung Görlitzer Bahnhof, müde und fast schlurfend wie ein geschlagener Boxer auf dem Rückweg in die Kabine. Was über dem Portal der Emmaus-Kirche stand, war für ihn fast Anlass zu beten. *Herr bleibe bei uns, denn es will Abend werden*

Oben auf der Hochbahntrasse zog ein gelber Zug vorüber.

»Da kann sich doch keen Aas vor werfen!«, murmelte er im Zille-Jargon. »Wie soll ick'n da ruff komm'n ohne Leita?«

Die Weinhandlung und das kleine Restaurant von F. W. Borchardt in der Französischen Straße Nr. 48 waren eine der ersten Adressen in Berlin. In einem der kleinen Nebensäle hatte früher der Kronprinz soupiert, wenn er mit seiner Entourage aus einem der nahe gelegenen Theater gekommen war, und die Offiziere der Garde-Kavallerie wie die Herren des Landadels aus dem Berliner Umland hatten hier ihre Kameradschaftsabende gefeiert. Derzeit dominierten bei Borchardt hochrangige Vertreter der Bankenwelt, der Industrie und der Kaufmannschaft.

»Das ist hier wirklich wie im Film!« Cilly war ins Schwärmen geraten. »Davon habe ich nicht einmal träumen können.«

Otto Guttentag lächelte. »Wozu sonst betreibe ich eine Traumfabrik?«

Er hatte Cilly nach einem kurzen Gespräch in seinem Büro zum Mittagessen eingeladen. Anfangs schwärmte er vom Reichspräsidenten Paul von Hindenburg, den er beim 1. Reit- und Fahr-Turnier im Sportpalast bewundert hatte – »Kolossal, der Mann!« –, dann kam er auf Heinrich Zille zu sprechen. »Ich habe in etwa da gesessen, wo beim letzten Hofball auch der Zille seinen Platz hatte – gehabt haben soll. Wenn's denn nicht der falsche Heinrich war. So wie wir im Mittelalter den falschen Waldemar hatten.«

Cilly hatte keine Ahnung, wovon Guttentag sprach. Und selbst wenn sie es gewusst hätte, wäre sie nicht darauf eingegangen, denn sie war sich darüber im Klaren, dass ihre große Stärke darin lag, die Naive zu spielen. »Wenn Sie den Zille-Film nach der Vorlage von Johannes drehen und ich bei Ihnen die Stelle als Kostümbildnerin bekomme, dann ist unser Glück wirklich vollkommen!«, hauchte sie nun.

Der Produzent stieß einen tiefen Seufzer aus. »Der Zille-Film … Nachdem der Mann als Betrüger entlarvt wurde – wer will da noch Zille im Kino sehen?«

»Aber gerade das ist doch der Knüller!«, rief Cilly.

Otto Guttentag schloss die Augen. »Das sehe ich ein wenig anders. Zille ist vom Sockel gestürzt, die Trümmer seines Denkmals liegen am Boden. Eine Tragödie fürs Deutsche Theater ist das, aber kein spaßiger Film fürs Filmpublikum.«

»Bitte, bitte, Herr Guttentag, überlegen Sie sich die Sache noch mal!« Cilly flehte ihn an. »Das Drehbuch von Johannes wird ein Meisterwerk werden – und ich habe mich doch so drauf gefreut, die Kostüme für alle Zille-Figuren zu schneidern!«

Otto Guttentag zog die Augen zu schmalen Schlitzen zusammen. »Wenn Sie ein bisschen nett zu mir sind, können wir an anderer Stelle noch einmal in aller Ruhe über alles reden …«

Cilly wusste, was das hieß. Sie machte Anstalten aufzustehen.

Vierzehn

Gustav Budenstieg streifte durch Berlin. In seinem Kopf drehten sich die Gedanken. Pausenlos. Zu dumm, dass ihn die Menge am Andreasplatz zurückgehalten hatte, als er sich auf diesen Pinselheini hatte stürzen wollen! Budenstieg war so wütend gewesen, dass er ihn hätte umbringen können.

Er landete schließlich in Wannsee draußen. Wie war er überhaupt hierher gekommen? Egal. Gerade gab es ein großes Theater um einen Droschkenkutscher, das ihn ablenkte. Budenstiegs Kopf war wieder etwas freier, und er hörte, dass der Mann Gustav Hartmann hieß.

»Noch 'n Justav! Wo willen der hin mit seiner Droschke?«

»Bis nach Paris und wieder zurück.«

»Warum denn ditte?«

»Aus Protest gegen die Automobile.«

Budenstieg fand das verrückt und lief zurück zum Bahnhof. Nicht ohne einen gewissen Stolz kaufte er sich heute eine Fahrkarte. Stinkis Geld stank nicht. »Einmal Zwota Schlesischa Bahnhof!«

Dort angekommen, wollte er sich eigentlich auf die Suche nach Stinki machen, doch da stachen ihm an einer Litfaßsäule mehrere Zille-Plakate vom Märkischen Museum ins Auge. Der schon wieder! Abermals erfasste Budenstieg unbändige Wut. Er begann, die Plakate von der Säule zu reißen. Eines nach dem anderen zerfetzte er. Ein paar Männer fielen ihm in den Arm. Er stieß sie zurück. Man rief nach der Polizei. Die ersten Schutzmänner kamen die Madaistraße entlanggerannt. Budenstieg sah sie kommen und lief die Treppen im Bahnhof hinauf. An den Knipsern in ihren Wannen vorüber. Die schrien Zeter und Mordio, doch das kümmerte ihn nicht. Oben war gerade ein Zug in Richtung Zentrum abgefertigt worden. Budenstieg war behende genug, noch aufs Trittbrett zu springen. So fuhr er mit bis zur

Station Jannowitzbrücke. Dort sprang er ab und lief die Treppen hinunter. Lange lehnte er am Brückengeländer und sah auf das grauschwarze, schmutzige Wasser hinunter.

Unter ihm zog eine Zille ihre Bahn. Die Zille, der Zille. Er erinnerte sich an das Plakat vom Märkischen Museum. Die Ausstellung zu Zilles siebzigstem Geburtstag. Das Märkische Museum war hier gleich um die Ecke. Nüscht wie hin!

Es waren nur ein paar hundert Meter am Ufer entlang. Schon hatte er den Backsteinklotz des Museums vor Augen. Der Eingang war nicht leicht zu finden. Endlich riss er an der richtigen Tür. Er stürmte an Kasse und Kartenabreißer vorbei in den Saal mit den Zille-Zeichnungen. Jetzt gab es kein Halten mehr für Budenstieg. Er stürzte sich auf die Bilder wie ein hungriger Fuchs auf die Hühner im Stall.

Aufseher suchten ihn zu hindern. »Polizei! Schnell!«

Die Stadt Berlin hatte im Jahre 1869 das landwirtschaftliche Gut Dalldorf erstanden, um darauf die Städtische Irrenanstalt zu Dalldorf zu errichten. 1880 war sie dann mit zehn Kranken-Pavillons, einer Küche, einem Maschinenhaus, einer Wäscherei, einem Verwaltungsgebäude sowie mehreren Gärten und Werkstätten eröffnet worden. Die Einwohner Dalldorfs litten alsbald unter der gängigen Gleichsetzung von Dalldorf mit Irrenanstalt und setzten 25 Jahre später durch, dass ihr Ort umbenannt wurde – und zwar nach einem Gemeindevorsteher namens Witte. Die Berliner Verkehrsbetriebe waren inzwischen auf die Idee gekommen, die Berliner Nervenheilstätte in Dalldorf / Wittenau mit der in Herzberge durch eine Straßenbahnlinie zu verbinden, der 68. Deren Benutzung wurde scherzhaft jedem Mitmenschen empfohlen, bei dem ein »Dachschaden« zu vermuten war: »Mensch, fahr doch mit der 68, da kannste nich verkehrt fahren!«

Gustav Budenstieg hatte man nach Wittenau gebracht, wo die neurologischen und psychiatrischen Fachärzte Dr. Bösing und Dr. Wäscher mit der Anamnese befasst waren.

»Wie alt sind Sie?«, wollte Dr. Bösing wissen.

Budenstieg überlegte. »Ick bin mehrere Jahrhunderte alt.«

»Wie lange sind Sie schon bei uns?«

»Schon sehr lange. Wie lange, weeß ick nich. Nachts lösen se ma ja imma in Luft uff und bringen ma erst am Morjen zurück.«

Dr. Wäscher fixierte ihn. »Wer macht das?«

»Irgendeena. Ick bin nur 'ne Marionette und häng an Fäden, die aus'm Himmel komm'n. Wer se oben hält, weeß ick nich.«

»Wissen Sie, wer ich bin?«, fragte ihn Dr. Bösing.

Budenstieg begann zu lachen. »Der Doktor Zille. Ihr letzta Wille war eena mit 'ner Brille – der Doktor Zille.«

»Mein Name ist Doktor Doktor Bösing.«

»Der böse Ing. Det ist ja 'n Ding. Janz flink, 'n Wink. Eenen mit nem Zaunpfahl. Wat für 'ne Qual!«

Dr. Wäscher unterbrach die Kette. »Was haben Sie gegen Heinrich Zille?«

»Det is eijentlich Saftbacke. Der läuft jetzt nur als Zille rum.«

»Wer ist Saftbacke?«

»Det is die Sau, die ma ihre Stange hinten rinjesteckt hat! Inna Erziehungsanstalt damals.«

Dr. Bösing rief einen Pfleger herbei, um Budenstieg in sein Zimmer zurückbringen zu lassen. Als die beiden Ärzte allein waren, berieten sie sich.

»Seine Gedanken gehen wirre Wege«, stellte Dr. Bösing fest.

Dr. Wäscher versuchte es mit einer ersten Diagnose. »Alles deutet auf schizophrene Schübe hin.«

Der Kollege nickte. »Er hat Wahnvorstellungen und glaubt offensichtlich, dass Heinrich Zille ein Wiedergänger dieses Mannes ist, der sich an ihm vergangen hat.«

»Verfolgungswahn ist bei Budenstieg mit Sicherheit auch dabei.«

Die Ärzte berieten nun darüber, wie ihr Patient am besten zu behandeln war.

Schon im Jahre 1928 zählte Wittenau zu den fortschrittlichsten Nervenheilstätten. Wer von den Patienten arbeitsfähig war, konnte sich in verschiedenen Werkstätten und auf dem ausgedehnten

Gartengelände betätigen. Es gab gemeinsame Ausflüge und Feste von Ärzten, Pflegern und Patienten. Kranke konnten beurlaubt werden, auch Besuche von Angehörigen waren möglich.

Diesen Umstand sollte sich Gustav Budenstieg bald zunutze machen. Mit seiner Erfahrung war es ein Leichtes für ihn, einem Besucher seines Alters unauffällig auf die Toilette zu folgen und ihn dort niederzuschlagen. Wenige Minuten später trat er in der Kleidung dieses Mannes an die Pförtnerloge, tauschte lächelnd seine Besucherkarte gegen den Personalausweis seines Opfers ein und verabschiedete sich Richtung Oranienburger Straße.

Wo Zille wohnt, weiß ich ja, ging es Budenstieg durch den Kopf. Westend, Sophie-Charlotten-Straße Nr. 88. Er musste sich beeilen. Die Leute von der Irrenanstalt würden sicher bald nach ihm suchen. Also schnell in die Bahn und weg! An der Station Wittenau / Kremmener Bahn stieg er in den Zug und fuhr bis Gesundbrunnen. Auf der Badstraße gab es sicherlich einen Haushaltswarenladen, in dem er sich ein Messer kaufen konnte. Tatsächlich vergingen nur einige Minuten, bis Budenstieg ein solches Geschäft gefunden hatte. Er trat ein.

»Ick hätte jern een langet Messa.«

Der Verkäufer sah ihn an. »Wozu bitte?«

Budenstieg lachte. »Na, um een'n abzustechen!«

»Sie Komiker!«, rief der Verkäufer und lachte mit. »Sie woll'n also ihr eignet Schwein schlachten?«

Budenstieg hörte Schwein und nickte. Der Verkäufer sollte keinen Verdacht schöpfen. Schließlich bekam er ein Ausbeinmesser über den Ladentisch gereicht. Er prüfte die Spitze.

»Det nehm ick.«

Fünfzehn

Es war zum Verzweifeln. Johannes Banofsky hatte auch zwei Tage nach Erscheinen des Kowollek-Artikels im *Berliner Boulevard Blatt* noch immer keine Gewissheit darüber erlangen können, ob Max Liebermann und Hermann Frey wirklich falsche Zille-Bilder in Umlauf gebracht hatten. Zille selbst hatte zu Protokoll gegeben: »Det is ja wohl der jrößte Aprilscherz alla Zeiten!« Liebermann und Frey hatten durch ihre Anwälte verlauten lassen, sie würden Konrad Kowollek und das *BBB* wegen Verleumdung und übler Nachrede verklagen. Kowollek seinerseits hatte den Kollegen von der Presse jedoch eine gewisse Lieselotte Hippauch vorgestellt, die nachweislich bei Zille gewesen war, um seine Wohnung zu säubern und einige Einkäufe zu erledigen. Und die sagte aus: »Da hab ick jesehen, wie der Liebermann und der Frey nebenan jesessen und Bilda jemalt ham, wie se der Herr Professor Zille sonst malt. Det nehm ick uff mein'n Eid!«

Auch wollte Kowollek herausgefunden haben, dass es einen Zille-Imitator gab, Heinrich Zonzalla. Und der habe zugegeben, von Liebermann und Frey engagiert worden zu sein. Ob das stimmte?

»Das klingt alles sehr einleuchtend!«, war Cillys Kommentar.

Banofsky wollte es nicht glauben. »Warum sollten denn Liebermann und Frey ihren guten Ruf aufs Spiel setzen?«

»Um Zille zu helfen ...«

»... und die ganze Zille-Industrie am Laufen zu halten«, fügte Banofsky hinzu. »Auch Freundesliebe kann blind machen.«

Die große Frage war nun, ob die Öffentlichkeit diese Geschichte, sollte sie denn wahr sein, als hübschen Scherz ansah, der zum überdrehten Berlin und seinen verrückten Künstlern passte, oder eher forderte, Zille, Liebermann und Frey als Betrüger auf die Anklagebank zu setzen. Fast schien es Banofsky so, als würden die, die eine Bestrafung erwarteten, die Oberhand gewinnen.

Hatte er mit seinem Zille-Film größeren Erfolg, wenn Zille als Rechtsbrecher verurteilt wurde? Oder verzichtete Otto Guttentag darauf, den Film drehen zu lassen, weil Zille desavouiert war? Banofsky hörte schon die Leute sagen: »Wer weiß denn, ob Zilles alte Bilder alle echt sind?« Einige Kunsthistoriker, die Banofsky befragt hatte, hatten auf den Brauch alter Meister verwiesen, in ihrer Werkstatt junge Talente an die Staffelei zu stellen, dann nur noch ein paar Tupfer hinzufügen und das Ganze als eigenes Werk zu verkaufen. »Von den Bildern, die man Rembrandt zuschreibt, soll ein erheblicher Teil von anderen stammen.«

Möglich war also vieles. Banofsky versuchte, sich in den alternden Zille hineinzuversetzen. Sein Ruhm wuchs ins beinahe Unermessliche, während seine Einnahmen sich weiterhin in Grenzen hielten. Dabei brauchte Zille dringend Geld, um endlich in ein eigenes Haus mit einem ebenerdigen Zugang zu ziehen. Da er keine vier Treppen mehr steigen konnte, war seine Wohnung für ihn zum Gefängnis geworden.

Banofsky bewegte aber noch etwas anderes, etwas, das nichts mit dem Skandal zu tun hatte: seine eigene Unerfahrenheit in künstlerischen Fragen, abgesehen von seiner kurzen Tätigkeit als Museumsführer und seinem schnell abgebrochenen Studium der Kunstgeschichte. Um nun selbst einmal einen Skizzenblock in der Hand zu halten und an einer Staffelei zu stehen, hatte er sich bei der Malerin und Graphikerin Charlotte Thorausch zu einer Einzelstunde angemeldet.

Cilly fasste sich an die Stirn. »Langsam drehst du durch!«

Er lachte. »Wie soll man auch solch ein Drehbuch schreiben und dabei nicht durchdrehen? Aber es geht nicht anders, ich kann nur Zille sein, wenn ich einmal schwarze Kreide in der Hand gehalten …«

»… und einen Akt gemalt habe«, ergänzte Cilly den Satz. »Meinetwegen. Wer weiß, wozu es gut ist.«

Die Fasanenstraße machte etwas her. Ein prunkvolles Mietshaus stand neben dem anderen und demonstrierte, dass Berlin mehr zu bieten hatte als Zilles Milljöh. Banofsky, der am Hohenzollerndamm aus der U-Bahn gestiegen war, glaubte, durch eine fremde Stadt zu laufen – durch ein Nobelviertel in Wien, Paris oder Brüssel. Das Haus mit der Nummer 61 war zwischen Pariser und Ludwigkirchstraße gelegen und konnte als ganz besonderes Schmuckstück gelten. Dass sich hier in der ersten Etage die private Mal- und Zeichenschule von Charlotte Thorausch befinden sollte, erschien Banofsky mehr als unwahrscheinlich. Er musste sich in der Hausnummer geirrt haben. Zwar hatte er mit der Betreiberin telephoniert, sich aber die Adresse nicht aufgeschrieben. Doch da hing das Firmenschild! Banofsky atmete auf und trat in den Hausflur. Wie in einem Schloss sah es hier aus: Marmor, Putten, Wandgemälde, Spiegel, kunstvolle Arabesken, edle Hölzer. Banofsky hatte das Gefühl, in diesem Ambiente auf Zwergengröße zu schrumpfen. Wenn er da an seinen Hausflur in der Köpenicker Straße dachte, wo die Farbe von den Wänden blätterte und der Putz in Flatschen von der Decke fiel, wo sich der Schwarzschimmel breitgemacht hatte und alles furchtbar modrig roch …

Die steinerne Treppe, die nach oben führte, war mit einem Teppich ausgelegt. Fast tastend nahm Banofsky Stufe um Stufe. Nur nicht abrutschen und hinfallen! Neben der Eingangstür zur Mal- und Zeichenschule hing ein Reklamezettel: *Optimale Mappen-Vorbereitung*. Er ahnte, was damit gemeint war: Wollte man sich bei einer Hochschule bewerben, musste man dem Auswahlgremium eine Mappe mit seinen Zeichnungen präsentieren. Banofsky holte tief Luft und klingelte. Es verging gut eine halbe Minute, dann wurde die Wohnungstür geöffnet. Banofsky erblickte eine Dame von vielleicht vierzig Jahren, die so voluminös war, dass es ihm die Sprache verschlug. Dass sie ganz in Schwarz gekleidet war, änderte daran nichts.

»Ich weiß«, sagte die Dame, der seine Mimik nicht entgangen war, »ich gehöre eigentlich auf einen Rummelplatz. In eine Schaubude, wo man gern einen Groschen zahlt, um mich zu bestaunen.«

Banofsky holte einen Groschen aus der Manteltasche. »Hier, bitte! Dann darf ich eintreten?«

Sie lachte. »Ja, Sie sind richtig! Kommt das auch in Ihren Zille-Film rein?« Er hatte ihr am Telephon kurz davon erzählt.

»Mal sehen. Sie sind also Charlotte Thorausch?«

»Richtig. Und Sie sind der Johannes?«

»Ja. Der Johannes, der kann es. Oder besser gesagt, er kann es nicht. Ich meine das Zeichnen und Malen à la Heinrich Zille.«

»Wollen Sie auch seine Bilder fälschen und für viel Geld verkaufen?«, wollte Charlotte Thorausch wissen.

»Genau. Alles unter dem Vorwand, mich für die Arbeit an meinem Drehbuch besser in Zille hineinfinden zu können.«

»Dann treten Sie mal ein in meine heiligen Hallen!« Sie machte Platz, um ihn vorbeizulassen.

»Haben Sie denn schon ein Modell für mich bestellt?«, fragte Banofsky. »Zille hat ja auch früh mit der Aktmalerei begonnen.«

Sie lachte, als sie die Tür hinter ihm ins Schloss fallen ließ. »Ja, aber er hat mit Männern vorliebnehmen müssen, mit dem schönen Adolf.«

»Ich würde lieber mit einem weiblichen Akt beginnen.«

Charlotte Thorausch winkte ab. »Mich können Sie nicht nehmen, ich passe auf kein Bild rauf. Da quillt nur alles über den Rand.«

Ihr Humor und ihre Selbstironie gefielen Banofsky, und er fragte sich, was es wohl für ein Gefühl war, zwischen ihren Schenkeln zu liegen und umhüllt zu werden von ihrem weichen Fleisch. Darin zu versinken. Himmel oder Hölle – das war die Frage.

Sie kamen in Charlotte Thorauschs Atelier. So musste es auch bei Max Liebermann aussehen. Wenn Banofsky hingegen an Zilles vergleichsweise ärmliches Arbeits- und Allzweckzimmer dachte … »Es muss sich lohnen, privat das Zeichnen und Malen zu lehren.«

»In der Tat, es ist so, wie Fontane geschrieben hat: *Und das ist immer das Schlimme, dass die Menschen gerade die Passion haben, die sie nicht haben sollen*. Zum Glück für mich! Es gibt viele, die unbedingt Künstlerruhm ernten wollen und viel Geld dafür ausgeben, dass ich ihnen den Weg dahin weise.«

»Ich habe kein Geld und will nur ein wenig lernen, wie man sich präsentieren muss, wenn man als Heinrich Zille mit seinem Skizzenblock in der Mulackritze steht oder zu Hause an der Staffelei. Ich brauche das nicht nur für das Drehbuchschreiben, ich will auch als der Zille in den mittleren Jahren selbst in meinem Film mitspielen.«

»Schauspieler sind Sie auch?«

Banofsky verbeugte sich. »Ja, ich war sogar in *Die Verrufenen* auf der Leinwand zu sehen.«

»Ah, darum sind Sie mir gleich so bekannt vorgekommen! Sie sind also ein vielfältig zu verwendendes Talent?«

»Immer zu Diensten, Madame Thorausch!«

»Dann lassen Sie uns mal zur schwarzen Kreide greifen und Heinrich Zille nachempfinden!« Sie suchte in ihren Schubladen nach den passenden Utensilien. »Ich bin übrigens eine seiner größten Verehrerinnen und hoffe, von Ihnen mehr über Zille zu erfahren, als man üblicherweise in den Vorworten zu seinen Alben lesen kann.«

»Ich werde mir alle Mühe geben!«, versicherte Banofsky.

»Na, dann man los!« Sie drückte ihm ein Stück schwarzer Kreide in die Hand. »Wir beginnen mit dem Kleinen Einmaleins. Zuerst die Hand lockern, dann zeichnen Sie einen Strich – möglichst gerade und lang!«

Banofsky probierte es. Es wurde eine Schlangenlinie. Immer wieder. Endlich hatte er es geschafft.

»So, nun vier, fünf gerade Striche in waagerechter Richtung. Die kreuzen Sie dann mit schrägen Strichen! Anschließend zeichnen wir frei Hand Kreise und Ovale.«

Banofsky begann zu schwitzen. Diese Zille-Erfahrung hatte er sich ein wenig anders vorgestellt.

Nach zwei Stunden aber war er so mutig, zwei Berliner Schutzmänner zu skizzieren, die ein leichtes Mädchen abführten, das heftig protestierte. Zille hatte dieses Motiv einmal mit bunter Kreide gezeichnet, und Banofsky hatte alles genau im Gedächtnis.

»Sehr schön, das Motiv!«, fand Charlotte Thorausch. »Zwei

römische Legionäre rauben eine der Sabinerinnen. Banofsky, Sie sind sogar geringfügig besser als mein Neffe, aber der ist auch erst fünf.«

Charlotte Thorausch hatte einen schon etwas angegrauten Schüler, der in seiner Fabrik Metallzäune aller Art produzierte und damit reich geworden war. Einen großen Traum hatte er sich schon erfüllt: die Villa im Ortsteil Grunewald. Der andere sollte nun folgen: als Maler so berühmt zu werden, dass sich die wichtigsten Galerien der Stadt um seine Bilder rissen. Als Charlotte Thorausch ihn fragte, ob er ihr seinen Wagen samt Chauffeur einen Nachmittag lang für eine kleine Zille-Tour zur Verfügung stellen könne, zögerte er keine Sekunde.

So kam es, dass Banofsky in einem Maybach W 5 saß und bequem durch die Hauptstadt rollte.

»Unser 7-Liter-6-Zylinder-Motor hat 120 PS«, erklärte der Chauffeur.

Das interessierte Banofsky nur wenig. Wichtiger war für ihn die Frage, ob ihn Charlotte Thorausch, die im Fond neben ihm Platz genommen hatte, bei einer der nächsten Rechtskurven endgültig zerquetschen würde. Der Mann am Lenkrad hatte lange überlegt, wo und wie er sie platzieren sollte. »Pardon, gnädige Frau, ein Auto ist zwar kein Flugzeug, aber auch bei uns spielt die Trimmung eine gewisse Rolle.«

Sie waren vor ihrem Wohnhaus in der Fasanenstraße gestartet und nahmen nun Kurs auf die Bismarckstraße, um ihre Stadtrundfahrt am Bahnhof Westend zu beginnen. Bis dahin war Zeit, ein wenig zu plaudern.

»Seine Militärzeit haben Sie schon abgehakt?«, fragte Charlotte Thorausch.

»Ja, wenn auch nur kurz. Was ich mit Vadding und Korl machen soll, weiß ich noch nicht.«

»Das sind seine beiden Figuren, die sich im Krieg in Frankreich befinden?«

Banofsky nickte. »Ja. Aber so richtig gelungen erscheint mir das alles nicht. Sein Humor ist auf einem Schlachtfeld doch nicht angebracht, oder? Er mag als Heilmittel recht wirkungsvoll sein, aber es gibt auch Grenzen.«

»Dann lassen Sie doch Ihre Protagonisten genau das zum Ausdruck bringen!«, rief sie.

»Keine schlechte Idee.«

Als sie in die Sophie-Charlotten-Straße fuhren, kam Banofsky auf die Idee, Zille einen Besuch abzustatten. »Dann kann ich ihn gleich fragen, was es mit dem angeblichen Fälscherskandal wirklich auf sich hat. Wenn Sie mitkommen, wird er sich freuen!«

Als sie dann aber vor Zilles Wohnhaus hielten und Charlotte Thorausch erfuhr, dass er in der vierten Etage wohnte, schreckte sie schnell zurück. »Das schaffe ich nicht! Da müssten Sie für mich schon eine Seilwinde oder einen Kran bestellen. Außerdem leide ich unter Höhenangst.«

So stiefelte Banofsky allein nach oben und klingelte. Keine Reaktion. Er kannte Zilles Gewohnheit sich abzuschotten.

»Herr Zille, ich bin's, Johannes Banofsky! Ich wollte noch einmal wegen des Films mit Ihnen sprechen.«

Wieder nichts. Als Banofsky sich bückte, um einen Zettel aufzuheben, der auf dem Treppenabsatz lag, las er in Zilles typischer Druckschrift: *Kann nicht aufmachen! Bin tot!*

Banofsky musste zwar schmunzeln, war aber auch ein wenig gekränkt. Er hatte geglaubt, für den Alten doch ein wenig wichtiger zu sein.

Er stieg wieder nach unten, setzte sich zu Charlotte Thorausch ins Auto und begann, ihr sein Programm zu erläutern. »In vielen Szenen, im Film ›Bilder‹ genannt, sitzt Zille zu Hause in seiner Wohnung, arbeitet, trauert um seine frühverstorbene Frau, füttert seine Vögel oder empfängt seine Freunde. Das Reichsbahngelände gegenüber, der Bahnhof Westend, ist wichtig für ihn. Ich lasse ihn auch mal in der Villenkolonie dahinter spazieren gehen und jemanden treffen. Den Reichskanzlerplatz, wo Zille nach dem Umzug der Photographischen Gesellschaft gearbeitet hat, sollten wir uns unbedingt ansehen. Und anschließend …« Banofsky musste kurz nachdenken. »Am besten, wir fahren zum Alex und tauchen so richtig ein in sein Milljöh. Und dann …

Welche Orte sind in den Jahren 1907 bis 1919 noch wichtig für ihn?« Banofsky sah auf seinen Zettel. »Der Verlag der *Lustigen Blätter*, SW 68, das Rose-Theater in der Großen Frankfurter Straße, das Metropol-Theater, das Mossehaus in der Schützenstraße … und dann noch die Freibäder, die Rummelplätze, die Kneipen und Destillen. Im Aquarium will ich ihn auch einmal zeigen – und auf dem Tempelhofer Feld.«

»Sie hetzen die Filmleute ganz schön in Berlin herum!«, stellte Charlotte Thorausch fest.

»Wenn ich im Kino sitze, ist das etwas anderes als im Theater, wo die Kulissenschieber schon bei drei Spielorten Krämpfe kriegen.«

Bis zum frühen Abend wollten sie alles gesehen haben, was für Banofskys Drehbuch wichtig war. Doch schon auf der Fahrt nach Moabit, wo Banofsky Zille beim Kohlenarbeiterstreik von 1910 agieren lassen wollte, geschah das Malheur: Sie hatten hinten rechts einen Platten. Der Maybach hatte Charlotte Thorausch nicht standgehalten.

»Rufen Sie einen Lastwagen, um mich nach Hause zu fahren!«, bat sie den Chauffeur.

Johannes Banofsky: Drehbuch zum Zille-Film

IV Aufstieg, Weltkrieg, Tod seiner Frau (1907–1919)

81

1907 – Sophie-Charlotten-Straße und Gleise am Bahnhof Westend

Heinrich Zille tritt aus dem Mietshaus Sophie-Charlotten-Straße Nr. 88 und bleibt unschlüssig im Eingang stehen. Es schüttet wie aus Kübeln.

Seine Frau kommt ihm aus Richtung Spandauer Straße entgegen, eine Einkaufstasche in der Hand, eine Regenhaube über den Kopf gezogen. Sie ist erstaunt. »Nanu, du bist ja noch gar nicht los zur Arbeit. Ist dein kranker Magen wieder schlimmer geworden?«

»Nee, ick jeh jetzt ooch, sonst komm ick wirklich noch zu spät.«

»Viel Spaß dann!«

»Danke.« Zille sieht sie fragend an. »Und du?«

»Ich hab auf dem Markt alles bekommen. Gleich geh ich noch meine Freundin Anna besuchen. Die ist jetzt am Branitzer Platz in Stellung bei einem Professor.«

»Jut.« Er küsst sie auf die Wange.

Hulda Zille verschwindet im Haus. Heinrich Zille wartet einen Augenblick, bis der Regen etwas nachgelassen hat, dann wagt er sich auf den Bürgersteig hinaus. Einen Schirm hat er nicht bei sich. Er schlägt den Kragen seiner dunklen Jacke hoch. Mit müden, fast schlurfenden Schritten wendet er sich nach rechts und geht an der Häuserfront entlang. Nach nur wenigen Sekunden muss er stehenbleiben, um sich die Wassertropfen von der Brille zu wischen. Im Schaufenster einer Drogerie sieht er sich – und schreckt zurück. Zu sehr ähnelt er den Elendsgestalten, die er so oft gezeichnet hat.

Angewidert geht er über die Straße und nähert sich der Trasse der Ringbahn. Wenige hundert Meter von ihm entfernt liegt Richtung Norden der Bahnhof Westend. Dort wird gerade ein Dampfzug abgelassen. Zille steht jetzt direkt am Schotterbett, nur einen Schritt von den Schienen entfernt. Wir ahnen, was in ihm vorgeht, und befürchten das Schlimmste.

Doch er springt nicht. Der Zug rasselt vorüber. Zille wendet sich ab und stromert durch das Unterholz, entdeckt eine leere Blechbüchse und hebt sie auf. Findet er eine Raupe, wandert sie hinein. Ein Pfauenauge flattert herum. Als der Schmetterling sich auf ein Blatt setzt, versucht Zille, ihn zu fangen. Vergeblich. Als er dem davonfliegenden Tierchen hinterherjagt, stolpert er über etwas – nicht über den Stamm eines umgestürzten Baumes, sondern über den Leichnam eines Mannes. Zille beugt sich hinunter und liest, was auf dessen Manschette steht: *Forscht nicht! Mir war die Welt zu dunkel.* Zille läuft zur Straße und sucht nach einer Möglichkeit zu telephonieren. Mit ein paar Schritten ist er beim Zigarrenhändler. Er reißt die Ladentür auf.

»Schnell, die Polizei! Da drüben im Gebüsch liegt 'n Selbstmörder!«

Der Händler hat die Ruhe weg und murmelt: »Wenn er sich dadurch hat verbessern können.« Dann greift er zum schwarzen Telephon.

Zille tritt auf die Straße hinaus, geht dann aber noch einmal in den Laden zurück und lässt sich einen Bogen Papier geben.

Draußen steigen derweil zwei Beamte aus einem Kraftwagen. Offensichtlich sind sie von der Kriminalpolizei.

Zille führt sie zum Fundort der Leiche und bemüht sich, den Männern bei der Ermittlungsarbeit zu helfen. »Da an den Baum hat er einen Schirm jestellt, muss ein sehr ordnungsliebender Mensch gewesen sein. Und seine Stiefel sind janz mit Erde bedreckt – er ist wohl schon lange umhergelaufen, bevor er … sich verjiftet hat. Ne Schusswunde sehe ick nicht, und uffjehängt hat er sich ooch nich.«

»Sie sind nicht zufällig Ernst Gennat?«, fragt einer der Beamten.

»Nee.« Zille ist ein bisschen enttäuscht, nicht erkannt worden zu sein. Um den Beamten auf die richtige Spur zu bringen, aber auch aus purer Begeisterung für das Sujet fängt er an, den Selbstmörder zu zeichnen.

82

1907 – Straße in der Villenkolonie Westend

Es hat inzwischen aufgehört zu regnen. Hulda Zille geht eine Straße entlang, an der schon einige prächtige Villen errichtet worden sind, aber auch noch freie Bauplätze zur Verfügung stehen. Sie sucht nach der Hausnummer, die man ihr gegeben hat.

Da kommt ihr der bärtige Chef aus der Photographischen Gesellschaft entgegen, der uns schon im Bild 80 begegnet ist.

Hulda erkennt ihn und grüßt ihn höflich. »Guten Tag, Herr Habedank!«

»Guten Tag, Frau Zille!« Er zieht den Hut und will schnell weiter.

»Grüßen Sie meinen Mann schön von mir!«, ruft sie ihm hinterher.

Der Bärtige hört das mit Verblüffung und bleibt stehen, ärgerlich über diese Begegnung. »Da gibt es nichts mehr zu grüßen!«

Hulda Zille kam ihm nicht folgen. »Warum denn das?«

»Weil wir ihn schon vor drei Tagen entlassen haben.«

Sie ist fassungslos. »Davon hat er mir gar nichts gesagt!«

»Dann wissen Sie's jetzt.«

»Und warum ist er …«, würgt sie hervor. »Er war doch immer so fleißig und gewissenhaft.«

»Na und? Dafür hat er auch eine Menge Geld nach Hause getragen. Wir sind schließlich keine Versorgungsanstalt!«

Hulda Zille bricht in Tränen aus. »Wenn er arbeitslos ist, können wir uns bald aufhängen. Am besten da drüben am Zaun von Ihrer Villa!«

Der Bärtige lächelt. »Damit treffen Sie mich nicht. In der Villa wohne ich nicht selbst, die habe ich vermietet.«

83
1907 – Wohnung Zille, Sophie-Charlotten-Straße Nr. 88

Heinrich Zille liegt apathisch auf dem Sofa und starrt an die Zimmerdecke. Hulda kommt herein. Mit ihr zusammen die Tochter Margarete, jetzt schon 23 Jahre alt, und die Söhne Hans, 19, und Walter, 16.

Zille hebt den Kopf. »Watten jetzt? Treten alle schon an mein Sterbebette?«

Hulda fixiert ihn. »Warum hast du mir nicht die Wahrheit gesagt?«

»Welche Wahrheit?«

»Dass die Photographische Gesellschaft dich entlassen hat.«

Zille schließt die Augen, weil sie sich mit Tränen zu füllen beginnen. »Weil ick euch die Wahrheit ersparen wollte. Darum hab ick det mit dem kranken Majen vorjetäuscht.«

»Vater«, ruft Hans, »arbeitslos zu sein ist doch keine Schande! Hunderttausende von ehrbaren Menschen haben heutzutage keine Arbeit.«

»Ick weeß, wie det is. Mein Vata war jahrelang arbeitslos.« Zille richtet sich auf. »Na schön, basteln wa hier alle Tintenwischa und Nadelkissen wie früha inna Andreasstraße, und ick jeh die dann vakoof'n. Mein letzta Wille is'n Tintenwischa frisch von Zille.«

Draußen wird am Klingelzug gerissen. Hulda eilt auf den Flur und öffnet. Wir hören Stimmen, und wenig später treten August Gaul, August Kraus und Dr. Heilborn ins Zimmer.

»Herzlichen Glückwunsch!«, rufen sie ihm Chor.

Zille lässt die rechte Hand vor der Stirn kreisen. »Seid ihr alle drei plemplem?«

»Nein, durchaus nicht!«, ruft Gaul. »Wir drei – und übrigens auch Fritz Klimsch und Theodor Heine –, wir freuen uns, den Künstler Heinrich Zille frei vom Joch der Ausbeutung zu wissen, das ihn vom eigentlichen Schaffen nur fernhielt. Warum ist dir das bloß nicht schon früher passiert?«

»Lieber Heinrich«, fügt Dr. Heilborn hinzu, »begreife diese Entlassung als ein Geschenk des Himmels und werde endlich der, der du sein kannst!«

84
1907 – Straßen in Stadtvierteln des fünften Standes

Eine Fortsetzung des Bildes 69. Zille flaniert wieder durch die Straßen, in denen die kleinen Leute zu Hause sind, und sucht nach Motiven. Bekleidet ist er mit einem Havelock – einem Herrenmantel mit einem Überwurf, der bis zum Ellbogen reicht – und einem ehemals schwarzen, jetzt grünlich schimmernden Schlapphut. Dazu schleppt er einen Spazierstock mit sich herum, dessen Knauf ein kleiner Bär aus Bronze ist, eine Schöpfung seines Freundes August Gaul.

Nach einigen hundert Metern stößt Zille auf die stadtbekannte Harfenjule, hört zu, wie sie singt, und zeichnet sie dabei.

»Ick bin die Harfenjule mit jroßem Pompadur, / in janz Berlin und Rixdorf spiel ick die Harfe nur!«

Zille steckt ihr ein paar Münzen zu, dann geht er weiter.

Vor einem heruntergekommenen Mietshaus sitzen zwei alte Männer, ein Blinder und ein Lahmer mit einer Krücke in der Hand, auf klapprigen Stühlen und unterhalten sich. Zille skizziert sie und notiert sich ihren Dialog: »Meene Olle schwärmt ja so vom Jrunewald.« – »Uns kann's jleich sein von wejen Jrunewald, du kannst nischt sehn, un' ick nich loofen!«

Auf der Bank daneben haben sich zwei außerordentlich korpulente Frauen niedergelassen, beide gerade Mutter geworden. Ihre Kinder halten sie auf dem Schoß. Das eine Kind, ein Mädchen, schreit wie am Spieß. »Willste ihr nich die Brust jehm?«, fragt die eine. Antwortet die andere: »Lass se doch schrein, dann kricht se 'ne jroße Lunge und wird Sängerin.«

Eine junge Frau mit einem umgehängten Bauchladen, in dem viele mit Nuckeln versehene Milchflaschen zu sehen sind, kommt auf sie zu. »Milchflaschen! Ersatz für Muttermilch!« – »Brauchen wa nich, wir ham unsere eijene Fabrik, wo wa allet umsonst krijen.«

Zille setzt seinen Spaziergang fort. Ein Stückchen weiter planschen Jören, »Stücka« zehn werden es sein, in einer Pfütze, die vom letzten Regen übrig geblieben ist. Kommt ein etwas vornehmeres Mädchen dazu. »Det saje ick meina Mutta, det ihr in det

Die Harfenjule
»Einst spielt ich mit Szepter, mit Krone und Stern. –«

Dreckwassa hier badet. Da kann man krank von wer'n!« Sagt die Kesseste lachend: »Sag et doch deine Mutter! Hast ja jar keene! Du bist ja der Fehltritt deiner Tante.«

Tauchen zwei Steppkes auf, die in der Ferne einen Sprengwagen sehen. »Mutter sacht, wir brauchen nich nach Schmöckwitz raus anne Badewiese fahr'n, wir können ooch hier uff da Straße in't Wassa planschen. Det kostet keen Fahrjeld.«

Köstlich war auch ein Dialog zwischen einer Zehnjährigen und ihrer Mutter. »Mutta, wat kochste heute?« – »Wäsche, du Dämlack!« – »Schmeckt'n det jut?«

Zille geht weiter. Schon immer war er am Leben in den Hinterhöfen interessiert. Jetzt gelangt er durch eine Toreinfahrt. An der Klopfstange steht ein dralles Dienstmädchen und drischt mit dem Teppichklopfer aus Rattan auf eine sogenannte Brücke ein. »Det is aber heftig!«, ruft Zille. Antwortet die junge Frau: »Wenn ick so die Olle verkloppen könnte!«

Ein Mädchen tröstet seine kleine Schwester und ruft dann in ein offenstehendes Parterrefenster hinein: »Mutta, jib doch die zwee Blumentöppe raus, Lieschen sitzt so jerne ins Jrüne!«

Zille verlässt den Hof und spaziert wieder die Straßen entlang. Vor einer Destille stehen ein paar Suffköppe und schimpfen. »Wenn se nu ooch noch den Schnaps verteiern, denn kenn' wir janz verhungern!«

Vor dem Eingang eines Kohlenkellers stehen zwei nicht eben hübsche Frauen mittleren Alters, völlig ins Gespräch vertieft. Sagt die eine: »Wenn ick jewußt hätte, wie ick aussehe, dann hätt ick mir nich' lassen uff die Welt komm'!« Die andere stellt aufmunternd fest: »Nee, Sie, wenn Se würklich hässlich wär'n, denn hätten Se nich schon fünf Kinda von dem Herrn Jerichtsvollzieha, da wo Se Wirtschafterin sind. Seit Ewijkeiten sind Se nu schon bei dem. Warum heiraten Se den Mann denn nich?« Antwortet die Erste: »Nee, wissen Se, er is mir nich sympathisch.«

Auch die andere hat ihre Probleme. »Meine Älteste, die Helene, hat sich jestan Nacht von so eem Kerl bezirzen lassen. ›Det is ja ne nette Jeschichte‹, sach ick heute morjen zu ihr. ›Und nu, wie heeßt er denn?‹ Antwortet se mir: ›Keene Ahnung, da hab ick jar nich

Badegespräche
»Sag et doch deine Mutter! Hast ja jar keene!
Du bist ja der Fehltritt deiner Tante!«

nach jefragt.‹ Da is ma jlatt die Spucke wegjeblieb'n. ›Aba Lene!‹, hab ick jesacht. ›Als jebildetet Meechen frächt man doch: Und mit wem hatte ick die Ehre?‹«

Zwei Jungen kommen auf die beiden Frauen zu. Der eine scheint der Sohn der vermeintlich Hässlichen zu sein und spricht sie an. »Mutta, kann ick ne Stulle ham?« – »Wat? Ne Stulle willste? Ne Backpfeife kannst krieg'n – und dann ab durch die Mitte!«

Die beiden Knaben gehen weiter, Zille folgt ihnen unauffällig und lauscht ihrer Unterhaltung. »Orje, weeßte, wie man keene Flöhe kriegt?« – »Nee, wie denn?« – »Man muss daneben jreifen, wenn man se fang'n will.«

Auch der andere Junge hat etwas zu der Unterhaltung beizusteuern. »Der Leutnant, wo meim Vata da inne Kaserne is, det is een ›von‹.« – »Ick bin ooch von.« – »Jloob ick nich!« – »Doch! Mutta weeß bloß nich, von wem.«

Zille geht weiter und landet schließlich am Ringbahnhof Schönhauser Allee, wo sein Freund Dr. Adolf Heilborn gerade nach einer Droschke Ausschau hält.

»Na?«, fragt Zille. »Uff'm Weg zu eem sterbenskranken Patzjenten?«

»Nein, nur zum Essen nach Hause. Ich komme gerade von einer Familie, wo in der Nacht ein kleiner Junge an Diphterie gestorben ist. Nun wollte ich nach den anderen drei Kindern sehen. Die Mutter war nicht zu Hause. Da frage ich die Geschwister, wo denn ihr verstorbenes Brüderchen sei. Kommt die Antwort: ›Ach, Herr Doktor, Mutta is wegjejang'n und hat den Hans in de Kommode einjeschlossen. Wir soll'n nich mit ihm spiel'n.‹« Er sieht Zille an. »Das wäre doch für dich was zum Zeichnen gewesen, nicht wahr?«

Zille winkt ab. »Det is schlimm, det ick so ville zeichnen muss. Aba det kommt wohl daher, det ick selba 'n Jezeichneta bin. Vom Leben.«

»So schlecht, dass du dich vor den Zug werfen musst, ist es nun auch wieder nicht!«

»Jenau, wenn ick mich schon werfe, dann hinta den fahrenden Zuch. Aba am besten, ick setze ma rin und fahre nach Hause.«

85

1908 – Wohnung Zille, Sophie-Charlotten-Straße Nr. 88

Zille liegt allein im Ehebett und schnorchelt friedlich vor sich hin. Es wird langsam Morgen. Ein wenig Helligkeit dringt durch die Vorhänge. Die Kamera schwenkt auf einen Abreißkalender. Der zeigt an: Freitag, 10. Januar 1908.

In der Tür zum Schlafzimmer erscheinen seine Frau und die drei Kinder. Hulda trägt mit beiden Händen ein Tablett, auf dem eine Riesentorte steht. In deren Mitte entdecken wir eine 50. Ebenso viele kleine Kerzen flackern heftig. Als die vier vor Zilles Bett angekommen sind, beginnen sie zu singen: »Hoch soll er leben, / hoch soll er leben, / dreimal hoch!«

»Herzlichen Glückwunsch zum Fünfzigsten, lieber Heinrich, lieber Vater! Und für die nächsten fünfzig Jahre wünschen wir dir viel Glück, Gesundheit und Schaffenskraft!«

Zille fährt auf und braucht ein paar Wimpernschläge, um zu begreifen, was vor sich geht. »Herzlichen Dank ooch, meine Lieben, detta alle zu meina Beerdijung gekomm'n seid.«

»Heinrich, das ist dein fünfzigster Geburtstag!«, ruft seine Frau.

Zille reibt sich die Augen. »Ach so. Dann is ja jut. Feian wa mal schön! Sind die andern ooch schon alle da?«

Hans verneint das. »Die hast du doch alle für heute Abend zu Tübbecke eingeladen.«

86

1908 – Wirtshaus von Julius Tübbecke in Stralau

An altbekannter Stätte haben sich versammelt: Heinrich Zille mit Frau Hulda und den Kindern Margarete, Hans und Walter, dazu seine Mutter und sein Vater. Von den Freunden und Kollegen sehen wir an der langen Tafel: Dr. Heilborn. Dr. Lautenschläger, Max Liebermann, August Kraus, August Gaul und Fritz Klimsch.

Max Liebermann klopft mit dem Messer gegen sein Weinglas und beginnt mit einer kleinen Rede. »Mein lieber und hochverehrter Heinrich Zille! Keine Kunst ist leichter zu verstehen als die Ihrige, auch wenn Ihre Bilder durchaus nichts Vergnügliches zeigen. Im Gegenteil, Tausende werden im wahren Leben achtlos oder mit Abscheu an den Szenen vorbeigehen, die Sie in Ihren Zeichnungen festhalten. Sie dagegen lassen sich von ihnen tief bewegen. Mitleid regt sich in Ihnen, aber Sie beeilen sich, wie Figaro sagt, darüber zu lachen, um nicht gezwungen zu sein, darüber zu weinen. Wir spüren die Tränen hinter Ihrem Lachen. Alle Berliner sind glücklich, Sie zu haben. Nur weiter so! Wir erhoffen uns noch sehr viel von Ihnen, damit die Welt einmal besser sein wird, als sie es heute ist.« Liebermann hebt sein Glas. »Es soll erschallen in jeder Destille, / ein dreifaches Hoch auf unseren so trefflichen Heinrich Zille!«

Alle erheben sich, stoßen mit dem Geburtstagskind an und wünschen ihm das Allerbeste.

Der alte Tübbecke kommt hinter dem Tresen hervor, eine eingerahmte Zille-Zeichnung in der Hand. »Die hab ick jekooft, und die bekommt jetzt hier bei mir anne Wand 'nen Ehrenplatz. Der Najel ist schon einjeschlachen.« Unter dem Beifall der Geburtstagsgäste hängt er die Zeichnung auf.

»Da bin ick ja jerührt wie Appelmus!« Zille steht auf und umarmt Tübbecke. »Det hab ick mir damals ooch nich träumen lassen, als ick mit meine Berlin-Besucha hier war.«

Zille tritt vor das Wirtshaus, wo sein Vater steht und in die Nacht blickt.

»Ach, ist das alles schon ewig her«, sagt der Vater. »1872 haben wir uns da drüben in Rummelsburg unser Grundstück gekauft und angefangen zu bauen.«

»Und neun Jahre späta bin ick mit Hulda herjezogen. In die Kellawohnung am Grenzwech. Und '87 sind wa dann in die Türrschmidtstraße umjezochen. Lang, lang is' her, üba zwanzich Jahre nu schon.«

»Und was werden wir in zwanzig Jahre ham? Das weiß kein Mensch.«

Zille lacht. »Doch, icke: 1928. Ob ick da noch lebe?«

Dr. Heilborn ist aus dem Haus gekommen und hat das mit angehört. Er schlägt Heinrich Zille auf die Schulter. »Bestimmt! Und wenn nicht, bist du bis dahin unsterblich geworden.«

»Deine Eltern leider nicht«, murmelt der Vater.

87

1908 – Traugott und Ernestine Zilles Haus in Rummelsburg

Ernestine Zille liegt auf dem Sterbebett. Sie hat die Augen geschlossen und atmet nur noch schwach. Dr. Heilborn fühlt ihren Puls. Der Vater, Heinrich und seine Schwester Fanny kommen herein. Ihre fragenden Blicke gehen zum Arzt. Der schüttelt den Kopf und verlässt den Raum. Die drei engsten Angehörigen rücken Stühle heran und setzen sich. Erst schweigen sie, dann kommen beim Vater die Erinnerungen hoch.

»Weißt du noch, unser Haus in Radeburg, wo Heinrich auf die Welt gekommen ist? Dann meine Haftzeit in Dresden. Das tut mir jetzt noch leid! Danach Potschappel … Dein Vater, auch ein Traugott … wie er als Bergmann geschuftet hat … der Kohlestaub in der Lunge … Manchmal hatten wir nichts zu essen und sind dann in die Garküche gegangen, Kietzel essen, Katze … Wenigstens einmal in der Woche Fleisch. Und im November '87 sind wir dann nach Berlin gekommen. Ohne dich wären wir da vor die Hunde gegangen.«

Heinrich Zille nimmt die Hände seiner Mutter. »Wat du allet jetan hast für uns … Dank, tausend Dank, Mutta!«

Ihm kommen die Tränen, er muss abbrechen.

88

1908 – U-Bahnhof Reichskanzlerplatz

Wir haben den 29. März 1908. Der Bahnhof ist festlich geschmückt, denn heute wird die Strecke Bismarckstraße–Sophie-Charlotte-Platz–Kaiserdamm–Reichskanzlerplatz feierlich eröffnet. Die Kamera zeigt groß diesen Teil des Linienplans.

Heinrich Zille und August Gaul stehen inmitten einer erwartungsfrohen Menge und warten auf den ersten Zug.

»Nu könn' meene alten Kollejen vonna Photographischen Jesellschaft endlich ooch mit der U-Bahn zur Arbeit fahren«, merkt Zille an, nicht ohne eine gewisse Bitterkeit.

»Lass mal!«, sagt August Gaul. »Diese Armleuchter von Kapitalisten haben so einen wie dich gar nicht verdient.«

Beide bewundern die farbigen keramischen Platten, die an den Hintergleiswänden angebracht sind.

»Det macht schon wat her!«, findet Heinrich Zille. »Da bin ick richtich platt, wenn ick die Platten hier so sehe.«

»Die kommen auch aus den Königlichen Majolika-Werkstätten in Cadinen«, weiß August Gaul zu berichten. »Der Kaiser soll sein Wohlgefallen an ihnen gefunden haben, als er vor vierzehn Tagen hier gewesen ist, bei der sogenannten Kaiserfahrt.«

»Vor sechs Jahren hat er nich mitjemacht, da hatten wa nur die Ministerfahrt. Aba komisch ist det schon, hier am Reichskanzlerplatz hätte doch eijentlich der Fürst von Bülow ufftreten müssen, der is doch schließlich Reichskanzler.«

Der erste mit Girlanden geschmückte Zug kommt aus dem Tunnel. Die Menge jubelt.

»Mit uns zugt die neue Zeit«, merkt Zille an. »Wandavöjel, alle in die U-Bahn rin!«

»Fährst du heute noch auf der neuen Strecke?«

»Ja, jleich nachher zu den *Lustigen Blättern*. Der Doktor Eysler will 'n janzen Band von mir untat Volk bringen.«

89

1908 – Im Verlag der »Lustigen Blätter«, Berlin SW 68

Der Verleger Dr. Otto Eysler begrüßt Heinrich Zille in der Tür seines Büros.

»Willkommen im Verlag! Sie wissen ja sicherlich, daß die *Lustigen Blätter* 1888 von Alexander Moszkowski gegründet worden sind, als Zeitschrift für Karikatur und Satire. Manche bezeichnen uns als das schönste bunte Witzblatt Deutschlands. Das mag abwertend gemeint sein, könnte aber auch dem Neid der Konkurrenten entspringen, und das freut mich, denn Neid ist nun mal eine hohe Form der Anerkennung. Aber kommen Sie, nehmen Sie Platz!«

Heinrich Zille kommt dieser Aufforderung nach und geht dann mit dem Verleger alle Zeichnungen durch, die veröffentlicht werden sollen.

Dr. Otto Eysler greift zu seinen Unterlagen. »So, lieber Herr Zille, demnächst erscheint bei uns unter der Überschrift *Berliner Rangen* ein Quart-Album mit 35 Original-Zeichnungen von Ihnen, darunter elf in feinstem Farbdruck.«

»Det is ja primstens, Herr Doktor Eysler! Und det allet für nur fuffzig Pfennige, wie ick jrade sehe.«

Dr. Eysler lacht. »Das ist der Preis des Albums, nicht Ihr Honorar.«

»Denn bin ick ja beruhijt.«

»Sehen wir uns Ihre Zeichnungen mal an!«

Die Kamera zeigt groß drei Zeichnungen. Zille liest die Texte vor, die er dazu verfasst hat.

Kellerbewohner. Zwei Kinder, Junge und Mädchen, ziehen auf einem kleinen Wägelchen eine tote Ratte hinter sich her. *»Wir haben ihr nischt getan. Vata sagt, det war ihr bei uns zu feicht.«*

Dr. Eysler nickt. »Sehr schön. Aber sollten wir nicht lieber nüscht statt nischt schreiben?«

»Ach, det is doch jehupft wie jesprungen!«

»Aber die Berliner sagen doch auch Fülm statt Film und Mülch statt Milch.«

»Na jut.«

Frische Wurst. Ein Mädchen trägt mit beiden Händen eine riesengroße Tasse mit dampfender Milch vor sich her. Hinter ihr geht ein nicht gerade unterernährter Knabe, der in beiden Händen ein großes Brot hält. Zille kommentiert auch dies. *»Wenn dir's zu schwer is, Mieze, ick kann dir ja wat abtrinken.«*

Dr. Eysler sagt: »Das ist harmlos und wird keinen aufregen.«

Zille verzieht ein wenig das Gesicht. »Wenn's denn den Umsatz hebt.«

Drücken musste !

Mannbarkeitsprobe. Ein Junge, der nicht einmal zehn Jahre alt ist, hält in der linken Hand eine qualmende Zigarette und stößt großspurig Rauch in die Luft. Ein Mädchen desselben Alters sieht ihm dabei zu. *»Det mit dem Lungenzug haste fein raus, warste aber ooch schon mal richtig besoffen?«*

Dr. Eysler klatscht in die Hände. »Wunderbar! Dann lese ich Ihnen mal vor, was wir als Reklametext vorgesehen haben: *Wer Kinder hat und Kinder liebt, dem wird besonderer Genuss geboten in den drastischen, mit köstlichem Humor gezeichneten Kinderszenen dieses farbenprächtigen Albums. Zille ist schon längst als einer der eigenartigsten Künstler unserer Zeit bekannt …«*

Zille geht dazwischen. »Eijenartich klingt so bisschen nach schrullig, als ob eena 'ne Macke hätte.«

Dr. Eysler beruhigt ihn. »Es ist aber hier im Sinne von einzigartig gemeint.«

»Na jut.«

Der Verleger fährt fort: *»… bekannt, aber selbst seine eifrigsten Verehrer werden überrascht sein von den gemütvollen und doch treffenden Darstellungen, die aus jedem Blatte dieses Albums sprechen. Nur wenig Menschen dürfte es geben, die bei den vielen überaus gelungenen Szenen nicht in schallendes Gelächter ausbrechen …«*

»Bessa, sie brechen in Jelächter aus als aus'm Jefängnis.« Zille wird etwas unruhig. »Apropos brechen, ick müsste bald mal uffbrechen, weil ick mit Aujust Gaul und Aujust Kraus zu 'ner kleenen Kahnfahrt uff'm Schlachtensee vaabredet bin.«

90
1908 – Sommerabend am Schlachtensee

Heinrich Zille steht mit August Gaul am Schlachtensee. Sie sehen zum Bahnhof hinauf.

Gaul ist ein wenig ungeduldig. »Wo der August nur bleibt?«

Zille lacht. »Wat soll die Fraje? Wir ham doch erst den 24. Juli. Nächste Woche kommta bestimmt.«

»Du vergisst, dass ich auch ein August bin – und trotzdem schon hier stehe.«

»Stimmt ooch wieda. Wenn de recht hast, haste recht. Denn jenießen wa eben noch ’n bisschen den Sonnenunterjang.«

Gaul nickt. »Machen wir.«

Sie gehen ein paar Schritte zum Ufer hinunter und kommen auf eine kleine Landzunge. Im Westen geht die Sonne unter. Der rotglühende Ball scheint auf den Wipfeln der Kiefern zu liegen.

»Hier muss der Leistikow jestanden haben«, sagt Zille.

»Das könnte sein. Sieht aus wie auf seinem Bild *Abendstimmung am Schlachtensee*. Aber auch *Märkischer See bei Sonnenuntergang* wäre möglich.«

»Frajen wa’n mal, wenn wir ihn sehen«, schlägt Zille vor.

»Er scheint ja immer kränker zu werden. Seine Syphilis.«

»Ach du Scheiße!«, entfährt es Zille. »’s is ’n prima Kerl. Als ick in die Secession uffjenommen werden wollte, hat er mit Ja jestimmt.«

Auch Gaul erinnert sich nun. »Ich weiß noch, wie ihn Anton von Werner von der Königlichen Kunstakademie verwiesen hat – wegen Tatenlosigkeit. Und Wilhelm II. mag seine Bilder gar nicht und soll einmal gesagt haben: Er hat mir den ganzen Grunewald versaut!«

»Da is meine Hulda det jenaue Jejenteil, die schwärmt in eena Tour von seinen Sammelbildern bei Stollwerck. Riesije Mengen Schokolade ham wa deswegen schon jekooft.«

Sie schweigen einen Augenblick, versunken in den wunderschönen Sonnenuntergang. Da kommt August Kraus vom Bahnhof her auf sie zu.

Gaul sieht ihn tadelnd an. »Spät kommt Ihr – doch Ihr kommt!«

»Entschuldigung, aber … Ich war noch bei der Secession. Wir müssen uns um eine Beerdigung kümmern.«

»Wie? Was?«, ruft Gaul.

»Walter Leistikow ist tot! Er hat sich erschossen.«

Alle drei sind betroffen.

»Wir beede hatten unsre Jedenkminute schon«, sagt Zille schließlich. »Nu könnte ja ooch mal Schluss sein mit den janzen Trauerfeijan!«

91
1909 – Städtischer Friedhof Rummelsburg

Ein vergleichsweise kurzer Trauerzug zieht von der Kapelle zum ausgehobenen Grab. In der ersten Reihe sehen wir Heinrich Zille mit seiner Frau und den drei Kindern. Ihnen folgen weitere Anverwandte des Verstorbenen. Auch die engsten Freunde Heinrich Zilles sind gekommen: August Gaul, August Kraus, Dr. Heilborn und Dr. Lautenschläger. Der Zug erreicht das ausgehobene Grab. Die Friedhofsarbeiter heben den Sarg vom Wägelchen und senken ihn in die Erde.

Der Pfarrer tritt heran und spricht die zeremoniellen Worte. »Nachdem Gott, der Herr über Leben und Tod, unseren Bruder in Christus, Johann Traugott Zille, aus diesem Leben abberufen hat, legen wir seinen Leib in Gottes Acker. Herr, voller Vertrauen auf deine Liebe und Barmherzigkeit nehmen wir Abschied von ihm. Herr, du bringst Leben hervor und nimmst es wieder auf.« Es folgt der dreimalige Erdwurf. »Aus der Erde sind wir genommen, zu Erde sollen wir wieder werden. Erde zu Erde, Asche zu Asche, Staub zu Staub.«

Zille murmelt: »Jetzt bin ick ooch Vollwaise.«

»Aber Waisenrente bekommst du keine, du wirst weiter jeden Tag fleißig zeichnen müssen«, flüstert August Gaul ihm zu.

92
1909 – Größere Buchhandlung

Wir sehen Hermann Frey, Walter Kollo und Claire Waldoff. Die drei stehen an einem Regal, in dem die schon verlegten Alben von Heinrich Zille gestapelt sind, und diskutieren über sie. Durch ein Gespräch zwischen dem Buchhändler, einem Herren mit wehender Künstlermähne, und einer neugierigen Kundin, die mehr an Klatsch und Tratsch denn an Bildung interessiert ist, erfahren wir mehr über die drei.

Die Kundin tritt dicht an den Buchhändler heran, der auf einer

Leiter steht, und flüstert hinauf: »Sie, Herr Kiepert, wer sind'n die drei da? Die kenn ich aus der Zeitung.«

Der Buchhändler kommt ein paar Stufen zu ihr herunter. »Der etwas korpulentere Herr ist Hermann Frey, und der Herr daneben Walter Kollo. Der eine hat den Text geschrieben, der andere die Musik dazu.« Er sieht die Kundin nach Art eines Oberlehrers prüfend an. »Na, wozu?«

Die Augen der Kundin leuchten auf, und sie beginnt zu singen: »*Komm, hilf mir mal die Rolle drehn, du bist so dick und stramm ...*«

Frey und Kollo hören das, schmunzeln und winken herüber.

Die Kundin ist entzückt und fragt weiter. »Und wer ist die Frau, die zwischen ihnen steht?«

»So dramatisch würde ich das nicht ausdrücken, denn sie sind meines Wissens alle drei nur beruflich miteinander verbunden. Die junge Frau, das ist Claire Waldoff. Die ist aus Gelsenkirchen nach Berlin gekommen und singt im Kabarett Chansons. Frey und Kollo haben für sie *Das Schmackeduzchen* geschrieben.«

»Das kenn ich doch!« Wieder fängt die Kundin an zu singen: »*Ein schlankes Schmackeduzchen stand im See nah an des Ufers Rand ...*«

Die Kamera schwenkt nun herum und konzentriert sich auf Hermann Frey, Walter Kollo und die Waldoff. Walter Kollo hält Zilles Mappenwerk *Zwölf Künstler-Drucke* (zwei Radierungen und zehn Heliogravüren auf Kupferdruckkarton) in der Hand und blättert darin. Wir sehen die Werke *Der späte Schlafbursche, Geburtstag (Festtag im Hause Stübbecke), Vorstadt-Tingel-Tangel* und, als Kollo die Mappe wieder zuklappt, ein Bild mit einem Maler, wohl Zille selbst, der in einem engen Atelier bei der Arbeit ist und eine nackte Dralle zeichnet, die vor dem Fenster steht. Der Blick nach draußen zeigt im Hintergrund den Berliner Dom.

»Oh!«, ruft Claire Waldoff und ist von der gezeichneten Dame offenbar sehr angetan.

Walter Kollo hält ihr das Mappenwerk hin. »Hier, willst du's kaufen?«

Claire Waldoff wehrt ab. »Woher soll ich das Geld dafür haben?«

»Dann her damit!« Hermann Frey nimmt Walter Kollo den dicken Bildband aus der Hand. »Kaufen wir diesem Zille mal was ab, der wird's im Leben schwer genug haben!«

93

1909 – Büro eines Chefredakteurs

Wir sehen Heinrich Zille in den Räumen einer bürgerlichen Zeitung.

Der Chefredakteur betrachtet eine Zeichnung Zilles, auf der eine verhärmte Mutter zu sehen ist, die mit ihrem Kind im Arm in selbstmörderischer Absicht eine Uferböschung hinunterläuft. *Ins Wasser* lautet der Titel, und darunter steht: *»Mutta, is ooch nich kalt?« – »Laß man, die Fische leben immer drin!«*

»Sosehr ich Sie als Künstler schätze, Herr Zille, aber so etwas kann ich doch meinen Lesern nicht zumuten! Wenn Sie das nach Feierabend für sich selbst geschaffen haben, dann mag das angehen, aber wenn Sie von Ihrer Kunst leben wollen, müssen Sie sich umstellen und das zu Papier bringen, was unseren Bedürfnissen entspricht! Wir brauchen etwas, das auf spezielle Tagesereignisse eingeht und sich damit für unseren Kalender verwenden lässt. Im Sommer Motive vom Baden und vom Schrebergarten und im Winter Bilder von der Rodel- und der Eisbahn und natürlich vom Weihnachtsmarkt. Machen Sie sich vor allem immer wieder bewusst, dass wir unsere Leser amüsieren und nicht beunruhigen wollen! Also, zeichnen Sie keine körperlichen Gebrechen, keine schwangeren Frauen, keine krummbeinigen Kinder, keine Dirnen, keine Zuhälter, keine Bettler, keine …«

Zille ringt die Hände. »Und det in Berlin! Wat bleibt mir denn da noch?«

»Das finden Sie mal selbst heraus!«

94
1909 – Andreasstraße und Große Frankfurter Straße

Heinrich Zille flaniert in altgewohnter Manier durch die Straßen. Als er von der Andreasstraße in die Große Frankfurter Straße kommt, sieht er einen Menschenauflauf vor sich. Den Grund dafür kann er nicht sofort erkennen und fragt daher einen Laufburschen.

»Wat is'n hier passiert?«

»Da is 'n Droschkenjaul jestürzt.«

Zille drängt sich durch die Menge, um mehr sehen zu können. Mitten auf den Straßenbahnschienen liegt ein Schimmel. Das Tier ist zu alt und zu verletzt, um noch einmal auf die Beine zu kommen. Zuckungen gehen durch seinen Körper.

»Gleich wird et von alleene sterb'n«, stellt ein Junge fest.

Ein anderer widerspricht ihm. »Nee, det kricht noch 'n Jnadenschuss.«

Über diese Frage wie über den Hergang des Unfalls diskutieren mehrere Gendarmen mit dem Droschkenkutscher und mit wichtigtuerischen Herren. Immer mehr Publikum sammelt sich an. Den besten Platz haben die Fahrgäste auf dem Oberdeck des Busses der Linie 4, der auf dem Weg zur Müllerstraße hier steckengeblieben ist. Auch auf der vorderen, noch unverglasten Plattform der Straßenbahn – es ist die Linie 1, der Stadtring – stehen dicht gedrängt die Schaulustigen. Der Kutscher, einen schwarzen Zylinder mit einer großen Rosette auf dem Kopf, ist etwas abgelenkt, da er Angst hat, dass ihm jemand die vom Wagen gefallenen Koffer und Kisten klaut. Hinten taucht jetzt auch noch ein Pferdefuhrwerk auf, das einen Toten zum Friedhof bringen will.

»Weitajehn!«, ruft ein Schutzmann. Vergeblich. Immer mehr Schaulustige strömen herbei.

»Endlich is ma wieda wat los!«

Zilles schwarze Kreide fliegt nur so über den Skizzenblock.

Ein Schutzmann, die Pickelhaube auf dem Kopf, kommt herbei, um die Sache zu Protokoll zu nehmen.

Verkehrsunfall
»Alles muss seine Ordnung haben.
Erst protokollieren, dann der Jaul!«

»Herr Polizeirat!«, ruft der Kutscher. »Ick sach Ihn'n ja, die Liese is mir umjefallen, schlankwech umjefalln is se. Da liecht se nu, det arme Vieh. Wat soll ick denn dafür könn'n?«

Der Schutzmann fährt ihn an: »Reden Sie nich, Mann Jottes, noch is die Schuldfrage nich jeklärt! Det wird det Protokoll erst erjehm, wer da Schuld hat. Also, Name?«

»Liese, Herr Oberwachtmeister!«

»Wieso Liese? Heißen Sie so?«

»Ick? Nee! Det Pferd heeßt so.«

»Mann, ick nehme Sie in Strafe, wenn Sie hier det Jesetz absichtlich irreführn. Wie Sie heeßen, will ick wissen!«

»Ach so! Brose. Aujust Brose.«

»Wohnung?«

»Jawoll, die hab ick ooch.«

»Det will ich nich wissen. Wo Se wohn'n, det will ick wissen.«

»Ach so! Ick wohne in de Ackerstraße 22, uff'n Hinterhoff, janz oben, vier Treppen hoch.«

Der Schutzmann verstaut sein Notizbuch in der Innentasche seiner Uniformjacke. »So, nu weg hier mit dem Jaul von die Straße! Det is ja 'n Hindernis. Lassen Sie ihn uffstehn!«

Der Kutscher windet sich. »Uffstehn? Det is jut jesacht, aba det schaffte keena.«

Ruft einer aus der gaffenden Menge: »Bringen Se 'n Hoch uff seine Majestät aus, denn mussa uffstehn!«

95
1909 – In einem Atelier

Die Kamera erfasst das Firmenschild *Arthur Lewin-Funcke – Studienateliers für Malerei und Plastik – Berlin-Charlottenburg*. Wir betreten ein geräumiges Atelier. Im Hintergrund sehen wir Akte aus Bronze, Stein, Holz und Elfenbein, darunter die Arbeiten *Sandalenbinderin, Lachendes Baby* und anderes zum Thema Mutter und Kind. An einem Tisch sitzen Max Liebermann, Max Slevogt und Lovis Corinth. Anwesend sind mehrere Vertreter der schreibenden

Zunft und einige Photographen. Unter den Gästen erkennen wir auch Heinrich Zille.

Der Hausherr betritt den Raum und setzt zu einer kleinen Rede an. »Meine sehr verehrten Herren, ich darf Sie sehr herzlich zu unserer heutigen Preisverleihung begrüßen! Mein Name ist Arthur Lewin-Funcke. Ich bin von Hause aus gelernter Elfenbeinschnitzer und habe nach meiner Lehre hier in Berlin an der Königlichen Akademischen Hochschule für die Bildenden Künste studiert, unter anderem bei Ernst Herter, Gerhard Janesch und Albert Wolf. Nach meinen künstlerischen Wanderjahren – so nach Rom und Paris – bin ich wieder nach Berlin zurückgekommen und habe das Atelier gegründet, in dessen Räumen wir uns gerade befinden. Mir geht es nun vor allem um die Heranbildung des künstlerischen Nachwuchses, darum habe ich einen Preis im Aktzeichen ausgelobt. Als Juroren konnte ich dafür keine Geringeren als die Herren Max Liebermann, Max Slevogt und Lovis Corinth gewinnen.« Als die Namen genannt werden, klatschen alle. »Unserem hochverehrten Max Liebermann als Vorsitzenden der Jury möchte ich nun das Wort erteilen.«

Max Liebermann erhebt sich und hält ebenfalls eine kleine Rede. »Lieber Arthur Lewin-Funke, liebe Kunstfreunde, die ihr gekommen seid! Wir Künstler stehen eigentlich in der Tradition unserer Vorfahren, die das Zunftwesen erfunden haben. Das bedeutet, dass die Innung nur so viele Handwerker zulässt, wie der Markt Brot für sie gibt. Die Gesellen müssen, haben sie ausgelernt, erst einmal auf die Wanderschaft gehen und warten, bis zu Hause jemand stirbt und seine Stelle frei wird. Wir Künstler sind strenggenommen Narren, wenn wir zu Lebzeiten einen jungen Kollegen küren und damit einen weiteren Konkurrenten haben, der uns ein Stück vom großen Kuchen wegnehmen will. Insofern haben wir Arthur Lewin-Funcke zu danken, dass er uns dazu ermutigt hat, edle Menschen zu werden und über unseren eigenen Schatten zu springen, indem wir einen Nachwuchskünstler aufs Podest heben. Nun, es ist jemand, der schon einen Namen hat. Es ist ein Zille, dem wir den ersten Preis im Aktzeichnen zuerkannt haben.«

Alle Blicke richten sich nun auf Heinrich Zille, doch der winkt ab.

»Nee, ick nich. Mein Sohn Walter isset. Aba der Appel fällt ja nich weit vom Stamm!«

Lewin-Funcke hat inzwischen die Tür geöffnet und führt Walter Zille herein, den Achtzehnjährigen. Der Vater springt auf, eilt auf ihn zu und umarmt ihn.

96

1909 – Wohnung Zille, Sophie-Charlotten-Straße Nr. 88

Hulda und Heinrich Zille sitzen beim Frühstück. Sie blättert etwas schläfrig in der *Berliner Illustrirten Zeitung*, er schaut kauend aus dem Fenster.

Plötzlich wird Hulda Zille wach. »Das hier ist doch was für dich!«

»Watten? Der Kaisa sucht'n Hofmala?«

»Nein, die Zeitung Illustratoren. Hier …« Sie liest ihm die Suchanzeige vor. »*Nicht Karikaturisten, nicht Romantiker, sondern Schilderer des modernen Lebens. Zeichner, die eine Szene aus dem Leben, wie es zum Beispiel die obenstehende ist, darstellen können. Höchste Honorare für gute Künstler. Angebote sind an die Redaktion dieser Zeichnung zu richten.*«

Zille beginnt, Interesse zu zeigen. »Höchste Honorare – det hört sich jut an. Zeich mal, wat die da abjedruckt ham!«

Die Kamera zeigt das Bild in voller Größe. Wir sehen ein gutsituiertes Ehepaar auf einer Terrasse hoch über dem Meer. Sie trägt ein weißes Kleid, das einen wunderbaren Kontrast zu ihrem schwarzen Haar ergibt, und ist eine ausgemachte Beauté. Er trägt eine weiße Weste mit doppelter Knopfreihe und einen Hut nach Art kaiserlicher Soldaten in Deutsch-Südwestafrika und schaut etwas gelangweilt drein. Den Rücken kehrt uns eine elegante Dame in schwarzer Kleidung zu, deren imposanter Kapotthut bis hinauf zu den Palmenblättern reicht. Unter dem Bild lesen wir: *März-Nachmittag im Garten einer Villa an der Riviera, Zeichnung nach dem Leben von unserem an die Riviera entsandten Zeichner F. Kupka, Paris.*

Angewidert wendet Zille sich ab. »Nee, det is nüscht für mich. Da vahungere ick lieba, als det ick so'ne Scheiße zeichne!«

Wannsee-Familienbad
»Mutter, er hat Absichten, er knipst ihr schon wieder!«

»Bitte, Heinrich, mäßige dich!«, mahnt Hulda. »Wie heißt es so schön? Geld stinkt nicht! Aber hier, da könntest du wirklich mitmachen: »*Menzel-Preis für deutsche Illustratoren. Jedes Jahr 3000 Mark für die beste Zeichnung, die in der ›Berliner Illustrirten Zeitung‹ (Verlag Ullstein & Co) erscheint. Preisrichter: Prof. Arthur Kampf, Prof. Max Liebermann, Prof. Franz Skarbina, Prof. Franz Kruse.*«

»Der Liebamann hat ja nu schon den Walta mit'm Preis bedacht, da kann er nich schon wieda een'n Zille uff'n Schild heb'n. Und außerdem hab ick den Menzel nie jemocht.«

97

1909 – Im Strandbad Wannsee

Zille lagert mit seiner Familie und den Freunden August Gaul und August Kraus im Sand des 1907 eröffneten Strandbads Wannsee, beobachtet die badenden Berliner, hält hübsche Szenen auf seinem Skizzenblock fest und notiert sich originelle Dialoge.

Eine dralle Tochter steht vor ihren übergewichtigen Eltern, an die sich zwei jüngere Geschwister klammern. Der Vater erklärt der Mutter unter Hinweis auf einen Galan, der um seine heranreifende Tochter herumscharwenzelt, warum die eine so kokette Pose einnimmt. »Mutter, er hat Absichten, er knipst ihr schon wieder.«

Ein gaffender älterer Mann wird von einer Frau, um die sich mehrere Töchter geschart haben, zurechtgewiesen: »Wenn de noch lange kiekst, schielste!«

Hulda hat den Badenden eine Weile zugesehen und kommt zu einer elementaren Erkenntnis: »Die Menschen sind doch viel lustiger im Wasser.«

Zille nickt. »Gewiss, dabei müssen se den Kopp hochhalten.«

Der Junge neben ihnen sieht seine Mutter an. »Warum baden die Leute nich nackicht?«

»Weil se sich dann nich kenn' seh'n lassen.«

Zille hält den beiden Freunden einen kleinen Vortrag. »Freibäda sind det beste Heilmittel für den fünften Stand. Raus aus den Wohnungen im Hinterhaus, wo et keen Licht und keene Luft jiebt, weg von den Mauerschächten, wo et nach Müllkästen duftet, raus in Sonne, Luft und Wassa!«

Die Dichterin Elfriede Köckeritz, der offenbar ein paar schöne Verse zugeflogen sind, die sie gern für die Ewigkeit festhalten möchte, hat Zilles Block entdeckt und kommt auf ihn zu. »Mein Herr, bitte, haben Sie vielleicht ein Stückchen Papier?«

Ruft der Herr auf der Decke nebenan: »Och, nehmen Se doch Jras! De is imma jut für hintalistige Zwecke.«

Zwei sehr massive Frauen kommen plaudernd vorbei. Fragt die eine: »Fahr'n Se ooch so jerne int Jrüne?« Antwortet die andere: »Ick schon, aba mein Mann hat nüscht davon, der is imma jleich blau.«

Zille steht auf und wandert ein wenig umher, immer darauf bedacht, den dicht bei dicht Lagernden nicht auf Arme, Beine oder Kopf zu treten. Er entschließt sich, nun selbst aktiv zu werden, klettert aufs Sprungbrett, das allerdings nicht drei oder gar zehn Meter über die Wasseroberfläche ragt, sondern bestenfalls Kniehöhe erreicht. Er wird von den Kindern im flachen Wasser unten erkannt und bejubelt, winkt ihnen zu und hält auch noch eine kleine Rede. »So ist's richtig, Kinder – ins Freie, in die Weite, in die Gefahren! … In der Badewanne lernt ihr nicht schwimmen!«

Zille springt nun, das heißt, er legt einen Soldatensprung hin und plumpst ins Wasser.

»Vorsicht!«, schreit einer. »Hochwasserjefahr, der Pejel steigt um mehr als eenen Meter!«

Zille stakst wieder ans Ufer und geht weiter. Er kommt an einem jungen Mann vorbei, der sich nach unten beugt zu einer auf dem Rücken liegenden Frau im knappen Badekostüm. »Na, Freilein, uff wat warten Sie denn noch?« – »Uff'n Abend. Mir is mein Kostüm hinten jeplatzt.«

Gaul ist Zille gefolgt. »Du, Heinrich, das wär doch was für den Menzel-Preis gewesen!«

Zille winkt ab. »Zu spät, du rettest den Freund nich mehr.«

»So ist's richtig, Kinder – ins Freie, in die Weite, in die Gefahren! … In der Badewanne lernt ihr nicht schwimmen!«

98
1909 – Redaktionsräume der »Berliner Illustrirten Zeitung«

Wir sehen die Jury des Menzel-Preises bei der Arbeit: die Professoren Arthur Kampf, Max Liebermann, Franz Skarbina und Franz Kruse, dazu einige Mitarbeiter der Zeitung.

»Ich präferiere eindeutig die Zeichnung von Fritz Koch-Gotha«, gibt der Redakteur, der als Vorsitzender der Jury fungiert, zu Protokoll.

»Wer ist das eigentlich?«, fragt Franz Kruse, ganz offenbar in der Absicht, den Künstler dadurch abzuwerten.

Der Chefredakteur bemerkt das nicht und reagiert ernsthaft. »Jeder Leser unserer Zeitung kennt ihn. Fritz Koch kommt aus Gotha, und da es in Berlin viele Köche gibt, nennt er sich Koch-Gotha. Jahrgang 1877, Studium an der Hochschule für Graphik und Buchkunst in Leipzig und an der Kunstakademie Karlsruhe. Er hat herrliche Szenen gezeichnet, die das Leben in der Kleinstadt darstellen und stets ein wenig an Gotha erinnern.«

»Was ja sehr berlinisch ist!«, brummt Liebermann.

»Die Zeichnung *Alle Neune* hier, die halten wir für sehr berlinerisch.«

Max Liebermann ergreift das Wort. »Ich plädiere dafür, dass wir Heinrich Zille den ersten Preis zuerkennen – für seine Zeichnung *Der gestürzte Droschkengaul*.«

»Ich schließe mich dieser Meinung vorbehaltlos an!«, ruft Franz Skarbina. »Das ist meisterhaft, wie Zille die Atmosphäre einfängt: Erst muss alles protokolliert werden, dann kann man sich um das sterbende Tier kümmern.«

»Das sieht ja fast wie auf einer Photographie aus«, hält ein Zeitungsmann dagegen. »Wir bei der *Berliner Illustrirten Zeitung* sind uns einig, dass die Photographie nur einen Teil des Lebens wiedergibt. Zahlreiche andere Ausschnitte des modernen Lebens bleiben unberücksichtigt, wenn sie nicht vom Stift des Künstlers festgehalten werden.«

»Gerade das tut doch Zille!«, ruft Max Liebermann. »Und da Fritz Koch-Gotha ein Mitarbeiter Ihrer Zeitung ist, halte ich es wegen der Gefahr übler Nachrede für unklug, ihm den Menzel-Preis zuzuerkennen.«

»Stimmen wir doch ab, meine Herren!«, ruft der Vorsitzende der Jury. »Wer ist für Fritz Koch-Gotha?« Vier Arme gehen hoch. »Danke. Und für Heinrich Zille? Auch vier. Was nun?«

Max Liebermann hebt beide Hände und ruft selbstironisch aus: »Nu, nebbich, teilen wir eben den Preis!«

99

1910 – Moabit, Ringbahnhof Beusselstraße, Beussel-, Sickingen- und Rostocker Straße

Heinrich Zille klettert aus einem Ringbahnzug. An der Wanne sind einem Reichsbahnbeamten die Fahrkarten vorzuzeigen. Der junge Mann, der vor Zille geht, will etwas hermachen, seinem abgetragenen dunklen Anzug sieht man aber an, dass er es nicht allzu dicke hat. Er reicht dem Beamten seine Fahrkarte und will schnell weiter.

»Heh, Sie da!«, schreit der Eisenbahner. »Ihr Billett is von jestan. Heute ham wa den 26. September und nich den 25.!« Damit stürzt er aus der Wanne und eilt dem Fahrgeldbetrüger hinterher.

Zille sieht den beiden ebenso kopfschüttelnd wie verständnisvoll hinterher, wirft seine Fahrkarte in den Behälter, in der sie auch der Beamte geworfen hätte, und steigt die Treppe vom Bahnsteig zur Brücke über die Gleise hinauf. Dort hält ein Zeitungsverkäufer allen Ankommenden das *BBB* hin und schreit dabei: »Kohlenarbeiterstreik dauert an! 141 Kohlenarbeiter und Kutscher der Kohlenhandlung Kupfer & Co. in der Sickingenstraße im Ausstand! Erhöhung des Stundenlohns von 43 auf 50 Pfennige gefordert! Herunter mit der viel zu langen Arbeitszeit von zwölf bis vierzehn Stunden! Die Polizei ist auf Seiten des Unternehmers und geht rücksichtslos gegen die Streikenden vor! Krawalle und Straßenschlachten! Schüsse sind gefallen!«

Heinrich Zille sieht von der Brücke auf das Bahngelände mit dem davondampfenden Zug hinunter und geht dann die Beusselstraße in südlicher Richtung entlang. An der Ecke zur Sickingenstraße stößt er mit Gustav zusammen, einem jungen Mann, dessen Äußeres eine Mischung aus Künstler, Filou und Gauner darstellt und der einem Zille-Album entsprungen sein könnte.

»Pardon!«, ruft Gustav, geht aber nicht weiter, sondern starrt Zille an. »Mensch, Sie kenn' ick doch!«

Zille zieht die Augen zusammen und sucht sich zu erinnern. »Ick wüsste nich, woher.«

»Na, aus de Zeitung! Sie haben doch den Menzel-Preis jewonnen!«

Zille lächelt. »Den halben nur.«

»Det sind aba immerhin ooch noch anderthalb tausend Mark.«

»Stimmt.«

Gustav grinst. »Da könn Se mir ja 'n bisschen wat von abjehm – oda?«

Zille zögert einen Augenblick. Einerseits ist er gutmütig und greift schon in seine Jackentasche, um eine Münze oder einen Schein herauszuholen, andererseits aber erbost ihn die Frechheit dieses Mannes.

Da reißt Gustav ein Messer aus seiner Joppe und setzt Zille dessen Spitze auf den Bauch. »Los, allet her, sonst …«

Zille zögert einen Augenblick, denn ein Stückchen weiter – an der Ecke Sickingen- und Rostocker Straße – sind Dutzende von Polizeihelmen zu erkennen, so dass der Raubüberfall etwas Surreales hat. Aber ehe einer von den Polizisten bei ihm ist, kann er schon ein toter Mann sein. Also holt Zille alles Geld, das er bei sich hat, aus den Taschen und hält es Gustav hin. Der nimmt das Geld, steckt das Messer wieder weg und will sich Richtung Ringbahn davonmachen.

Da ertönt hinter ihm eine Stimme: »Halt, Kriminalpolizei! Sie sind festgenommen! Folgen Sie mir, sonst muss ich von meiner Schusswaffe Gebrauch machen!« Damit wendet er sich an Zille. »Und Sie folgen mir bitte zur Aufnahme des Protokolls.«

»Jerne. Und herzlichen Dank ooch, det war ja Rettung in letzter Sekunde!« Zille läuft neben dem jungen Kriminalbeamten und dem verhinderten Straßenräuber her, auf den er jetzt zeigt. »Sind Sie hinta dem schon lange her?«

»Nein, eigentlich suche ich den Mörder eines Kohlenarbeiters, dessen verkohlte Leiche wir in der Wiclefstraße gefunden haben.«

»Ah ja, hab ick jelesen. Det so'll'n Streikbrecha jewesen sein.«

»Möglich.«

Der Kriminalbeamte winkt den Schutzmann heran, erklärt ihm den Sachverhalt und übergibt ihm den Delinquenten. »Und nun schreiben Sie mal. Mein Name ist Hermann Kappe, Kriminalanwärter, und der Bestohlene ist ...«

»Zille, Heinrich Zille, Sophie-Charlotten-Straße Nr. 88.«

»Ah, Ihnen kenn ick!«, ruft der Schutzmann. »Von Ihre Bilda inna Zeitung. Da ham wa alle imma ville Spaß dran.«

Zille deutet eine leichte Verbeugung an. »Danke, das freut mich.«

Der Schutzmann führt nun Gustav ab, Zille und Kappe bleiben zurück.

Zille hat Lust, mit dem Kriminalbeamten zu plaudern. »Ick wollt mir nur mal hier umsehen. So'n Streik is ja doch mal wat anderet als 'n Haufen spielenda Kinda.«

»Das will ich wohl meinen!«

Zille mustert Kappe. »Sie sind nicht von hier? Sie berlinern ja keen bisschen.«

»Nein, ich komme aus Wendisch Rietz, vom Scharmützelsee also.«

»Und ick vom Rummelsburger See.« Zille überlegt einen Augenblick. »Lassen Se uns doch mal 'n bisschen üba unsre Seensucht reden! Darf ick Sie als meim Lebensretta uff'n Jlas Bier einladen?«

»Eigentlich nicht. Aber ich muss ohnehin in die Rostocker Straße, mich dort in den Kneipen nach einem Mann umsehen, den wir suchen, da kann ich das Angenehme gleich mit dem Nützlichen verbinden.«

»Dann vabinden wa mal ...«

Beide gehen weiter – und geraten bald in eine heftige Auseinandersetzung zwischen der Polizei und der aufsässigen Bevölkerung. Kaum haben Zille und Kappe die Rostocker Straße erreicht, geht es schon los. Die Menge drängt nach vorn, um den Lagerplatz von Kupfer & Co. in der Sickingenstraße zu besetzen, die Schutzmänner bilden eine Kette, um sie daran zu hindern. Zille und Kappe haben Angst, zerquetscht zu werden. Plötzlich fallen Schüsse. Aus einer Destille schießt man auf die Polizisten. Ein Schutzmann wird am rechten Oberschenkel getroffen und sinkt schreiend zu Boden. Kappe kniet sich neben ihn, um ihn notdürftig zu verbinden. Ein Hagel von Biergläsern, Krügen und Flaschen geht auf ihn nieder. Auch Zille wird getroffen. Glassplitter reißen ihm die rechte Wange auf. Da stürmen aus einem Hauseingang zwei Dutzend Schutzmänner heran und treiben die Tumultuanten mit Säbelhieben auseinander. Die Reaktion der Anwohner lässt nicht lange auf sich warten: Aus den Fenstern der angrenzenden Mietshäuser geht ein Bombardement von Blumentöpfen auf sie nieder.

Zille gelingt es mit Mühe und Not, sich in die Destille zu flüchten, aus der man geschossen hat.

Der Wirt erkennt ihn und grinst. »Na, Meesta, Berlin is wohl doch nich so lustig wie uff Ihre Bilda!«

100

1911 – Siegesallee, am Königsplatz

Heinrich Zille und seine Freunde August Gaul und August Kraus schlendern die Siegesallee vom Königsplatz in Richtung Lennéstraße und Kemperplatz hinunter, wobei sie immer wieder stehenbleiben und die links und rechts aufgestellten »Puppen«, die Statuen großer Hohenzollern von Albrecht dem Bären bis Kaiser Wilhelm I., kritisch mustern. Diese sind jeweils als Hauptdenkmal ausgeführt, links und rechts stehen wesentlich kleinere Nebenfiguren: Männer, die für die jeweilige Zeit wichtig waren.

Zille trägt ein Pflaster auf der rechten Wange und sieht immer noch ein bisschen mitgenommen aus.

Gaul mustert ihn. »Wie schön, Heinrich, dass du die 48er-Revolution für dich selber ein wenig nachgeholt hast.«

»Und dafür auch noch diesen schönen Orden bekommen hast«, fügt Kraus hinzu, auf Zilles Pflaster deutend.

Zille seufzt. »Eua Mitjefühl is einzichartich! Aba ick hätt ooch eenen von den Blumentöppen an'n Kopp kriejen könn'n – und dann wäre die Parole jewesen: Imma ran an'n Sarj und mitjeweent!«

Sie sind an den Statuen der ersten Markgrafen – von Albrecht dem Bär bis zu Johann II. – vorbeigekommen, als sie nach Überquerung der Charlottenburger Chaussee zum ersten Mal stehenbleiben.

»Das ist Otto IV. mit dem Pfeil«, stellt August Kraus fest. »Und wer hat ihn geschaffen? Karl Begas.«

»Hör uff mit dem!«, ruft Zille. »Ick kann die einzelnen Begasse nie auseinanderhalten.«

»Da hat er recht«, stimmt Gaul ihm zu. »Diese ganze Künstlerdynastie ...«

»Es war einmal ein Vater, und der hatte vier Söhne«, beginnt nun August Kraus im Stile eines Märchenerzählers. »Dieser Vater war Carl Joseph Begas, seines Zeichens Königlich-Preußischer Hofmaler. Eigentlich hieß er Begasse, aber das ›se‹ hat er später weggelassen.«

»Jenau umjekehrt wie bei mir«, fällt ihm Zille ins Wort. »Ick hab ja als Zill anjefangen und mir erst späta det ›e‹ ranjehängt.«

»Wissen wir. Zurück zur Begas-Sippe! Die beiden ältesten Söhne sind zu ihrer Zeit berühmte Maler gewesen, Oskar und Adalbert, schon seit langem tot, dann sind Reinhold und Karl gekommen.«

»Und Reinhold is ja nun ooch schon tot. Wann issa noch mal jestorm?« Zille sieht Kraus an.

»Am 3. August 1911.«

»Da isset ja nun ooch schon wieder üban Monat her, det wir ihn zu Jrabe jetrajen ham, uff dem Friedhof da an'na Kolonnenstraße.«

»Und wir verneigen uns hier in Dankbarkeit und voller Anerkennung vor seinem Waldemar!«

Die drei Männer bleiben vor der Figurengruppe 8 stehen, die von Reinhold Begas geschaffen worden ist und Waldemar den Großen zeigt, eingerahmt von den Nebenfiguren Siegfried von Feuchtwangen, einem Hochmeister des Deutschen Ordens, und dem Dichter und Minnesänger Heinrich Frauenlob von Meißen.

»Sehr jelungen, det allet!«, stellt Zille fest. »Aba noch ville bessa jefällt ma die nächste Gruppe.« Er formt die Hände vor dem Mund zu einer Trompete, bläst einen Tusch und beweist dann, dass er durchaus des Hochdeutschen mächtig ist. »Meine Damen und Herren, Sie sehen hier den Markgrafen Heinrich das Kind – geschaffen von unserem unvergleichlichen August Kraus! Noch bedeutsamer als der kindliche Markgraf, der nie richtig regiert hat und schon im Alter von zwölf Jahren verstarb, ist die rechte Nebenfigur, denn das ist der berühmte humoristische Zeichner Heinrich von Zille.«

Die beiden Freunde klatschen Beifall.

»Hättest du gestern in der Rostocker Straße schon in einer Rüstung gesteckt, einen Helm aufgehabt und das Visier herunterklappen können wie der Ritter Wedigo von Plotho hier, dann wäre es dir bei der berühmten Schlacht am Kohlenplatz besser ergangen.«

Zille wechselt das Thema. »Nu sag ma die Wahrheit, Aujust, hat der Reinhold Begas wirklich allet selba ausjeführt – oda warst du det? Wat man so hört …«

Kraus ziert sich ein wenig. »Es wird viel erzählt. Nun ja … Als Reinhold Begas Wilhelm I. vollendet hatte, war Wilhelm Zwo, der Enkel also, wenig erbaut von dieser Figur. Mit seinem Pickelhelm würde der Kaiser einen zu soldatischen Eindruck machen, und die Herrscherwürde käme nicht richtig zum Ausdruck. Da habe ich mich dann an die Arbeit gemacht, um das Ganze ein wenig zu korrigieren, wie ich meine eigenen Arbeiten immer wieder einmal unterbrochen habe, wenn Begas etwas nicht ganz geschafft hat.«

Zille seufzt. »Ick wünschte mir, det ick ooch mal eenen habe, der meine Bilda malt, wenn ick selba nicht mehr kann. Fast wäret jestan so weit jewesen, wenn ick da 'n janzen Blumenkasten uff'n Kopp bekomm'n hätte.«

Gaul lacht. »So geht es nun mal zu. Manche kriegen auf der Bühne des Lebens Blumensträuße zugeworfen, andere Töpfe oder Kästen.«

Zille winkt ab. »Noch isset ja nich so weit.«

Gaul fällt etwas ein. »Ich denke, die vom Metropol-Theater wollen ein Bild von dir nachstellen?«

»Det schon.«

Kraus lacht. »Na dann: Chauffeur, ins Metropol!«

101
1912 – Im Metropol-Theater

Es läuft die Revue *Chauffeur, ins Metropol!* Im Publikum sehen wir Hulda Zille, August Gaul, August Kraus, Dr. Lautenschläger und Dr. Heilborn.

Das Bühnenbild ist Zilles Gouache *Berliner Strandleben* und seinen Zeichnungen *Freibad Wannsee, Zurück zur Natur* und *Wochenende* nachempfunden. Inmitten von halbnackten und mit modischen Badeanzügen bekleideten Menschen beiderlei Geschlechts und jeden Alters, die sich malerisch auf den Brettern ausgebreitet haben, sehen wir Heinrich Zille in einem Strandkorb, wie er die Leute beobachtet und zeichnet.

Ein Tanzpaar hüpft zwischen den Statisten umher und singt:

Ob an Havel oder Müggelsee, ejal,
ick möcht'mit dir am Ufa stehn,
weit weg von unsra täglich Qual,
und all die drallen Frauen sehn
mit ihren Waden
beim Baden,
mit ihren Waden
beim Baden.

Und ablick' ick dir denn nackt,
bin ick sofort von wilda Liebeslust jepackt.
An't Wassa jehn, an't Wassa jehn
und all die drallen Frauen sehn,
det is der Wille,
det is der Wille
von Heinrich Zille.

Der erhebt sich während des Refrains aus seinem Strandkorb und tritt an die Rampe. Die Statisten springen auf, jubeln und huldigen ihm. Das Publikum im Parkett klatscht wie besessen.

Die drei Freunde im Parkett stecken ihre Köpfe zusammen.

Gaul: »Wenn das so weitergeht mit ihm, wird er noch mal heiliggesprochen.«

Kraus: »Das geht doch nur bei einem, der katholisch ist.«

Dr. Heilborn: »Der Papst würde unseren Heinrich auch als Heiligen nicht mögen – wo er nie in die Kirche geht, sondern immer nur in den Kneipen hockt. Und je kräftiger der Trunk, umso lieber ist es ihm.«

102

1912 – Berliner Lokale, Kneipen und Destillen

Wir sehen Zille, wie er in ein Kellerlokal kommt, dessen Decke so niedrig ist, dass er sich bücken muss.

»Na, Pinselheinrich, ooch ma wieda im Hotel Bück Dich?«, wird er vom Stammtisch her begrüßt.

»Ja, die Sehnsucht treibt mia her. Wat jibt's denn Neuet?«

»Der Paule will die Liese nich heiraten.«

»Warum denn ditte?«, fragt Zille. »Die bekocht dia doch, die wäscht und flickt für dich – und wenn de besoffen bist, weeste, wo de hinjehörst.«

Paule nickt. »Kann ja sin, aba …« Er wechselt lieber das Thema. »Wisst ihr, wat ick neulich alebt hab?«

Die anderen schütteln den Kopf. »Nee, woher? Inne Zeitung hat et nicht jestanden.«

»Ick war inna Kneipe, da ham verrostete Schlittschuhe jehangen. Die musste man sich anschnallen, wenn man im Winta üba'n zujefrorenen Hof an die Pissrinne wollte.«

»Mensch, Paule, jetz ham wa jrade mal Herbst!«

»Ick saj ja nur, det da Schlittschuhe häng'n tun, ooch im Somma. Ick also uff'n Hof raus, 'ne Stange Wassa inne Ecke stell'n. Et is stockdusta. Da stoß ick plötzlich jejen een'n. Und der rempelt mia an. Heh!, ruf ick, aba der rührt sich nich vom Fleck. Und da steck ick 'n Streichholz an – und denke, ick bin im Panoptikum. Da hatte sich nämlich eena uffjehängt, und ick hatte ihn bloß 'n bisschen in't Schaukeln jebracht.«

»Ick war't nich«, stellt Zille fest.

Aus einem hinteren Raum, in dem Spieler zusammensitzen, kommt plötzlich ein seriös aussehender Mann gestürzt und schreit: »Mein Jeld is weg! Falschspieler! Mein Jeld, mein Jeld!«

Der dicke Kaschemmenwirt und der Spanner, der an der Tür Wache steht und aufpasst, dass kein Unberufener hereinkommen kann, halten ihn fest. Der Mann schreit noch lauter.

Zille grinst, denn er sieht, wie ihm der Wirt hinter dem Rücken ein Bündel Scheine in die Tasche schiebt.

»Da haben Sie doch Ihr Jeld! Wat wollen Sie denn noch?«

Der Mann stutzt, will erst die Treppe hoch und ins Freie, lässt aber dann das Geld durch die Finger gleiten und kehrt in die Spielstube zurück.

Zwei leichte Mädchen sitzen am Nebentisch und unterhalten sich so laut, dass Zille jedes Wort verstehen kann. »Wann ziehsten zu Salon-Willi in de neue Wohnung?«, fragt die eine. Die andere winkt ab. »Det hat noch Beene, eene Schwindsüchtije is noch drin. Die nibbelt aber bald ab. Dann muss die Bude noch ausjewanzt und tapeziert wer'n, und Schaben sind ooch noch drinne.«

Ein Schnorrer kommt zu Zille an den Tisch. »Habe keene Bleibe, lieber Herr, jeben Sie mir een'n Jroschen für't Nachtlager?« – »So? Sie haben immerhin noch 'ne Zigarette.« – »Mensch, uff die Zigarette kann ick doch nich schlafen!«

»Achtung, Kinder«, ruft der Spanner, »die Polente kommt! Singt een frommet Lied!« Alle fangen an, *Heil dir im Siegerkranz* zu singen. Der Trick glückt, die Schutzmänner hören das Lied und rücken ab.

Zille will das Kellerlokal verlassen und stößt auf der Treppe mit Louis zusammen, einem Droschkenkutscher. »Na, Louis, wie jeht's denn so?«

»Nüscht jeht mehr«, antwortet Louis. »Ick bin jestan mit meine Droschke jejen 'ne Elektrische jefahr'n und umjekippt. Nu ham se mir die Lizenz entzojen. Nur weil ick uff eem Ooje nüscht mehr sehe.«

Zille ist voller Mitgefühl. »Und nu?«

»Nu bleibt ma nur noch de Flasche.« Er greift in seine Jackentasche und holt ein Fläschchen hervor. »Eene mit Zyankali drin.«

Zille nimmt ihm die Flasche weg. »Lass ma den Unsinn! Det Zeuch taucht ooch nüscht mehr. Hier haste 'n Taler, trink wat und vajiss dein Elend. Morjen is ooch noch 'n Tach, und dann kieken wa ma beede, dette 'ne andre Arbeet findest.«

Louis ist zufrieden und geht weiter in den Gästeraum, Zille steigt zur Straße hinauf. »Ick will noch weita in'n Strammen Hund.«

Zille im Strammen Hund. Das Publikum ist hier sehr gemischt. Studenten, Kellner, Künstler, Universitätsprofessoren und Droschkenkutscher sitzen froh vereint an blank gescheuerten Tischen.

Ein Künstler vom Metropol-Theater singt gerade das Kongo-Lied, das er auch in der Revue *Chauffeur, ins Metropol!* vorträgt.

Baden ist dort ein Pläsier,
das enorm erfrischt,
wenn der Alligator dir
nicht am Zeh erwischt.

Malongo vom Kongo und seine kleine Frau,
Malongo vom Kongo, der weiß es ganz genau.

Zille klatscht Beifall und drückt dem Künstler die Hand. »Da is ja mein jroßer Konkurrent. Meine Spree und meine Havel jejen Ihren Kongo.«

»Egal, im Metropol, da ist alles hohl!«, lässt sich ein Gast vernehmen.

Zille fährt herum. Er kennt den Mann irgendwoher. Da geht ihm ein Licht auf. »Mensch, der Max Kretzer! Imma noch nich abjekretzt?«

»Nein, ich bin immer noch dabei, die Welt zu verändern.«

»Na, dann vaändan Sie mal schön!«

»Mache ich, jedenfalls werde ich dabei mithelfen. Und Sie können mich morgen in die Markthalle in der Dorotheenstraße begleiten! Da soll heftig protestiert werden, weil die Schlächter sich weigern, das billige russische Fleisch zu verkaufen, das der Magistrat beschafft hat.«

103
1912 – Markthalle in der Dorotheenstraße

Heinrich Zille und Max Kretzer stehen am Tor der Markthalle und beobachten, was dort geschieht. An die zweitausend Frauen stürmen die Stände, drängen die Verkäufer hinaus und raffen alles zusammen, was sich an Essbarem finden lässt. Polizei rückt an.

»Schluss mit den Plünderungen!«, schreit der Einsatzleiter. »Verlassen Sie auf der Stelle die Markthalle!«

»Soll'n wa vahungan, ihr Idioten?«

Als die Polizisten vorrücken, um die ersten Verhaftungen vorzunehmen, werfen ihnen die erbosten Frauen das russische Fleisch an den Kopf.

Max Kretzer sieht Zille an. »Na, mein lieber Zille, ist das auch noch Ihre Idylle?«

»Ach wissen Sie, Kretzer, ick kann ma drehen und wenden, wie ick will, der Allerwerteste bleibt imma hinten. Selbst wenn ick 'n Bild male, wo se Robespierre gerade unter't Fallbeil jelegt ham und er in'n Sack niest, würd' ick een'n von den Leuten sajen lassen: Merk dir, mein Kind, 'n Mensch ohne Kopp is zeitlebens een Krüppel! Ick kann nich anders, so wahr ick jetzt wieda inne Kneipe jehe.«

104
1913 – Auf einem Rummelplatz

Heinrich Zille schlendert über einen Rummelplatz und bleibt vor einem Karren stehen, an dem Speiseeis verkauft wird.

»Weeßte, Willy, ick jloobe, det Eis schmeckt nach jrüne Seefe«, hört er eine Frau aus dem Volke, die mit ihrem Hut und ihrem

Gehabe auf große Dame macht, zu ihrem Begleiter sagen. »Det is Waldmeista, Sie!«, ruft die Eisverkäuferin.

Zille sieht eine drollige Göre von vielleicht drei Jahren auf dem Arm der Mutter, zieht seinen Block hervor und beginnt, die Kleine zu zeichnen.

»Halt stille, Steppke, der Pinselheinrich malt dir!«, ermahnt die Mutter ihren Sprössling.

Einem Mädchen von vielleicht fünf Jahren scheint das Eis wirklich nicht bekommen zu sein, sie muss sich erbrechen. »Vata, mir is iebel!« – »Dann stell dir nich so bei mir – geh bei Muttan!«

Zille wandert weiter und kommt an einem Zirkuswagen vorbei, vor dem sich eine Seiltänzerfamilie auf ihren Auftritt vorbereitet. Die Tochter steckt in einem Zuber, und die Mutter ist dabei, sie abzuseifen. Dem Vater erscheint das unnötig. »Wat schrubberst denn uff de Lola rum?« – »Na, heite als Engel mit det weiße Triko, da scheint ja allens durch.«

Zille dreht sich um – und prallt dabei auf eine in Rot gekleidete, mehr als kräftig gebaute Dame.

»Mensch, Radieschen!«, ruft er – und schreit auf, als sie ihn umarmt. »Du zerquetschst ma ja!«

Sie lacht. »Det is nüscht als Liebe. Kommst mit in de Bude?«

»Freilich! Desterwejen bin ick ja hier.«

Sie mustert ihn. »Und – wie isset? 'ne Runde mit mir?«

»Nee, lass man.«

»Dann bis später, ick muss ma noch umzieh'n!« Sie eilt weiter.

Vor einem Karussell gibt es großes Geschrei. Ein kleines Mädchen fällt vom Pferd und wäre mitgeschleift worden, wenn es die wachsame Großmutter nicht sofort hochgerissen hätte. Die hält jetzt das weinende Kind im Arm und sucht es zu trösten. »Det hätte dir wohl so jepasst, det dir Jroßmutta 'n neuet Särgekin hätte koofen müssen.«

Zwei Ganoven stehen an der Seite einer Würstchenbude und blättern in der Zeitung. Zille belauscht sie, ohne dass sie es bemerken. Sagt der eine: »Weeßte, Orje, die Rezensjon von unsam Einbruch is einfach knorke! Ob wa dem Pinkel, der det jeschriem hat, mal nachts 'ne Stippvisite machen?«

Zille setzt seinen Rundgang fort und kommt an eine Schaubude. Ein Mann steht davor und bemüht sich in marktschreierischer Weise, die Leute anzulocken. »Die Sensation des Tages: Auch heute wieder gibt es Gürtelringkämpfe! Die stärkste Frau der Welt sucht noch immer den Mann, der sie besiegt. Komm' n Se rin, seh'n Se zu! Sie versäumen sonst wat, wat Se bis an Ihr Lebensende bereuen werden! Zehn Mark für den Mann, der es schafft, unsere Walküre aufs Kreuz zu legen!«

Zille bezahlt seinen Eintritt und begibt sich ins Innere der Bude, in der sich schon eine ansehnliche Menschenmenge versammelt hat.

Die Ringerin erscheint, ein furchteinflößender Fleischberg, in ein knallrotes Badekostüm gewandet. Es ist Radieschen.

Ihre Blicke gleiten über die umstehenden Männer. »Wer wagt et, gegen mir anzutreten?« Schweigen. »Seid ihr nu Kerle – oda seid ihr Waschlappen?« Ein Hämekin hebt die Hand. Sie winkt ab. »Nee, du dich, dir würd ick zerquetschen wir 'ne Wanze! Det wär Mord. Is denn wirklich keen Kerl da, der noch Mumm inne Knochen hat?«

»Hier, icke!« Ein kräftiger Mann tritt vor.

Radieschen klatscht in die Hände. »Bravo! Und wat biste von Beruf?«

»Möbelträger, det sieht man doch!«

»Dann mal ran an die Buletten! Versuch mal, mir anzuheben!«

Der Kampf beginnt und wogt hin und her. Die Leute kreischen. Die einen feuern Radieschen an, die anderen ihren Herausforderer. Schließlich hat sie ihn im Würgegriff und wirft ihn nieder. Durch dreimaliges Klopfen mit der flachen Hand auf den Boden zeigt er an, dass er aufgeben will. Radieschen lässt ihn los. Die Bude tobt.

Zille schmunzelt und begibt sich hinter die Kulissen. Dort erscheint nach wenigen Sekunden der eben besiegte Möbelträger. Er winkt Zille zu, reißt sich dann in wahnsinniger Eile seine Möbelträgerklamotten vom Leibe und zieht sich einen Anzug an.

Von draußen hört man Radieschen schreien: »Wer wagt et, gegen mir anzutreten?«

Ringkampf in der Schaubude

Zille grinst. »Wenn die draußen wüssten, det du ihr Mann bist …«
»Na, meinste, ick lass ’n andan an ihr ran?«
»Als wat jehsten heute noch?«, erkundigt sich Zille.
»Jetzt als Lehra, dann noch als Fleescher, Steinsetza, Maura und Straßenbahnfahra.« Er zeigt auf die entsprechenden Kleidungsstücke, die auf einer Bank ausgebreitet sind.
»Und warum als Lehra?«
»Weil die Leute sich besonders freu’n, wenn der zamanscht wird.«
»Prima, mein Ältesta is ooch Lehra jeworn.«

105
1913 – Auf dem Stettiner Bahnhof

Auf einem der Perrons hat sich die Familie Zille versammelt: Heinrich Zille, Hulda Zille und die Kinder Margarete, Hans und Walter sowie Zilles Schwester Fanny. Hans hat zwei schwere Koffer und einige Bündel bei sich. Man wartet auf den Zug.
Heinrich Zille zieht seine Taschenuhr hervor. »Hoffentlich ist der Zuch ooch pinktlich, ick muss nehmlich noch inne Secession.«
»Wieso denn das?«, fragt Hans.
»Weil wa uns abjespalten ham und nu Neue Secession nennen. Wat die Impressionisten sind, die könn’n nich mehr mit den Expressionisten. Die alten Secessionisten ham keene Bilda von Max Pechstein ausstellen wollen, und nu ham wa ’n neuen Vaein. Maxe Liebermann wieda ann’a Spitze. In den Vorstand sollen rin Ernst Barlach, Max Beckmann, mein Freund August Kraus, Max Slevogt und – täterätä! – Heinrich Zille!«
»Ich gratuliere!«
Der Zug läuft ein, die Abteiltüren werden aufgeschlagen. Hans erklimmt die Trittbretter, man reicht ihm sein Gepäck hinauf.
»Mein Sohn is nu Lehra – und ick kann nich mal richtich Hochdeutsch«, sagt Heinrich Zille und seufzt.
Hulda hat Tränen in den Augen. »Hans, hättest du denn keine Stelle in Berlin kriegen können? Ausgerechnet Hinterpommern …«

»Mutter, Hinterpommern ist nicht hinterm Mond, und von Berlin nach Demmin sind es gerade einmal zweihundert Kilometer.«

»Jrade mal!«, murmelt Heinrich Zille. »Wie heeßt det Kaff, wo du die Kinda det ABC lernen sollst?«

»Lehren sollst«, verbessert ihn der Sohn. »Der Namen des Dorfes ist Rosemarsow, und es liegt am Goldbach.«

»Wenn det keen jutet Omen is«, lautet Heinrich Zilles Kommentar.

»Ja, ja, Landluft macht frei«, spottet Walter Zille.

»Du wirst lachen«, erwidert Hans, »ich empfinde das wirklich so. Und vielleicht solltest du mitkommen, lieber Walter, und zu Ernst Barlach nebenan nach Güstrow gehen.«

»Wieso denn das?«

»Hier in Berlin stehst du als Künstler immer in Vaters Schatten – ob das auf Dauer gutgehen kann?«

Vater Zille lacht. »Bei den Brueghels hat et ooch jeklappt. Pieter Brueghel der Jüngere war der Sohn von Pieter Brueghel dem Älteren – und is vielleicht noch berühmta jeworn als sein Vata. Den Höllenbrueghel, den kennt jeda.«

»Ich nicht«, bekennt Hulda Zille, und Margarete und Fanny schließen sich ihr an.

Pfiffe ertönen, das Abfahrtssignal wird gegeben. Alle umarmen Hans und geben ihm die besten Wünsche mit auf den Weg. Der Zugschaffner kommt und schlägt die Abteiltüren zu. Hans lässt das Fenster herunter und zieht sein Taschentuch hervor. Seine Anverwandten winken ebenfalls.

Der Zug fährt an.

106
1913 – Im Berliner Aquarium

Heinrich Zille und August Gaul, die wir als Jäger und Sammler aus dem Bild 72 kennen, stehen im Insektarium vor der Glasscheibe eines Schaukastens und bewundern die Schmetterlinge.

»Da kommt unser kleiner Kasten zu Hause nicht mit«, muss Gaul feststellen.

»Nee, und außerdem haben sie hier alle keene Nadel durch'n Leib gepikt.«

Sie gehen weiter zur Hauptattraktion des Hauses, der Krokodilhalle, die sich über mehrere Stockwerke erstreckt und von einer 27 Meter langen und 10 Meter breiten Hängebrücke überspannt wird. Ein wenig unsicher betreten Zille und Gaul die Brücke und sehen auf die faulen Viecher hinab, die sich unter ihnen rekeln, halb im Wasser, halb auf dem Land.

»Da fällt mir spontan det Kongo-Lied ein, wat se im Metropol nach meina Bade-Nummer jesung'n ham«, sagt Zille.

Da reißt eines der Krokodile den Rachen auf und stößt einen Schrei aus. Zille und Gaul fahren zurück.

»Det jeht ei'm ja durch Mark und Pfennig!«

Dr. Oskar Heinroth, der maßgeblich am Bau des neuen Aquariums beteiligt war, läuft vorbei, erkennt Zille und Gaul und bleibt stehen.

»Das ist ja eine Ehre für mich!«, ruft er und schüttelt beiden die Hand. »Die Crème de la Crème der Berliner Kunstszene stattet meinem Haus einen Besuch ab.«

Zille lacht. »Aba nur weil wa hoffen, det hier 'n Loch in't Jlas is und Ihre Schmetterlinge unta unsre Hüte fliejen, damit wa sie hier rausschmuggeln könn'n.«

»Mal im Ernst«, fällt ihm August Gaul ins Wort, »herzlichen Glückwunsch, Herr Doktor, und herzlichen Dank im Namen aller Berliner, dass Sie das hier in Szene gesetzt haben!«

»Vielleicht reicht et sojar mal für'n Denkmal«, fügt Zille hinzu. »Mein Freund Aujust hier, der übt schon.«

Dr. Heinroth schaut Zille an. »Mit Ihnen als Modell – wie beim Ritter von Plotho?«

Gaul verneigt sich. »Danke für die Blumen, aber das war unser Freund August Kraus.«

»Oh, Pardon!«

Dr. Heinroth eilt weiter, um sich anderen Honoratioren zuzuwenden. Zille sieht ihm hinterher. »Schade, ick hätt' noch so jerne mit ihm üba seine Promotion jesprochen.«

»Wieso denn das?«

»Weil er laut *Vossischer Zeitung* über das Thema *Untersuchungen über den Fischharn* promoviert hat.« Zille kommt ins Sinnieren. »Wat hat mein Großvata imma gesagt? Man kann nicht wissen, ob die Fische wirklich pissen. Unter Wasser sieht man's nicht, über Wasser tun sie's nicht.«

»Ja, ja, die Welt ist voller ungelüfteter Geheimnisse.«

107

1913 – Im Salon und in der Bibliothek einer hochherrschaftlichen Villa

Ein Dienstmädchen und ein Lohndiener stehen in der Tür und schauen in den Salon, in dem sich eine illustre Gesellschaft zu einer Soiree zusammengefunden hat.

»Wer von den vornehmen Pinkeln is'n nu wer?«, fragt der Lohndiener.

Das Dienstmädchen zeigt auf die wichtigsten Personen. »Der Dicke mit die Glatze, det is der Hausherr, Paul von Scheppko. Dem jehört die Bank in'ne Fasanenstraße. Und der lange Dürre nehm ihm, det is sein Sohn Peter, der is Brotfressa an irjendeem Jymnasium.«

Der Lohndiener nickt. »Muss ick also sajen: Wünschen der Herr Professor noch einen Vortrunk?«

»Da freut er sich drüba, denn er hasst allet, wat nach Französisch klingt. Ein Deutscha hat deutsch zu sprechen. Die sind nämlich alle in eena von die jroßen Parteien aus'm Reichstach.«

»Na, sicha in da Deutschkonservativen Partei.«

»Da mögen Se recht ham.«

»Und der feiste Pfaffe neben ihm?«

»Det is eena aus Potsdam. Der Herr Garnisonpfarrer und Hofprediger Johannes Vogel.«

Paul von Scheppko winkt seinem Sohn und dem Hofprediger zu, ihm in seine Bibliothek zu folgen. Dort räumt er aus einem der oberen Regale die Bände weg, die in der ersten Reihe stehen, und holt aus seinem Versteck einen großformatigen Privatdruck hervor, auf dessen Vorder- und Rückseite abstrakte Chiffren für das

Der neue Tag

weibliche Geschlechtsteil zu erkennen sind. Er lässt die einzelnen Seiten durch die Finger gleiten und zählt dabei auf: »Ein Titelblatt, ein Inhaltsverzeichnis, vierzehn Vollbilder und 27 Textseiten mit eingestreuten kleinen Illustrationen. Das Widerlichste, was ich je in meinem Leben gesehen habe! Wir müssen dafür sorgen, dass es von der preußisch-kaiserlichen Zensur auf der Stelle verboten wird!«

»Um was bitte handelt es sich überhaupt?«, fragt der Sohn.

»*Hurengespräche* steht drauf.«

»Schon das alleine ist entsetzlich!«, ruft der Hofprediger. »Man denke an die Sprüche Salomos im 5. Kapitel, Verse 3 und 4: *Denn die Lippen der Hure sind süß wie Honigseim, und ihre Kehle ist glätter denn Öl, aber hernach bitter wie Wermut und scharf wie ein zweischneidiges Schwert*. Und damit sich niemand verletze, müssen wir unbedingt verhindern, dass so etwas unters Volk kommt!«

Sie beginnen, in dem Buch zu blättern, und lesen sich manche Textstellen laut vor, wobei wir eine Mischung aus Abscheu und sexuellem Kitzel erleben. Ihre nicht zu unterdrückende Wollust versuchen sie dadurch zu kontrollieren, dass sie die Welt der Huren ebenso verdammen wie den Schöpfer der *Hurengespräche*. Den Hofprediger reden die Scheppkos mit Horchwürden an, obwohl er kein katholischer Geistlicher ist.

Paul von Scheppko hält dem Hofprediger den Privatdruck hin. »Sehen Sie einmal hier, Hochwürden, die Bollenguste. Die und ihre Mutter …« Er beginnt vorzulesen.

Nu hab' ick wie die (…) ooch mein Bäckerbuch, een jangbares Jeschäft for stehende Artikel oder feiner ausjedrückt: een Sanatorium für steife Jlieder. Wenn abends die Schuljungs mit fünf Jroschen komm, die schicke ick zu Muttern rin. Aber habe ick mal so'n Nachtmann mit 'ner richtigen Pferdepese (…).

Der Hofprediger blättert in dem Buch. Sein Blick fällt auf die obszönen Bilder von Olga, Pauline, Rosa, Alma und Minna. »Pfui Deibel! Das ist ja ungeheuerlich, was die krankhafte Phantasie eines Mannes hervorbringen kann. Da ist ein Volksverderber am Werke!«

Bollenjuste

»Am schlimmsten ist die Lutschliese«, sagt Peter von Scheppko und kommt zu einer anderen deftigen Stelle.

(...) wo ick die Zeitung'n brachte, kroch ick unter die Tische rum und lutschte den oll'n Kerl's, die bei's Kartenkloppen hockten, een ab. Die ließen sich jarnischt merken und hab'n janz eisern weiter jespielt, det Jeld hab' ick mir aus de Westentaschen jelangt (...). Aber nu kommt det dicke Ende. (...) Ick kam an eene Hosenklappe, die jing so schwer uff – die kannt ick –, die drei jroßen weißen Perlmutterknöppe hat ick erst Sonntagsnachmittag mit schwarzet Jarn ranjenäht – det war Vater.

»Das ist ja wirklich entsetzlich!«, ruft der Hofprediger.

»Wie heißt denn der Sittenstrolch, der dieses unsägliche Machwerk geschaffen hat?«, fragt Paul von Scheppko.

Sein Sohn schaut nach. »Es ist ein gewisser W. Pfeifer.«

»Man sollte ihn auf der Stelle kastrieren!«

108

1914 – Rose-Theater in der Großen Frankfurter Straße Nr. 132

Heinrich Zille betritt zusammen mit Max Kretzer den Zuschauerraum. Während sie suchend zu ihren Plätzen gehen, sprechen sie über das Stück.

Kretzer freut sich. »Schön, dass das Rose-Theater mein *Der Millionenbauer* noch einmal in den Spielplan aufgenommen hat.«

»Danke, dass Sie mich eingeladen haben«, murmelt Zille, ohne dabei sonderlich glücklich auszusehen. »Worum jeht et denn? Ick hab keene Ahnung, tut ma leid!«

»Berlin in den Gründerjahren. In Schöneberg hat der Bauer Hans Köppke viel Land verkauft und ist über Nacht steinreich geworden, was dazu führt, dass seine Tochter Marie für adlige Offiziere eine gute Partie geworden ist, besonders für die verarmten.«

Zille ist erstaunt. »Det hört sich aba jar nich mehr nach Solidarität mit den Arbeitern an.«

Max Kretzer macht eine hilflose Geste. »Man will jetzt mehr das Christliche, das Versöhnende.«

Damit sind sie an ihren Plätzen angekommen. »Wat ham wa denn?«, fragt Zille.

»Dritte Reihe. Die beiden Plätze rechts außen.«

»Da sitzt aba schon eena«, stellt Zille fest.

Es handelt sich um einen rundlichen Herrn von knapp vierzig Jahren mit Lippenbärtchen und Nickelbrille.

Max Kretzer beugt sich zu ihm hinunter. »Entschuldigen Sie bitte, Sie haben sich falsch platziert.«

»Nein, nein, ich sitze schon richtig.«

»Aber das sind unsere Plätze.« Max Kretzer hält ihm seine eigene und Heinrich Zilles Karte hin.

»Ich weiß. Die Intendanz hat mir verraten, wo Sie und Ihr Begleiter sitzen werden. Da ich Herrn Zille unbedingt sprechen wollte, habe ich diesen bequemen Weg gewählt.« Der Herr erhebt sich. »Gestatten, Hermann Frey.«

Zille begreift die Zusammenhänge nicht ganz. »Und wat vaschafft ma nu die Ehre?«

»Ich bereite hier im Rose-Theater eine Revue vor, *Rund um die Spree*, und würde mich freuen, wenn Sie mit dabei sind.«

»Jerne! Treffen wa uns mal zum Bierchen bei Päkelmann inna Köpenicker Straße?«

109

1914 – In einem Biergarten

Heinrich Zille und Hermann Frey sitzen in einer Ecke des Päkelmann'schen Lindengartens. Auf dem Tisch stehen schon einige leere Gläser.

»Was halten Sie von meinen Ideen, Herr Zille?«

»Wat heißt hier Herr Zille? Sajen Se Heinrich zu mir, Herr Frey!«

»Gut, ich bin so frei. Aber dann sagen Sie zu mir auch Hermann!«

Sie heben ihre Bierkrüge und trinken mit gekreuzten Armen Brüderschaft.

In diesem Augenblick nähern sich von der Straße her zwei Gehilfen, die einen riesigen Käse von zwei Metern Durchmesser in den Garten rollen.

Der Wirt stürzt aus der Gaststätte. »Wat is'n nu passiert?«

»Nüscht, Herr Päkelmann, nüscht! Der Käse aus da Schweiz is uns bloß vom Bahnhof bis hierher zweemal vom Leitawajen jefallen, und da ham wa jedacht, et is bessa, wir rollen ihn üba de Straße.«

Hermann Frey greift zu Zilles Notizblock und reißt sich ein Blatt ab. »Entschuldigung, aber das gibt den Text für einen wunderbaren Gassenhauer: Wer hat den Käse zum Bahnhof gerollt?«

Päkelmann kann darüber gar nicht lachen. »Bald wird wat andret zum Bahnhof rollen …«

Zille sieht ihn prüfend an. »Wat is denn mit Ihnen los?«

»Bald werden Wajen mit unsan Soldaten zum Bahnhof rollen, und die Friedhöfe wer'n voll werden. Der Kaiser hat 'ne Rede jehalten und jesajt, dettet Krieg jehm wird. Mobilmachung in janz Deutschland!«

110

1914 – Sophie-Charlotten-Straße und Bahnhof Westend

Heinrich Zille kommt aus dem Mietshaus, überquert die Straße und geht zum Güterbahnhof Westend hinüber, wo Rekruten in einen Güterwagen klettern. Mit dicker Kreide haben sie außen dran geschrieben: *Zum Frühstück nach Paris*. Und: *Jeder Stoß ein Franzos*.

Die Rekruten winken aus dem Waggon. Unten stehen ihre Angehörigen, winken mit ihren Taschentüchern und schreien: »Deutschland über alles!« Ihre Kriegsbegeisterung ist grenzenlos.

Ein Nachbar bleibt neben Zille stehen. »Na, woll'n Se nich ooch Soldat werden?«

Zille lächelt. »Nee. Bloß jut, det ick dazu schon zu alt bin.«

»Irjendwie wird jeda von uns ran müssen, passen Se mal uff!«

111
1914 – In den Verlagsräumen des »Berliner Tageblatts«

Heinrich Zille wird von der Vorzimmerdame in das Büro des Chefs geführt.

»Herr Engel, Heinrich Zille für Sie!«

»Danke.« Engel erhebt sich, kommt auf Zille zu und begrüßt ihn mit Handschlag. »Willkommen in den Räumen des *Ulk*!«

»Danke. Ick bin willich jekommen, obwohl ick nich richtig weeß, warum eijentlich.«

»Das werde ich Ihnen gleich verraten. Nehmen Sie doch erst einmal Platz! Fräulein Ritter wird uns einen Kaffee bringen.«

Zille verzieht ein wenig das Gesicht. »Ick denk, ULK steht für Unsinn, Leichtsinn und Kneipensinn – und wat hat Kaffee mit 'ner Kneipe zu tun?«

»Gut, dann holt sie uns ein Bier.«

Die beiden Herren setzen sich, und Dr. Engel hält ihm eine kleine Kiste mit Zigarren hin.

Zille nimmt sich mit Rollgriff eine heraus, knipst ein Ende ab und zündet sie an. »So, nehm wa det als Leichtsinn – wo bleibt der Unsinn?«

»Das wäre der Krieg.«

»Da ham Se recht!«

»Aber genau deswegen habe ich Ihnen geschrieben, dass Sie in den Verlag kommen sollen. Wie fange ich am besten an?« Auch Dr. Engel greift nun nach einer Zigarre. »Sie wissen sicherlich, dass der *Ulk* seit 1872 bei Rudolf Mosse als Gratisbeilage des *Berliner Tageblatts* erscheint.«

»Ick weeß, als Jejenstück zu den *Fliegenden Blättern*.«

»Genau. Und Siegmund Haber hat für uns im *Ulk* eine Reihe von Figuren geschaffen, die der Rechtschreibung und der Grammatik nicht wirklich mächtig sind, sich aber immer zu aktuellen Themen äußern, so den Eckensteher Nunne, die Confektionsmamsell Paula Erbswurst vom Hausvogteiplatz und die Frau Rentier Schladeberg aus der Manteuffelstraße.«

Zille nickt. »Kenn ick.«

»Nun ist aber der gute Siegmund Haber schon seit Jahren tot – und wir suchen einen Nachfolger. Dies ist umso dringlicher, als der *Ulk* von den leitenden Herren des Verlags den Auftrag bekommen hat, zwei Soldaten zu kreieren, die im Krieg für eine heitere Note sorgen.«

»Na wunderbar!«, ruft Zille. »Wir schießen uns nich nur tot, wir lachen uns ooch noch tot darüber. Ick find det jar nicht ulkig, Herr von Ulk.«

Dr. Engel fährt auf. »Mensch, Zille, es geht hier um Trostpflaster! Die Leute brauchen etwas, das ihnen hilft, die Schrecken des Krieges besser zu ertragen. Humor ist, wenn man trotzdem lacht. Das wissen Sie doch am besten!«

»Det seh ick ein, Herr Doktor Engel. Aba wenn ick meine Typen so reden lasse, wie ihnen der Schnabel jewachsen is, dann heißt det doch bestimmt, det sei undeutsch und defätistisch. Außerdem is die Berlina jroße Schnauze nicht üball in Deutschland beliebt. Det jeht also allet nich!«

Dr. Engel streicht sich übers Kinn. »Da mögen Sie recht haben. Aber sagen Sie … Können Sie Ihre Figuren nicht woanders ansiedeln?«

»Ja, in Sachsen zum Beispiel, wo ick herkomme. Den Dialekt beherrsche ich noch ganz gut. Dä Saggsn hamm dä Gusche unns Härzze offm richdchn Flegg. Unn wasse noch hamm, iß Muddorrwiddz.«

»O Gott, nein!« Dr. Engel schlägt die Hände über dem Kopf zusammen. »Das ist ja noch viel schlimmer als der Berliner Dialekt. Also, Zille, suchen Sie sich eine Region aus, deren Sprache für alle annehmbar ist, und schaffen Sie zwei Soldaten, die mit Humor durch dick und dünn gehen!«

Zille springt auf und knallt die Hacken zusammen. »Zu Befehl, Majestät! Ihr gehorsamster Diener! Werde dem Volk aufs Maul schauen, wenn ick am Wochenende zu mei'm Sohn nach Hinterpommern fahre.«

112
1914 – Im Wartesaal

Heinrich Zille sitzt an einem kleinen Tisch am Ende des Wartesaals beim Bier. Ringsum haben Soldaten in feldgrauen Uniformen Platz genommen und unterhalten sich vor Abgang ihres Zuges. Neben Zille heben zwei von ihnen ihre Gläser und sehen sich dabei in die Augen. Der Jüngere heißt Karl.

Sagt der eine: »Ick seh di!«

Erwidert der andere: »Dat freit mi, Korl!«

Der eine trinkt dem anderen zu. »Ick sup di to.«

»Dat do.«

Beide: »Prost!«

»Ick heb di tosopen.«

»Hest'n rechten drapen.«

»So hebt wi dat ümmer doon.«

»So schall't ok wieder gahn!«

Zille skizziert die beiden auf seinem Block und versucht, so viel wie möglich von ihren Dialogen mitzuschreiben.

Der Ober ist ein sehr unbeholfener junger Mann und wirft mit dem Allerwertesten einen freien Stuhl um, als er beim Abräumen ist.

»He stött mehr mit 'n Moors üm, as he mit de Hän'n opsetten kann«, merkt Korl an.

Der Ältere bestellt noch einen Doppelkorn für sich und Korl. »Gönn di wat, ok wenn du in Not büst! Wat hesst du von't Leven, ween du eerst doot büst?«

»Der Kaiser mit sei'm Krieg …«

»Fret die satt and sop di dick and hol dien Mul von Politik!«

»Tscha … Rotz anner Näs, Schiet am Been, / ach, wie is det Leven schön!«

»Nimm di nix vör, dann slait di nix fähl.«

Pfiffe draußen auf dem Bahnsteig. Es kommt Bewegung in die Menge. Zille sieht aus dem Fenster. Ein Zug läuft ein und hält mit kreischenden Bremsen.

Er legt eine Münze auf den Tisch und verlässt den Wartesaal.

113
1914 – Auf dem Bahnhof Demmin

Hans Zille steht wartend auf dem Bahnhof. Ein Personenzug aus Richtung Berlin nähert sich, läuft ein und hält. Die ersten Abteiltüren werden geöffnet.

Hans sieht seinen Vater, läuft hin und hilft ihm aus dem Zug. »Willkommen an der Peene!«

Zille umarmt ihn. »Lange nich jesehn!«

»Ja, ja, ein bisschen älter bin ich schon geworden.«

Zille lacht. »Wer nich olt wern well, mot sik jung uphangen.«

Hans lacht. »Hast du extra Platt für mich gelernt?«

»Im Wartesaal und im Zuch war'n 'ne Menge, die so geredet ham. Hört sich janz hübsch an!«

In diesem Augenblick läuft ein junges Mädchen auf seinen Vater zu, der eben aus dem Zug geklettert ist und sich suchend umsieht. »Vadding, hier!«, ruft sie.

Zille sieht seinen Sohn an. »Vadding – ist det sein Nachname?«

»Nein, das ist unser Bürgermeister in Rosemarsow, der Traugott Burow. Vadding kommt von Vadder und heißt Väterchen.«

Zille fasst sich den Kopf. »Mensch, ick hab's! Ick soll doch für'n *Ulk* zwee jutmütige Landsturmmänner zeichnen. Da nehm ick euan Burow und nenn ihn Vadding, und der andere, det bin ick selba, der Korl. Vadding un Korl. Und wenn die beiden Platt sprechen, finden det alle lustig.«

»Gott, Vater!« Hans hat Bedenken. »Es gibt so viele niederdeutsche Dialekte: Niedersächsisch, Westfälisch, Ostfälisch, Mecklenburgisch-Vorpommersch, das Platt an der Waterkant und, und, und.«

»Du nu wieda! Die eenen sajen vielleicht Leven und die andern Läben, aber so jenau merkt det doch keen Mensch, schon jar nich, wenn du mir 'n bisschen hilfst.«

Der Bürgermeister kommt an den beiden Zilles vorbei. »Ah, da ist ja der berühmte Vater aus Berlin!«, ruft Vadding.

Zille ist enttäuscht. »Sie sprechen ja jar keen Platt.«

»Das habe ich nur Ihretwegen nicht getan. Nun aber: Dat is jo wiet un siet bekannt, dat wi meistens plattdütsch schnacken opt Land.«

Zille nickt. »Ja, det könnte jehn.«

114
1915 – Auf dem Königsplatz

Heinrich Zille und Hermann Frey stehen vor der Siegessäule, wo 72 Bildhauer ein gigantisches hölzernes Standbild des Generals Paul von Hindenburg geschaffen haben. Nur Schultern und Kopf sind sichtbar, der übrige Körper ist von einem Gerüst verdeckt, auf dessen Plattformen Leute herumlaufen.

»Kauft Nägel für die Kriegsopferhilfe!«, schreien mehrere Männer und laufen mit Holzkisten umher. »Kauft Nägel!«

»Und die soll man nu in den hölzanen Hindenburg rinschlajen?« Zille kann es nicht fassen.

Hermann Frey nickt. »Ja, damit er eisern wird.«

»Sowat Dusslichet!«

»Besser als bei einem richtigen Menschen«, merkt Frey an. »Und dann auch noch am Kreuz …«

»Wat wohl der Jekreuzigte von unsam Kaisa und seim Hindenburg halten würde? Vom Kriech jenerell?«

Frey zitiert aus der Bibel. »*Selig sind die Friedfertigen, denn sie werden Gottes Kinder heißen.*«

»*Du sollst nicht töten!*« Zille lacht bitter. »Es sei denn, es wird dir befohlen.«

Der Verkäufer mit der Nagelkiste kommt bei ihnen vorbei. »Auch dein Scherflein für die notleidenden Kriegsopfer! Kauft Nägel!«

»Hoffentlich bleiben noch welche für die Särje übrig«, murmelt Zille.

»Sie kaufen also keine, Herr Zille?«, fragt der Nagelverkaufer, der Zille erkannt hat.

Zille schüttelt den Kopf. »Nee, ick hab ja schon meine janz besondere Kriegsopferhilfe abjeliefert: Vadding un Korl.«

115
1916 – Foyer des Mossehauses in der Schützenstraße

Fritz Engel hat eine beachtliche Schar von Presseleuten zusammengerufen. An den Wänden hängen mehrere Vadding-un-Korl-Zeichnungen. Die Kamera zeigt eine Abbildung aus dem *Ulk*, auf der die beiden Männer am Rande eines riesigen Trichters zu sehen sind. Darunter steht: »*Süh, Korl, den Granattrichter! Da seggen sie ümmer, wi maken Geschichte – wi maken ook Geographie.*«

Wir sehen Zille in der ersten Reihe sitzen. Neben ihm Hermann Frey, der als Freund immer wichtiger wird.

Fritz Engel tritt an ein Pult, um einen neuen Band der Reihe *Vadding in Frankreich* vorzustellen.

Ein deutscher Soldat, vielleicht darf ich sagen der deutsche Soldat, tritt in diesem Buch vor das Publikum der Heimat und vor seine Kameraden draußen im Felde hin, und es darf ihm wohl das Schicksal prophezeit werden, dass er in die Literatur dieser stürmischen Epoche als eine bedeutungsvolle und allgemein gültige Charakterfigur übergehen wird. Tausende und aber Tausende solcher Vaddings leben wirklich. (…) Hat der große Krieg, der größte aller Kriege, ihn [Zille] von Grund aus verändert? Hat er nicht nur, was in Zille stets gewesen ist und sich negativ und kritisch zu äußern pflegte, zu einer Entwicklung ins Positive und Bejahende gebracht? Heinrich Zilles Hauptelemente, das Mitgefühl und die Güte, sind geblieben, nur dass dieses Mitgefühl sich ohne Stacheln äußert und die Güte den Beschauer nicht mehr mit der Härte ihres Ausdrucks weinen macht. (…) Dass dieser Krieg kein Krieg der Fürsten und Kabinette, sondern unser aller Krieg ist, mildert nun des Zeichners Ironie; die ungeheure Gemeinsamkeitsempfindung, die alle Misstöne der Friedenszeit zu einem Edeltone zusammengeschmolzen hat, besänftigt alles, was in dem nach oben strebenden Proletarier Zorn und Widerstand gewesen ist, und seine menschliche Empfindung, jene Güte oder, um es noch genauer zu bezeichnen, eine echt brüderliche Gutmütigkeit kommt jetzt lächelnd ans Tageslicht.

Fritz Engel legt sein Manuskript beiseite und schaut in die Gesichter der Zuhörer. »So weit, meine Herren, die Worte, mit denen ich diesen Band einleiten werde. Ich danke für Ihre Aufmerksamkeit!« Man klatscht Beifall, so dass Engel erst nach einer kleinen Pause fortfahren kann. »Und nun stehe ich Ihnen gern für Fragen zur Verfügung.« Er sieht sich um und nimmt eine erste Wortmeldung wahr. »Ja bitte, der Herr! Wenn Sie sich kurz vorstellen würden?«

»Mein Name ist Otto Nagel. Ich bin Maler und schreibe für den *Vorwärts*. Folgendes ist mir aufgefallen …« Er hält eine ältere Ausgabe des *Ulk* hoch. »In dieser Ausgabe zur ersten Kriegsweihnacht sehen wir, wie sich deutsche und französische Soldaten aus ihren Schützengräben recken. An der Spitze ihrer Bajonette steckt das Weihnachtsgeschenk für die andere Seite, bei den Franzosen eine Flasche Wein oder Cognac, bei Vadding ein Paar Würste. Die Feinde sind sich plötzlich ganz nahe, es ist eine Szene von tiefer Menschlichkeit. Warum nun, Herr Doktor Engel, ist in dem Band, den Sie uns eben vorgestellt haben, dieses Bild ausgetauscht worden gegen ein anderes, auf dem die Franzosen nur ganz hinten am Horizont zu sehen sind? Nur ja keine Verbrüderung mit dem Erbfeind? Es lebe die Zensur!«

Rufe der Empörung werden laut, es gibt aber auch Gelächter.

Engel windet sich. »Ich versichere Ihnen, dass das alles rein technische Gründe hat. Wir mussten mit dem Bild eine ganze Seite füllen, also die Schützengräben voneinander entfernen …«

Jetzt überwiegt das Gelächter.

Hermann Frey stößt Zille an. »Diese Nummer nehme ich in meine nächste Revue rein. *Rund ums Jahrhundert* heißt die.«

116

1917 – In einer Bäckerei und auf der Straße davor

Zille steht in einer Bäckerei, in der sich eine längere Schlange gebildet hat.

Eine Kundin bekommt ihr Brot ausgehändigt und schnuppert daran. »Mensch, wie riecht denn dit? Nach Kartoffeln!«

Die Verkäuferin bleibt kühl. »Wir dürfen jetzt zur Streckung des Brotes Kartoffeln mit verbacken.«

Zille wartet, bis er an der Reihe ist, nimmt sein Roggen-Kartoffel-Mischbrot in Empfang, tritt wieder auf die Straße hinaus und strebt nach Hause.

Zwei Frauen kommen aus einem Hausflur und schleppen einen gewaltigen Müllkasten zu einem haltenden Pferdefuhrwerk, das dem Abtransport des Unrats dient. Andere Frauen stehen mit ihrem Besen bereit, die Straße zu fegen. Ein wenig neidvoll blicken sie auf eine kesse Straßenbahnschaffnerin mit umgehängter Geld- und Fahrscheintasche.

Die Vorarbeiterin der Straßenfegerinnen wendet sich an die Schaffnerin. »Ick sollte eijentlich bei de Post mit 'ne richtige Dienstmütze, aber mir hat der Majistrat for de Straßenreinigung reklamiert.«

Die Schaffnerin nickt. »Na ja, wa müssen ja die Männa asetzen, die im Felde stehen …«

»… und jefallen sind.«

Eine übervolle Straßenbahn – ein Triebwagen mit einem Beiwagen – hält dicht vor Zille. Neben den anderen Fahrgästen wollen auch ein Brautpaar und eine Trauergesellschaft zusteigen. Chaos entsteht.

Die Schaffnerin des Triebwagens hängt in ihrer Tür und ist verzweifelt. »Bei mir vorne is voll!«, ruft sie. »Im Hintern is noch Platz!«

»Det passt prima«, murmelt der Revoluzzer neben Zille. »Sind wa doch alle 'n Volk von Arschkriechan jeword'n.«

117

1917 – Vor dem Palast-Theater am Zoo

Heinrich Zille geht neben Otto Reutter wartend vor der Theaterfront auf und ab. Sie kommen an einem großen Plakat vorbei. Die Kamera zeigt es in voller Größe. Oben links sehen wir Korl mit einem typischen Zille-Gesicht, unten rechts Vadding. Angekündigt wird: *Berlin im Krieg – Korl und Vadding, die große Revue von Otto*

Reutter und Robert Liebmann, Musik Victor Hollaender. Täglich 7 ½ Uhr. Sonntags 3 ½ u. 7 ½ Uhr.

Ein Photograph hat inzwischen in der Nähe von Zille und Reutter seine Kamera aufgebaut und ist bereit, die beiden auf die Platte zu bannen. »Herr Reutter, bitte etwas dichter an Herrn Zille heranrücken!«

Zille lacht. »Komm Se ruhig näha, ick beiße nich. Im Jejenteil, ick freue mich, det se meine beeden Helden wat Schönet singen lassen.«

Otto Reutter ist eher elegisch gestimmt und singt leise: »*Ich möcht' erwachen beim Sonnenschein.*«

Zille legt ihm den Arm um die Schultern. »Ich weiß, Ihr Sohn ist letztes Jahr bei Verdun gefallen. Diese Kriegsrevuen sind eijentlich wat Schlimmet.«

»Versuchen wir bei allem Humor doch so viel Kritisches über die Rampe zu bringen, dass der Wahnsinn bald ein Ende hat!«

118

1917 – In Landré's Weißbierstube, Ecke Charlotten- und Schützenstraße

Vor Zilles großem Ölbild auf Leinwand *Ausflug des Sparvereins Hoffnung nach Stralau* sitzen er und Otto Nagel bei einem Bier beisammen.

Otto Nagel redet heftig agitierend auf Zille ein. »Sie sind Opfer Ihrer Auftraggeber geworden! Man merkt Ihren Zeichnungen an, dass Sie keine richtigen Milieustudien mehr betreiben, sondern nur übernehmen, was in den Zeitungen steht. Vadding un Korl – das ist ja fast schon schauerlich! Andere hätten das vielleicht schlechter gezeichnet als Sie, aber Sie hätten sich dafür nicht hergeben dürfen! Als in der Wolle gefärbter Sozialist, wie Sie selber von sich sagen, erst recht nicht.«

»Ich bin doch kein Kriegstreiber und Militarist!«, ruft Zille.

»Nein, das nicht, aber Vadding un Korl – das ist Etappenhumor, das gibt das Grauenhafte des Krieges nicht im Entferntesten wieder. Bitte kehren Sie dorthin zurück, wo Sie schon einmal waren! Schildern Sie das Leid und die Entbehrungen der Menschen! Zeigen Sie die zu Krüppeln gewordenen Soldaten, zeichnen Sie die Frauen, wie sie stundenlang nach Kartoffeln anstehen, machen Sie den Menschen klar, dass wir in den Zeiten der widerlich schmeckenden und gestreckten Kriegsmarmelade leben und keine teure Konfitüre aus dem KaDeWe auf unserem Kartoffelbrot haben!«

119

1918 – Wohnung Zille, Sophie-Charlotten-Straße Nr. 88

Im Hintergrund sehen wir das Deckblatt zu *Kriegsmarmelade – für die Nachwelt erhalten von H. Zille*. In der Mitte eines graublauen Blattes, eingerahmt von vier schwarz-weiß-roten Fähnchen, ist der Teufel dabei, das deutsche Volk garzukochen.

Zille arbeitet gerade an einer Zeichnung, unter die er schon geschrieben hat: *Ein ganz alltäglicher »Fall«, jemand aus dem Fenster gesprungen*. Auf dem Pflaster liegt eine Frau in einer Blutlache. Kinder eilen herbei, in den Fenstern liegen Frauen und schauen auf die Straße hinunter. Hinter einer Baugrube ragt eine Hausfassade in den Himmel, die mit Werbesprüchen bedeckt ist. Der eine lautet *Beerdigung – Institut – Grieneisen,* ein anderer *Höchste Zeit – Zeichne Kriegsanleihe! Dein Geld gehört dem Vaterland!*

Dr. Heilborn erscheint in der Tür.

Zille blickt auf. »Wie geht es Hulda?«

»Den Umständen entsprechend. Der Thrombus im Bein hat sich offensichtlich aufgelöst, das Blut fließt wieder.«

»Alles fließt«, murmelt Zille.

Dr. Heilborn nimmt eine schon fertige Zeichnung vom Tisch, die einen Soldaten zeigt, dem man das rechte Bein amputiert hat und der sich an zwei unten die Achsel geklemmten hölzernen Krücken fortbewegt. Dazu trägt er eine Augenklappe. Auf seiner Brust baumelt ein roter, weiß gepunkteter Beutel, in dem sich seine Habseligkeiten befinden. Der Arzt liest den gereimten Text vor, den Zille dazu verfasst hat:

Die Gesundheit ist verloren
Wo soll'n wir denn hin?
Alsdann so wird es heißen
Ein Vogel ohne Nest –
Nun Bruder nimm den Bettelsack
Soldat bist du gewest!

»Wie finste det?«, fragt Zille.

»Die Zeichnung ist dir wunderbar gelungen.« Was er vom Text hält, lässt Dr. Heilborn ihrer Freundschaft wegen offen. »Gehen wir zu Hulda rüber, sie wartet auf dich.«

Sie gehen ins Schlafzimmer, wo Zilles Frau in einem geblümten Kleid auf ihrem Bett liegt.

Heinrich Zille geht zu ihr und streicht ihr zärtlich über Stirn und Wangen.

»Was macht das Spannungsgefühl am Bein und am Knöchel?«, fragt Dr. Heilborn.

»Das ist fast weg.«

»Und – fühlt sich alles immer noch so warm an?«

»Nein, kaum mehr.«

Zille lächelt Hulda an. »*Wird schon wern / mit Mutter Bern, / mit Mutter Horn / is ja ooch jeworn.*«

An der Wohnungstür wird geklingelt. Zille eilt auf den Korridor und öffnet. Draußen steht August Gaul, einen Blumenstrauß in der Hand.

»Ah, 'n Krankenbesuch!«

»Ja, aba habta schon jehört?«

»Nee, watten?«

»Der Kaiser hat Angst bekommen, dettet hier in Berlin 'n Revolution jibt, und is nach Belgien geflohen.«

»Das ist der Anfang vom Ende der Ära Hohenzollern!«, ruft Dr. Heilborn.

120
1918 – Vor dem Reichstagsgebäude

Zwischen dem Stadtschloss, dem Sitz der Reichsregierung in der Wilhelmstraße und dem Reichstagsgebäude hat sich eine gewaltige Menschenmenge versammelt. Wir sehen Heinrich Zille, August Gaul und August Kraus. Sie reden über die augenblickliche politische Lage.

»Klar is nur, det nüscht klar is!«, bringt Zille die Sache auf den Punkt.

Gaul widerspricht ihm. »Soweit ich gehört habe, soll Prinz Max von Baden den Thronverzicht Wilhelms erklärt haben, ohne dass der davon weiß.«

Zille lacht. »Da issa also rejelrecht abjedankt worden.«

»Zustände sind das!«, ruft Kraus.

»Die Armee ist zerfallen, die schlägt sich nicht mehr für ihn in die Bresche«, fügt Gaul seinen Ausführungen hinzu. »Und außerdem sollen sie Friedrich Ebert zum neuen Reichskanzler bestimmt haben.«

»Ein Sattler!« Kraus verzieht das Gesicht.

»Jut jesattelt is halb jeritten«, stellt Zille fest.

»Heinrich, du redest etwas wirr!«, findet Kraus.

»Ick rede jenau so, wie die Zeiten heute sind.«

Gaul hat inzwischen gelauscht, was hinter ihnen geredet wird. »Habt ihr gehört, was die eben gerufen haben?«, fragt er und gibt gleich selbst die Antwort. »Karl Liebknecht wird in Kürze die Räterepublik ausrufen.«

»Auch das noch!«, ruft Kraus, der politisch nach rechts tendiert.

Zille beweist politischen Spürsinn. »Wenn der Liebknecht det machen will, müssen sich die von der SPD aber beeilen.«

Und richtig, kurz nach 2 Uhr mittags erscheint der SPD-Politiker Philipp Scheidemann auf einem der Westbalkone des Reichstagsgebäudes und setzt zu einer großen Rede an.

Arbeiter und Soldaten! Furchtbar waren die vier Kriegsjahre, grauenhaft waren die Opfer, die das Volk an Gut und Blut hat bringen müssen, der unglückselige Krieg ist zu Ende. Das Morden ist vorbei. Die Folgen des Kriegs, Not und Elend, werden noch viele Jahre lang auf uns lasten. Die Niederlage, die wir unter allen Umständen verhüten wollten, ist uns nicht erspart geblieben. Unsere Verständigungsvorschläge wurden sabotiert, wir selbst wurden verhöhnt und verleugnet. Die Feinde des werktätigen Volkes, die wirklichen inneren Feinde, die Deutschlands Zusammenbruch verschuldet haben, sind still und unsichtbar geworden. Das waren die Daheimkrieger, die ihre Eroberungsforderungen bis zum gestrigen Tage ebenso aufrechterhielten, wie sie den verbissensten Kampf gegen jede Reform der Verfassung und besonders des schändlichen preußischen Wahlsystems geführt haben. Diese Volksfeinde sind hoffentlich für immer erledigt. Der Kaiser hat abgedankt. Er und seine Freunde sind verschwunden, über sie alle hat das Volk auf der ganzen Linie gesiegt. Prinz Max von Baden hat sein Reichskanzleramt dem Abgeordneten Ebert übergeben. Unser Freund wird eine Arbeiterregierung bilden, der alle sozialistischen Parteien angehören werden. Die neue Regierung darf nicht gestört werden, in ihrer Arbeit für den Frieden und der Sorge um Arbeit und Brot. Arbeiter und Soldaten, seid euch der geschichtlichen Bedeutung dieses Tages bewusst: Unerhörtes ist geschehen. Große und unübersehbare Arbeit steht uns bevor. Alles für das Volk. Alles durch das Volk. Nichts darf geschehen, was der Arbeiterbewegung zur Unehre gereicht. Seid einig, treu und pflichtbewusst. Das Alte und Morsche, die Monarchie ist zusammengebrochen. Es lebe das Neue. Es lebe die deutsche Republik.

»Na, hoffentlich tut se det!«, murmelt Zille.

121

1919 – Wohnung Zille, Sophie-Charlotten-Straße Nr. 88

Zille steht im Flur, sieht in den Spiegel – und ist erschrocken, wie elend er aussieht. Es klingelt. Er fährt zusammen, besinnt sich dann, geht zur Tür und öffnet. Draußen stehen seine Tochter Margarete und deren Verlobter Georg.

»Frohe Pfingsten!«, ruft Margarete.

»Da is nüscht mit froh«, sagt Zille mit leiser Stimme.

»Warum denn das?«

»Mutta is krank. Doktor Harms is jrade bei ihr. Aba kommt erst mal rin!«

Der Arzt tritt aus dem Schlafzimmer. Sein Gesicht sagt alles. »Linksseitiger Schlaganfall. Es sieht nicht gut aus.«

Sie treten ans Bett der Kranken, die dabei ist, in einen tiefen Schlaf zu fallen.

»Hulda, deine Tochter und dein zukünftiger Schwiegersohn sind gekommen.«

Die Kranke versucht sich aufzurichten. »Schön, dass ihr da seid … noch einmal …«

Dann fällt sie in die Kissen zurück.

122

1919 – Praxis Dr. Alois Lautenschläger

Heinrich Zille sitzt im Behandlungszimmer Dr. Lautenschläger gegenüber und klagt ihm sein Leid. »Seit Hulda mich verlassen hat, weeß ick nich mehr, wozu ick noch leben soll.«

»Für deine Kunst, Heinrich, und für alle, die dich lieben.«

»Ick bin bis zum letzten Atemzug bei ihr jebliem und hab ihr die Augen zujedrückt …«

Dr. Lautenschläger sucht ihn zu trösten. »Sie ruht in Frieden, dein gutes Hausmütterchen.«

»Ick wäre viel lieba vor ihr jegangen.«

»Heinrich, male und zeichne von morgens bis abends, dann kommst du am besten über alles hinweg!«

»Ach, da kommt doch ooch nüscht mehr.«

Sechzehn

April, April – weiß nicht, was er will. Heinrich Zille hatte seine Staffelei ans Fenster gerückt, um mehr Licht zu haben. Neben ihm auf einem Stuhl standen Farbkästen und Wassernäpfe. Ein Verleger wollte vorn in einem Zille-Buch etwas Neues haben. Für eine Kunsthandlung sollte er eine Lithographie kolorieren. Ein Plakat musste er auch noch malen. »Und det allet uff meine alten Tage!« Immer wieder stellte Zille sich dieselbe Frage: »Kann ick nu nich mehr – oder will ick nich mehr?« Die letzten Tage hatte er damit verbracht, seine »Briefmarken-Sammlung« zu ordnen. Dabei handelte es sich nicht um Postwertzeichen, sondern um Unmengen von kleinen Skizzen, die er früher von jedem seiner Ausflüge in die Stadt mitgebracht hatte, teilweise auf den Rückseiten von Bahnfahrkarten. Die wollte er nun auf einen großen Bogen kleben. Er war zudem damit beschäftigt, gebrauchte Briefumschläge aufzutrennen, zu wenden und die neuen Teile mit Hilfe des Leimtopfes wieder zusammenzufügen. Der Abgeordnete Waldeck-Manasse von der USPD hatte vor Jahren auch einmal so einen »Gewendeten« bekommen und ihm daraufhin einen Packen neuer Umschläge nach Hause geschickt. Als Zille jetzt zur schwarzen Kreide griff, um endlich anzufangen, klingelte es.

»Nu is aba jut«, murmelte er. »Det is doch keen Taubenschlag hier!« Trotz seines Unmuts ging er zur Tür. »Wer is'n da?«

»Der neue Briefträger!«

»Ick will keene Briefe mehr! Wie soll ick die denn alle beantworten?« Was blieb ihm aber übrig, als die Tür zu öffnen. Der arme Mann von der Post tat ja auch nur scinc Pflicht.

Draußen stand jedoch kein Postbote, sondern ein langer, ausgemergelter Mensch mit einem irren Gesichtsausdruck.

Zille prallte zurück. »Wer sind Sie denn?«

»Der Bude. Gustav Budenstieg.«

»Und wat woll'n Sie hier?«

»Det will ick!« Der Mann riss ein Messer aus der Innentasche seines Mantels. »Sie umbringen!«

Zille wich in den Korridor zurück. Der Mann folgte ihm und trieb ihn mit dem gezückten Messer vor sich her.

»Sabberbacke, jetz hab ick dich endlich!«, rief Budenstieg.

»Wer soll ick sein? Ick bin Heinrich Zille.«

»In dem steckste nur drinne! Und darum musste jetzt sterben!«

Zille bewies nun ein Maß an Geistesgegenwart, das er sich gar nicht mehr zugetraut hätte. »Dann man zu, junga Mann, so'n schnellen Tod hab ick mia imma jewünscht! Ick bezahl Ihnen ooch jerne wat dafür. Mindestens tausend Mark.«

»Wie?« Budenstieg starrte ihn an. »Tausend Mark?«

»Ville Jeld, ja. Ick muss Ihnen nur vorja sachen, wo det Vasteck is. Alleene finden Se det nie.«

»Wo denn?«

»Im andan Zimma. Komm, ick zeig et dir!« Zille ging voran.

Banofsky hatte wegen eines plötzlichen Blasendrangs Zilles Toilette aufsuchen müssen. Er wollte gerade ins Arbeitszimmer zurückkehren, um mit Zille das längst fällige Gespräch über Kowolleks Skandal-Artikel fortzusetzen, als draußen geklingelt wurde. Banofsky hatte schon die Hand auf der Klinke, zögerte aber aus Höflichkeit. Er wollte nicht neugierig erscheinen und sich nicht in Zilles Angelegenheiten einmischen. Zille und ein offenbar fremder Mann sprachen aber so laut, dass Banofsky alles verstand. Ein Irrer! Das war fast zu erwarten gewesen – bei dem Rummel, den man in den letzten Jahren um Zille gemacht hatte. Wer so sehr im Rampenlicht stand wie er, musste damit rechnen, Neid auf sich zu ziehen.

Banofsky wusste, was zu tun war. Was hatte er seine Soldatenzeit verflucht! Jetzt gab sie ihm die nötige Sicherheit. Leise öffnete er die Toilettentür. Sie durfte nicht knarren, er durfte keinerlei Geräusch verursachen. Es gelang. Vor ihm gingen Zille und der Mann, der ihn erstechen wollte. Er war hochgewachsen und hatte einen breiten Rücken. Das war nicht gut für Banofsky, aber er musste es trotzdem wagen. Schon war er hinter ihm. Sein rechter Arm schnellte vor – und er hatte ihn im Würgegriff. »Das Messer fallen lassen!«

Der Mann gehorchte.

Zille fuhr herum, starrte Banofsky an und hatte Mühe zu verstehen, was da geschehen war.

Banofsky fuhr ihn an: »Schnell, binden Sie ihn an Händen und Füßen!«

»Womit denn?«

»Mit Ihren Hosenträgern, mit Ihrem Gürtel, mit der Wäscheleine, was weiß ich!«

Der Mann zappelte, trat nach hinten aus und wehrte sich mit aller Kraft. Banofsky musste ihm die Kehle so stark zudrücken, dass er schließlich nur noch röchelte und dann zu Boden sank.

»Sie haben ihn umgebracht!«, rief Zille.

»Nein, er wird gleich wieder zu sich kommen.«

Banofsky riss einen Schal von der Flurgarderobe und fesselte dem Mann, nachdem er ihn auf den Bauch gedreht hatte, die Hände hinter dem Rücken. Für die Füße nahm er die Hosenträger, die ihm Zille reichte. Dann richtete er den Mann halb auf und lehnte ihn gegen die Wand, um ihm mit der flachen Hand mehrmals auf die Wangen zu klatschen. Links, rechts, links, rechts. »Los, aufwachen!«

Der Mann kam wieder zu sich, begriff aber nicht sofort, wo er sich befand.

Banofsky hob das Ausbeinmesser auf und hielt es ihm hin. »Das war ein Mordversuch!«

Der Mann begann zu schluchzen. »Ich kann doch nichts dafür!« Dann erzählte er den beiden seine Leidensgeschichte.

»Budenstieg, was machen wir nun mit Ihnen?« Banofsky sah Zille an. »Soll ich zur nächsten Telephonzelle laufen und die Polizei anrufen, während Sie hier auf ihn aufpassen?«

Zille rang mit sich. »Et is ja ’n armer Teufel … Reicht et nich, wenn er nach Wittenau zurückkommt?«

»Sie wollen ihm verzeihen, dass er Sie umbringen wollte, und keine Anzeige erstatten?«

»Nee, lassen Se mal!«

»Tausend Dank!«, rief Budenstieg. »Sie sind ein Engel.«

»Na, det nu lieba nich.«

Banofsky fasste einen Entschluss. »Gut, Budenstieg, ich binde Sie jetzt los, und wir gehen gemeinsam nach unten, zur nächsten Telephonzelle. Von da aus rufen Sie in Wittenau an und sagen, dass jemand kommen soll, um Sie zurückzuholen. Ohne Fluchtversuch, ohne alle Fisimatenten!«

»Ich schwöre es.«

Doch Heinrich Zille verstellte ihnen den Weg. »Moment mal, ick bin zwar alta Kommunist – oda jedenfalls so wat Ähnlichet –, aber wat mir an der Kirche jefällt, det is det Vaterunser: *Und vergib uns unsere Schuld, wie auch wir vergeben unseren Schuldigern.*«

Banofsky ahnte, was jetzt kommen würde. Zille würde seinem Ruf als Helfer der Armen und Verlierer gerecht werden. Aber kam das wirklich alles aus ihm selbst heraus, oder wollte er nur dem Ruf gerecht werden, den er in der Öffentlichkeit hatte? Wahrscheinlich spielte beides eine Rolle.

Jedenfalls reagierte Zille nun genau so, wie Banofsky es erwartet hatte. Er sprach jetzt hochdeutsch, was ziemlich feierlich klang. »Budenstieg, dir sei nicht nur vergeben, ich möchte auch, dass du die zweite Hälfte deines Lebens weder im Knast noch in der Irrenanstalt verbringst, sondern in anständigen Verhältnissen. Mein Sohn in Rosemarsow hat gerade ’ne kleine Landwirtschaft zusätzlich zu seiner Lehrerstelle gepachtet und sucht einen tüchtigen Gehilfen. Ich werde ihm nachher ein Telegramm schicken, und du wirst dich in den Zug nach Mecklenburg setzen. Hier haste das Geld dazu.« Er kramte mehrere kleine Scheine hervor, drückte sie Budenstieg in die Hand, nachdem der von Banowsky wieder losgebunden worden war, und verfiel nun wieder ins Berlinische. »Jeheilt biste ja nu ooch, weil de jemerkt hat, det ick nicht der jroße Teufel bin und et keenen Jrund gibt, mia zu hassen.«

Budenstieg umarmte Zille und versicherte unter Tränen, dass er nun ein ganz anderer Mensch würde. Überglücklich zog er ab.

Zille füllte zwei Cognacgläser. »Stoßen wa uff meine Rettung an – und uff meinen Retter!«

Sie taten es. Banofsky kam nun wieder auf den Kowollek-Artikel zu sprechen.

Zille wurde abermals sehr feierlich und sprach die nächsten Sätze in seinem schönsten Hochdeutsch. »Ich schwöre Ihnen bei allem, was mir heilig ist, dass an der ganze Sache nichts dran ist! Es stimmt, dass der Liebermann und der Frey mal ein Bild in meinem Stil gemalt haben, um mich damit zu uzen. Das muss die Hippauf gesehen haben. Im Übrigen hat dieser Kowollek eine blühende Phantasie.«

»Ich würde eher sagen, einen blühenden Geschäftssinn.«

»Ick bin ma jespannt, wie det nu weitajehn soll!«

Siebzehn

Was Ascot für London, war Hoppegarten für Berlin. Am 17. Mai 1868 war hier im Beisein Wilhelms I. und des preußischen Ministerpräsidenten Otto von Bismarck zum ersten Mal die Startglocke geläutet worden. Seitdem lockte die Galopprennbahn die oberen Zehntausend ebenso vor die Tore der Stadt wie die kleinen Leute aus SO oder NW. Man wollte sich zeigen, man wollte wetten und gewinnen, man wollte dem monotonen Arbeitsalltag entfliehen und Nervenkitzel genießen. Und nicht wenige lebten von diesem Rennbahnbetrieb: die Trainer, die Jockeys, die Tierärzte, die Stallburschen, die Buchmacher und ihre Gehilfen. Die Könige aber waren die Besitzer der Rennställe. Einen Rennstall sein Eigentum nennen zu können war der untrügliche Beweis dafür, dass man ganz oben angekommen war.

Also hatten sich die Gebrüder Sklarek einen Rennstall zugelegt. Oft kamen sie auch außerhalb der Renntage nach Hoppegarten. Im firmeneigenen Cadillac war das jedes Mal ein schöner Ausflug. Der Chauffeur kannte den Weg zur Genüge: von der Kommandantenstraße durch Friedrichshain, Lichtenberg und Friedrichsfelde hindurch, immer auf der Reichsstraße 1, und weiter über Biesdorf, Kaulsdorf und Mahlsdorf nach Dahlwitz-Hoppegarten. Die rund 22 Kilometer waren in einer guten halben Stunde zu schaffen.

Heute nun hatten sie Besuch vom *BBB* bekommen. Konrad Kowollek, der durch seinen Artikel über Heinrich Zille derzeit in aller Munde war, wollte etwas über die Sklarek-Brüder schreiben. »Keine Skandal-, sondern eine Erfolgsgeschichte«, hatte er am Telephon verlauten lassen, und Max hatte sofort zugesagt, war es doch eine Ehre, von einem Mann wie Kowollek interviewt zu werden. »Am besten, Sie kommen raus zu uns nach Hoppegarten!« Dieser Einladung war der neue Chefreporter vom *BBB* gerne gefolgt.

»Hat sich die Sache mit Zille denn wenigstens gelohnt?«, wollte der älteste der Brüder wissen.

Konrad Kowollek strahlte. »In jeder Hinsicht! Das *Berliner Boulevard Blatt* hat seine Auflage um zwanzig Prozent steigern können. Wir sind aus dem Schneider! Und ich habe als Chefredakteur endlich eine feste Anstellung.«

Kowollek fragte viel, sein Notizblock füllte sich schnell. »Welches Pferd ist denn Ihrer Meinung nach derzeit das beste in Deutschland?«

»Oleander natürlich!« Leo Sklarek schwärmte vom Wunderpferd aus dem Gestüt Schlenderhahn. »Stellen Sie sich das nur mal vor, erleidet der als Zweijähriger bei der Morgenarbeit einen Beckenbruch – und gewinnt ein Jahr später ein Rennen mit vier Längen Vorsprung! Siege beim St. Simon-Rennen, beim Großen Preis von Baden-Baden und, und, und.«

»Das liegt hauptsächlich am Trainer«, befand Max Sklarek. »Dieser Georg Arnull ist ein absolutes Ass. Wenn man den hat, dann ist das wie ein Grand ouvert mit Vieren, Hand, Schneider angesagt, Schwarz angesagt.«

»Entscheidend ist doch aber das Pferd«, wandte Konrad Kowollek ein.

»Richtig!« Leo Sklarek zögerte nicht, ihm beizupflichten. »Oleander ist ein Vollblut, leicht zu reiten, hart im Nehmen und verrückt danach, immer an der Spitze zu laufen.«

Leo Sklarek gefiel diese Schwärmerei überhaupt nicht. »Hört mir auf mit Oleander und Georg Arnull! Unser Lupus ist genauso gut, und wir haben auch einen Trainer von Weltklasse.«

Sie sahen nun Everett Haynes, dem Jockey der Sklareks, eine Weile bei der Arbeit zu, dann setzten sie sich ins Casino, um etwas zu sich zu nehmen. Thema waren jetzt nicht mehr die Pferde, sondern die Boxer. Alle vier hatten sie am 4. April im Sportpalast Max Schmeling gegen Franz Diener siegen sehen.

»Schön und gut«, fand Max Sklarek, »aber es war nur ein Sieg nach Punkten. Wenn ich mir Boxen ansehe, will ich einen k. o. gehen sehen.«

»Und dann auch noch das Aus nach zwei Minuten in der ersten Runde!«, rief Leo. »Was haste denn davon? Sonst haben wir immer fünfzehn Runden gehabt – und alles war begeistert.«

»Sie sollten sich einen Boxstall zulegen statt eines Pferdestalls«, sagte Konrad Kowollek. »Bei den vielen großartigen Boxern, die wir außer Max Schmeling und Franz Diener noch haben – selbst bei den Amateuren, denken Sie nur an Hans Ziglarski, Gustav Eder, Rukeli Trollmann und Adolf Heuser!«

Er brach ab, denn in der Tür tauchten zwei Männer auf, denen unschwer anzusehen war, dass sie von der Kripo kamen. Die Gebrüder Sklarek sahen so aus, als wetteiferten sie darum, wer in kürzester Zeit am blassesten werden konnte. Es war ihnen bewusst, dass sie einzig und allein durch krumme Geschäfte reich geworden waren und »der Schuppen jederzeit zusammenbrechen konnte«, wie Max es stets formulierte. War dieser Augenblick nun gekommen?

Die beiden Männer traten an ihren Tisch, zückten ihre Marken und fragten, wer Konrad Kowollek sei. Der meldete sich wie früher in der Schule. »Ich.«

»Wir möchten Sie gern unter vier Augen sprechen.«

Konrad Kowollek folgte den Beamten in die hinterste Ecke des Saals.

»Es ist Anzeige gegen Sie erstattet worden«, begann der Dienstältere der beiden. »Verleumdung, Paragraph 187 Strafgesetzbuch.«

Konrad Kowollek tat so, als wüsste er nicht, worum es ging. »Wen soll ich denn verleumdet haben?«

»Die Herren Heinrich Zille, Max Liebermann und Hermann Frey. Mit Ihrem Artikel im *BBB*.«

Konrad Kowollek lachte. »Man wird doch wohl noch einen kleinen Aprilscherz machen dürfen!«

»Sie geben also zu, die ganze Geschichte nur erfunden zu haben?«

»Nein, denn es gibt einige Tatsachen, die meinen Schluss durchaus rechtfertigen. Und wenn ich diese Fakten einem Gericht präsentiere – falls es überhaupt zu einem Prozess gegen mich kommen sollte –, wird mir ein Freispruch sicher sein.«

Heinrich Zonzalla war ein so vortrefflicher Zille-Imitator, dass er dafür eigentlich einen Preis verdient hätte. Später sollte Banofsky einmal sagen, dass Zonzalla »zillischer« gewirkt habe als Zille selbst. Das hatte mehrere Gründe. Zum einen war Zonzalla nur drei jünger als das Original und durch seine Statur und sein Gesicht der geborene Zille-Doppelgänger. Zum anderen war er Kunstmaler von Beruf, wenn auch ein sehr erfolgloser. In den zwanziger Jahren so zu malen wie Adolph Menzel oder Anton von Werner war brotlose Kunst. Bevor Zonzalla auf die Idee gekommen war, als falscher Zille sein Geld zu verdienen, hatte er sich als Platzanweiser im Kino, als Wurstmaxe vor dem Ostbahnhof, als Anschieber von Karussells auf allen möglichen Rummelplätzen, als Straßenfeger und als Anreißer auf Wochenmärkten versucht. Zuletzt war er als sogenannter Sandwich-Man mit großen Reklametafeln auf Brust und Rücken durch die Stadt gelaufen. Zille zu kopieren war für ihn nicht sonderlich schwer. Er hatte sich ein Zille-Album besorgt und dann zu Hause ein paar Tage geübt. Um sich Skizzenblöcke, Farben und Kreiden kaufen zu können, hatte er als Tellerwäscher bei Kempinski gearbeitet.

Heute stand Zonzalla mit seinem Skizzenblock in der Fruchtstraße am Schlesischen Bahnhof und hielt fest, wie die Leute aus der heranrollenden Elektrischen kletterten und sich ihren Weg durch die Meute der Wartenden bahnten. Diejenigen, die neben ihm stehenblieben, um ihm bei der Arbeit zuzusehen, wies er dezent auf die Sammelbüchse hin, die auf dem Boden stand und eine Bauchbinde mit der Aufschrift *FÜR DIE ARMEN* trug – womit ausschließlich Zonzalla selbst gemeint war. Sah jemand etwas betuchter aus, griff Zonzalla zu der großen Mappe, die an seinem linken Bein lehnte, und ließ den Neugierigen einige Zeichnungen und Bilder sehen, die Zilles frühen Werken nachempfunden waren. »Die hab ick nich in die Ausstellungen jehm woll'n, und in meine Alben sind se ooch nich jekomm'. So jünstig könn'n Se nie wieda 'n Zille erwerben und in Ihr Restaurant oder Ihre Wohnung hängen!«

Nicht wenige kauften *Kinder auf der Schaukel* mit dem Text: *Det is wie det Leben – mal biste oben, mal biste unten.*

Ihn deswegen vor Gericht zu bringen würde schwer werden, dachte Zonzalla sich, denn er hatte alles nur mit *Heinrich Z.* signiert. War es denn seine Schuld, dass ihn die Leute mit Zille verwechselten? Jeder vernünftige Mensch hätte doch merken müssen, dass er nicht echt war und seine Bilder nur plumpe Fälschungen darstellten!

Johannes Banofsky und Heinrich Zille saßen im Fond des Maybachs W 5, den Charlotte Thorausch dankenswerterweise wieder einmal organisiert hatte. Sie selbst hatte vorn neben dem Chauffeur Platz genommen.

»Herr Zille, wie gefällt Ihnen dieser Ausflug zu all den Plätzen, die Ihnen etwas bedeuten?«, fragte Banofsky.

Zille musste nicht lange überlegen. »Det is wie 'ne Mischung aus Peterchens Mondfahrt und Keeses Rundfahrt. Überall hängen Erinnerungen dranne. Da kann ick nur doppelt heulen – aus Freude, det et jewesen is, und aus Schmerz, det et nu allet schon vorbei is.«

Charlotte Thorausch drehte sich um. »Einer, der unsterblich ist, muss sich doch nun wirklich keine Sorgen machen.«

Zille seufzte. »Wenn det mal so einfach wäre! Wenn eena Gicht hat und vor Schmerzen schreit, hilft ihm ooch der Jedanke nich, dassa unsterblich is.«

Charlotte Thorausch wollte ihn trösten. »Es wird bald bessere Medikamente geben, passen Sie mal auf!«

»Det beste Medikament is der Tod – hintaher sind Se jarantiert schmerzfrei.«

Banofsky legte ihm die Hand auf den Arm. »Nicht so pessimistisch, Herr Zille. Was die Kowollek-Geschichte betrifft, da hat sich doch auch alles zum Guten gewendet.«

Ganz langsam rollten sie nun am Haus Kleine Andreasstraße Nr. 17 vorbei. Zille schwieg, ganz offenbar überwältigt von seinen Gefühlen. »So, jetzt nach Rummelsburg«, bat er dann mit belegter Stimme. »Immer die Mühlenstraße runta, Stralauer Allee und so weiter.«

Als sie südlich des Schlesischen Bahnhofs an die Kreuzung

Mühlen- und Fruchtstraße kamen, schrie er auf. »Mensch, da steh ja icke! Sehe ick allet schon doppelt, bin ick varrückt jeworn?«

»Tatsächlich!«, riefen Banofsky und Charlotte Thorausch wie aus einem Munde. »Da stehen Sie wirklich!«

»Und da sajen die Leute imma, det ick einmalich bin ... Könn'n Se ma alle seh'n, wat det für'n Quatsch is!«

Banofsky ließ den Fahrer halten und sprang aus dem Wagen. Mit ein paar Schritten war er hinter dem Zille-Imitator. Der roch den Braten und suchte sich aus dem Staube zu machen. Doch Banofsky war um vieles schneller als er und konnte ihn packen.

»Was soll denn der Humbug?«, rief er.

»Lassen Sie mich los, sonst rufe ich die Polizei!«

»Hände weg von Zille!«, schrien die Umstehenden und machten Anstalten, Banofsky von Zonzalla wegzureißen.

Sie erstarrten aber und ließen von Banofsky ab, als nun der echte Zille aus dem Maybach stieg und sich der Gruppe näherte. »Hier kommt der richtije Zille!«, rief er und fixierte seinen Doppelgänger. »Und ick, der echte Heinrich Zille, danke Ihnen, dass Sie meine Popularität noch erhöht ham, aba nu is Schluss! Hier ham Se hundert Mark – und dann ab durch die Mitte!«

»Na hör'n Se ma, ick bin der echte!«

Banofsky hielt ihm einen Block hin. »Dann zeichnen Sie mich mal!«

Zonzalla ließ sich nicht lange bitten und kam der Aufforderung umgehend nach.

Zille staunte. »Alle Achtung, der Mann kann wat!«

Banofsky sah, wie die ersten Photographen und Zeitungsleute herbeigeeilt kamen. Offenbar hatte man aus den umliegenden Geschäften bei den Redaktionen angerufen. Die zahlten für solche Tips.

»Sie wissen, was jetzt auf Sie zukommt!«, warnte Banofsky den Mann.

»Da nehm ick doch lieba die hundert Mark und verschwinde wie die Wurst im Spinde.«

Achtzehn

Cäcilie Kosowsky kam aus einfachsten Verhältnissen, war am Neuköllner Richardplatz im vierten Hinterhof eines Mietshauses groß geworden und hatte sich ein kleines Zimmer mit vier Geschwistern teilen müssen. Ihre Eltern waren früh gestorben, die Mutter an Schwind-, der Vater an Trunksucht, und sie war ins Waisenhaus gekommen. Banofsky hatte immer gespottet, seine Cilly sei eine echte Zille-Göre und man müsse es als ein Wunder ansehen, dass Käthe Kollwitz sie nicht adoptiert habe.

Nun saß Cilly im glanzvollen Wintergarten des Adlon, und Otto Guttentag erzählte ihr, dass einst Wilhelm II. sein schlecht geheiztes Schloss verlassen habe, um eine Zeitlang hier zu wohnen.

»Reiche Adlige haben es ihm nachgemacht und ihre Winterpalais verkauft. Der Zar war hier zu Gast, ein indischer Maharadscha, Edison, Henry Ford, Rockefeller, Aristide Briand, Charlie Chaplin, Marlene Dietrich … Und nun sind Sie es, verehrte Cilly!«

»Ja, ich kann's kaum fassen! Es ist wie ein Traum.«

»Sehen Sie, Otto Guttentag ist eben der Mann, der Träume wahr werden lässt. Nicht nur im Film. Zum Wohl!« Er hob sein Glas, in dem edelster Champagner perlte.

»Prost!« Cilly stieß mit ihm an.

»Ich lasse auch Ihre Träume wahr werden, liebe Cilly. Sie werden nicht nur Kostümbildnerin bei mir, ich möchte auch Probeaufnahmen von Ihnen machen lassen. Sie sind die geborene Schauspielerin und müssen auf die Leinwand! Schon für den Zille-Film von Banofsky will ich Sie haben.«

»Sie wollen den Film drehen?«

»Natürlich will ich das, aber …« Otto Guttentag zögerte einen Augenblick. »Es gibt da allerdings eine gewisse Erwartung meinerseits …«

»Und die wäre?«

»Ich möchte mich im Zimmer, das ich hier oben im Adlon gemietet habe, nicht so allein fühlen …«

Banofsky kam mit den letzten zwanzig Bildern seines Drehbuchs nicht voran. Bogen für Bogen riss er aus seiner Schreibmaschine, zerknüllte ihn und warf ihn in den Papierkorb. Besonders das Bild 123 (*1921 – Berliner Nationalgalerie)* lag ihm schwer ihm Magen. Neuer Versuch.

Johannes Banofsky führt eine Schar von Kunstfreunden durch die Nationalgalerie. »Ich freue mich, dass drei Jahre nach Ende des Krieges wieder so viele Besucher in die Berliner Nationalgalerie kommen, und darf Sie im Namen der Direktion herzlich begrüßen! Mein Name ist Johannes Banofsky, ich studiere Kunstgeschichte. Zuerst ein paar Worte zur Nationalgalerie …«

Wieder hielt er inne. Es war doch Unsinn, sich als Johannes Banofsky im Drehbuch unterzubringen, wenn er selbst den Zille in den mittleren Lebensjahren spielen wollte. Aber 1921 war Zille doch schon – Banofsky rechnete – 63 alt, und deshalb konnte Banofsky schlecht in diese Rolle schlüpfen. Vielleicht sollte er also nach der Devise »Doppelt hält besser« verfahren, denn wenn ihn Otto Guttentag nicht den Heinrich Zille spielen ließ, dann vielleicht den Kunststudenten, der sich sein Geld mit Führungen durch die Nationalgalerie verdienen musste. *Zuerst ein paar Worte zur Nationalgalerie* … Leichter gesagt als getan. Er wusste nur, dass sie irgendwo auf der Museumsinsel stand. Einmal war er sogar schon drin gewesen, brachte aber ständig die Museen durcheinander, die sich da auf engstem Raum aneinanderreihten. Banofsky musste nachschlagen, damit er im Film etwas über die Nationalgalerie sagen konnte, das Hand und Fuß hatte. Sein Vater hatte ihm einmal einen *Baedeker* geschenkt, nach dem begann er nun zu suchen. Endlich hatte er ihn gefunden. Aber es gelang ihm noch immer nicht, ein paar vernünftige Sätze zu Papier zu bringen. Banofsky begann zu fluchen. Und Cilly hätte auch schon längst zu Hause sein müssen!

Um sich zu beruhigen, griff er zu seinem Skizzenblock und einem Stummel schwarzer Kreide. Erst versuchte er sich an Zilles Kopf, was ihm gründlich misslang, dann wollte er den Streckenplan der Berliner U-Bahn abbilden. Schließlich schmiss er alles hin und flüchtete aus seinem Zimmer. Bloß raus hier!

Am Schlesischen Tor trat er in ein Lokal ein und sah dort einen Mann sitzen, der ihm bekannt vorkam. Irgendwann musste er den mal in der Zeitung gesehen haben. Banofsky überlegte. Schließlich fiel es ihm ein: Das war Otto Nagel, ein Maler aus dem Wedding mit einem langen, hageren Gesicht, den er schon seit Wochen in seinem Notizblock unter der Rubrik *Unbedingt noch treffen* stehen hatte. Nagel galt als enger Freund Zilles. Wohl nicht nur, weil beide Künstler waren, sondern auch wegen ihrer ähnlichen politischen Ansichten. Nagel war bekennender Kommunist und Mitglied der Roten Gruppe Berlin, mit der er auch die junge Sowjetunion besucht hatte. Schließlich hatte er mit Erwin Piscator zusammen im Rahmen der IAH, der Internationalen Arbeiterhilfe, die *Künstlerhilfe* begründet, von der auch Banofsky schon profitiert hatte. Otto Nagel war also so etwas wie ein alter Bekannter.

Banofsky trat an den Tisch, an dem Otto Nagel mit einigen Freunden saß, und stellte sich vor. »Johannes Banofsky – ich bin der Mann, der gerade an einem biographischen Zille-Film sitzt.«

Otto Nagel stand auf und schüttelte ihm die Hand. »Davon hat mir Heinrich schon erzählt. Freut mich, Sie persönlich kennenzulernen!«

»Gleichfalls. Würden Sie mir ein paar Fragen beantworten? Ich möchte mir ein besseres Bild von Zilles politischer Einstellung machen können.«

»Kommen Sie, wir gehen nach hinten an einen freien Tisch! Da können wir ungestört miteinander reden.« Nagel stand auf, hielt aber noch einmal inne und zeigte auf einen der Männer, die mit ihm am Tisch gesessen hatten. »Das hier ist Hans Hyan. Der hat das Vorwort zu einer Nachauflage von *Kinder der Straße* geschrieben und dafür gekämpft, dass Zille bei seinen Filmen auch ein paar Mark verdient.«

Banofsky freute sich, auch noch einem zweiten Zille-Experten die Hand schütteln zu dürfen. »Herr Hyan, zuletzt habe ich von Ihnen den zweiten Teil der *Erinnerungen deutscher Kriminalisten* gelesen, die *Tiermenschen*.«

»Ach«, seufzte Hyan beim Aufstehen, »es ist schlimm, immer nur in die Schublade der Kriminalschriftsteller gesteckt zu werden!«

Banofsky lachte. »Seien Sie doch froh, da werden hunderttausend Bücher von Ihnen verkauft! Bei einem Gedichtband wären es nur hundert, davon würden Sie selbst wahrscheinlich siebzig kaufen, Ihre Verwandten und Freunde den Rest.«

»Dafür würde aber das Feuilleton Jubelschreie ausstoßen«, ergänzte Hyan.

»Weil sich da alle verkannten Lyriker versammelt haben.«

Sie wechselten noch ein paar Worte, dann folgten beide Otto Nagel zu einem der Tische neben der Toilettentür, wo es zwar gewaltig stank, sie aber ungestört miteinander reden konnten.

»Sie wollen etwas über Zilles politische Einstellung wissen?«, begann Otto Nagel. »Hm … An die Agitprop-Abteilung der KPD hat er einmal geschrieben: *Seitdem die Kommunisten das sagen und verfolgen, was früher die Sozialdemokraten tun wollten, aber nicht getan haben, bin ich Kommunist*.«

»Aber Mitglied der KPD ist er nie geworden?«

»Nein.«

Banofsky wurde ein wenig spöttisch. »Wohl aus der Angst heraus, damit Verehrer wie Abnehmer seiner Werke aus denjenigen Kreisen zu verlieren, die alles Kommunistische verteufeln …«

»Und«, fragte Hans Hyan, »was ist daran so verwerflich? In meinem schon erwähnten Vorwort habe ich – in völliger Übereinstimmung mit Zille – Folgendes geschrieben.«

Wir sahen die schwärenden Schäden an dem scheinbar gesunden Volkskörper und haben immer wieder darauf hingewiesen, frei-

lich ohne viel Gehör zu finden. Heute nach dem großen Krieg, der unser Land niedergeworfen hat, heute sehen es auch die, die es damals noch nicht glauben wollten: das Proletariat ist auf dem Marsche, und nichts wird es aufhalten!

Abermals war Banofsky nicht imstande, sich eine Bemerkung in Richtung Otto Nagel zu verkneifen. »Ist nicht die Diktatur des Proletariats, die Sie anstreben, auch eine Diktatur? Oder was sonst?«

»Sie ist eine Übergangsphase zum Kommunismus«, wurde ihm erklärt. »Und Sie können versichert sein, dass dann das Elend verschwunden ist, das heute Zilles Milljöh genannt wird.«

»Dann hat er ja Glück gehabt, dass er rechtzeitig auf die Welt gekommen ist!«, entfuhr es Banofsky.

Daraufhin schwiegen seine beiden Gesprächspartner erst einmal. Schließlich kam Otto Nagel auf das Elend der »Trockenwohner« zu sprechen, und es fiel auch Zilles vielleicht bekanntester Satz: *Man kann mit einer Wohnung einen Menschen genauso töten wie mit einer Axt.*

Banofsky überlegte, ob er ihn in sein Drehbuch aufnehmen sollte oder nicht. Hörten ihn die Leute, reagierten sie gelangweilt, hörten sie ihn nicht, bemängelten sie, dass er fehlte.

»Dass Zille Marxist war, können Sie schon daran ablesen, dass Zilles Karl-Marx-Radierung viel Liebe und Hingabe verrät. Ich habe einmal mit ihm darüber gesprochen. ›Viele werden enttäuscht sein‹, hat er damals zu mir gesagt. ›Sie werden sagen: So einer war das? Na, wenn sie es jetzt erst merken ...‹«

Banofsky notierte sich: *Die äußerste Linke sieht Zille als Klassenkämpfer!*

Otto Nagel las das mit und hakte sofort ein. »So ist es. Ich erinnere mich noch genau, was er einmal der Roten Hilfe geschrieben hat: *Ich will nicht viel Worte machen, ich bin ja kein Schriftsteller, sondern nur ein Strichler auf kleine Bilder.*«

»... ein Strichler auf kleine Bilder«, wiederholte Banofsky. Das schien seine These zu bestätigen, dass Zille zeitlebens unter einem Minderwertigkeitsgefühl gelitten haben musste. Nicht als berühmten Maler à la Menzel, Slevogt oder Liebermann sah er sich, sondern nur als kleinen Strichler.

»Er hat die Rote Hilfe als nötige Abwehr gegen die Übergriffe der Klassenjustiz und des blutsaugenden Kapitalismus gesehen«, ergänzte Otto Nagel. »Sein ganzes Schaffen zeigt, dass er stets auf der Seite der Armen und Enterbten gestanden hat.«

Banofsky war sich noch immer nicht ganz sicher, wie er Zille schildern sollte. Als Moralisten und Ankläger, als jemanden, der politische Heilslehren verbreiten half – oder als nüchternen Chronisten, der sein Milljöh nicht anders schilderte als Humboldt seine Anden? Vieles von Zille war bei Lichte besehen naiv und mehr unflätig als enthüllend, längst nicht so gesellschaftskritisch und bissig wie bei George Grosz.

Als sich Banofsky von Otto Nagel und Hans Hyan verabschiedete, war er genauso klug wie vorher – aber konnte er im Falle Heinrich Zille überhaupt noch klüger werden, als er es war? Wohl nicht. Die letzten Beweggründe eines Menschen blieben immer im Dunkeln. Es war, als wenn man fragte, warum das Weltall existierte. Alle Antworten konnten nur Mutmaßungen sein. Und auch Zille selbst konnte ihm keine erschöpfenden Antworten geben.

Als Banofsky wieder in seine Wohnzelle zurückgekehrt war, hatte Cilly immer noch nicht den Weg nach Hause gefunden. Obwohl es jetzt schon früher Nachmittag geworden war. Endlich kam sie.

»Na«, fragte er, »hast du unter der Brücke geschlafen?«

»Nein, bei meiner Freundin Gisela.«

»Wer's glaubt, wird selig«, murmelte Banofsky.

»Ich bin nicht dein Eigentum!«, schrie sie.

Banofsky hatte sie noch nie so aufbrausend erlebt, woraus er sofort schloss, dass sie nicht bei ihrer Freundin übernachtet hatte, sondern bei einem anderen Mann. Das war schmerzlich, aber er suchte Haltung zu bewahren. Trotzdem geriet seine Entgegnung ein wenig aggressiv. »Ich frag nur, weil ich wissen möchte, ob ich mir in nächster Zeit einen Tripper holen werde, wenn ich mit dir ins Bett gehe.«

Cilly begann zu schluchzen. »Du verstehst nicht, wie die Welt funktioniert.«

Er lachte. »Ich glaube, dass nicht einmal unser Herrgott das schafft.«

Er wollte sie in den Arm nehmen, doch sie stieß ihn zurück. »Ich will jetzt allein sein und erst einmal in Ruhe über alles nachdenken.«

Banofsky wandte sich zur Tür. »Dann gehe ich.« Er brauchte keine Sekunde darüber nachzudenken, wohin. »Zu meinen Eltern. Ich will nur schnell meine Schreibmaschine einpacken – und das Drehbuch, soweit es fertig ist.«

»Dieses Scheißdrehbuch!«, schrie sie.

Er schloss die Augen. »Jetzt ahne ich, mit wem du …«

»Ich habe es für uns getan, für unsere Zukunft!«

Damit stürzte sie auf den Korridor hinaus. Banofsky machte keinen Versuch, sie aufzuhalten. Als die Tür hinter ihr ins Schloss gefallen war, warf er sich aufs Bett, presste sein Gesicht ins Kopfkissen und begriff in diesem Augenblick, dass alles Leben sinnlos war. Der Mensch war ein Irrtum des Kosmos. Es war die größte denkbare Grausamkeit der Natur, Lebewesen zu schaffen, die ihr Sein reflektieren konnten.

Er sprang vom Bett, riss seinen Übergangsmantel vom Haken und lief auf die Köpenicker Straße hinunter. Von der nächsten Telephonzelle aus rief er Charlotte Thorausch an und erzählte ihr, was passiert war. »Was soll ich jetzt machen?«

»Jubeln, dass Ihr Film gedreht wird! Und Ihrer Cilly danken, dass sie sich für Sie aufgeopfert hat! Sich von dem dicken und stinkenden Otto Guttentag vögeln zu lassen macht bestimmt keinen Spaß.«

Banofsky kam es vor, als hätte ihm jemand einen Eimer eiskalten Wassers über den Kopf gegossen. Zwar kam er nun wieder zu sich, aber was von Charlotte Thorausch als Trost gemeint war, schmerzte wie ein Kolbenhieb. Wenn Cilly mit einem Adonis ins Bett gegangen wäre, hätte ihm diese Vorstellung vielleicht sogar lustvolle Gefühle beschert, aber sie unter diesem Fettwanst zu wissen war hochgradig eklig. Und er musste ihr wahrscheinlich tatsächlich noch dankbar sein und ihr wortreich verzeihen, denn sie hatte es ja wirklich nur für ihn und die gemeinsame Zukunft getan.

»Hallo, sind Sie noch da?«, fragte Charlotte Thorausch.

»Ja, nur etwas verwirrt.«

»Dann kommen Sie zu mir, ich entwirre Sie wieder!«

»Gut.«

Also machte Banofsky sich auf zur Fasanenstraße. Vom Schlesischen Tor zur Uhlandstraße waren es an die zehn Stationen, da hatte er Zeit, etwas zur Ruhe zu kommen. Bis ein paar hundert Meter hinter dem Gleisdreieck war die U-Bahn eine Hochbahn, und diese kleine Stadtrundfahrt war gut für seine Nerven. Dabei fiel ihm ein, dass er keine einzige Zeichnung von Heinrich Zille gesehen hatte, auf der die U-Bahn oder die Hochbahn zu sehen war. Von der Ringbahn gab es etwas, auch von der Straßenbahn. Warum eigentlich? Von Zilles Wohnung zu den Stationen Reichskanzlerplatz, Sophie-Charlotten-Straße und Wilhelmplatz war es nur ein vergleichsweise kurzes Stück, und Zille war auch nicht immer so schlecht zu Fuß gewesen wie jetzt. Im Gegenteil, wenn man an die Wege von Rummelsburg zur Arbeit dachte. Hatte Zille Angst vor Fahrten im Tunnel? Hing das damit zusammen, dass sein Großvater im Schacht gearbeitet hatte und er bei einem seiner Besuche dort ein Bergwerksunglück erlebt hatte? Zille voller Panik in der U-Bahn – das wäre eine schöne Szene gewesen.

Zille lenkte Banofsky von Cilly ab. Das Wortspiel gefiel ihm, und als er an der Ecke Uhlandstraße und Kurfürstendamm wieder ans Tageslicht kam, ging es ihm schon erheblich besser. Seine Stimmung hob sich noch um einiges, als er die ersten schönen Frauen an sich vorbeiflanieren sah. Da blieb ihm nichts anderes, als mit Hugo Hirsch zu singen: »*Wer wird denn weinen, wenn man auseinander geht, wenn an der nächsten Ecke schon ein andrer steht …*« Er brauchte auch »eine andere«. Vielleicht konnte das Charlotte Thorausch sein? Der Mensch denkt, Gott lenkt … Möglicherweise stand sie schon im Drehbuch seines Lebens? Hoffentlich nicht! Sich mit ihr einzulassen, konnte er Cilly nicht antun.

Charlotte Thorausch hatte schon auf ihn gewartet und eine Flasche Absinth besorgt. »Wenn Sie sich damit volllaufen lassen, Banofsky, dann werden Sie alle Ihre Sorgen vergessen und voller Glück und Seligkeit sein. Camille Pissarro und Alfred Sisley sind Absinthtrinker, Henri Toulouse-Lautrec nicht zu vergessen. Absinth macht alle zu großartigen Malern.«

»Ich bin kein Maler, ich bin Schriftsteller und vielleicht noch Schauspieler«, wandte er ein, denn er hatte Angst vor dem grün schimmernden Gesöff.

»Kommen Sie, Ihr Heinrich Zille war einer der größten Schluckspechte Berlins!«, rief Charlotte Thorausch. »Wenn Sie sich richtig in ihn hineinversetzen wollen, müssen Sie blau sein wie eine Haubitze.« Und sie zitierte noch Oscar Wilde, damit er wisse, dass auch große Schriftsteller dem Absinth verfallen waren: *»Absinthe has a wonderful color, green. A glass of absinthe is as poetical as anything in the world.«*

Banofsky trank und trank … und versank in Charlotte Thorauschs Masse, als sie ihn an sich drückte. Er kam sich vor wie eine Fliege, die von den Blättern einer fleischfressenden Pflanze umschlungen wurde. Sie gab sich alle Mühe, erst mit den Händen, dann mit dem Mund, doch es wollte sich bei ihm nichts regen.

»Der Absinth … er hat mich impotent gemacht!«

»Ich glaube eher, du willst deine Cilly nicht betrügen.«

»Doch! Wie du mir, so ich dir.«

Sie lachte. »Ach komm, du bist doch ein Moralist, wie er im Buche steht.«

»Ich bin ein …« Er wusste es nicht mehr. Noch zwei Atemzüge, dann war er eingeschlafen.

Als er wieder aufwachte, war es heller Morgen. Er lag auf Charlotte Thorauschs Couch. Schnell raffte er seine Sachen zusammen und machte sich davon.

Er hatte zwar ziemliche Kopfschmerzen, konnte aber wieder schreiben.

Johannes Banofsky: Drehbuch zum Zille-Film

V Ehrungen, Krankheiten, Altern, 70. Geburtstag (1921–1929)

123

1921– Berliner Nationalgalerie

Johannes Banofsky führt eine Schar von Kunstfreunden durch die Nationalgalerie. »Ich freue mich, dass drei Jahre nach Ende des Krieges wieder so viele Besucher in die Berliner Nationalgalerie kommen, und darf Sie im Namen der Direktion herzlich begrüßen! Mein Name ist Johannes Banofsky, ich studiere Kunstgeschichte. Zuerst ein paar Worte zur Nationalgalerie. Sie wurde in den Jahren 1866 bis 1876 von Johann Heinrich Strack nach einem Entwurf des preußischen Baumeisters Friedrich August Stüler errichtet. Und warum? Man benötigte ein Gebäude, um die umfangreiche Gemäldesammlung unterzubringen, die der Konsul Johann Heinrich Wilhelm Wagener dem preußischen Staat vermacht hatte. 262 Werke bedeutender Künstler waren es. Nun, Sie werden selbst schon festgestellt haben, dass die Nationalgalerie einem korinthischen Tempel nachempfunden ist, der auf einem hohen Unterbau ruht. Jetzt bitte ich Sie, mir zu folgen! Hier im Erdgeschoss sind Werke des Klassizismus, der Romantik, des Biedermeier und des Naturalismus zu bewundern. Ich nenne nur einige Namen: Gottfried Schadow, Christian Rauch, Antonio Canova, Francisco de Goya, Wilhelm Leibl, Karl Begas, Adolph von Menzel …«

»Und von Zille ham Se nüscht?«, fragt ein Besucher.

»Doch, mein Herr! Gerade hat die Nationalgalerie 115 Arbeiten von Heinrich Zille angekauft. Sehen Sie, hier drüben hängt *Alte Frau mit Hundefuhrwerk*.«

Während Banofsky mit der Gruppe weitergeht, schwenkt die Kamara auf Walter Zille, seine Freundin Anna und August Kraus, die sich von der anderen Seite her nähern.

»Wird ihm guttun, wenn wir ihm das erzählen«, sagt August Kraus. »Das ist eine wunderbare Ehrung. Gerade jetzt, wo wir unseren gemeinsamen Freund August Gaul zu Grabe getragen haben, braucht er erfreuliche Nachrichten.«

Walter Zille nickt. »Sein Tod hat ihn ganz schön mitgenommen.«

Kraus mustert Walter Zille. »Und was machen Sie jetzt so?«

Walter Zille nimmt Anna in den Arm. »Ich werde heiraten. Vater freut sich schon auf seine neue Schwiegertochter.«

»Ich meine, in künstlerischer Hinsicht …«

Walter Zille lacht. »Da stelle ich meine Talente der AEG zur Verfügung. Als Zeichner von technischen Dingen.«

»Oh!« Kraus ist sich unsicher, wie er auf diese Mitteilung reagieren soll. »Wo Sie mal den ersten Preis im Aktzeichnen gewonnen haben, da dachte ich …«

Walter Zille winkt ab. »Ich hab's aufgegeben, denn was ich auch mache, ich werde immer im Schatten meines Vaters stehen.«

»Schade«, murmelt Kraus. »Aber Heinrich arbeitet doch kaum noch, seit Hulda tot ist, er dümpelt nur so vor sich hin.«

»Da kann ich Ihnen nur zustimmen.« Walter Zille seufzt. »Ich mache mir wirklich Sorgen um ihn.« Er zieht seine Taschenuhr hervor. »Es ist noch früh am Tage, Anna und ich werden mal nach Charlottenburg fahren und meinen Vater ein wenig aufmuntern.«

124

1921– Treppenhaus und Wohnung Zille, Sophie-Charlotten-Straße Nr. 88

Walter Zille und Anna kommen die Treppe herauf. Beide sind etwas außer Atem.

Walter Zille bleibt einen Augenblick stehen, um Luft zu holen. »Vier Stockwerke … Das ist ganz schön hoch.«

Anna lacht. »Ganz besonders ohne Fahrstuhl.«

»Er hätte längst umziehen sollen.«

»Alte Bäume verpflanzt man nicht.«

»Nun ja, seit …« Walter muss einen Augenblick überlegen. »Seit dem Jahre 1892 wohnt er nun schon hier. Das sind fast dreißig Jahre.«

Damit sind sie oben angekommen, und Walter Zille drückt auf den noch neu aussehenden Knopf der elektrischen Klingel. Einmal, zweimal … Nichts tut sich. Er versucht es zum dritten Mal und ruft dazu: »Vater, wir sind's, Anna und ich!« Wieder keine Reaktion. »Hm … Merkwürdig ist das schon …«

»Vielleicht schläft er noch?«

»Jetzt am Nachmittag, kurz vor fünf?«

»Oder er ist ausgegangen«, vermutet Anna.

»Er geht kaum noch aus.«

»Dann schließ doch auf, du hast doch 'n Schlüssel!«

»Ich wollte ihn nicht einfach so überfallen.« Walter Zille kramt in seinen Taschen und findet schließlich die Wohnungsschlüssel seines Vaters.

Er schließt auf, sie treten ein. »Vater, wo steckst du?«, ruft Walter.

Keine Antwort.

Sie gehen weiter und schauen in die einzelnen Zimmer. Als sie die Tür zum Atelier öffnen, schreit Anna auf. »Da ist er!«

Heinrich Zille liegt wie tot auf dem Teppich.

125

1922 – In einem Restaurant

Hermann Frey und Walter Kollo sitzen an einem Tisch und essen und trinken. Ein ziemlich bezechter Gast tastet sich an der Wand entlang zur Toilette. Sofort fangen die beiden an zu singen:

Und dann schleich ich still und leise
immer an der Wand lang,
heimwärts von der Bummelreise,

immer an der Wand,
schimpft zu Haus noch meene Olle,
immer an der Wand lang …

Walter Kollo lacht. »Das ist schon ewig her, dass wir das verbrochen haben.«

Hermann Frey nickt. »1907 muss es gewesen sein, vor sage und schreibe fünfzehn Jahren.«

»Das ist fast ein Menschenalter.«

»Na hör mal!«, ruft Hermann Frey. »Zum Glück leben wir ja doch ein bisschen länger. Woran sitzt du'n jetzt?«

Walter Kollo lacht. »Woran wohl schon? Natürlich an der neuen Operette, die nächstes Jahr herauskommen soll: *Lady Chic*.«

Hermann Frey grinst anzüglich. »Aha! Eine Hommage an deine neue Flamme, Alice Hechy aus Anklam, eigentlich Alice Scheel.«

»Die Hauptrolle spielt sie allein in meiner *Königin der Nacht*.«

»Wer's glaubt …«

Walter Kollo bemüht sich um einen sachlichen Ton. »Sie kann wirklich etwas, als Schauspielerin wie als Sängerin. Ich hab sie zum ersten Mal in der Verfilmung von *Hoffmans Erzählungen* als mechanische Tanzpuppe Olympia gesehen. Jetzt hat sie gerade mit Joe May gedreht, das Melodram *Tobias Buntschuh – Das Drama eines Einsamen*.«

»*Das Drama eines Einsamen* könnte auch auf Heinrich Zille gemünzt sein«, meint Hermann Frey. »Wenn ich daran denke, was er mir so schreibt …« Er greift in die Innentasche seines Jacketts, faltet einige Briefe auseinander und zitiert jeweils einige Zeilen.

Als Du am Sonnabend bei mir warst, bin ich erst mittags 1 Uhr nach Hause gekommen, d. h., ich bin am Freitagvormittag weggegangen, viele Wege gehabt und abends bei bekannten Leuten gewesen, wo mich zum zweitenmale der Ohnmachtsanfall (Herz) überfiel. (…) Ich merke, der Körper ist schon lange in Unordnung, will nicht mehr; spür es bei der Arbeit, beim Essen und an der sogenannten Lebensfreude – bin gleichgültig …

Ball in der Kaschemme
– Immer an de Wand lang, immer an de Wand lang! –

Frey faltet den ersten Brief wieder zusammen und wendet sich dem zweiten zu.

Ich habe Fußschmerzen, bin grillig (nicht zillig), verzweifle an der Menschheit (es ist eine Herde sich auffressender Gefangener). (…) Meine Bequemlichkeit wird immer rücksichtsloser. Meine Beine sind bleischwer. (…) Ich bin sehr herunter, wenn ich auch hoch oben wohne. Schlafe ¾ Tag – Vorübung für immer.

Alice Hechy kommt herein, eine auffallend mondäne Frau. Walter Kollo winkt ihr zu.

»Die soll sich mal von Zille malen lassen, das heitert ihn wieder auf«, sagt er zu Hermann Frey, bevor die Hechy heran ist.

126
1922 – Wohnung Zille, Sophie-Charlotte-Straße Nr. 88

Alice Hechy sitzt bei Zille im Atelierzimmer Modell. Er malt sie mit Schiebermütze und Ringelpullover.

»Wie gefallen Sie sich im Apachenkostüm?«, fragt Zille. »Fühlen Sie sich wie im falschen Fülm?«

Die Hechy überlegt einen Augenblick. »Nein, eher wie beim Karneval im Köln. Oder wie ein Kind, das nach der Schule Räuber und Gendarm spielen darf.«

»Dann komm'n Se mal mit in mein Milljöh, wie det jetzt heißt, da zeije ick Ihnen mal 'n paar Berliner Jören, die't faustdicke hinta'n Ohr'n ham!«

»Gerne.«

»Aba erst woll'n Se ja nach Kopenhagen, wie mir der Hermann Frey azählt hat.«

»Gewollt habe ich schon, aber die dänische Regierung hat die Einreise abgelehnt, da ich an der Grenze keinen gültigen Reisepass vorweisen konnte.«

Zille grinst. »Dann nehm'n Se den hier, den hab ick für Sie jrade jefälscht. Moment mal …« Er sucht das Dokument auf einem sehr unaufgeräumten Tisch, verspürt aber plötzlich einen heftigen Harndrang und stürzt nach draußen. »Entschuldijung, die Blase. Et kommt mit Macht, und keena kann't halten!«

Die Hechy steht auf, geht in seinem Atelier herum und staunt über die vielen angefangenen und nicht zu Ende gebrachten Arbeiten. Als Zille zurückkommt, spricht sie ihn darauf an. »Da ist in letzter Zeit eine Menge liegengeblieben, was?«

»Der Jeist is willich, det Fleisch is schwach. Mal bin ick zu müde, mal kann ick die Finga nich mehr richtich bewegen.« Er sucht weiter nach dem gefälschten Pass und kramt in seinen Sachen. »Jünga wird man eben nicht.« Endlich findet er, was er gesucht hat. »Hier is ja det jute Stück!« Er liest vor, was er geschrieben hat: »*Deutsches Reich, Ausweis für Fräulein Alice Hechy, Verwandlungskünstlerin, Sängerin und Schauspielerin, genannt ›die Königin der Nacht‹. Man kann aber Fräulein A. Hechy auch am Tage rüberlassen. Berlin, 8. Juni 1922.* Als Stempel hab ick 'n 50-Pfennig-Stück jenomm'n. Det sieht aus wie echt.«

Sie steht auf, nimmt den Pass und bedankt sich mit einem Küsschen auf die Wange. »Meister Zille, Sie sind ein Schatz!«

127
1922 – Praxis Dr. Alois Lautenschläger

Heinrich Zille sitzt angespannt auf der einen Seite des Schreibtisches, während der Freund im weißen Kittel auf der anderen in der Krankenakte blättert.

»Ja, lieber Heinrich …«

»Nu vakünde endlich mein Todesurteil!«, ruft Zille.

»Das ist es nicht gerade, aber …«

»Det Aba sacht allet!«

»Nun … Wir wissen jetzt endlich, warum du immer wieder ohnmächtig wirst. Es ist die Hypoglykämie.«

»Wat für'n Ding?«

»Die Unterzuckerung. Du musst doch auch dauernd auf die Toilette und hast nachts Krämpfe in den Beinen?«

»Ja, so isset.«

»Und plötzlich Heißhunger?«

»Auch ditte.«

»Die Symptomatik stimmt mit dem überein, was die Untersuchung deines Urins und deines Blutes ergeben hat: Du bist zuckerkrank.«

Zille zeigt auf seine Hände und zieht an seinen Fingern. »Erst die Gicht und nu ooch noch der Zucka. Eens hätt doch schon jereicht, warum nu beedet?«

»Weil du dich zu wenig bewegt hast, weil du zu viel und zu fett gegessen hast, weil du zu viel Bier und zu viel Wein getrunken hast. Bier enthält unheimlich viele Kohlehydrate, Wein fördert die Gicht.«

Zille ist in sich zusammengesunken. »Und wat nu?«

»Deine Bauchspeicheldrüse produziert zu wenig Insulin. Schering gewinnt aber inzwischen aus Kälberpankreas ein Insulin, das wir Diabetikern regelmäßig injizieren. Damit können wir ihre Krankheit weithin beherrschen – wenn die Patienten Diät halten. Gefährlich ist nicht nur ein zu niedriger Blutzuckerspiegel, sondern auch ein zu hoher, denn da drohen auf Dauer Schlaganfall, Erblindung, Amputation der Füße und …«

»Hör auf!«, schreit Zille. »Dann lieba jleich sterb'n!«

Dr. Lautenschläger lacht. »Das geht bei dir nicht, lieber Heinrich, du bist ohnehin unsterblich. Aber mal im Ernst, wenn du vernünftig lebst und richtig behandelt wirst, kannst du steinalt werden. Du musst dich nicht zu Hause einschließen und auf den Tod warten, sondern kannst weiterhin am Leben teilhaben.«

128
1922 – Am Rande des Lustgartens

Rund eine halbe Million Menschen haben sich zu einer Protestkundgebung versammelt. Das Motto lesen wir groß auf den Plakaten: *NIE WIEDER KRIEG!*

In der Menge sehen wir Heinrich Zille und neben ihm Dr. Heilborn, Dr. Lautenschläger und Otto Nagel.

»Wenn se nich letzten Monat unsan Außenminister amordet hätten, wär ick nich hier«, erklärt Zille. »Aba so …«

Dr. Heilborn nickt. »Das Attentat auf Walther Rathenau zeigt, dass wir fast einen Bürgerkrieg in Deutschland haben, deshalb beziehe ich das *NIE WIEDER KRIEG!* auch auf den inneren Zustand unserer Republik.«

Otto Nagel sieht Zille an. »Stehen Sie auch auf der Rednerliste?«

»Nee, mia hat keena jefragt, und et soll'n ja schon dreißig Redna ufftreten. Da jüldet denn wohl det, wat von Karl Valentin stammen soll: *Es ist schon alles gesagt worden, nur noch nicht von allen.*«

»Aber einer von deinen neuen Freunden, dieser Kurt Tucholsky, der macht doch sicher mit?«, fragt Dr. Lautenschläger.

»Wat heißt hier neua Freund?«, sucht Zille richtigzustellen. »Den Tucho kenn ick schon vom *Ulk* her, da wara mal Chefredakteur. Da issa ja!«

Die Kamera schwenkt zur Rednertribüne, wo Kurt Tucholsky erscheint, um die Demonstration mit einem Gedicht zu eröffnen. Die Akustik ist so schlecht, dass Zille und seine Freunde nur Bruchstücke verstehen.

Von euch, die ihr den Hammer schwingt,
von euch, die ihr auf Krücken hinkt,
von euch, die ihr die Feder führt.
von euch, die ihr die Kessel schürt.
von euch, die mit den treuen Händen
dem Manne ihre Liebe spenden –
von euch, den Jungen und den Alten –:
Ihr sollt drei Minuten inne halten.

Der Wind verweht die nachfolgenden Zeilen, und Zille nutzt die Gelegenheit, seinen speziellen Humor unter Beweis zu stellen. »Det mit den treuen Händen, die dem Manne Liebe spenden, det mussa aus mein'n *Hurengesprächen* ham.«

Otto Nagel ist etwas ungehalten. »Herr Zille, der Kampf gegen den Krieg sollte uns doch allen heilig sein!«

»Dem Reinen ist alles rein«, entgegnet Zille. »Und wenn ick lästere, denn kommt et von Herzen.«

Inzwischen hat der Wind wieder gedreht, und sie können Tucholskys letzte Zeilen verstehen.

Schüttelt es ab, das Knechtschaftsband!
Wenn ihr nur wollt, seid ihr alle frei!
Euer Wille geschehe! Seid nicht mehr dabei!
Wenn ihr nur wollt: bei euch steht der Sieg!
– Nie wieder Krieg – !

Beifall brandet auf, und auch Zille ruft »Bravo!« und »Nie wieder Krieg!«, um dann zu murmeln: »Die Botschaft hör ick wohl, allein mir fehlt der Jlaube. Wer weeß, wie dicke et in den nächsten Jahr'n noch kommen wird ...«

129
1923 – In einer Künstlerkneipe

An einem Tisch in einer geschützten Nische sitzen Heinrich Zille, Walter Kollo, Hermann Frey, dessen Frau Wally und Claire Waldoff. Die Stimmung ist ausgelassen. Wally singt mit Blick auf Heinrich Zille: *»Denkste denn, denkste denn, du Berliner Pflanze, / denkste denn, ick liebe dir, nur weil ick mit dir danze?«*

Zille schmunzelt. »Mensch, Wally, erstens tanzen wa nich miteinander, und zweetens bin ick 'ne Radeburja Pflanze.«

»Und drittens würde ick mir schwer verbeten ham, det meine Frau dich liebt!«, ruft Hermann Frey.

Claire Waldoff prustet los. »Soll ich sie vielleicht lieben?«

»Aber ja, meine Süße!«, haucht Wally. »Lass mich deine Frau fürs Leben sein!«

Kurt Tucholsky kommt herein und trägt einen Wäschekorb voller Geldscheine vor sich her. »'n Abend allerseits!«

»Handelst du jetzt mit Geldscheinen?«, fragt Hermann Frey.

»Nee, ich arbeite doch jetzt bei 'ner Bank – und das ist mein

Gehalt für die ersten vier Wochen. Hurra, ich bin Millionär! Es lebe die Inflation!«

Zille schüttelt den Kopf und kommt auf ein anderes Thema zu sprechen. »Viel verrückter is, det se mich nun noch in die Akademie der Künste holen und zum Professor machen wollen. Der Liebermann und der Kraus. Aba wat soll ick'n da? Det kann doch nich sein, det ick für'n bisschen Strichelei ooch noch Professa werde!«

130

1924 – Saal in der Preußischen Akademie der Künste

Für die Regie: Wir registrieren in diesem Bild, dass Heinrich Zille durchaus das Hochdeutsche beherrscht, und schließen daraus, dass er oft nur berlinert, um dem Bild gerecht zu werden, das die Leute von ihm haben – und mit dem er nicht zuletzt sein Geld verdient.

Die erste Einstellung zeigt den Hohen Rat der Kunstakademie mit Max Liebermann als Mittelpunkt am Vorstandstisch. Zille steht wartend an der Tür. Im Saal sitzen würdig und ziemlich steif alle Professoren und Künstler der Akademie.

Max Liebermann blättert ein wenig zerstreut in den Papieren, die vor ihm liegen. »So, wat nun? Wat steht noch uff da Tagesordnung?«

»Neuaufnahmen!«, ruft ihm jemand zu und zeigt auf Heinrich Zille.

»Ah ja …« Liebermann findet endlich das Blatt, das er sucht. »Heinrich Zille … Mit 66 ist er eijentlich viel zu jung für uns, aber bitte … Dann treten Sie mal vor, Herr Zille!«

Zille folgt dieser Aufforderung.

»Sie wissen, dass Sie dem Präsidenten der Akademie einen eigenhändig geschriebenen Lebenslauf zu übergeben haben?«, fährt Liebermann fort.

»Jawoll!« Zille nimmt Haltung an und überreicht ein engbeschriebenes Blatt.

»Danke.« Liebermann nimmt das Papier, legt es vor sich auf den Tisch und wirft einen kurzen Blick darauf. »Det is ja janz ulkig. Aber sagen Se mal, warum ham Se det so kleen jeschriem? Es ist sehr schlecht zu lesen.«

Zille sieht den Präsidenten über den Rand seiner runden Brille hinweg schmunzelnd an. »Erstens sollte alles uff eene Seite jehn, und zweetens braucht et doch ooch keener lesen.«

»Das sehe ich aber anders. Sie treten jetzt ans Pult und lesen uns vor, was Se jeschriem ham!«

Während Zilles Vortrag herrscht andächtige Stille.

1872 lernte ich Lithograph und ging die Woche zweimal abends in den Unterricht zum alten guten Professor Hosemann in die Kunstschule, die damals in der Akademie war, ebenso zweimal die Woche zum Professor Domschke, Anatomie, der sehr grob war – und die vollste Klasse hatte: »Wenn Se nich mehr kenn', dann setzen Sie sich mit Ihr Brett uff die Treppe un' nehmen nich hier die hoffnungsvollen Jünglinge, die bald nach Italien wollen, den Platz weg!« – aber die Klasse war übervoll, die jungen Leute freuten sich über den alten Herrn, der so wie der olle Schadow sprechen sollte …
Der alte Hosemann ließ mich in seiner Wohnung, Louisenstr., am Neuen Tor, ganz gern seine Skizzen u. Zeichnungen ansehen und auch abmalen, sagte aber: »Gehen Sie lieber auf die Straße raus, ins Freie, beobachten Sie selbst, das ist besser als nachmachen. Was Sie auch werden – im Leben können Sie es immer gebrauchen; ohne Zeichnen zu können sollte kein denkender Mensch sein.«
Es ist ein nicht grade heiteres, von wenig Sonne erhelltes Feld, das ich mir wählte: der fünfte Stand, die Vergessenen!
(…)
Nach und nach lernten die Leute sehen, urteilen und mich verstehen. Im Osten und Norden Berlins verstanden sie mich gleich, als meine Gestalten im »Simplicissimus« und der »Jugend«, den ersten Zeitschriften, die mir gnädig waren, auftauchten. Seit 1907 bin ich nicht mehr im graphischen Gewerbe und konnte mich mit dem, was mir am Herzen lag, nun ganz und gar befassen.
Meine erste eigene Wohnung war im Osten Berlins in einem Kel-

ler; nun sitze ich schon im Berliner Westen, vier Treppen hoch, bin also auch gestiegen. Einige Radierungen sind ins Kupferstichkabinett gelangt und eine Anzahl Zeichnungen und Skizzen in die Nationalgalerie. Jetzt, 1924, bin ich sogar Mitglied der Akademie geworden. Dazu schreibe ich das, was das völkische Blatt, der »Fridericus«, sagt: Der Berliner Abort- und Schwangerschaftszeichner Heinrich Zille ist zum Mitglied der Akademie der Künste gewählt und als solches vom Minister bestätigt worden. – Verhülle, o Muse, dein Haupt.

Als Zille geendet hat, bricht schallendes Gelächter aus. Man klatscht Beifall. Zille verbeugt sich.

Max Liebermann ergreift wieder das Wort. »Danke, Herr Zille, det war sehr eindrucksvoll! Ich glaube, wir können nun zur Abstimmung schreiten. Die Stimmzettel sind verteilt. Wer will, dass Heinrich Zille aus Radeburg in Sachsen Mitglied der Preußischen Akademie der Künste wird, der schreibe ein deutlich lesbares Ja auf seinen Zettel. Andernfalls natürlich ein Nein. Und da Zille der Jüngste hier im Raume ist, wird er die Stimmzettel auch selbst einsammeln.« Damit holt Liebermann eine Blechbüchse unter dem Tisch hervor und drückt sie Zille in die Hand.

»Na, det jeht ja noch«, sagt Zille. »Als Lehrling musste ick immer noch Schnaps für die andern holen.«

Er geht mit der Blechbüchse herum, begrüßt diesen und jenen, denn er kennt fast alle, die hier sitzen, und sammelt die Stimmzettel ein.

Als er damit fertig ist, geht er zum Vorstandstisch und überreicht Liebermann die gefüllte Büchse.

»Danke. Dann kucken wa mal, wie det Erjebnis lautet.« Liebermann entleert die Büchse, sein Nebenmann faltet die Zettel auseinander. »Die Ja-Stimmen hierher, die Nein-Stimmen auf die andere Seite.«

Sehr schnell zeigt sich, dass der Stapel mit den Ja-Stimmen schneller wächst.

Als das Ergebnis feststeht, erhebt sich Max Liebermann, geht auf Heinrich Zille zu und schüttelt ihm die Hand. »Lieber und verehrter Heinrich Zille, ab heute sind Sie Mitglied der Akademie der Künste und damit nicht mehr Herr Zille, sondern Herr Professor Zille. Herzlichen Glückwunsch!«

131

1924 – In einem etwas vornehmeren Restaurant

Heinrich Zille sitzt mit Kurt Tucholsky an einem gedeckten Tisch und wartet auf das Essen. Die Getränke sind schon serviert worden. Mineralwasser für Zille, Wein für Tucholsky.

»Wie lebt es sich als Professor?«, fragt Tucholsky.

Zille winkt ab. »Ick mache beim Kacken die Knie jenauso krumm wie vorher.«

»Ich habe gehört, dass sich Käthe Kollwitz auch nichts aus ihrem Professorentitel macht. Das hat man nun davon, wenn man links steht.«

»Wat man davon hat …« Zille zieht einen Zeitungsartikel aus der Innentasche seines Jacketts und reicht ihn hinüber.

Tucholsky liest:

Zille (…) Professor der Berliner Akademie. Im übrigen aber war es (…) für die links gerichtete Presse höchste Zeit, die im Grunde keineswegs sehr umfangreiche künstlerische Bedeutung Zilles immer weiter und weiter aufzublasen. Schließlich sucht man ihn sogar als einen zweiten Daumier, einen Heroiker des Elends und Humors zugleich, für alle Zeit in die Kunstgeschichte einzuführen, obgleich ihm die große Form ohne Zweifel vollkommen versagt ist. Auch zur Bedeutung eines Hogarth, mit dem man ihn vergleicht, fehlt ihm die geistige Beweglichkeit und Mannigfaltigkeit der Auffassung. Bedauerlich ist es zudem, dass der alternde Künstler anfängt, mit seinem Proletariertum zu kokettieren.

»Det is wirklich starka Tobak!«

Zille seufzt. »Ach wissen Se, Tucholsky, so janz unrecht ham die Leute wiederum ooch nich.«

»Kommen Sie, Zille, Sie können sich durchaus ein wenig mehr Selbstbewusstsein leisten! Sie sind vollwertiges Mitglied der Akademie!«

»Ach wat! Man hat ma jewählt, na schön, aber ick weeß nicht, ob ick wirklich dahin jehöre. Der Liebermann hat mich durchjeboxt, aba ick bin und bleibe 'n Außenstehenda.«

»Mensch, Zille, tragen Sie den Kopp 'n bisschen höher, Sie sind doch wer!«

Den Namen Zille hat Tucholsky so laut gesprochen, dass ein reicher Wichtigtuer mit Hut und Weste, der gerade seinen Mantel von der Garderobe holen will, auf beide aufmerksam geworden ist. Er baut sich nun vor Zille auf. »Ach, Professor sind Sie? Auf welcher Akademie haben Sie denn studiert?«

Zille will sich erst abwenden, dann besinnt er sich auf das, was ihm Tucholsky eben gepredigt hat, und reagiert sehr gelassen. Er räuspert sich und antwortet so laut, dass jeder im Restaurant es hören kann. »Ich habe auf keiner Akademie studiert, mein Herr. Aber auf der Schule, auf der ich gelernt habe, werden Sie nie etwas lernen.«

»Wie bitte? Sie belieben wohl zu scherzen, Herr … Professor! Was soll denn das für eine Schule gewesen sein?«

Es ist still geworden, denn jeder im Raum ist gespannt auf Zilles Antwort.

»Es war die Schule des Lebens, mein Herr!«

132
1924 – Wohnung Dr. Heilborn

Heinrich Zille und sein Freund Dr. Adolf Heilborn kommen ins Wohnzimmer.

»Nimm Platz, Heinrich! Bevor die anderen antanzen, können wir uns noch ein bisschen unterhalten.«

»Danke, Adolf.« Zille zuckt bei der Nennung dieses Vornamens ein wenig zusammen. »Adolf … Da muss ick jetzt imma an diesen Hitler denken und seinen Putsch im Bürgerbräukeller. Der hat doch 'ne Macke! Aba jetzt sitzt er ja in Landsberg in der Festung auf Nummer sicher. Angst soll er jehabt ham, det sie ihn erschießen.«

»Hätten sie mal!«, murmelt Dr. Heilborn. Sie setzen sich beide. »Aber lassen wir das politische Lied und kommen zu etwas weniger Garstigem. Wie steht es mit deiner Gesundheit?«

»Ick denke, wir woll'n üba wat Erfreulichet reden! Und außerdem bist du der Arzt.«

»Gewesen. Jetzt schreibe ich ja nur noch.«

»Ooch üba Gicht und Diabetes?«

»Nein, zuletzt ist *Wilde Tiere, die unsere Jugend kennen sollte* herausgekommen.«

Zille grinst. »Schmetterlinge vor allem.«

»Die auch, ja. Gerade ist übrigens auch *Die Zeichner des Volks – Käthe Kollwitz, Heinrich Zille* erschienen.«

»Dit kenn ick natürlich!« Zille blickt zur Tür. »Und wer soll heute noch komm'n?«

»Meine Schwester, Luise Heilborn-Körbitz, und Gerhard Lamprecht, der Regisseur.«

Zille nickt. »Ick weeß, die Luise hat doch bei den Filmfritzen jearbeitet, bei der Bioscop, und hat dem Lamprecht det Drehbuch für seinen Buddenbrooks-Film jeschriem.«

»Genau.«

Das Dienstmädchen meldet die Genannten. Sie treten ein. Man begrüßt sich.

»Det is ja schön, det Sie beede nun 'n Film üba meine Wenigkeit drehen wollen«, beginnt Zille das Gespräch.

Luise Heilborn-Körbitz hebt abwehrend die Hände. »Nicht über Sie, sondern über das Leben Ihrer Figuren!«

Gerhard Lamprecht nickt. »Wir machen aus Ihren Zeichnungen einen Film, das heißt, wir erzählen das Leben Ihrer leichten Mädchen und schweren Jungs. Der Titel soll *Die Verrufenen* lauten. Als Hauptdarsteller haben wir Bernhard Goetzke und Aud Egede Nissen gewinnen können, eine Norwegerin.«

Luise Heilborn-Körbitz beugt sich vor. »Der Inhalt ist schnell erzählt. Unser Protagonist heißt Robert Kramer und ist ein Mann, der nach einem Meineid ins Gefängnis kommt und dadurch völlig aus der Bahn geworfen wird. Er findet keine Arbeit mehr, will sich das Leben nehmen, doch die Prostituierte Emma rettet ihn. Am Ende stirbt sie in seinen Armen – und er kehrt in sein altes Leben zurück.«

»Jetzt weeß ick endlich, warum det Filmkunst heißt«, murmelt Zille.

133

1924 – In einem Biergarten

»Jetzt weeß ick endlich, warum det Filmkunst heißt«, wiederholt Zille.

Sein Gesprächspartner ist Hermann Frey. Sie sitzen im Lindengarten des alten Päkelmann (wie im Bild 109).

Hermann Frey sucht den Freund zu trösten. »Du musst damit leben, dass sie dich ausschlachten, insbesondere jetzt, wo du auch noch Professor bist.«

»Brotfressa ham wir imma jesajt.«

Am Nebentisch, an dem wohlhabende Geschäftsleute sitzen, erhebt sich einer der Herren und nähert sich den beiden mit einer Kiste Zigarren in der Hand.

»Nehm' Se sich noch 'ne frische Havanna, Meister Zille, Sie ham uns mit Ihren Nutten und armen Leuten imma so ville Freude jemacht!«

Zille macht eine abwehrende Handbewegung. »Nee danke, ick darf nich mehr roochen wejen die Löcha in meina Lunge.«

»Na dann, nüscht für unjut!«

Der Mann geht wieder, und Zille sieht noch ein wenig verzweifelter aus als vorher. »Ick schäme mir für det, wat ick da anjerichtet habe.«

»Nicht doch, Heinrich!«

»Doch, doch, Hermann!«

»Dann hol das Geld, das du auf der Sparkasse hast, wieder ab – alles in kleinen Scheinen –, steck es in Briefumschläge und schick es den Nutten und armen Leuten, von denen dieses Arschloch eben gesprochen hat.«

»Du wirst lachen, det mache ick ooch.«

»Na schön, und dann erfreue dich lieber an Liebermanns Vorwort für die *Berliner Geschichten und Bilder*!« Hermann Frey nimmt den Band, der auf dem Tisch liegt, und beginnt das Vorwort vorzulesen.

Zwar ist das, was Sie darstellen, durchaus nicht vergnüglich. Im Gegenteil! Der Menschheit ganzer Jammer würde jeden anpacken, der in den nassen Kellergeruch und in die ungesunde Feuchtigkeit, die Ihre Interieurs ausatmen, versetzt würde. Aber »was im Leben uns verdrießt, man im Bilde gern genießt«, notabene, wenn das Bild von der Hand eines Meister stammt. – Wer aber ist ein Meister? Der uns mit den Mitteln seiner Kunst sein seelisches Erlebnis so zu übermitteln versteht, dass wir es miterleben.

Und so ein Meister sind Sie!

(...)

Man hat Sie einen Humoristen genannt, der uns Schwänke, lustige und traurige, im Bilde vorführt. Gewiß tun Sie das und werden es hoffentlich noch recht lange tun, denn dies tut uns not in dieser traurigen Zeit. Aber Sie sind viel mehr als ein Humorist: Sie haben Humor. Ihre Bilder, sowohl die gezeichneten wie die geschriebenen, ohne dem Inhalt noch der Form nach humoristisch oder gar witzig zu sein, sind voller Humor, wie es die Erzählungen von Gottfried Keller waren, oder, um weiter zurückzugehen, von Jean Paul oder von Swift oder Sterne.

Und diesem Humor, der so selten ist wie ein weißer Rabe, verdanken Sie Ihre Popularität und Ihre Größe als Künstler.

Ihr Max Liebermann

Hermann Frey klappt den Band zu, legt ihn wieder auf den Tisch und blickt zu Zille hinüber. »Det müsste dir doch runtageh'n wie Öl! Jetzt strahlste, oder?«

»Nee, det hört sich an wie inna Friedhofskapelle, wenn ick vorne im Sarj liege und der Herr Akademie-Präsident die letzten Worte spricht.« Er bricht ab. »Du, ick muss noch zu meine Meechen.«

Hermann Frey grinst. »Was denn, willste jleich mehrere vernaschen?«

»Nee, ick soll 'n paar nackte Frauen für'n *Simplicissismus* zeichnen.«

134
1925 – In einem Stuttgarter Gericht

Die Kamera zeigt uns Zilles Lithographie *Modellpause* mit der Unterschrift *»Erst hamm wa Heinrich'n mit unsre Fijur'n beriehmt jemacht – un' denn jeht a zum Film!«* in voller Größe. Dann zieht die Kamera auf. Wir merken, dass wir uns in einem Gerichtssaal befinden. Gerade erheben sich alle, und der Richter, Heinrich Zille im Blick, hebt an zur Urteilsverkündung.

»Im Namen des Volkes ergeht folgendes Urteil: Der Maler Professor Heinrich Zille aus Berlin wird wegen pornographischer Darstellung zu einer Geldstrafe von 150 Reichsmark rechtskräftig verurteilt. Die für den Druckvorgang benötigten Platten sind unbrauchbar zu machen.«

Die folgenden Minuten überspringen wir und setzen erst da wieder ein, wo Zille vor den Türen des Gerichtssaals von einigen Journalisten interviewt wird. »Herr Zille, was sagen Sie zu dem Urteil?«

Zille schmunzelt. »Ich bin ein Gott!«

»Wieso das?«

»Ich habe gegen die Dummheit vergebens gekämpft.«

»Sie berlinern ja gar nicht.«

»Nee, ick bin hier schließlich in Stuttgart. In Berlin wäre ja ooch keena uff die Idee jekomm'n, mich für'n Schwein zu halten und vor'n Kadi zu schleppen, nur weil ick 'n paar nackte Frau'n jemalt habe. Aber die Herren der Stuttgarter Gesellschaft sehen das eben anders, und ick werde verurteilt, obwohl die Gutachten von Liebermann, Slevogt und zahlreichen anderen für mich sprechen.«

»Was wollen Sie nun machen, Professor Zille? Einspruch einlegen?«

Modellpause

»Nee, ick fertige 'ne neue Lithographie an, wo die jleichen Modelle druff sind – nur anjezogen –, und schreibe drunta: *Der Staatsanwalt kann uns – nichts mehr anhaben. Jetzt haben wir genug an.*«

»Und nun geht es mit dem nächsten Zug zurück nach Berlin?«

»Ja, ick muss beim ersten *Hofball bei Zille* natürlich dabei sein!«

135
1925 – Großes Schauspielhaus am Gendarmenmarkt

Wir sehen die letzten Szenen des Stückes *Hofball bei Zille* von Hans Brennert. Die Kulisse ist »typisch Zille«. Sie zeigt den Hof eines Mietshauses in Berlin O. Rechts und links sehen wir die Seitenflügel mit ihren Eingängen. Im Hintergrund ist die Hofseite des Vorderhauses mit dem Hausflur zur Straße zu erkennen. Hinter dem rechten Seitenflügel schaut eine benachbarte Fabrik hervor. Es gibt im Hof eine Stallung, Mülltonnen und etliche Fenster mit Wäsche und Blumenkästen. Girlanden mit Lampions sind von Flurfenster zu Flurfenster quer über den Hof gespannt. Auf einem rohgezimmerten Podium ist die Musikkapelle mit ihrem Klavier platziert. An der einen Hofseite befindet sich in einer improvisierten Bude ein Bierausschank.

In diesem Ambiente tummeln sich Matrosenkarl, Rosenfrieda, Pyjamajule, Radieschen, Pinselheinrich, Schrammelfredy, Bollenjuste und Honiglene. Sie tanzen, und Heinrich Zille spielt dabei den Ballettmeister. Alle versammeln sich zum letzten Lied.

Um halb viere jeht's zu Bett –
mit de Lackschuh – mit's Korsett!
Else träumt von die Musik –
bald ja pfeift schon die Fabrik!
Träumt vom Hofball Berlin O.
Träumt von ihrem Max und so:
»Knutsch mir! Heute is Ausverkoof!
Küß' ooch orntlich! Nich so doof!«

Die Ballbesucher klatschen Beifall. Es sind durchweg Leute aus den besseren Ständen, die sich als Zille-Figuren kostümiert haben. Die Damen gehen als Nutten, Fischerliese und Bollenjuste oder als Badeengel und tragen Ohrringe in Form von länglichen Weihnachtsbaumkugeln oder Portierenringen. Bei den Herren überwiegen der Apachenjüngling, der Lude und der Saloneinbrecher. Sie haben sich viel Pomade in die Haare geschmiert und mit Kopierstift Tätowierungen auf Hände und Arme gemalt. Als besonders chic gilt ein blaues Auge.

Paukenschläge – Tusch. Alles ruft: »Hoch Zille! Hoch Vater Zille!« Der Beifallssturm will kein Ende nehmen.

Die Kamera schwenkt zum Tisch, an dem Zille mit seinen Freunden August Kraus, Hermann Frey, Dr. Heilborn und Dr. Lautenschläger Platz genommen hat.

Hermann Frey stößt Zille den Ellenbogen in die Seite. »Du musst nu uff die Bühne ruff und dich verneigen. Die Leute meinen's ehrlich!«

»Viel lieba möchte ick ausrücken!«

Hermann Frey schiebt ihn in Richtung Bühne, wo sich schon Hans Brennert und andere versammelt haben. Zille klettert zur Bühne hinauf. Er verbeugt sich mehrmals, versucht dann aber, durch den Schlitz im Vorhang zu entwischen. Brennert kann ihn nur mit Mühe zurückhalten. Zille kommt von der Bühne herunter und setzt sich wieder an den Tisch zu seinen Freunden.

»Na, Heinrich, wie fühlt man sich so?«, fragt Dr. Heilborn.

Zille seufzt. »Ach, ick weeß nich … Die ham mir jesagt, det allet wäre 'ne Wohltätigkeitsveranstaltung für Arme, aba nu …« Er zeigt auf reiche Kaufleute, hohe Politiker, bekannte Künstler und eine Menge Neureiche und nennt einige beim Namen.

Jetzt drängt alles an seinen Tisch, um sich Autogramme geben zu lassen. Man reicht ihm Postkarten mit seinen Motiven, Notizblätter, Pappteller, auf denen eben noch warme Würstchen gelegen haben, und selbst feuchte Bierfilze hin. Langsam schwinden Zilles Kräfte.

»Nun ist aber genug!«, ruft Dr. Lautenschläger und versucht, die Leute zurückzudrängen. Vergeblich.

Zille flüchtet sich zum Bücherstand, um seinen dort hinterlegten uralten und verbeulten Filzhut abzuholen und sich aus dem Staub zu machen. Doch er kommt nicht einmal in die Nähe des Ausgangs. Alle sprechen ihn an und wollen für ihre wunderbare Kostümierung gelobt werden. Eine Zille-Kinder-Polonaise wälzt sich durch die Räume. Zille wird angefasst und mitgerissen. Eine Bläserkapelle lärmt fürchterlich. Bei den Paukenschlägen hält sich Zille die Ohren zu, weil er Angst hat, das Trommelfell könnte ihm platzen.

Einer der Veranstalter hat die Bühne erklommen, Karl Wallauer, der Präsident der Deutschen Bühnengenossenschaft, und spielt mit brüllender Stimme den Auktionator. »Und nun, meine sehr verehrten Damen und Herren, kommen wir zu einem der Höhepunkte des Abends, der amerikanischen Versteigerung einer Original-Zille-Zeichnung. Dazu bitten wir den Meister persönlich auf die Bühne!«

Zille steht auf, Hermann Frey will ihn festhalten. »Pass bloß uff, det sie dich nicht selbst versteigern!«

»Vielleicht asteigat mich 'ne Zuckafabrik.«

»Oder du landest ooch noch mal bei den Verrufenen.«

136

1925 – Ufa-Theater an der Turmstraße

Wir sehen das Plakat zum Zille-Film *Die Verrufenen*.

Zur Uraufführung hat sich eine beachtliche Menschenmenge vor dem Kino versammelt. Eine Kraftdroschke hält. Zille entlohnt den Chauffeur, steigt aus und bahnt sich einen Weg zum Eingang.

Auch der Chauffeur steigt aus, um sich ein wenig die Beine zu vertreten.

Einer der Wartenden tritt an ihn heran. »Wissen Sie auch, welch prominenten Gast Sie da gefahren haben?«

»Nee, woher soll ick? Et muss aber 'n komischer Mensch sein. Lässt sich von mir 'n paar Stunden durch Berlin fahren, janz langsam, weil er sich die ollen Häuser ansehen will. Und dann ladet er mich noch zu eenem Jlas Bier ein.«

Der andere lacht. »Das war der Zille!«

Der Chauffeur guckt ganz erschrocken, die Umstehenden lachen. »Na, det hätt'er mir aber ooch vorher sagen können!«

Neunzig Minuten später. Wir sind im Kinosaal, wo gerade die Schlussszene auf der Leinwand zu sehen ist. Als das Wort *ENDE* erscheint, stehen die Leute auf und klatschen minutenlang. Der Regisseur Gerhard Lamprecht, mehrere Schauspieler, darunter auch Johannes Banofsky, und Heinrich Zille werden auf die schmale Rampe vor der Leinwand gebeten und mit anhaltendem Beifall überschüttet.

Als Zille wieder die Treppe herunterkommt, gratulieren ihm viele Freunde und stadtbekannte Persönlichkeiten, an der Spitze Oberbürgermeister Böß und Käthe Kollwitz.

Die Kamera schwenkt zu zwei Zeitungsschreibern, die über den eben gesehenen Film reden und sehr unterschiedlicher Meinung sind.

Der eine: »Was für ein Erfolg! Ein neues Ruhmesblatt in der Geschichte des deutschen Films! Hören Sie nur diesen tosenden Beifall!«

Der andere: »Ich bitte Sie! Das Ganze hat doch nichts mehr mit Zille zu tun, da benutzen ein paar gerissene Geschäftsleute seinen Namen und spannen ihn skrupellos vor ihren Karren! Mit einem Wort, hier wird Kasse gemacht auf Kosten des künstlerischen Ansehens Zilles.«

Die Kamera kehrt zu Zille zurück. Der möchte das Lichtspieltheater verlassen, doch draußen auf der Straße steht eine Menschenmenge, die ihn sehen und anfassen will.

»Da kommen Sie nie durch, Herr Professor!«, sagt einer der Schauspieler zu ihm. »Die Leute erdrücken Sie. Gehen Sie lieber zur Hintertür raus!«

Doch Zille wehrt ab. »Wo een Zille is, is ooch een Weg!«

Als er in die Menge eintaucht, wird er von einem kräftigen Mann auf die Schultern genommen und im Triumphzug davongetragen.

137
1926 – Alexanderplatz

Bilder von dem belebten Platz. Heinrich Zille steht wartend am Fuße der Berolina.

Nach einigem Warten kommt ein sehr seriös wirkender älterer Herr auf ihn zu. »Gestatten, ich bin der Verleger Carl Reissner aus Dresden.«

»Und ich bin der verlegene Zeichner Heinrich Zille aus Radeburg bei Dresden.«

Reissner lacht. »Ich weiß, ich kenne Sie von vielen Photos. Der Sachse, der is unersetzlich als Bannerträger der Gultur. Besonders in Berlin.«

»Genau. *Die Welt is ieberall gemieltich, so weit de sächs'sche Zunge glingt* – Ernst von Wolzogen. Aba inzwischen kann ick bessa berlinern als sächseln.«

Reissner dreht sich einmal um seine eigene Achse. »Das ist ja wirklich ein höchst interessanter Ort hier …«

Zille nickt. »So isset. Der Alfred Döblin will sojar 'nen jroßen Roman drüber schreiben: *Berlin Alexanderplatz*.«

»Da komme ich mit meinen Plänen ja gerade richtig, denn ich sage mir …«

Er wird unterbrochen, weil mehrere Passanten Heinrich Zille erkannt haben und ihm zujubeln. Einer hält eine Zigarettenschachtel hoch. »Ick rooche nur noch Heinrich Zille, fünf Pfennich det Stück!«

Reissner staunt. »Stellen Sie die selber her?«

»Nee, det macht die Malzmann AG, aba mein Kopp is uff da Packung.«

»Das bringt mehr als Ihre Zeichnungen?«

»Ach …« Zille berlinert aus Rücksicht auf den Verleger nun weniger. »Manchmal ärgere ich mich schon gründlich über meine Berühmtheit. Die ganze Welt denkt, ich habe nun so viel Geld gescheffelt, dass ich gar nicht mehr weiß, wohin damit – 'ne Villa im Grunewald hätte ich, heißt es sogar. So ein Unsinn!«

»Wenn das Zille-Album *Rund um den Alexanderplatz* erst bei mir erschienen ist, werden Sie sich eine kaufen können.«

Zille verzieht das Gesicht und ist eher niedergeschlagen denn euphorisch. »Am liebsten würde ick allet, wat bei mir noch so rumliegt, einschließen oder – noch besser – in'n Ofen stecken und anzünden.«

Ein kräftig gebauter Mann kommt vorbei, winkt ihm grüßend zu und ruft: »Sonntag bei da Herrenpartie, da seh'n wa uns, oda?«

»Ja, ick komme!«

Reissner ist etwas verwirrt. »Wer war denn das? Der erinnert mich an die Chicagoer Unterwelt ...«

»Nee, det is die Berliner Untawelt. Det war Muskel-Adolf vom Sparverein Immertreu.«

»Sie machen Sachen – und das als Professor!«

»Ick will ehm allen zeigen, det det jenauso meine Mitmenschen sind – und dann is et ooch reine Neujier.«

138
1926 – Unter den Linden

Zille sitzt zusammen mit Hermann Frey auf einem der fünf Kremser, auf denen Mitglieder befreundeter Spar- und Ringvereine mit ihren Frauen und Bräuten in den Grunewald fahren. Unter ihnen auch Muskel-Adolf.

Zille schaut die Dame an, die neben ihm sitzt. »Du bist doch die Zwiebel-Else, oder?«

»Ja, die bin ick. Ick war mal Beiköchin in't Excelsior am Anhalta Bahnhof, da musste ick Zwiebeln schneiden – und hab hintaher imma mächtich jemüffelt.«

»Und wat macht dein Bräutijam?«

»Det is doch der Klavierlude aus Lenes Brühkeller«, erinnert sich Hermann Frey. »Der abgebrochene Riese.«

»Jenau, der schöne Alfons. Nu, der sitzt noch inne Plötze. Kleen, aba oho, und 'n juta Mensch. Der lässt sich uff'n Arm nehm', ohne detta jleich durchdreh'n tut und allet zusammenschlächt, wat ihm vor die Fäuste kommt. Een richtija Betthase issa, aba 'n Stiesel, wat det Höhere betrifft. Keene Ahnung von Pli, und der jeht in keen

Theata, keen Kintopp und keen Konzert. Bücha fassta ooch nich an. Der frisst un' sauft bloß und lebt fors Bette.«

Ein Stückchen weg von Zille und Hermann Frey sitzen Schielewipp, Dr. Mabuse und Furzer-Erich und besprechen einen aussichtsreich erscheinenden Plan.

»Passt mal auf«, beginnt Dr. Mabuse seine Erklärungen, »am Bayerischen Platz wohnt Direktor Rhode, steinreich. Und der fährt übers Wochenende nach Ahlbeck. Seine Bediensteten haben frei. So … Wir stecken nun Schielewipp, der wiegt am wenigsten, in einen großen Pappkarton, tragen ihn – als Fuhrleute verkleidet – zwei Treppen hoch und stellen ihn vor der Wohnungstür von Direktor Rhode ab. Die Nachbarn denken sich, dass das eine Lieferung ist. Schielewipp hat nun alle Zeit der Welt, die Wohnungstür von Direktor Rhode aufzubrechen und alles mitzunehmen, was irgendwie Geld bringt. Am Ende klettert er wieder in seinen Karton, und wir holen ihn ab. Kein Mensch merkt etwas!«

»Det is genial!«

Hermann Frey sieht Zille an, der ein wenig müde wirkt. »Na, Heinrich, woran denkst du gerade?«

»Det ick jetz lieba zu Hause in meine vier Wände wäre.«

139

1927 – Wohnung Zille, Sophie-Charlotten-Straße Nr. 88

Heinrich Zille sitzt in seinem Wohnzimmer, blickt auf eine Photographie seiner verstorbenen Frau und hält Zwiesprache mit ihr. »Ach Hulda, jetzt bin ick so'n richtija Einsiedler jeword'n! Früha hab ick mit mein'n Anekdoten janze Lokale untahalten, jetz sitze ick hier alleene rum und blase Trübsal. Ja, ick weeß, der Walter und die Anna sind imma mal wieda da, aba die Anna is ooch imma 'n bisschen kränklich …«

Er bricht ab, weil es draußen klingelt. Wir hören undeutlich einen Dialog. Anna protestiert, doch offensichtlich vergebens, denn plötzlich steht ein Mann im Zimmer, den Zille noch nie zuvor gesehen hat.

Er beginnt mit einer knappen Verbeugung. »Pardon, Herr Professor, dass ich hier so unangemeldet erscheine! Freyhube mein Name, Reinhard Freyhube. Ich bin als Bankbeamter abgebaut worden und suche nun nach einer neuen Beschäftigung.«

Zille ist verblüfft. »Bei mir?«

»Ja, die Künstler machen doch immer so gute Geschäfte.«

»Ich nicht!«, ruft Zille. »Ich bestimmt nicht!«

»Aber Sie brauchen doch sicherlich jemanden, der Ihre Gelder verwaltet. Ich habe nicht einmal eine feste Wohnung, das ist doch fürchterlich! Ein Mensch, der seine feste Bleibe aufgeben muss, ist kein Mensch mehr. Kann ich nicht bei Ihnen da in der Ecke schlafen, hinter dem Spind?«

»Unmöglich, mein Herr!«

»Gut, dann nehme ich mir einen Strick und hänge mich auf – vor Ihrer Tür!«

Zille greift spontan zu einer Kordel, die auf dem Tisch liegt. »Hier ist der Strick dafür.« Doch sofort tut der Mann ihm leid, und er nimmt einen Briefumschlag vom Tisch. »Hier ham Se paar Mark, um sich wat zu essen zu koofen – und für'n paar Nächte inna Läusepension. Und dann aba ab!«

Der Schnorrer nimmt das Kuvert mit dem Geld und verschwindet wieder.

Zille folgt ihm, schließt die Wohnungstür hinter ihm ab und geht dann in die Küche, wo Anna am Herd steht und kocht. Ein paar Sekunden lang sieht er ihr zu. »Wat jibt's denn heute zu Mittag?«

»Na, Rippchen mit Rüben, Vater.«

Er legt seinen Arm um sie. »Wat für'n Jlück, det ick solche Schwiegatochta habe!«

»Da musst du dich bei Walter bedanken, dass er mich genommen hat.« Sie dreht sich um und mustert ihn. »Du siehst ein bisschen angegriffen aus.«

»Ick war vorhin mal unten, und det Laufen und Treppensteigen fällt ma imma schwera.«

Sie zieht die Luft durch die Nase ein. »Hauch mich mal an!«

»Nee, lieba nich.«

»Der Arzt hat dir doch alles Alkoholische verboten!«

Zille winkt ab. »Eeen Tod kann man nur sterben.«
Anna hustet anhaltend. »Hör auf, von Krankheiten zu reden!«
»Jut, mach ick. Und nach'm Essen heißt et denn ooch wieda Kiwakosta, da jeh ick zu unsam Kirsch-Wacholder-Kognak-Stammtisch.«

140

1928 – Charlottenklause in der Charlottenstraße Nr. 46, Ecke Unter den Linden

Die Wirtsleute Karl und Lieschen Behre haben sich unter den Glasbildern aufgestellt, die Zille für ihr Restaurant gemalt hat. Die zeigen Grundtypen seiner Figuren, etwa eine Amme, die mit einem Bierglas in der Hand einem Baby die Brust gibt, zwei Babys mit Schnuller im Mund, ein weinendes Kind, ein Paar im Badekostüm. Dazu kommt Zille selbst mit Hut.

Es sind von Zilles Freunde anwesend: Max Liebermann, August Kraus, Hermann Frey, Dr. Heilborn, Dr. Lautenschläger, Walter Kollo und Claire Waldoff. In der Schar der übrigen Gäste erkennen wir Johannes Banofsky.

Kurt Tucholsky kommt von der Toilette, sieht Banofsky und spricht ihn an. »Ah, der Johannes Banofsky! Wieder kräftig am Schreiben?«

»Ich würde ja gerne …« Banofsky verzieht das Gesicht und stöhnt. »Aber mir fällt nichts ein.«

»Dann können Sie richtig viel Geld damit verdienen, wenn Sie's dennoch tun! Ich könnte Ihnen ein paar Beispiele nennen …« Tucholsky zeigt zu Zille hinüber. »Ich habe gehört, Sie wollen ein Drehbuch über sein Leben schreiben?«

»Ja, aber …«

»Dann gehen Sie zu ihm hin und fragen ihn Löcher in den Bauch!«

Der Wirt tritt vor und ergreift das Wort. »Lieba und hochverehrta Heinrich Zille, liebe … Wie sagt man?« Er blickt zu seiner Frau.

»Honoratioren«, flüstert sie.

»… also, alle die Honorare kriegen, die Künstla also, und liebe

Ehrenjäste und janz normale Jäste! Heute is een janz besondera Tach für Berlin, denn ab heute jibt et det erste Restaurant, det nach Professor Zille benannt is. Ick taufe unsra Restaurant also hiermit feialich um in die Heinrich-Zille-Klause!«

Alle klatschten Beifall, stoßen Bravo-Rufe aus und erheben ihre gefüllten Gläser. »Auf die Heinrich-Zille-Klause!«

Frey schiebt Zille nach vorn. »Los, nu zier da nich, sag ma wat!«

Zille ist ein wenig um Worte verlegen. »Tja, wie fang ick nu an? Am besten mit det Ende, denn bin ick eha fertich! Also … janz feialich uff hochdeutsch: Da fragt mich neulich jemand, ob ich es nicht unpassend fände, meine Bilder in einer Kneipe auszustellen. Ich habe geantwortet: ›Meine Bilder sollen in Kneipen und Kaschemmen hängen, denn da kommen die meisten von ihnen her, und da sollen sie auch wieder hin!‹ In einem Lokal können die Menschen sie wenigstens sehen, in die Museen geht ja doch keiner. Ach, und was dieses Etablissement hier betrifft, da lese ich einfach ab, was ich neulich hier ins Gästebuch geschrieben habe.« Er nimmt es hoch und liest vor:

Kiwakosta ist eine herrliche, kleine Insel mit ausreichender üppiger Nahrung, geordneten Finanzen und köstlichem Hafen – der Behrebucht, bewohnt von einer friedlichen, wohlhabenden, teils nüchternen, geistig regen, gesunden, mit Ausdauer sich fortpflanzenden, als Erwerb Geburtstag feiernden Bevölkerung in dem traurigen Häusermeer Berlin! Heiter liegt das Eiland im wogenden Berlin, besucht von Ruhe- und Erholungsbedürftigen aus allen Ständen und Zonen, die feuchtfröhlich dort ihre Anker auswerfen. Selbst der morsche alte Kahn, die Zille, die schon recht leck geworden, steuert noch manchmal in die gastliche Gestade, um unter den jungen und alten, fröhliche Gesundung suchenden Menschen seine Altersnot zu vergessen.

Wieder wird gejubelt. Zille freut sich, aber man merkt ihm auch an, dass das Ganze ein bisschen viel für ihn ist. Er geht zu seinem Tisch und setzt sich. Die Freunde folgen ihm und rahmen ihn ein. Man widmet sich dem Leeren der Bierkrüge und erzählt sich Witze.

Hermann Frey beginnt. »Neulich bin ich an der Spree spazieren gegangen, da steht am Ufer eine Frau und ruft um Hilfe. Ich frage: ›Was ist denn passiert?‹ – ›Ach Jott, mein Mann is ins Wasser jesprung'n, mein Pompadour war mit inne Spree jefall'n!‹ – ›Aber beruhigen Sie sich doch, meine Dame! Kann er denn schwimmen?‹ – ›Nee, eben nich! Et sin' ja die schwer'n Schlüssel drin!‹«

Die Reihe ist an Dr. Heilborn. »In Moabit vorm Jericht. ›Und dann haben Sie den Zeugen mit einem Instrument geschlagen?‹ – ›I wo, Herr Richter, ick habe noch nie ein Klavier besessen.‹«

»Det is keen Witz«, sagt Zille und zeigt auf einen Gast, der gerade hereinkommt. »Der Herr Zeitlere ist ein so pünktlicher Quartalssäufer, det nach seinem Kommen die Normaluhren reguliert werden.«

Johannes Banofsky löst sich aus dem Hintergrund und tritt an den Tisch von Heinrich Zille. »Entschuldigen Sie, Herr Professor, dass ich Sie störe, aber ich wollte Ihnen doch einmal persönlich die Hand schütteln.«

»Sind Se ooch Künstla, und meinen Se, det färbt ab?«

»Nein. Obwohl, Künstler bin ich auch – und Sie müssten mich eigentlich kennen!«

Zille denkt einen Augenblick nach. »Vonna Akademie?«

»Nein.«

»Vonna Secession?«

»Leider auch nicht.«

Zille wird etwas ungeduldig. »Woher denn sonst, junger Mann?«

»Vom Film, von *Die Verrufenen*. Ich war der Freund von Robert Kramer, der Photograph.«

Jetzt dämmert es bei Zille. »Richtig, Sie sind ma doch jleich so bekannt vorjekomm'n! Aba uff da Leinwand, da war'n Se so jrau – und jetzt ham Se richtich Farbe.«

»Wunderbar! Dann kann ich Ihnen kurz erzählen, was ich mit Ihnen vorhabe?«

Zille grinst. »Sie wollen mich malen, ick weeß. Ein Bild, zwei Bilder – wie viele dürfen's denn sein?«

Banofsky überlegt einen Augenblick. »Ich schätze, dass es weit über hundert werden dürften.«

Zille wird ungeduldig. »Wer von uns jehört denn nu nach Dalldorf – Sie oder icke?«

»Was ich meine, sind die einzelnen Sequenzen eines Films, im Drehbuch Bilder genannt. Ich will einen Film über Ihr Leben schreiben. Der Hans Ostwald wird eine Biographie als Buch herausbringen, wie ich gehört habe, *Das Zillebuch*, und bei mir soll es der Zille-Film werden. Ich denke, ich kann das. Ich bin Schriftsteller und habe schon einen Roman geschrieben. Ich habe sogar Kunst studiert. Können wir uns nicht einmal zusammensetzen, und Sie erzählen mir alles aus Ihrem Leben, das für Sie wichtig war? Sozusagen Ihr Leben Bild für Bild?«

»Jut, machen wa!«

Tucholsky kommt abermals von der Toilette zurück und geht wiederum auf Banofsky zu. »Wie ich sehe, habe Sie sich nun an Heinrich Zille rangewagt.«

Banofsky nickt. »Ja, ich will alles über ihn wissen und mich richtig in ihn hineinversetzen.«

»Hoffen wir, dass man Ihnen in der Nervenheilstätte Papier und Bleistift zur Verfügung stellt …«

Max Liebermann ruft in Richtung Tucholsky: »Tucho, komm her, und erzähl mal 'n richtigen Witz!«

»Mach ick, 'n janz kurzen: Heinrich Zille wird in 'n paar Wochen siebzig!«

141
1928 – Wohnung Zille, Sophie-Charlotten-Straße Nr. 88

Die Kamera zeigt das Kalenderblatt: *10. Januar 1928.*

Wir kommen mitten in die Gratulationscour. Die Familie Zille steht im Wohnzimmer um den Tisch herum, auf dem eine große Torte mit einer 70 zu sehen ist. In der Mitte Heinrich Zille, das Geburtstagskind, dann sein Sohn Walter mit seiner Frau Anna, sein Sohn Hans, seine Tochter Margarete mit Mann und die Schwester Fanny. Dazu als enger Freund Dr. Alfred Heilborn. Alle haben ihre Gläser gehoben.

Hans ergreift das Wort. »So, lieber Vater, nun lass uns auf die nächsten dreißig Jahre anstoßen, auf dass wir uns hier gesund und munter zu deinem Hundertsten versammeln können!«

Heinrich Zille sieht in sein Glas. »Is det nu Sekt oder nur Wasser?«

Anna gibt die Antwort. »Wasser, denn Sekt ist viel zu süß für dich.«

»Ach komm, heute darf ick mal sündigen.«

»Du sündigst zu viel!«, hält ihm Walter vor.

»Unsinn!« Zille gießt sein Wasser in einen Blumentopf, geht zur Anrichte, wo die Sektflasche steht, und schenkt sich selber ein. »So, jetzt kann't losjehen. Prost! Uff meine Jesundheit und meine Schaffenskraft! Ick lebe hoch, hoch, hoch!«

Alle stoßen an, und Zille bekommt viele Küsschen auf die Wangen.

Er wird jetzt sehr ernst. »Ich merke doch, dass ich alt werde. Früher habe ich nur an die anderen gedacht, jetzt denke ich manchmal auch an mich.«

Die Runde schweigt. Jeder weiß, wie schlecht es um seine Gesundheit steht.

Dr. Heilborn bricht die Stille. »Eben hast du, lieber Heinrich, das Motto genannt, das man über dein Leben und Schaffen setzen müsste: Für die anderen.«

»Danke für die Blumen! Ick hatte mir ja schon 'n Sarch bestellt, aba nu werd' ick ihn wieder vakoofen. Jestern war 'n Vertreter von Kaffee Hag mit 'ner Jeburtstagspackung bei mir. Is schön, hab' ick dem Mann jesacht, der andere behagte mir schon nich mehr.«

Jetzt rücken die ersten Photographen an. »Herr Professor, einen Augenblick nur!« – »Pinselheinrich, Moment mal!«

Zille reagiert wenig erfreut. »Wat wollen Se? Photographieren? Wissen Se, det is'n bisschen ville valangt heute. Lieber gehe ich zum Zahnarzt!«

Da sieht Anna auf den großen Regulator und schreit: »Schnell, das Radio an, gleich gratulieren sie Vater – und Claire Waldoff singt extra für ihn!« Sie stürzt hin, um das Gerät einzuschalten. Keine Sekunde zu früh, denn gerade setzt die Waldoff zu ihrem

Geburtstagsständchen an. *»Eine Kunst / brachte ihm des Volkes Gunst, / er malte statt Parademärsche / Mädchenbusen, Kinderärme (…)«*

Zille ist gerührt, kann aber das Lästern nich lassen. »Allet sehr schön, aber ick hätte inna ersten Strophe uff Parademärsche Kinderärsche jereimt und nich Kinderärme.«

Man merkt ihm an, dass dieser Tag, der ihm so viel Ehre und Freude bringen soll, doch eine erhebliche Anstrengung für ihn ist. Aber er will kein Spielverderber sein.

Ein Bote nach dem anderen trifft ein. Torten, Körbe mit Wein und Delikatessen und Zigarrenkisten türmen sich auf Tischen und Stühlen, vor allem aber schickt man ihm Blumen. Ein Strauß mit siebzig langstieligen roten Rosen ist darunter, große Büsche Flieder, die fast zur Lampe hoch reichen, gelbe Tulpen, weiße Hyazinthen.

»Wozu is det nu alles? Schade, det nich eena jrade Hochzeit hat, ick würde ihm die Blumen dazu pumpen. Oda wir jehn morjen uff'n Markt und handeln damit.«

Ein Glückwunschtelegramm des Ministerpräsidenten Braun wird gebracht, in dem die preußische Staatsregierung ihren Glückwunsch ausspricht.

Der Depeschenbote fragt: »Kann ick nich die nächsten Sachen, die noch kommen, stundenweise jesammelt vorbeibringen?«

»Ja, machen Se det!«

Zille geht zur Anrichte, wo viele Geschenke und ein ganzer Berg von Briefen angehäuft sind. »Jott, so ville Post! Det wird ja Ostern wer'n, bis ick alle Jlückwünsche jelesen und mia bedankt habe.«

»Am besten, du fängst gleich damit an!«, sagt Hans und hält ihm den ersten Umschlag hin. »Der Anfang ist ja bekanntlich die Hälfte des Ganzen.«

»Da merkt man, dette Lehra jewor'n bist. Von wem issa denn?«

Hans sucht nach dem Absender. »Von … oh … von Kurt Tucholsky!«

»Na, dann lies mal vor, kann ick meine Oojen schonen!«

Hans Zille öffnet den Umschlag, nimmt den Bogen mit den Glückwünschen heraus, beginnt den Brief zu überfliegen und immer wieder ein paar Zeilen vorzutragen.

Singende Mädchen
»Komm, Karlineken, komm! Wir wollen nach Pankow gehen.«

Zilles Seele ist ganz Berlin: weich, große Schnauze, nach Möglichkeit warme Füße, und: alles halb so schlimm. (…) Zille hat das Amoralische im Blut. Er urteilt nicht, er zeichnet. Er richtet nicht, er empfindet. (…) Im finstersten Finstern glüht dann immer der Funke echte Humors auf, und wie berlinerisch ist der! (…) Zille gehört zu den Neuen, weil er unbarmherzig sein kann und Herz hat, weil er vor Mitleid mitleidlos schildert, weil er die Ruhe weg hat. (…) Du hast mal gesagt, du sähest aus wie ein Droschkenkutscher, Heinrich Zille. Lass man. Wenn du in den Himmel kommst, dann klebt dir der liebe Gott Flüjel hinten an Rücken, steckt dir'n Posauneken in die Hand und drickt dir 'n Kranz ins Haar. Und dann nischt wie mit Halleluja rauf und runter. Und wenn dann die Leute fragen: Wer singt denn da oben so schön falsch? – dann will ich ihnen antworten: Pst. Da oben fliegt ER. Berlins Bester.

Zille strahlt übers ganze Gesicht. »Berlins Bester. Damit kann ick leben!«

142
1928 – Zeitungskiosk am Bahnhof Westend

Heinrich Zille tritt an den Kiosk. »Juten Morjen, Herr Krause, det *Berliner Boulevard Blatt* bitte, wie imma!«

»Det lesen Se ma heute lieba nich!«

Zille sieht den Mann verständnislos an. »Wieso'n det?«

»Weil …« Der Zeitungshändler zögert. »Weil da 'n Artikel drin is, wo steht, det Se Ihre Bilda alle nich selba jemalt ham, sondern det der Max Liebermann det jewesen is. Und die Texte drunta soll der Hermann Frey geschriem ham.«

»Det is doch 'n Aprilscherz!«

»Nee, jloob ick nich. Na, lesen Se selba!«

Zille nimmt das *BBB*, faltet es auseinander und sieht den Artikel, der mit Bildern von ihm, Max Liebermann, August Kraus und Hermann Frey geschmückt ist.

Skandal um Zille!
Liebermann und Frey springen ein – Kunstfälscherskandal um »Berlins Besten«
Von unserem Reporter Konrad Kowollek
Berlin. Eingeweihte wissen schon seit langem, dass Heinrich Zille seit dem Tod seiner Frau Hulda im Jahre 1919 ein gebrochener Mann ist. Mehrere Krankheiten sind dazugekommen, so dass er schon lange nicht mehr in der Lage ist, Bilder zu zeichnen und sie mit humorigen Texten zu versehen. Das war ein harter Schlag für den »Pinselheinrich«, denn er lebt für seine Kunst – und von seiner Kunst! Was Wunder, dass ihm da enge Freunde wie Max Liebermann und Hermann Frey ihre Hilfe anbieten. Sie setzen Zilles Ideen in Bilder und Zeichnungen um und schreiben die passenden Texte darunter. So wird die Maschinerie am Laufen gehalten, und es werden diejenigen pünktlich beliefert und zufriedengestellt, die von der Marke Zille finanziell profitieren. Da sind die Zeitschriften und Verlage, deren Auflagen schlagartig sinken würden, wenn sie keine Bilder und Bücher von Zille mehr drucken könnten, da sind die Veranstalter der Zille-Bälle und die Produzenten der Zille-Filme und Zille-Bücher wie der Zille-Zigaretten. Es ist sogar schon die Rede davon, dass Heinrich Zille eigentlich nur das zweite Ich von Max Liebermann ist und sich der große und ernsthafte Impressionist hier als volksnaher Zeichner entfaltet.

Der Zeitungshändler unterbricht Zille bei der Lektüre des Artikels und äußert sich mit einer Mischung von Mitgefühl und Schadenfreude. »Det is ja wohl det Aus für Sie – k. o. inna letzten Runde des Lebens!«

143
1928 – Im Märkischen Museum

Wir sehen ein Faltblatt mit einer Zille-Zeichnung in der Mitte, darauf ist ein Blumenmädchen zu sehen und darunter folgender Text:

Zilles Werdegang
Ausstellung
zu
Heinrich Zilles 70. Geburtstag
im
Märkischen Museum
Februar 1928

Walter Stengel, der Direktor des Museums, geht mit Heinrich Zille an der Reihe seiner aufgehängten Bilder und Zeichnungen entlang. »Wir haben uns bemüht, zum ersten Mal einen Überblick über Ihr Gesamtwerk zu geben. Wir präsentieren also auch Ihre frühen Arbeiten, die so gar nicht nach Zille aussehen und unter Kennern einige Verwunderung auslösen dürften. Ich habe mir erlaubt, das Glückwunschschreiben des Berliner Oberbürgermeisters hier am Rande aufzuhängen, weil es alles genau auf den Punkt bringt.« Er liest den Text vor.

Der Name Zille strahlt und leuchtet für immer in der Geschichte berlinischer Kunst als Dreigestirn mit den teuren Namen Chodowiecki und Hosemann, der Ihre frühen Anfänge noch betreute. Mit diesem Ihrem Namen wird in später Zukunft noch bezeichnet sein das Lebenswerk, welches Sie unserm Berlin und der deutschen Kunst schenkten. Treuer und lebendiger, als alle Aufzeichnungen berufener Zeitgenossen und als alle Bilder unserer schnellen Tage es spiegeln, wird unser Berlin blicken aus den Blättern, deren Inhalt Sie auf Ihren Streifen durch dieses Berlin erhaschten.

Zille kann ein Schmunzeln nicht unterdrücken. »Danke, Herr Direktor Stengel. Na also … Da bin ick ja endlich uff'm Olymp und kann nu langsam an't Sterben denken.«

Neunzehn

Auf den Abstellgleisen am Bahnhof Westend fingen sie an, die Lokomotiven zu heizen. Das riss Zille wie jeden Morgen aus dem Schlaf. Durch das angelehnte Fenster drangen Rußpartikel in seine Stube und ließen ihn husten. Die ersten Lastwagen rumpelten vorüber. Schulkinder lachten und lärmten. Die Frauen schwärmten aus, Milch zu holen. Gegen vier Uhr war er zum ersten Mal hochgeschreckt, als jemand ein Motorrad angeworfen hatte. Zille hatte gedacht, das ganze Haus würde zusammenstürzen.

Bekleidet nur mit Unterhemd und einer schlabbernden Schlafanzughose, die nackten Füße in Filzlatschen, trat er auf den Balkon hinaus. Dazu sang er leise:

Der Mai ist gekommen,
die Bäume schlagen aus,
da bleibe, wer Lust hat,
mit Sorgen zu Haus!
Wie die Wolken dort wandern
am himmlischen Zelt,
so steht auch mir der Sinn
in die weite, weite Welt.

Bei Lichte besehen, war das auf ihn bezogen blanker Unsinn, denn ihn hatte es nie in die weite Welt gezogen, höchstens in den Spessart und nach Dresden. Und er hatte verdammt wenig Lust, seine Sorgen – vor allem die gesundheitlichen – zu Hause zu genießen. Fröhlicher als er waren die Spatzen, die aus weitem Umkreis angeflogen kamen. Schnell hatte sich unter ihnen herumgesprochen, dass ihnen Vater Zille Brotkrumen und Trinkwasser servierte. Bis zu einer Stunde dauerte ihre Frühstückszeit. Während sich die Vögel am Dargebotenen gütlich taten, beobachtete Zille das muntere Treiben unten auf der Sophie-Charlotten-Straße und dem ausgedehnten Bahngelände dahinter. Der Bestatter, der auf dem Weg zum nahe gelegenen Krankenhaus war, um die armen Teufel abzuholen, die in der Nacht gestorben waren, hatte sich jetzt auch einen Motorwagen zugelegt. Pferde gab es immer weniger. Schade! Nur der Kohlenmann zog noch mit seiner Lotte durch die Straßen.

»So, Schluss, meine Lieben!« Zille stapelte die leeren Untertassen übereinander und wünschte seinen Spatzen noch einen schönen Tag. »Ooch wenna nu keene Pferdeäppel mehr findet.«

Damit kehrte er in die Wohnung zurück. Das Balkonzimmer hieß bei ihm »Sibirien«, weil es nie geheizt wurde. Hier lagerten seine Mappen mit den Skizzen und unzählige halbfertige Bilder. Dazwischen ruhten Lorbeerkränze, die ihm seine Bewunderer einmal geschenkt hatten. Zille wanderte durch seine Wohnung und schritt langsam durch die Galerie seiner Bilder. Für ein paar Sekunden blieben seine Blicke auf dem *Ephraimschen Palais*, dem *Weihnachtsmarkt an der Petrikirche* und der *Plünderungsszene in der Markthalle* hängen. Ewigkeiten war es her, dass er das alles gezeichnet hatte. In Museen und Ausstellungen hatten die Bilder gehangen – und waren wieder zurückgebracht worden.

Zille blieb stehen. Zweifel kamen in ihm auf. Unmöglich, dass er das alles geschaffen hatte – er, der simple Strichler! Er starrte auf die Signatur, um sich Gewissheit zu verschaffen. Tatsächlich, da stand *H. Zille*. Aber das konnte ein jeder auf ein Bild schreiben. Er hatte schon immer an sich gezweifelt, und es wurde umso schlimmer, je älter er wurde. »Wo soll det bloß mal enden?«, fragte er sich.

Nur weg von den Bildern! Zille schlurfte weiter und kam an seinem Bücherschrank vorbei, einem schönen Stück aus der Ära des Klassizismus. Gebundene Jahrgänge des *Simplicissimus* und der *Jugend* füllten die oberen Regalbretter. Daneben stand der Tisch mit dem Vogelbauer. Seine Lieblinge begrüßten ihn aufgeregt schnatternd und flatternd. »Gib Küsschen!« Sie taten es.

Er ging weiter, vorbei an seinem barocken Schreibtisch mit

den geschweiften Flächen und dem Schrankaufbau. Immer wieder wurde er gefragt, ob der aus dem Nachlass Chodowieckis sei. »Weeß ick nich.« Es folgte ein Spind voller Bücher. Alles war vollgestellt mit Krimskrams, zum Beispiel dem Gipsmodell eines Kraus'schen Knaben und einer Löwengruppe von Gaul. »Der is nu ooch schon fast sieben Jahre tot«, murmelte Zille. »Wenna doch ma schreiben würde, wie det so is …«

Im Nebenzimmer sah es noch origineller aus. Da streckte ihm die liegende Venus von Scheuch ihren Allerwertesten entgegen. Neben ihr standen kleine Äffchen mit wunderlichen Physiognomien und putzige bunte Hühnchen, die ihm seine Schwiegetochter Anna angeschleppt hatte und in die er geradezu vernarrt war. Mit einem munteren »Putt, putt!« wurden sie begrüßt. Kleine Vasen und etliche andere Figuren ergänzten das Bild, darunter eine Reklameuhr mit der Aufschrift *EU-MED*. An den Wänden hingen Photographien von Menschen, die ihm etwas bedeuteten, so Käthe Kollwitz und Max Slevogt. Neben dem Ofen prangte ein Druck von Menzel. Zur Tür hin gab es ein Wandbrett mit kleinen Affen, mit Kinderfiguren, mit einem Esel von Gaul sowie einem majestätisch schreitenden Beethoven. Auf dem Korridor hing eine kleine Auswahl seiner Bilder, darunter die Stralauer Dorfkirche, deren Anblick mit schönen Erinnerungen verbunden war, und ein farbiges Stück Strand am Wannsee. Daneben waren Glaskästen mit längst verblichenen Schmetterlingen, Käfern und Motten angebracht.

In der Küche wartete das kärgliche Frühstück, das ihm seine Zugehfrau bereitet hatte, bevor sie verschwunden war, um ihre Einkäufe zu erledigen. Kaffee durfte er trinken, aber essen quasi nichts außer einer einzigen Schrippe mit Butter und Wurst, wegen seines Zuckers. Kein Honig, keine Marmelade – und keine zweite Schrippe. Zu viele Kohlehydrate. Es waren immer dieselben Dialoge mit den Ärzten: »Herr Professor, wenn Sie nicht andauernd auf die Toilette gehen wollen, wenn Sie nicht unter nächtlichen Krämpfen leiden wollen, wenn Sie Ihre Sehkraft und Ihre Beine behalten wollen, dann halten Sie Diät!« – »Ach wat, eenen Tod kann man nur sterben!« – »Aber es ist ein gewaltiger

Unterschied, ob man einen leichten oder einen qualvollen Tod haben wird.«

Seinem Sohn Hans in Rosemarsow hatte er am 30. April 1928 geschrieben:

Ich bin arm und Sorgen verschiedenster Art drücken mich. Ich werde weiß wo eingeladen, schreibe ab, werde besucht, lasse mich verleugnen, verkrieche mich, will arbeiten … aber immer schwerer wirds. Jetzt, da ich alt bin, verstehe in den Wert des Alters: Ich habe jetzt drei Ärzte. Vorläufig ist nichts Gesundes von mir zu erwarten. Es ist mir auch egal … ich kann nicht mehr Treppen laufen. Bin müde … müde … müde. Ich lass mich aber nirgends hinholen, leb in meiner Stube mit meinen vier Piepmätzen. Mir fällt schreiben schwer.
Es gehen so viele von mir, die noch jünger sind, dass ich mich wundere, warum sie mich nicht mitnehmen.

Nach dem Frühstück setzte Zille sich an seinen Schreibtisch und vertiefte sich in das Drehbuch, das ihm dieser Banofsky geschickt hatte. Er hatte viele Anmerkungen zu machen, und einige Ergänzungen wären auch ganz sinnvoll gewesen.

An der Wohnungstür wurde geklingelt. Zille war ungehalten. »Wat is'n dit nun schon wieda für'n Idiot? Der soll vorbeikommen, wenn die Riethmüllern zurück is!« Aber die Neugier ließ ihn doch zur Tür schlurfen. »Wer is'n da?«

Eine Mädchenstimme war zu vernehmen. »Die Gerda.«

Er kannte keine Gerda, öffnete aber trotzdem. Draußen stand ein Mädchen von vielleicht zehn Jahren und streckte ihm einen wunderschönen Blumenstrauß entgegen. »Ick gratulier Ihn' ooch recht schön zum Jeburtstach!«

Zille staunte. »Ick habe keen Jeburtstach.«

Die Kleine begann zu jammern. »Ach, nich? Keen'n Jeburstach. Ach, det is aba schade! Na, Herr Professor, denn koofen Sie mir man den Blumenstrauß ab, det ick 'n nich umsonst jeklaut habe!«

Zille schmunzelte und gab dem Mädchen Geld für den Strauß.

Es sollten keine fünf Minuten vergehen, da stand der Nächste vor seiner Wohnungstür. Zille hatte manchmal das Gefühl, die Schnorrer ebenso anzulocken wie die Spatzen. Er ging zwar nie in die Kirche, wusste aber, dass der Pfarrer dort bei jedem Erntedankfest einen Vers aus dem Matthäus-Evangelium hervorkramte: *Sehet die Vögel unter dem Himmel an: sie säen nicht, sie ernten nicht, sie sammeln nicht in die Scheunen, und euer himmlischer Vater nährt sie doch.* Und zu Zille kamen die Schnorrer und die Bettler wohl insbesondere, weil er so hoch droben wohnte.

Vor der Tür wartete ein junger Künstler, der sich von Zille kostenlosen Unterricht erbat.

»Tut ma leid, ick hab jenuch zu tun, ma selba zu untarichten. Geh'n Se doch zu den staatlichen Schulen! Da sitzen jenuch Leute, die dafür bezahlt werden.«

»Ich habe aber kein Geld.«

»Ick ooch nich! Alle denken, ick bin üba Nacht 'n Krösus jeworn. Nee, Sie, wenn jemand für mich einkoofen jeht, den schicke ick imma 'n paar Straßen weita, weil et da billijer is.« Dann aber schenkte er dem Mann doch noch ein paar Mark, damit der sich einen Skizzenblock und ein paar farbige Kreiden kaufen konnte.

Doch das reichte dem nicht. »Wenn ich noch ein Empfehlungsschreiben von Ihnen haben könnte?«

»Wie denn? Ick kenne doch jar nischt von Ihnen!«

Der Mann holte ein paar Scherenschnitte hervor und zeigte sie Zille. »Reicht das?«

»Nee.«

»Ich bleibe hier stehen, bis Sie mir etwas schreiben – und wenn es Nacht werden sollte!«

»Bitte. Aber fallen Se nicht so laut um, damit ick nich uffwache, wenn ick schlafen jejangen bin!« Er schlug die Tür zu und wartete auf dem Korridor, bis der Schnorrer abgezogen war.

Doch der nächste ließ nicht lange auf sich warten. »Darf ich Ihnen ein paar Arbeiten vorlegen, Herr Professor?«

»Ja, legen Se mal!« Zille sah sich die Blätter kurz an. »Nich schlecht ...«

»Leihen Sie mir tausend Mark, damit ich mich ausbilden lassen kann?«

»Aber bester Herr, Sie haben doch schon ausgelernt – als Schnorrer.«

Als es wieder klingelte, war es nur der Briefträger, wieder mit einem ganzen Berg von Kuverts für Zille.

Zille klagte ihm sein Leid. »Ick klebe jleich einen Zettel an meine Wohnungstür: *Bin tot!*«

»Det lassen Se man schön bleiben, Meista!«, riet ihm der Postbote. »Sonst kommen de Einbrecher und räumen Ihnen die Bude aus.«

Das sah Zille ein, und so wurde nur ein Zettel mit der Aufschrift *Bin krank! Bitte keine Besuche!* an die Wohnungstür geheftet.

So verging Tag für Tag. Seine Gicht plagte ihn, jeder Schritt schmerzte höllisch, wenn es wieder einmal einen Anfall gegeben hatte. Auch seine Diabetes machte ihm immer mehr zu schaffen. Mal war er unterzuckert und drohte ins Koma zu fallen, mal hatte er zu viel Zucker im Blut, bekam Krämpfe und musste andauernd Wasser lassen. Von den Ärzten wusste er, dass Schlaganfall, Erblindung und Amputation drohten. Die Diabetologen hatten ihm viel Bewegung verordnet. Aber wie denn, wenn er nach einem kleinen Spaziergang die Treppen nicht mehr hochkam?

»Sie müssen weiter abnehmen, Herr Zille!«

»Mach ick doch schon! Mit jedem Tag werde ich dünna. Das Fleisch schwindet … Damit ich leichter werde, wenn sie meinen Sarg die Treppe runtertragen müssen.«

Seit einiger Zeit trank er auch keinen Alkohol mehr, obwohl ihm der Arzt ein Gläschen französischen Cognac pro Tag genehmigt hatte.

»Nee, lieber keinen Tropfen mehr! Wenn die Flasche dasteht und det Zeug schmeckt wieder, dann jewöhne ick mir det Trinken wieda an.«

Als er seiner Tochter zum Geburtstag gratulierte, schrieb er: *Bitte denke an mich, der Dich mal auf dem Arm trug, der das jetzt nicht mehr kann, der jetzt schwach und müde ist …*

Das Drehbuch von Banofsky blieb liegen, wochenlang.

Zu Zilles Krankheiten kam auch noch Ärger mit seinem Sohn Walter hinzu, der zeitweise bei ihm wohnte. Walter war Alkoholiker geworden, und manche Rechnung bezahlte er, indem er Zeichnungen seines Vaters verkaufte oder aber welche fälschte. Das Talent dazu hatte er allemal.

Es gab aber auch Besuch, der Zille fröhlich stimmte. So der von Senta Söneland, die, nachdem sie den angehefteten Zettel gelesen hatte, gar nicht erst klingelte, sondern vor der Wohnungstür laut ihren Namen rief.

Zilles Augen leuchteten, und er sagte zu seiner Tochter Grete, die gerade da war, um sich um ihn zu kümmern: »Die kann rein!«

Man umarmte sich. Die Söneland, die einen reichen Kaufmann geheiratet hatte, war im Horch gekommen und hatte ihren Chauffeur mitgebracht.

Der bekannte, Zille abgöttisch zu lieben. »Ick hab Frau Direktor jebeten, det se mia mit ruffnimmt, denn ick möchte Ihnen noch mal sehen, bevor Sie für immer abhauen. Wenn ick Sie ankieke, denn is für mich der janze Tag in Sonnenschein jewandelt.«

Senta Söneland legte Zille den Arm um die Schultern. »Nimm's leicht, det mit dem Abhauen!«

»Nee, da hatta schon recht. Ick mach nich mehr lange, det Wassa jeht schon bis an die Knie.«

»Ach was, Zilleken, du machst noch bis hundert!

Grete brachte Bier für alle. »Vaters großer Kummer ist, dass er seinen geliebten Mosel nicht mehr trinken darf.«

»Ja, allet zu süß.«

»Na, Zilleken, wenigstens kannste noch in deinen süßen Erinnerungen schwelgen!«

Das tat er dann auch – und zwar mit Hilfe von Banofskys Drehbuch. So konnte er Banofsky per Post endlich die Nachricht zukommen lassen, dass er alles durchgelesen habe und bereit sei, kritische Anmerkungen zu machen und Ergänzungen vorzuschlagen. Banofsky möge sich doch bitte in die Sophie-Charlotten-Straße Nr. 88 bemühen.

Johannes Banofsky vermisste Cilly. Morgens allein aufzuwachen und am Abend allein ins Bett zu gehen war nichts für ihn. Sein kleines Zimmer in der Köpenicker Straße kam ihm wie eine Gefängniszelle vor. Um sich abzulenken, stürzte er sich ins Berliner Nachtleben. Aber unter den vielen fröhlichen Menschen fühlte er sich fremd und fand nirgends richtig Anschluss. Seine Rettung wäre womöglich Charlotte Thorausch gewesen, wenn er nicht solche Angst davor gehabt hätte, von ihr ins Bett gezerrt zu werden. Sie war eine wunderbare Frau – aber nur, wenn sie angezogen war und mit ihm plauderte. Er hatte sie angerufen, um sich mit ihr in einem Café zu treffen, doch sie hatte darauf bestanden, dass er zu ihr ins Atelier kam – das konnte und wollte er nicht. Am liebsten hätte er es wie die Könige vergangener Zeiten gemacht: Charlotte als kongeniale Lebensgefährtin ohne jede libidinöse Beziehung und einen ganzen Harem von Mätressen für die körperlichen Gelüste.

Banofsky litt also gewaltig unter Banofsky – da kam der Brief Zilles gerade zur rechten Zeit. Schon am nächsten Vormittag setzte er sich in die U-Bahn und fuhr bis zum Sophie-Charlotte-Platz. Mit einem etwas bangen Gefühl stieg er dann die Treppen zu Zilles Wohnung hinauf. Er war kein Jurist und wusste nicht, ob sein Film überhaupt gedreht werden konnte, wenn Zille sein Veto einlegte. Außerdem hätte er ohne das Plazet des Meisters ein schlechtes Gewissen gehabt. Vor allem aber brauchte er Zilles Hilfe bei den Details. Hatte er beim Schreiben etwas vergessen, falsch verstanden oder verzerrt wiedergegeben? Nur wenn Zille ihm half und am Schluss alles absegnete, konnte er zufrieden sein.

Zille empfing Banofsky zwar brummig, aber durchaus nicht unfreundlich. Das ließ hoffen. Er führte ihn ins Arbeitszimmer und ließ seine Haushälterin eine Kanne Tee bringen.

»Ästhetisch am Teetisch«, sagte Banofsky.

»Hören Sie mir bitte auf mit diesen Kräutertees!«, rief Zille. »Ich möchte meinen Mosel wiederhaben!«

Banofsky sah ihn staunend an. Der Mann sprach ja auf einmal lupenreines Hochdeutsch.

»Ich bin sehr herunter, wenn ich auch hoch wohne«, fuhr Zille fort. »Ich schlafe einen Dreivierteltag. Meine Bequemlichkeit wird immer rücksichtsloser. Meine Beine sind bleischwer. Die Arbeit ist dringend – und ich bin mattfaul. Hier, Sie sehen ja …« Seine rechte Schulter und der Arm zuckten reflexartig. Der Daumen sprang mit einem schmerzhaften Ruck nach oben. Zille drückte ihn mit der anderen Hand wieder nach unten. »Mein Nervenleiden, das vom Zucker herrührt. Ich kriege zwar Spritzen, trotzdem …«

Zille wurde immer vertraulicher und rückte dicht an Banofsky heran. Wenn er aufgeregt erzählte, legte er ihm sogar die Hand auf den Arm. Das Gesicht des Meisters war ununterbrochen in Bewegung, die Augen rollten von einem Winkel in den anderen und glitten manchmal so weit nach oben, dass nur noch das Weiße zu sehen war.

Banofsky fasste sich nun ein Herz und fragte ganz direkt, warum Zille nicht mehr richtig berlinere.

Zille lachte. »Ich wollte Ihnen damit nur vor Augen führen, was mir an Ihrem Drehbuch zuerst aufgefallen ist: dass ich arg berlinere und manchmal auch ein falsches Deutsch spreche. Irrtum, mein Herr! Ich weiß mich sehr wohl in den Gefilden der deutschen Sprache zurechtzufinden und spreche im Allgemeinen auch hochdeutsch. Nur in Briefen an Freunde berlinere ich manchmal.«

»Aber die Leute können sich ihren Heinrich Zille gar nicht anders vorstellen, als dass er kräftig berlinert!«, rief Banofsky. »Und im Film muss man dieser Erwartung ganz einfach Rechnung tragen. Ein Vater Zille, der hochdeutsch spricht, wäre ein gewaltiger Stilbruch, das würde mir keiner abnehmen!«

Zille schmunzelte. »Na jut, tu ick Ihn'n ehm den Jefallen. Zurück zum Zucka! Eene Firma hat mir 'n Ersatzstoff jeschickt, aba nur, det se nachher sajen können: Zille is ooch dran jestorm.«

Banofsky klatschte Beifall. »Bravo! So will das Volk Sie haben!« Er sah auf der Staffelei eine angefangene Arbeit und fragte Zille, ob er ab und an noch etwas entwerfe.

»Ja – meinen Sarch.« Zille wurde nun ernst und griff sich den Durchschlag des Drehbuchs, den Banofsky ihm geschickt hatte.

»In medias res. Sie sehen, ich kann auch ganz der Professor sein. Also, was ist mir aufgefallen, was sollte korrigiert und was ergänzt werden?« Zille blätterte in seinen Notizen. »Das ist alles etwas wirr und ungeordnet bei mir, wir werden häufig springen müssen. Hier … Bei Ihnen ist keine Szene drin, wo ich während des Unterrichts im Klassenzimmer zu sehen bin. Das ist ein Skandal! Die Leute müssen doch denken: Doof jeborn und nüscht zujelernt! Aber Irrtum, ich bin in der Krautstraße zur Schule gegangen. Ach ja, unser alter Lehrer Ulrich … Der hatte langes Haar – wie Ludwig Uhland. Und hat sich so viel Mühe mit uns jejeben. Im Krieg 1870/71 ham wir oft det Hurrajeschreie auf der Straße jehört, wenn wieder 'ne Kriegsdepesche einjelaufen war. Dann sprach er von den vielen Toten und Verwundeten, die der Krieg wieder gekostet hätte. Und dann ham wa noch ein schönet Lied jesungen:

Freiheit, die ich meine,
die mein Herz erfüllt,
komm mit deinem Scheine,
süßes Engelsbild!
Magst du dich nie zeigen
der bedrängten Welt?

Jetzt traten Zille Tränen in die Augen. »Ach, und et is doch keene Freiheit uff Erden – bis heute nich.«

Banofsky schwieg, um dem Alten Zeit zu lassen, sich wieder zu sammeln. Auch war er nicht wenig verwirrt, denn nun berlinerte Zille ja doch ganz hübsch – sosehr er das eben noch abgestritten hatte. Was war nun Teil des wahren Zille, was Teil der Kunstfigur? Konnte es nicht sein, dass Zille aus Solidarität zu den Menschen seines »Milljöhs« auch im Alltag stark berlinerte? Um sich abzuheben von den oberen Zehntausend, denen er immer feindselig gegenübergestanden hatte?

Zille suchte in seinen Aufzeichnungen nach einem Blatt, auf dem er die hingekritzelten Notizen deuten konnte. »Was Rummelsburg betrifft, da bin ich oft mit meinem Vater zusammen zur Arbeit gefahren, das sollte im Film unbedingt zu sehen sein.« Ohne Übergang kam er zu einem ganz anderen Thema. »Hier … Det mit dem ›Ball der Verbrüderten‹, det fehlt bei Ihnen ooch.«

»Ball der Verbrüderten?«, wiederholte Banofsky. »Nie gehört.«

Zille erklärte es ihm. »Das war in der Ackerstraße. Da hat Wilhelm Starke – Kneipjee, Pferdehändler und mein Gewährsmann für die janze Jegend – zu einem Hofball eingeladen. In den Höfen da ist die Zeichnung entstanden, auf der Lieschen Friebe die tote Ratte an der Leine spazieren fährt. Woran sie gestorben war? Die Wohnung war ihr zu feucht jewesen. Das war auf dem dritten Hof. Auf dem vierten war eine Käsefabrik, da hat es immer fürchterlich gestunken. Auf dem fünften Hof gab es die Karnickel- und Ziegendeckstation, auf dem sechsten schließlich den Tanzsaal. Der Eingang war neben der Müllgrube. Dicht daneben befand sich das, was die Leute »Toilette« nannten: Da standen fünf alte Marmeladeneimer nebeneinander. Darüber ein Schild: *Das Beschmutzen der Wände ist verboten!* Det muss unbedingt rin in'n Fülm!«

Banofsky versprach es und machte sich Notizen, obwohl ihm langsam Bedenken kamen, ob der Film nicht zu lang werden würde. Aber Zille hatte noch viel nachzutragen. »Was mir völlig fehlt, Banofsky, das ist meine Enkelin Anneliese, die Tochter von Hans in Rosemarsow. Schreiben Sie mal eine Szene, wo ich merke, dass ich ihren Geburtstag wieder einmal vergessen habe, und rufe: Asche auf mein Haupt!«

»Gut, aber dann sollten wir die junge Dame auch persönlich auftreten lassen. Anneliese müsste in dem Augenblick, wo Sie die besagte Asche auf Ihrem Haupt verteilen, bei Ihnen klingeln und rufen: Opa, ich komme selbst, mir deine Glückwünsche abholen!«

Zille verdrehte die Augen. »Ja, wie det Leben so spielt.«

»Wer für eine Kinokarte viel Geld zahlt, der hat auch Anspruch auf eine angemessene Portion Rührung«, fand Banofsky.

»Na schön, und wenn det schon sein muss, dann nehmen Sie doch auch die Hochzeit meiner Tochter Margarete mit rein, der

Grete. Das war … » Er musste eine Weile nachdenken, bis er sich an das Datum erinnern konnte. »… am 17. Juni 1919. Da habe ich ihr die kleine lustige Porzellangruppe geschenkt, die die Berliner Manufaktur nach einem Aquarell von mir hergestellt hat.«

Auch das schrieb sich Banofsky auf. »Hochzeiten sind immer gut. An Ihre eigene habe ich ja wenigstens gedacht.«

»Mit meiner Hulda, ach ja«, seufzte Zille. »Die Szene, wo sie stirbt, die könnten Sie noch ein bisschen ausgestalten.« Und er erzählte Banofsky Details, von denen der noch nichts gehört hatte.

»Ich werde sehen, was ich alles noch unterbringen kann.«

Zille blätterte jetzt im Durchschlag des Drehbuchs, wo er auch Verschiedenes hingekritzelt hatte. »Meine Entlassung. Die könnten Sie noch ein bisschen ausschmücken.« Und wieder holte Zille sehr weit aus. Banofsky konnte gar nicht so schnell mitschreiben.

»Was haben wir noch?« Zille ging nun weiter seine Notizen durch. »Stichwort Laterna-magica-Vorführungen. Das muss unbedingt in den Film mit rein. Dafür war ich bei den Kindern ringsum berühmt. Die wollten alle Bilder sehen, die ich hatte. Und wenn die eigene Brut am Abend das Heimkehren vergaß, dann gab es immer ein ganz bestimmtes Ritual bei uns: ›Winke die Kinder herein!‹, habe ich zu meiner Frau gesagt, und die ist dann auf den Balkon getreten und hat ein Stück Papier, das an einem Bindfaden befestigt war, im Wind flattern lassen. Wenn die Kinder dieses Zeichen gesehen hatten, habe ich dann nach unten gebrüllt: ›Los, nach Hause! Mutta ruft!‹«

Das ergab sicher noch einmal ein anrührendes Bild. Banofsky ließ seinen Kopierstift über das Papier fliegen.

»Apropos Kinder«, fuhr Zille fort, »als ich selber Kind war, bin ich immer gern ins Puppentheater gegangen, am liebsten in das vom Direktor Richter, der seine Theaterstücke selbst geschrieben hat. Das war noch vor 1870. Als er gestorben ist, haben wir gesungen: Wer ist tot? Wer ist tot? Der Puppenspieler Richter! / Schad' um ihn, schad' um ihn, er war ein großer Dichter!«

»Hübsch, ja!« Banofsky gingen langsam die Worte aus, die seine Begeisterung zum Ausdruck bringen konnten.

»Und noch wat aus meina Kindheit. Zum Thema Streiche, für die man sich eigentlich schämen müsste. Am Alten Museum hat immer eine ungewöhnlich dicke Obstfrau gesessen, Tautenhahn soll ihr Name gewesen sein. Von der haben sie nun ein fürchterliches Schauermärchen erzählt. Als die Mutter der Obstfrau ihren Mann, also den Vater der Obstfrau, ermordet hat, war es die Aufgabe der Obstfrau gewesen, die Kerze zu halten. Zur Strafe habe sie bei der Hinrichtung der Mutter zusehen müssen. Außerdem machte das Gerücht die Runde, sie habe ihren massigen Körper der Charité verkauft – zum ›Ausbraten‹. An der sind wir nun als Jungen im Gänsemarsch vorbeigezogen und haben dabei gemurmelt: Kerze jehalten, Kerze jehalten, Kerze jehalten! Da hat sie dann alle faulen Äppel genommen, die sie hatte, und nach uns geworfen. Und weil wir gerade bei den dicken Frauen sind: Da war mal bei uns umme Ecke 'ne Destille, da war die Wirtin so dick, det een andra aus'm Laden rausjehen musste, wenn die sich mal umdrehen wollte.«

»Das reicht für zwei Filme!«, rief Banofsky.

»Warten Se erst ma ab!« Zille war schon wieder fündig geworden. »Apropos Film, *Die Verrufenen* … Zur Premiere hat man dreißig bis vierzig echte Asylbewohner mit Autos herangeschafft – zusammengesunkene, schlotternde Gestalten. Für 5 Mark 60 – dazu Freibier und ein Mittagessen – hatten sie den Raum mit Elend zu bevölkern.«

»Die Filmleute verstehen eben ihr Geschäft.«

»Und nun zu Ihrem Bild, wo ich von einem reichen Wichtigtuer beleidigt werde. Ich bin mal in eine protzige Villa in Tempelhof eingeladen worden, wo sich die Leute mit mir schmücken wollten. Und bei der Vorstellung ging es pausenlos: Herr Leutnant … Frau Major … Herr Generaldirektor … Frau Kommerzienrat … Herr Rittmeister … Und als ick dann an'a Reihe war, hab ich gesajt: ›Zille, hundsgemeiner Malermeester!‹ Die sind vielleicht schockiert jewesen!«

»Auch nicht schlecht«, murmelte Banofsky.

»Wat ham wa noch?« Zille forschte weiter in seinen Anmerkungen. »Meinen sechzigsten Geburtstag haben Sie völlig vergessen. 10. Januar 1918, der vierte Kriegswinter. Ich war sehr niedergeschlagen. Alle Menschlichkeit war ausgelöscht. Man redete nicht miteinander, man schoss sich nieder. Das war Wahnsinn, einfach nicht zu begreifen!«

»Der Mensch ist ein Raubtier, und wehe, mit seiner Zähmung geht etwas schief«, sagte Banofsky. »Es wird nicht der letzte Krieg gewesen sein.«

»Ehe der nächste kommt, bin ick schon tot. Zu sterben kann ooch seine Vorteile ham. Aba weil wa jrade beim Krieg sind – zu meiner Militärzeit könn'n Se noch eine schöne Szene in det Drehbuch schreim. Stehe ich als Neuer in strammer Haltung auf dem Kasernenhof. Fragt der Leutnant den Unteroffizier, was ich denn für einer sei. Flüstert der: ›Der ist was Besseret, Herr Leutnant, das soll ein Graf sein, wohl nicht so ein ganz richtiger, aber ein Litho-Graf. So sagt er selber.‹«

Banofsky schrieb und schrieb, Zille war gar nicht mehr zu bremsen.

»Was auch noch ganz hübsch ist: Ich war mal dabei, als ein Pferd gestürzt ist und starb, in der Malplaquetstraße war das. Da der Schutzmann den Straßennamen nicht schreiben konnte, wurde das Pferd in die Seestraße geschleift. Dort konnte dann das Protokoll aufgenommen werden.«

Banofsky musste wieder einmal herzlich lachen, doch das schmeckte Zille gar nicht. »Wer über meine Witze lacht, versteht sie nicht!« Er habe nur die menschlichen Tragödien, die er gesehen und erlebt habe, erträglicher machen wollen.

»Pardon!«

Zille verschwand nun mit der Bemerkung »Ick spüre da so'n menschliches Rühren ...« für längere Zeitung in Richtung »Kackhaus«, wie er es nannte. Als er zurückkam, sah er Banofsky prüfend an. »Ick soll also im letzten Teil von Ihrem Film mich selber spielen?«

Banofsky nickte. »Ja, das wäre wunderbar!«

»Aber für einen Film, wie sie ihn im Kopf haben, gibt es doch nur einen einzigen logischen Schluss ...«

»Nämlich?«

»Na, meinen Tod! Am besten, die Filmleute kommen mit Scheinwerfer und Kamera zu mir ans Sterbebett und halten allet fest. Sie müssen mir dann nur noch meinen letzten Satz ins Drehbuch schreiben. So wie bei Goethe: *Es werde Licht!*«

Banofsky überlegte. »Da wird mir schon noch was einfallen.«

Zille lächelte. »So wie ick unsan Herrjott einschätze, jibt et oben im Himmel für eenen wie mich ooch nüscht andret als mein Milljöh – da werd ick ma schon wohlfühl'n.«

Zille sank wie tot aufs Bett, als Banofsky gegangen war. Schnell war er eingenickt – und schon kamen die ersten Träume. Gaul erscheint ihm. Sie wandern durch den Spessart. Sie sitzen auf dem Bock einer Postkutsche.

Zille schreckte hoch. »Gaul?«

Keine Antwort. Wie denn auch? Andere Bilder huschten vorbei. Rummelsburg. Er wandert über die Heide nach Karlshorst. Die Morgensonne. Das Farnkraut. Er zeichnet einen Frosch. Der springt davon, als sich Feldmäuse sehen lassen. Alles versinkt im Nebel.

Nach einer Stunde erhob sich Zille wieder und schlurfte zum Fenster. Drüben auf dem Bahnhof Westend liefen die letzten Ringbahnzüge ein. Vom Bürgersteig hallten Schritte herauf. Er beugte sich über die Brüstung. Ein einsamer Wanderer war unterwegs Richtung Spandauer Damm. Zille beneidete ihn. Wie oft war er als junger Lithograph der Photographischen Gesellschaft durchs nächtliche Berlin gelaufen – und nun? Nun hockte er hier oben in seiner Zelle! Gefeiert wie kaum ein anderer in Berlin, führte er das Leben eines Gefängnisinsassen. Bei Wasser und Brot. Mehr war ihm kaum noch erlaubt.

Er holte sich ein Glas Fachinger. Kämen sie doch noch einmal, die süßen Kiwakosta-Tage! Er trat auf den Balkon hinaus, um frische Luft zu schnappen. Lange sah er zu den Sternen hinauf. Eine alte Sehnsucht wurde wieder wach: nach einem kleinen Häuschen im Walde, zu ebener Erde. Er hatte sie neulich in Worte gefasst:

Wenn ich mal der Zelle entlaufe,
so will ich mich ganz ruhig wiegend wo ins Grüne
setzen, abseits der Menschen –
will sehen, wie sich Waldmaus und Frosch jagen,
den Vogel singen hören und das Rauschen der
Bäume – und darüber Wolkengebilde – die Berge
des Flachlandbewohners.

Warum hatte er sich diesen Traum nie erfüllt? Finanziell wäre es möglich gewesen. Die Antwort war einfach: In der Nachbarschaft von Villenbesitzern hätte er sich niemals wohl fühlen können.

»Meckere nich, Heinrich!«, rief er sich zur Ordnung. »Wenn de erst uff'm Stahnsdorfer Friedhof liegst, haste allet Jrün der Welt.«

Zwanzig

Zilles Briefe an seine Tochter Margarete werden immer pessimistischer.

4. Oktober 1928: Ich bin matt, Besserung habe ich nicht, auch nicht zu erwarten. Ich muss nun alles ordnen, damit ich nicht vorher überrascht werde. Habe an der Tür einen Zettel, will keine Besuche und lasse niemand rein.

3. Dezember 1928: Ich kam nicht zum Schreiben, da ich mit mir zu tun habe und hatte. Ich liege viel … Gicht ist dabei. Der Lebensabend ist ja immer düster, warum soll's bei mir anders sein? Anna hat sehr traurig geschrieben; ich gräme mich sehr um das junge Menschenkind. – Bleibe gesund, mach Dir keine Sorgen um mich, ich halte viel aus. Ich lass niemand rein, die Vögel sind meine besten Gesellschafter.

Kaum hat das Jahr 1929 seinen Anfang genommen, steht Zilles Geburtstag ins Haus. Am 10. Januar, einem Donnerstag, prangt die 71 auf seiner Geburtstagstorte. Aber im Gegensatz zum Vorjahr nimmt kaum jemand Notiz von ihm. Man wartet auf den 75. Zille ist es lieb. An Otto Nagel hat er geschrieben:

Ich bin so schwach, dass ich mir Mühe geben muss, noch Buchstaben malen zu können. Nichts für ungut – wir sehen uns noch – wenn nicht anders – bei der Trauerfeier des ollen H. Zille, der Sie grüßt!!!

Zilles Zustand ist bejammernswert – und dennoch ist er am 19. Januar dabei, als im Berliner Sportpalast wieder einmal zum »Hofball bei Zille« aufgespielt wird, und prämiert die originellsten Zille-Figuren höchstselbst.

Seine Freunde sagen, der Aufstieg zu seiner Wohnung im vierten Stock fiele ihm schwerer als anderen die Besteigung des Matterhorns.

Der Winter 1928/29 ist extrem kalt. In Teilen Deutschlands werden Temperaturen von minus dreißig Grad gemessen. Alle Flüsse und die Ostsee sind vollständig und dick vereist – und die deutschen Nordseeinseln kann man zu Fuß erreichen. Im Februar liegt die mittlere Temperatur in Berlin bei minus zehneinhalb Grad. Und sosehr Frau Riethmüller und seine Tochter Margarete Zilles Stube auch heizen, es will nie so richtig warm werden.

Zille verbringt nahezu den ganzen Tag im Bett. Immer ist er müde, das Zuckerleiden plagt ihn mehr und mehr. Aber er scheint die eiskalten Tag ganz gut zu überstehen und schreibt seiner Tochter am 17. Februar 1929 einen Brief, der schon wieder etwas hoffnungsvoller klingt:

Liebe Gretel! Heut, Sonntagabend, schreibe ich. Bin viel müd', aber nicht krank. Arbeit wird freilich wenig, wozu auch? Die Jährchen halt ich aus. Ich freue mich noch mal auf die Sonne. Es gehen freilich Jüngere vor mir, na, so genau kann wohl die Registriermaschine nicht klappen. Von meinen vielen Altersgenossen und Freunden bin ich viel verlassen. Du wolltest Bücher haben, freilich – da musst du etwas warten. Die Stube ist kalt, mich bücken und packen will jetzt nicht werden, aber in einigen Wochen wird doch die Eiszeit getaut sein?

Langsam spricht sich in Berlin herum, wie schlecht es Zille geht, und die Leute schicken ihm Briefe mit Anfragen, Beileidsbekundungen – und Rezepten. Eines geht dahin, zwölf verschiedene Kräuter zwölfmal zu kochen.

»Nee, damit kann man vielleicht 'n Deibel austreiben, bloß nich 'n Kranken heilen.«

Frau Riethmüller fragt ihn immer wieder, ob er nicht doch lieber in ein Altersheim gehen wolle, und wohlhabende Menschen bieten Zille an, zu ihnen ins Landhaus zu ziehen. »Sie

Selbstbildnis

haben hier eine Stube für sich und müssen keine Treppen mehr steigen!«

»Danke, det is lieb, aba 'n oller Baum lässt sich nich so leicht ausreißen.«

Seiner Tochter und seinem Sohn Walter erklärt er, dass ihn das alles misstrauisch mache. »De Leute denken doch bloß, 'n Jeschäft daraus zu machen.«

Seine Diabetes setzt ihm zu. Er hat bergeweise Bücher über die Zuckerkrankheit gelesen und auch beherzigt, was darin empfohlen wird – vor allem nichts zu essen, was mit Kohlehydraten angereichert ist. Die Folge ist, dass er immer dünner wird. Als August Kraus an sein Bett tritt, bekommt er zu hören: »Kraus, ick wer' imma weniger! Wenn de mal 'n Modell zu 'm Kruzifix brauchst …«

Es kommt, wie es kommen muss. Am 26. Februar 1929 erleidet Zille seinen ersten Schlaganfall.

»Nicht lebensgefährlich«, befindet der schnell herbeigerufene Arzt.

Zille ist rechtsseitig gelähmt und kann nur noch langsam und mit viel Mühe sprechen. Aber nach drei Wochen beginnt sich sein Zustand zu bessern. Am 21. März schreibt er: *Gedächtnis, Greifen der rechten Hand, vieles war weg. Schreiben, Buchstaben malen gelingt noch schlecht.* Trotzdem macht er sich daran, den Radeburgern, die den großen Sohn ihres Städtchens mit einer Gedenktafel ehren wollen und seine Zustimmung dazu erbitten, eine Antwort zukommen zu lassen:

Sehr geehrter Herr Stadtrat!
Bin recht krank, auch schreiben tut mir weh. Verzeihen Sie mein Schweigen. Wenn Sie wollen eine Gedenktafel machen? Bald ist er tod. Mit Grüßen Ihr H. Zille.

Im April geht es ihm wieder besser, am 4. Mai 1929 aber ereilt ihn der nächste Schlaganfall, und der ist um einiges stärker als der erste. Ein Gedicht Theodor Fontanes geht ihm immer wieder durch den Kopf:

Ausgang

Immer enger, leise, leise
ziehen sich die Lebenskreise,
Schwindet hin, was prahlt und prunkt,
Schwindet Hoffen, Hassen, Lieben,
Und ist nichts in Sicht geblieben
Als der letzte dunkle Punkt.

Dieser letzte dunkle Punkt kommt immer näher. Zille fühlt das. Er ringt nicht mit dem Tod, das erscheint ihm sinnlos, er nimmt ihn an. Eine seiner Figuren aus dem »Milljöh« hat er einmal sagen hören: »Et hat keenen Zweck, jejen die Klistierspritze anpupen zu wollen.« Daran erinnert er sich nun. Dennoch zwingt er sich, einen letzten Brief zu schreiben, wobei die linke Hand die rechte, die gelähmt ist, führt. *Ich bitte die Firma Paul Franke um meine Zeichnungen, auch um eine Photographie, die ich geborgt habe. Ich will noch meinen Nachlass ordnen. Geht nicht gut. Gruß H. Zille.*

Dr. Heilborn kommt und will ihn trösten. »Es wird schon wieder, lieber Heinrich, nur Geduld!«

Zille lächelt. »Adolf, lieber Doktor Heilborn, du bist für mich und viele andere wirklich immer ein Heil-Born gewesen, aber alles kannst du auch nicht – und vor allem nicht ordentlich lügen. Ich weiß, ich weiß, und ich will auch gerne gehen, nur eins wünsche ich mir: dass es rasch aus ist. Nur nicht lange liegen müssen.« Und nach einiger Zeit fügt er noch hinzu: »Vergesst, wenn ich tot bin, meine Vergessenen nicht!«

Die Natur meint es gut mit Zille. Er schläft fast den ganzen Tag über und ist in dichte Nebel getaucht. Reißen diese auf, sieht er seine Lieben, Grete und Walter, an seinem Bett stehen. Er möchte ihnen so gern noch etwas sagen, doch er vermag nicht mehr zu sprechen.

Die Zeitungen sind voll von Zilles Krankengeschichte. In einer findet sich eine Zeichnung, die von ihm selbst sein könnte. Zille liegt im Bett, in Kissen vergraben, die Nickelbrille auf der

Nase. Auf einem Stuhl sind Medizinflaschen zu sehen. Im Krankenzimmer haben sich die Abgesandten seines »Milljöhs« versammelt: die Armen, die Ganoven, die Dirnen und ihre Zuhälter, Kriegskrüppel und Kinder. Alle blicken voller Anteilnahme auf den Sterbenden. Unter der Zeichnung steht: *»Meester, mach keene Jeschichten, wat sind wir ohne dir?«*

Heiß sind die Augusttage. Auf den Straßen wird der Asphalt weich. Zilles Schmerzen werden immer stärker und immer unerträglicher. Er bekommt starke Dosen Morphium.

Als seine Tochter, die kurze Zeit in Demmin gewesen ist, wieder an sein Krankenlager tritt, findet sie ihn in einer skurrilen Lage. Die gelähmte rechte Hand, mit der er so viele wunderbare Zeichnungen und Bilder geschaffen hat, liegt schlaff auf der Bettdecke, die linke aber ist gegen die Zimmerdecke gestreckt, so als wolle er ihr etwas zeigen. Mit weitgeöffneten Augen starrt er nach oben. Sucht er dort etwas? Will er dorthin? In den Himmel?

»Vater!«, ruft die Tochter. Erst leise, dann immer lauter: »Vater! Ich bin es doch, deine Gretel!«

Er nimmt sie nicht mehr wahr. Zille ist eingetreten in das Niemandsland zwischen Leben und Tod.

Die Tochter fasst seine Hände. Es nutzt nichts mehr. In der Nacht wacht sie an seinem Bett und hofft mit jedem leisen Stöhnen, dass es besser wird und er wieder zurückkehrt ins Leben.

Kurz nach 6 Uhr am Morgen verlässt sie kurz das Zimmer, denn es kommt wie immer – bevor er seinen Dienst im Krankenhaus antreten muss – der Pfleger Ludwig Drews in die Wohnung, um Zille zu waschen und zu betten.

Auch am 9. August 1929. Er geht zum Fenster, um die Jalousie hochzuziehen und die Sonne ins Zimmer zu lassen.

Ihre Strahlen sind wie Scheinwerfer. Sie erfassen Heinrich Zille. Er soll einen glanzvollen Abgang haben von der Bühne des Lebens.

Er seufzt noch einmal – dann ist es vollbracht.

VI Ausklang (1929)

144
1929 – Südwestkirchhof Stahnsdorf

Dienstag, 13. August 1929, 12 Uhr mittags. Etwa zweitausend Menschen sind gekommen, um von Heinrich Zille Abschied zu nehmen. Schauspieler, Maler, Bildhauer, Sänger, Politiker, Freunde, ganz normale Berliner Bürger und dazu diejenigen aus dem »fünften Stand«, die Zille vergöttern. Die Kamera fängt ein: Käthe Kollwitz, Erich Mühsam, August Kraus und Johannes Banofsky. Nur ein kleiner Teil der Trauergäste findet in der Waldkapelle Platz.

Der Sarg Zilles ist unter einem Meer von Blumen und Kränzen fast völlig verschwunden. Das Streichquartett des Berliner Philharmonischen Orchesters spielt das Es-Dur-Andante von Haydn. Dann hält der Berliner Oberbürgermeister Dr. Gustav Böß die Gedenkrede.

Heinrich Zille kommt aus Sachsen, das wissen wir alle, aber dennoch ist er der typische Berliner gewesen. Und darin liegt auch der Grund, weshalb er überall verstanden worden ist. Man kann fast sagen: Heinrich Zille hat den Berliner nach 1900 geschaffen. Nun ist Heinrich Zille von uns gegangen, aber er wird für immer in uns leben. Als Vertreter der Stadt gelobe ich, dass Berlin und die Berliner ihren Heinrich Zille niemals vergessen werden.

Noch einmal spielt das Streichquartett, dann werden die Blumen und Kränze von Mitarbeitern des Bestattungsunternehmens aufgenommen. Sechs kräftige Männer – alles Zille-Typen – kommen mit schweren, langsamen Schritten durch die geöffnete Tür in die Kapelle, treten zu beiden Seiten an den dunklen Sarg, heben ihn an und tragen ihn nach draußen zum schwarz eingeschlagenen Wagen. Alles schweigt. Stille lastet über der Szene. Es geht durch das Spalier der Trauergäste hindurch in den westlichen Teil des riesigen Friedhofs, in das Areal Epiphanien, Feld 14, zu den Gartenstellen 34 / 35.

Der stumme Zug erreicht das ausgehobene Grab. Professor August Kraus tritt vor. Er spricht einen Nachruf als Freund Zilles wie als stellvertretender Vorsitzender der Sektion Bildende Kunst der Preußischen Akademie der Künste. Banofsky versteht, weil der Wind aus der falschen Richtung kommt, nicht alles, aber das meiste.

Heinrich Zille war kein Freund der rauschenden Feste, der offiziellen Geselligkeiten. Er ist durch zu viel Elend gegangen und hat trotz seiner entbehrungsreichen Kindheit, trotz unterdrückter Jahre im Frondienst einer Fabrik immer eines gekonnt, nämlich im Leide lächeln.

Viele Nachrufe und Nekrologe sind jetzt erschienen, und trotzdem vermochte kaum einer eine Seite Zilles zu schildern, die nur uns näheren Freunden bekannt. Das waren die ungeheure Belesenheit, die Herzensbildung, der Takt. (…)

Zille erkannte von Jugend an, rein instinktiv, die echte und quellende Kunst. Ihn interessierte der Mensch, weil er selbst Mensch war. Und es mag kein Zufall sein, dass unser verehrter Präsident, Max Liebermann, den Lithographen und Arbeiter Zille oft in seiner Werkstatt aufsuchte, ohne zu ahnen, dass dieser Arbeiter einst unter seiner Präsidentschaft in die Akademie seinen Einzug halten würde. (…)

Die Kunstwelt und Kunstfreunde verlieren in Zille nur eine sterbliche Hülle. Denn aus seinen Werken, seinen Bildern und Bildchen, aus seinen meisterhaften Niederschriften, die wie seine Zeichnungen in kurzen Umrissen das Wesentliche geben, wird immer der Mensch hervorleuchten und das Klopfen und Pulsen seines warmen Herzens immer fühlbar sein. Er konnte es nicht begreifen, dass man für seine Kunst Geld bezahlte. Und nur der Gedanke an seine Armen bewog ihn oftmals, das dargebotene Geld anzunehmen. Die Armen verlieren in ihm den Ernährer, den Berater, den Freund. Zille war durch seine Kunst weltberühmt. Und das deutsche Vaterland kann nur stolz sein auf eine Kunstgeneration, die gleich Zille die Wahrheit, die restlose Wahrheit darzustellen sucht, und es muss stolz sein auf seinen Heinrich Zille. Er hat (...) nur durch ehrliche, schwere, saure Arbeit der Wahrheit zu ihrem Recht verholfen und damit auch der Ehre der deutschen Kunst im Auslande einen Widerhall geschaffen.

Eine Abordnung des Jungspartakusbundes erscheint. Ein junger Mann tritt vor und hält eine kleine Rede.

Uns schicken die Weddinger Kinder, alle die Arbeiterkinder Deutschlands, die heute, morgen und so lange kein warmes Essen bekommen, bis die Arbeiter alle die weggefegt haben, gegen die Zille sein Leben lang kämpfte. Wir schwören, alle Zeit zu kämpfen, um das Werk zu vollenden, an dem Zille als unser Kampfgenosse mitarbeitete.

Zwei ältere, sehr bürgerliche Damen sind empört über diesen Auftritt. Zischt die eine: »Das widert einen ja an, dieser politische Rummel, den die Kommunisten hier veranstalten!«

Die andere stimmt ihr zu. »Warum hetzt man so am Grabe eines Mannes, der nie gehetzt hat?«

»Komm, wir gehen!«

Sie entfernen sich. Andere aus dem bürgerlichen Trauergefolge schließen sich ihnen an.

Nun wird der Sarg in die Tiefe gelassen, und die Trauergäste treten nacheinander vor, um ihre drei Hände märkischen Sand auf Zilles Sarg zu werfen.

Als Banofsky an der Reihe ist, spricht er leise ein paar Worte vor sich hin. »Es war das Größte in meinem Leben, für einige Zeit Sie sein zu dürfen. Herzlichen Dank, Meister Zille!«

Er ist ergriffen und flieht geradezu in Richtung Friedhofsausgang.

Als er dort angekommen ist, formiert sich gerade eine Schar von Trauergästen, die zu einem anderen Begräbnis gekommen sind.

»Was ist denn da hinten los?«, fragt man ihn.

»Zilles Beisetzung. Wenn Sie zu der wollen, sind Sie zu spät gekommen.«

»Nein, wir wollen zu der von Otto Guttentag.«

Banofsky erstarrt. »Der Filmproduzent?«

»Ja.«

»Der ist gestorben? Woran denn?«

»An … im Bett, beim … Seine neue Freundin, die Cilly, die hat ihn zu sehr rangenommen.«

Abspann

August Kraus nimmt Heinrich Zille die Totenmaske ab.

Kurt Tucholsky veröffentlicht am 3. September 1929 unter dem Pseudonym Theobald Tiger in der *Weltbühne* ein Gedicht. Die ersten Strophen lauteten:

Heinrich Zille

Zweeter Uffjang, vierta Hof
wohnen deine Leute;
Kinder quieken: »Na, so doof!«
jestern, morjn, heute.
Liebe, Krach, Jeburt und Schiss …
Du hast jesacht, wies is.

Kleene Jöhren mit Pipi
un vabogne Fieße;
Tanz mit durchjedrickte Knie,
er sacht: »Meine Sieße!«
Stank und Stunk, berliner Schmiss …
Du hast jesacht, wies is.

An Zilles erstem Todestag geschieht zweierlei: Auf dem Waldfriedhof in Stahnsdorf wird ein Stein aufgestellt, dessen Relief August Kraus geschaffen hat, und im Garten des Theaters am Kottbusser Tor, das an der Kottbusser Straße Nr. 6 / 7 gelegen ist, enthüllt Claire Waldoff ein von Paul Kentsch geschaffenes Zille-Denkmal. Zahlreiche Freunde sind gekommen, unter ihnen auch Otto Reuter, und lauschen andächtig, als die Waldoff ein Lied singt, das von Walter Kollo geschrieben und komponiert worden ist. Es beginnt so:

Aus'm Hinterhaus
kieken Kinder raus,
blaß und ungekämmt,
mit und ohne Hemd.
Unten uff'n Hof
is'n Riesenschwoof,
und ick denk' mir so beim Geh'n:
Wo hast du das schon mal geseh'n?
Das war dein Milljöh,
das war dein Milljöh,
jede Kneipe und Destille
kennt den guten Vater Zille.
Jedes Droschenkenpferd
hat von dir gehört,
von NO bis JWD –
das war dein Milljöh!

Dr. Peter Sachse von den »Elite-Sängern«, die ihre Heimat hier an der Kottbusser Straße haben, hält eine längere Rede.

Als Heinrich Zille vor einem Jahre von uns ging, empfand die ganze berlinische Welt, dass es eine Ehrenschuld Berlins sein werde, die Erinnerung an dieses Künstler- und Menschenleben zu pflegen. Wir wollen in dieser Feierstunde nicht dem offiziellen Berlin grollen, dass es keine große Tat des Herzens gefunden hat, um das Andenken Heinrich Zilles zu ehren. Wir bemitleiden nur die Regierenden und Verwaltenden, dass ihnen so selten Entschlüsse gegeben sind, die eine Brücke zum Herzen des Volkes schlagen. Sie hätten mit einem Denkmal für Heinrich Zille den Heimatnerv in uns getroffen, wir hätten ihnen die Hand geschüttelt, weil es gut ist, in diesen schwarzen Zeiten wenigstens einmal zu erfahren, dass es auch in Berlin eine Heimat und eine Verbundenheit derer gibt, die in ihr leben.
Nun, es wäre schlimm um das Herz von Berlin bestellt, wenn wir, um Heinrich Zille unsere Treue zu zeigen, erst warten müssten, bis die grünen Tische Zeit dazu haben. Und deshalb nickt heute

ganz Berlin zustimmend mit dem Kopfe, dass hier aus dem Volke heraus, ganz ohne Komitees und Aufrufe und Sitzungen, ein Mal für Vater Zille enthüllt wird. Es ist nicht aus Bronze, es ist nicht aus Marmor, und Vater Zille, der es auch ablehnte, seine Bilder in Öl zu malen, sondern bloß auf das Papier, das sich auch die kleinen Leute kaufen können – dem wird es recht sein. Dieses Zille-Bild kommt nicht aus vollen Taschen, aber aus vollem Herzen.

Zu Zilles neunzigstem Geburtstag, 1948 also, wird dieses Denkmal aus dem vergessenen Hinterhof in der Kottbusser Straße in den Städtischen Park an der Bergstraße geschafft, nicht weit weg vom Stettiner Bahnhof. Im Volk wird er bald Heinrich-Zille-Park genannt – und den Namen bekommt er dann am 9. August 1954, zum 25. Todestag Zilles, auch offiziell.

Das geschieht in Ost-Berlin, der Hauptstadt der DDR. Aber auch die West-Berliner gedenken seiner, und so wird nach dem Krieg die Charlottenburger Maikowskistraße in Zillestraße umbenannt. Den Vornamen spart man sich auf den Straßenschildern. Ursprünglich handelte es sich um die alte Wallstraße, die von den Nationalsozialisten 1933 umbenannt worden war – nach dem angeblich von Linken erschossenen SA-Führer Hans Maikowski.

Den Ost-Berlinern scheint Zille doch noch etwas mehr zu bedeuten als den West-Berlinern, schließlich hat er sich zu den Zielen der KPD bekannt, und so macht ihn der Magistrat am 4. Februar 1970 in Würdigung seines Gesamtwerks zum Berliner Ehrenbürger.

1992, nach der Wiedervereinigung, nimmt man ihn in die Gesamtberliner Ehrenbürgerliste des Senats auf, und in Stahnsdorf wird sein Grab zum Ehrengrab erhöht.

In vielen Orten gibt es inzwischen Zille-Straßen, Zille-Plätze und Zille-Schulen, in seiner Geburtsstadt Radeburg auch einen Heinrich-Zille-Hain. In Berlin haben wir im Nikolaiviertel das Heinrich-Zille-Museum.

Am 10. Januar 2013, kurz vor Abschluss meiner Arbeiten an diesem Roman, gehe ich dorthin und bleibe vor der Heinrich-Zille-Büste in der Poststraße stehen. »Herzlichen Glückwunsch zum 155. Geburtstag, großer Meister!«

Da beginnt Zille, mit mir zu sprechen. Ich muss mich an einer der gläsernen Vitrinen festhalten.

»Danke. Aber sagen Sie mal, ist Ihnen nüscht Besseres einjefallen, als Ihren komischen Roman über mich zu schreiben?«

»Nein, es war sozusagen ein Befehl meines Verlegers, weil lange nichts mehr über Sie erschienen war. Der ursprüngliche Titel lautete *Heinrich Zille – Der Film seines Lebens*, denn nichts erschien mir logischer, als Ihr Leben in Bildern zu erzählen, wo Sie doch vor allem über Ihre Bilder definiert werden. Ich wollte Ihre Zeichnungen lebendig werden lassen. Mein Roman ist quasi eine Aneinanderreihung sprechender Bilder. Und eine einzige Hommage an Sie.«

»Ach, hör'n Se uff damit, Herr Banofsky!«

Ich stutze. »Nicht Banofsky, sondern Bosetzky!«, korrigiere ich ihn.

»Det is doch jehupft wie jesprungen. Der Banofsky im Roman, det sind doch Sie!«

»Auch. Aber er wie ich haben doch nur eines im Sinn gehabt: in Sie hineinzuschlüpfen, zu sein wie Sie. Die Welt mit den Augen Heinrich Zilles zu sehen. Ihr Leben so zu leben, als sei es unser eigenes.«

»Haben Sie denn jemals wat jemalt oda jezeichnet?« Zille lässt nicht locker. »Sie sind doch jar keen Künstla, oda?«

»Vom Louvre bis zum Prado – ich war in allen großen Kunsthallen, jedenfalls in Europa, ganz zu schweigen von dem, was es bei uns in Berlin zu sehen gibt. Und ganz nebenbei: Ich bin Kunstpreisträger. Das muss so um 1952 herum gewesen sein, als ich beim Wettbewerb »Berlin baut auf« für mein Bild den 42. Preis gewonnen habe – und das bei Tausenden von Schülern, die mitgemacht haben.«

Zille guckt böse. »Woll'n Se ma vascheißan?«

»Pardon, nein, dazu verehre ich Sie viel zu sehr! Aber nun

gut, vielleicht hat mich beim Betrachten Ihrer Biographie die soziologische Komponente mehr interessiert als die künstlerische. Ihr Aufstieg aus einem Berliner Elendsviertel zum Liebling aller Berliner und zum Akademie-Professor. Das konnte ich gut nachvollziehen, komme ich doch von einem echten Neuköllner Hinterhof und fühle mich noch heute fremd unter Bildungsbürgern und Villenbesitzern – obwohl ich zu ihnen gehöre. Und wenn Sie sich selbst als ›Strichler‹ bezeichnen und bis zuletzt an Ihrem Können gezweifelt haben, dann berührt mich das in hohem Maße, denn ich werde immer wieder als ›Krimiautor‹ abqualifiziert. Und jemand, der zwei Gedichte veröffentlicht hat – und von den zweihundert gedruckten Büchlein 195 selbst gekauft hat –, gilt mehr als ich, so dass ich mich dann auch als ›Schreiberling‹ sehe. Es gibt also etliche Parallelen zwischen uns – bis dahin, dass ich auch drei Kinder habe und in einer ebenso bescheidenen wie verkramten Wohnung lebe, wie Sie es getan haben. Und wenn mich einer mit ›Herr Professor‹ anredet, dann bin ich ebenso irritiert, wie Sie es gewesen sind.«

»Na schön«, ruft Zille, »aba et jibt doch schon jenuch Bücher über mich!« Und er zählt die wichtigsten auf.

Ich staune über seinen Informationsstand und nicke. »Die habe ich auch alle gelesen – und ausgeschlachtet.«

»Als ick die letzte Veröffentlichung inna Hand jehabt habe, die darüba, wie die Nazis mich vereinnahmt ham, da war ich froh und jücklich, det ick schon vier Jahr vor der Machtergreifung jestorm bin und die janze braune Scheiße nich mehr miterleben musste. Wahrscheinlich wär ick ooch im KZ jelandet.«

»Das ist die Frage: ob man das bei einem solchen – gestatten Sie den Ausdruck – Volkshelden wie Ihnen wirklich gewagt hätte.«

»Meine Gedenktafel in da Sophie-Charlotten-Straße ham die Nazis abjeschraubt, und viele Bücher von mir ham se vaboten.«

»Das stimmt. Aber dann hat man Hans Ostwald sein *Zillebuch* umschreiben lassen, und Otto Paust hat ein Buch über Sie geschrieben.«

»Hör'n Se uff! Wenn ick schon den Namen höre, krieje ick det

Kotzen! SA-Standartenführer war der, 'n jroßa, einjefleischter Nazi, eena von Hitlers Kriegspoeten!« Zille ist fast den Tränen nahe. »Wat kann ick denn dafür, dass se mich vor den Nazikarren gespannt ham?«

»Nichts natürlich! Ebenso wenig wie dafür, dass sich auch die SED-Diktatur mit Ihnen geschmückt hat.«

»Da jibt et ja wohl Unterschiede, oda?«, faucht Zille mich an.

»In der Tat.« Schnell wechsle ich das Thema und komme zu meiner Arbeitsweise zurück. »Mein Buch ist zwar ein Roman, aber gleichzeitig habe ich auch versucht, wissenschaftlichen Kriterien zu genügen, wobei allerdings nicht jedes Zitat mit einer Fußnote versehen ist, denn ein Roman ist keine Dissertation. Hinzufügen muss ich aber noch, dass all Ihre Freundinnen und Freunde, die in meinem Buch vorkommen, wirklich gelebt haben. Erfunden sind Johannes Banofsky, Konrad Kowollek, Gustav Budenstieg, Otto Guttentag, die Familie von Scheppko, Cilly, der Schauspieler Rudolph Rocholl, der Zille-Imitator Heinrich Zonzalla und Charlotte Thorausch. Auch das *Berliner Boulevard Blatt* hat es so nicht gegeben. Mit einem Wort, ich wollte keine neue Zille-Biographie schreiben, sondern einen opulenten Roman – und das geht meiner Meinung nach nicht ohne ein bisschen Hollywood.«

»Na jut, meinen Segen haben Sie, denn wat Sie als Begründer des deutschen Sozio-Krimis jewollt ham, is ja detselbe, wat ick mit mein'n Bildan anjestrebt habe: 'ne bessere Jesellschaft zu schaffen und die Lage derer zu vabessern, die janz unten anjesiedelt sind.«

Ich umarme Heinrich Zille für dieses hehre Schlusswort und gehe nach Hause, um meinen fertigen Roman zum Verlag in die Dorotheenstraße zu schicken.

Literatur

Berger, Joachim. Berlin freiheitlich & rebellisch. Berlin o. J.
B·Z·. Kinder, wie die Zeit vergeht! Berlin 1977.
Danke, Rudolf. Heinrich Zille erzählt … Gespräche und Erlebnisse mit dem Meister. Dresden 1928.
Davison, Gerald C. / Neale, John M. Klinische Psychologie. München / Weinheim 1988.
Harenberg, Bodo (Hrsg.). Die Chronik Berlins. Dortmund 1986.
Chronik Verlag. Chronik der Metropolen: Berlin. Gütersloh / München 2003.
Edition Luisenstadt. Chronik: Berlin im Jahre … (1867–1924). Fakten Tag für Tag. www.berlin-chronik.de
Eik, Jan. Schaurige Geschichten aus Berlin. Die dunklen Geheimnisse der Stadt. Neuausgabe, Berlin 2013.
Fischer, Lothar. Heinrich Zille. Reinbek 1979.
Flügge, Gerhard. Mein Vater Heinrich Zille. Nach den Erinnerungen von Margarete Köhler-Zille für die jungen und alten Freunde des Meisters erzählt. Berlin 1957.
Karstens, Pay Matthis. Verboten und verfälscht. Heinrich Zille im Nationalsozialismus. Berlin 2012.
Kremming, Rolf. Heinrich Zille. Berlin 2002.
Löffler, Ludwig. Berlin und die Berliner. Leipzig 1856.
Malzacher, W. W. Berliner Gaunergeschichten. Berlin MCMLXX.
Morin, Friedrich. Berlin und Potsdam im Jahre 1860. Neuester Führer durch Berlin, Potsdam und Umgebungen. Neuauflage. Braunschweig 1980.
Nagel, Otto. H. Zille. Berlin 1970.
Ostwald, Hans, unter Mitarbeit von Heinrich Zille. Das Zillebuch. Berlin 1929.
Preetz-Zille, Heinjörg. Einleitung zu: Heinrich Zille – Geschenkpapierbuch. Köln o. J. (2008).

Ramm, Gerald. Als Woltersdorf noch Hollywood war. Woltersdorf 1993.
Ranke, Winfried. Heinrich Zille – Vom Milljöh ins Milieu. Frankfurt am Main / Wien / Zürich 1979.
Springer, Robert. Berlin. Ein Führer durch die Stadt und ihre Umgebungen. Leipzig 1861.
Täubrich, Hans-Christian. Zu Gast im alten Berlin. München 1990.
Wagner, Horst. Hofball bei Zille. In: Berlinische Monatsschrift, 6 (2000).
Zander, Alex. Heinrich Zille opp Platt: Vadding un Korl. Wikimedia-Wikipedia-Wikisource, 13. Mai 2011.
Zille, Heinrich. Hurengespräche. Berlin 1913.
Zille, Heinrich. Kinder der Straße. 100 Berliner Bilder. Berlin 1908 (Nachdruck Köln 1965).